El universo complejo
Libro cuatro

Por Dolores Cannon

Traducido por Laura Mitre

Impreso por primera vez por Ozark Mountain Publishing, Inc. - 2012
Traducción Española - 2024

Biblioteca del Congreso - catalogación en publicación de datos
Cannon, Dolores, 1931 - 2014
El Universo complejo – Libro cuatro, por Dolores Cannon
Series continuas que exploran teorías metafísicas y conceptos desconocidos.

1. Evolución de la conciencia 2. Comienzo de la Tierra 3. Creación de los humanos 4. Cambio y color del ADN. 5. La vida después de la muerte 6. Metafísica
I. Cannon, Dolores, 1931-2014 II. Nueva Conciencia III. Metafísica IV. Título
Número de tarjeta del catálogo de la biblioteca del congreso: 2024941343
ISBN: 978-1-962858-29-8

Portada y disposición: Victoria Cooper Art
Escritura del libro: Times New Roman
Diseño de la carátula: Nancy Vernon
Publicado por:

P.O. Box 754
Huntsville, Arkansas 72740
479-738-2348; 800-935-0045; fax 479-738-2448
www.ozarkmt.com

Lo importante es no dejar de cuestionar.
La curiosidad tiene su propia razón de existir. Uno no puede evitar sentirse asombrado cuando contempla los misterios de la eternidad, de la vida, de la maravillosa estructura de la realidad. Basta con intentar comprender un poco de este misterio cada día.
Nunca pierdas una santa curiosidad.

Albert Einstein, 1879-1955

La autora de este libro no brinda consejos médicos ni prescribe el uso de ninguna técnica como forma de tratamiento para problemas físicos o médicos. La información médica incluida en este libro fue extraída de las consultas y sesiones individuales de Dolores Cannon con sus clientes. No está destinado a ser diagnóstico médico de ningún tipo, ni a reemplazar el consejo o tratamiento médico de su doctor. Por lo tanto, el autor y el editor no asumen ninguna responsabilidad por la interpretación o el uso de la información por parte de cualquier individuo.

Se ha hecho todo lo posible para proteger la identidad y privacidad de los clientes involucrados en estas sesiones. El lugar donde se llevaron a cabo las sesiones es exacto, y solo se utilizaron los nombres de pila, que se cambiaron.

ÍNDICE

PRÓLOGO

¡Bienvenidos a todos! Bienvenidos nuevos lectores a esta serie, y bienvenidos de nuevo a los demás que han estado siguiendo mis aventuras en hipnosis durante los últimos años. Cuando comencé la serie de El universo complejo pensé erróneamente que sería solo un libro. Había estado trabajando en la información que se convirtió en Los Guardianes, mis veinticinco años de investigaciones sobre ovnis y abducciones. Había reunido una gran cantidad de información y pensé que había cubierto todo lo que cualquiera querría saber sobre el fenómeno. Entonces la información empezó a tomar un giro inesperado. Se estaba alejando de los extraterrestres en conceptos y teorías metafísicas que nunca antes había escuchado. Fue cuando supe que tendría que finalizarlo y empezar otro. No sabía cómo sería aceptado porque se alejaba de mi escritura habitual sobre hipnosis y la búsqueda del conocimiento perdido. Aunque esto también se considera conocimiento "perdido", iba en una dirección diferente. Llamé al primer libro "un libro cuyo objetivo era doblar tu mente como un pretzel". Pensé que podría resultar atractivo para aquellos que habían estado siguiéndome y leyendo mis libros en los últimos treinta años, y podrían ver mi evolución en este campo. Sin embargo, fui agradablemente sorprendida cuando encontré que el primer libro de esta serie estaba siendo leído por lectores primerizos en mi trabajo. No sabía si la gente sería capaz de entenderlo si simplemente saltaran a fondo en ese concepto. Siempre les sugerí que comenzaran con mis primeros libros y avanzaran gradualmente hacia este trabajo. Pero comencé a recibir correos que sugerían que los lectores estaban más preparados de lo que jamás hubiera imaginado. Algunos escribieron: "Puede que no lo entienda, pero realmente me hace pensar". Y esa era mi intención. En los libros, digo que los tratemos como "dulces mentales". Disfrutar conceptos y teorías nuevas para reflexionar, y luego ponerlas a un lado para que el lector continúe con su propia vida. Sólo una interesante actividad secundaria o un desvío de la norma.

Cuando estaba preparando la publicación de El universo complejo, de repente decidí agregar Libro uno al título. En ese momento realmente no sabía si alguna vez habría otro libro de esa serie. Pensé que había puesto todo lo posible en el primer libro. Pero algo me hizo llamarlo Libro uno. Debería ya saber que "ellos" estaban detrás de esto. "Ellos" sabían que apenas había arañado la superficie y ahora que me había embarcado en este nuevo viaje, habría toneladas de nueva información que saldría a la superficie. Y así ha sido. Cada libro de la serie ha introducido conceptos cada vez más extraños sobre los que la gente puede pensar y preguntarse. Al final del Libro tres del Universo complejo, realmente pensé que me habían dado todo lo posible. Que ya no quedaba nada que aprender y a que estar expuesto. Me habían contado todo. Pero mientras estaba preparando el libro tuve una última sesión en Montreal que aportó otro concepto alucinante. Al final de ese capítulo dije: "Ahora sé que no hay nada más que descubrir." Y ellos dijeron, en su infinita sabiduría: "¡Oh, no! ¡Hay más! ¡Hay más!" Y en esa nota finalmente pude terminar el libro de 700 páginas y publicarlo. Luego me permitieron descansar unos meses mientras el libro entraba en producción. Todas mis sesiones de hipnosis fueron "normales", simplemente terapia habitual para ayudar a las personas con sus problemas físicos y personales. Entonces la información empezó a llegar de nuevo y supe que efectivamente habría un cuarto libro. Cuando llamé al primer libro, Libro uno, me reí porque pensé que, si acaso, podría haber un libro más. Ahora no tengo idea de cuántos serán. Solo sigo escribiendo y ellos siguen exponiéndome a nueva información. Mientras preparo este libro, encuentro que tengo suficiente material para tres secciones en diferentes asignaturas. Entonces el viaje continúa.

Para aquellos quienes apenas se nos unen, bienvenidos a la aventura y al viaje. Para aquellos que han sido parte de todo el viaje, bienvenidos de nuevo y espero que encuentren más conceptos interesantes a medida que continuamos la aventura. Así que lean con la mente abierta y prepárense para que sus mentes se desvíen un poco más. Después de todo, los pretzeles son una forma interesante. Realmente se parecen al símbolo del infinito, ¿o no?

PARTE UNO

MÁS ALLÁ DEL VELO

Capítulo 1
MIS PROPIAS VIDAS PASADAS

Siempre que doy una conferencia, invariablemente se me hace la misma pregunta: "¿Conoces alguna de tus propias vidas pasadas?" Creo que sería imposible llevar más de cuarenta años trabajando en este campo y no intentar descubrir sobre uno mismo. Al inicio varios hipnotizadores me hicieron regresiones a vidas pasadas. Tenía tanta curiosidad como cualquier otra persona. Así fue como descubrí lo que no quería que mis propios clientes experimentaran. Había muchas cosas en sus diversas técnicas que me hacían sentir incómoda, intranquila, molesta y perturbada. No siempre fue una experiencia agradable. Obtuve información, pero la sesión no siempre se realizó de manera profesional. Me di cuenta de que ellos solo hacían lo que les habían enseñado y nunca habían cuestionado por qué lo hacían de cierta manera. Sin embargo, yo lo cuestioné. Si me sentí incómoda durante o después de la sesión traté de entender por qué. Luego, a lo largo de los años, a medida que desarrollé mi propia técnica, incorporé salvaguardias para que ninguno de mis clientes tuviera que experimentar los mismos sentimientos desagradables. Esta es otra razón por la que siempre recomiendo que mis alumnos experimenten su propia regresión a vidas pasadas, para que sepan cómo tratar con sus clientes. ¿Cómo podemos practicar algo si nunca lo hemos experimentado?

Durante los primeros años descubrí alrededor de ocho de mis vidas pasadas. Fue importante porque descubrí mis relaciones con los miembros de mi familia y por qué teníamos que regresar a estar de juntos de nuevo. Y descubrí por qué hago el trabajo que hago. Eso era muy importante en sí mismo. Ahora no necesito más mirar vidas pasadas porque pienso que he descubierto todo lo que necesito saber. Es una herramienta muy valiosa, pero eso es todo, una herramienta. Cuando comienzas a evolucionar y a conocerte a ti mismo, ya no necesitas seguir regresando al pasado. Para algunas personas se hace más por valor de entretenimiento que para terapia. Entonces no sirve para nada. Pueden volverse como "adictos a vidas pasadas", buscando la siguiente "solución" por curiosidad. Eso anula todo el significado de la terapia de vidas pasadas, para que la persona se sienta cómoda en esta vida. Los recuerdos pasados son información buena y valiosa, pero deben ponerse en práctica en el organismo actual, especialmente en las relaciones familiares. Tenemos que entrelazarlo todo de la misma manera que hemos tejido los recuerdos de nuestra propia infancia y otras experiencias. Para bien o para mal, son la historia de nuestra vida y debemos afrontarlos y reconciliarlos. Las otras vidas son sólo recuerdos prolongados, y también deben incorporarse a nuestra vida presente. Esto ayuda a que la persona sea una personalidad bien integrada y completa.

Volviendo a la historia, descubrí sobre mi propósito (la eterna pregunta) en esta vida. En el momento en que sucedió, ni siquiera sabía que dedicaría el resto de mi vida a ayudar a las personas a explorar su pasado. Disfruté el trabajo y apenas había comenzado a escribir mi primer libro (Jesús y los esenios), pero no había manera de prever cuán vasto llegaría a ser mi trabajo. Cuando tuve la regresión en casa de un amigo no tenía idea de que saldría.

Regresé a los días de la enorme Biblioteca de Alejandría en Egipto. Toda mi vida me han fascinado los libros. Sabía leer antes de ingresar a la escuela y la gramática era fácil y algo natural para mí. Yo era una niña durante la etapa de la depresión, por lo que el dinero era muy escaso. Mi hermana y yo no teníamos ningún lujo. Había muchas prendas usadas y ropa comprada en tiendas de segunda mano. En aquellos días había que conformarse con lo que se tenía. Si costaba dinero, olvídalo, no lo ibas a conseguir (excepto en Navidad cuando había unos cuantos juguetes). Por eso me emocioné tanto en el primer grado cuando alguien vino a nuestra clase y habló sobre la enorme biblioteca. No era lejos de nuestra escuela en San Luis. Nos alentaban a obtener tarjetas de acceso a la biblioteca y nos dio un papel para llevar a casa y solicitar una. Ya había devorado todos los libros disponibles en nuestra clase y mi hambre se hizo febril cuando escuché que podíamos ir a una biblioteca donde había cientos de libros disponibles. La mejor parte fue que era GRATIS. No podía creer lo que oía. Gratis. Corrí todo el camino a casa con el papel en la mano para mostrárselo a mi madre. Mi entusiasmo debe haber sido contagioso cuando le mostré el periódico y le hablé una y otra vez sobre cómo podía conseguir una tarjeta para leer cualquier libro que quisiera y era gratis. Para resumir, mi madre recibió la tarjeta y algunos días me llevaba a varias cuadras hasta la gigantesca biblioteca donde podía sacar libros prestados. Recuerdo caminar por los pasillos entre los estantes y me sentía en el paraíso cuando me di cuenta de que no había límite para lo que podía leer. Más tarde, cuando pude ir sola, pasé horas allí y siempre iba a casa cargada de libros. Nunca me faltaba un libro y pasaba muchas horas escapándome al maravilloso mundo de la imaginación que presentaban los libros. En la escuela secundaria, si no estaba en una clase, estaba en la biblioteca de la escuela hojeando las enciclopedias. Tuve una compulsión bastante extraña que se desarrolló cerca de ese mismo tiempo. En mi tiempo libre en la sala de estudio me mantenía ocupada copiando todas las palabras del diccionario. Cada vez marcaría donde lo había pausado y continuaba el próximo día, solo copiando palabra por palabra en mi cuaderno. Podría decir que esto surgió de mi amor por los libros, pero luego descubrí a través de mis regresiones a vidas pasadas que tuve una vida anterior como monje en un monasterio donde mi trabajo era copiar manuscritos y textos a mano. Pero fue una buena compulsión porque incrustó el uso de palabras y lenguaje en mi psique.

Leí todo lo que podía conseguir a mi alcance, y este amor por los libros y el deseo para aprender continuó toda mi vida. Incluso hoy, cuando escribo uno de mis libros, lo investigo "hasta la muerte". Después de haber completado las sesiones y comenzar el verdadero trabajo de escribir el libro, Pasar horas (y a veces todo el día) en una biblioteca recopilando mis datos. Para mí ese es el cielo, el buscar durante horas, y finalmente descubrir el tesoro de encontrar un hecho elusivo. Cuando escribí mis tres libros sobre Nostradamus: Conversaciones con Nostradamus, leí todos los libros escritos sobre el gran maestro. Algunos de ellos estaban agotados y la única copia estaría disponible en la Biblioteca del Congreso, que obtuve prestado por medio de la Biblioteca de la Universidad de Arkansas. Cuando escribí mis libros sobre Jesús: Jesús y los esenios y Ellas caminaron con Jesús, leí todos los libros escritos sobre los Rollos del Mar Muerto. Cuando escribí mi libro sobre el origen de la raza indígena americana: Leyenda del choque estelar, pasé tres años investigando todas las antiguas leyendas e historias indígenas que pude encontrar. Toda esta investigación ha valido la pena porque cuando doy conferencias tengo toda esta información en mi mente y tengo confianza en lo que estoy hablando. El primer editor de una revista dijo una vez: "La investigación es muy importante. Es obvio que has hecho los deberes. Y sería igual de obvio si no lo hubieras hecho". Pienso que es una pena que ahora los jóvenes no sepan cómo hacer una investigación real. Pasan un corto período de tiempo en Internet recopilando algunos datos, sin saber la gloria y la maravilla de revisar pilas de libros polvorientos en una biblioteca y encontrar algún texto olvidado o perdido. Esta es la razón por la que me autonombro, "La periodista, la investigadora, la buscadora del conocimiento perdido".

Así que supongo que no debería haber sido una gran sorpresa cuando regresé a una vida pasada en la gran Biblioteca en Alejandría antes de su destrucción en el quinto siglo. En esa vida yo era un hombre que trabajaba en la biblioteca. No podía leer los preciosos pergaminos en los estantes, pero sabía cuáles eran los más antiguos y los más importantes. Muchos eruditos venían a la biblioteca y yo encontraba los pergaminos que querían ver. Observé con envidia cómo se sentaban en las mesas abriendo los pergaminos y como los leían. Sabía que la mayoría de los pergaminos importantes se mantenían en lo alto de los estantes superiores. Había un hombre en particular, vestido con una túnica negra, que entraba con frecuencia. Siempre sabía de antemano qué pergaminos querría. Disfruté este trabajo, aunque no sabía leer. Yo era como un cuidador de los libros.

Entonces llegó el fatídico día de la destrucción de la gran biblioteca. Yo estaba allí entre los libros cuando una gran horda de hombres asaltó la biblioteca destruyendo todo a su paso. Con horror vi cómo tomaban pergaminos de los estantes y los amontonaban en medio de la habitación. Grité de terror cuando los vi alcanzar los pergaminos que estaban guardados en los estantes superiores. Las lágrimas corrieron por mi rostro mientras los desgarraban sin respeto por el conocimiento que contenían y los arrojaban a la creciente pila. Sabía que no podía detenerlos, así que agarré todos los pergaminos que pude y salí corriendo del edificio, justo cuando prendieron fuego a las pilas. Mis brazos estaban llenos de pergaminos y mis ojos estaban tan llenos de lágrimas que no podía ver hacia dónde iba cuando tropecé en la calle. Justo a tiempo para ser atropellado por un carro que pasaba. Cuando salí de mi cuerpo, miré hacia atrás y lo vi desmoronado en la calle entre mi carga de pergaminos. El incendio de la biblioteca se estaba extendiendo y estaba consumiendo el edificio.

Vi que esta vida explicaba mi amor por los libros, por qué no soporto ver un libro maltratado y mi deseo de recuperar el conocimiento perdido. Cuando conté esta historia en un panel de una conferencia cuando me hicieron la pregunta sobre mis vidas pasadas, uno de los otros en el panel bromeó: “Sí, pero ¿tuviste que intentar reescribir toda la biblioteca?” El público se rio a carcajadas porque sabíamos que se refería a mis muchos libros. Sí, esta fue probablemente la explicación y me tranquilizó. Pero ese no fue el final de la historia. En la década de 1990 salieron a la luz más cosas.

Me invitaron a ir a Bulgaria porque Zar Publishers, Ltd., una editorial de Sofía había aceptado la traducción de mis libros sobre Nostradamus. Drago había descubierto mis libros y había hecho arreglos con los editores para traducirlos a su idioma, y querían que fuera a dar una conferencia allí. Había estado viajando por todo el mundo, pero nunca había estado en Bulgaria ni en ninguno de los países soviéticos en ese momento. Acababa de estallar la guerra en Yugoslavia. Mi hijo estaba preocupado: “Mamá, no puedes ir para allá. ¡Mira el mapa! Sofía está justo sobre la frontera de Yugoslavia.” Nunca me sentí en peligro en cualquier lugar al que haya ido. Siempre sentí que era un honor que me pidieran ir a hablar. De alguna manera supe que todo iba a estar bien. Y tenía razón, resultó ser una de las experiencias más maravillosas de mi vida.

Desde el momento en que bajé del avión me trataron como a una estrella o celebridad. Había una enorme multitud de periodistas esperando en la puerta cuando entramos a la terminal. Me quedé totalmente en shock. Nunca había tenido una recepción así en ningún otro lugar del mundo. Recuerdo a un reportero empujando el micrófono en mi cara y preguntándome en un inglés entrecortado, “¿Qué opinas de Bulgaria?” Realmente no pude responder porque acababa de llegar. Mis libros sobre Nostradamus habían creado una sensación para la que no estaba en absoluto preparada. Los periodistas vinieron a mi hotel y concertaron entrevistas y apariciones en televisión a dondequiera que fui. Incluso hubo una rueda de prensa que hubiera igualado a la del Presidente. Fui sometida a una hora de interrogatorio que era de ida y vuelta por medio de mi traductor, Drago. Luego asistí a una reunión en la que médicos y científicos me interrogaron durante dos horas. Todos querían saber sobre el uso de la hipnosis para terapia y regresión a vidas pasadas. Nunca antes habían oído hablar de eso. Dijeron que cuando estaban bajo el dominio ruso no se permitía enseñar nada que no tuviera su origen en las universidades. Era contra la ley. Le pregunté si me metería en problemas al discutir esto. Dijeron que no porque yo era extranjera.

Pero su interés fue sincero y sentí como si hubiera abierto una caja de Pandora.

Durante mi estancia de una semana allí estuve ocupada con muchas apariciones, entrevistas y conferencias. Cuando daba una conferencia, el auditorio estaba totalmente lleno y la multitud era tan grande que una vez me empujaron contra una pared. Su entusiasmo era tan grande que me asusté. Drago me metió en un ascensor y me llevó a otro piso para esperar hasta que la multitud se calmara. Él dijo: "Olvidé advertirte. Los búlgaros son un pueblo muy apasionado". Cuando sintió que era seguro fuimos abajo para la conferencia. Después cuando intenté irme, había gente acercándose a mí llorando y señalando otros cerca de ellos. Fue entonces cuando vi a un hombre en silla de ruedas y a otra mujer que obviamente estaba recibiendo quimioterapia para el cáncer. Me abrazaban respetuosamente con lágrimas en los ojos. Le pregunté a Drago qué estaba pasando. Él dijo que habían sacado a estas personas del hospital para venir a verme. Esperaban ser curados o sanados. Quería saber por qué pensaban eso. ¿Fue esto lo que informaron los periódicos después de las entrevistas? ¿Habían entendido completamente mal lo que hice? Dijo que no importaba, que estaban desesperados por recibir ayuda y pensaban que yo era una especie de sanadora. Lo único que pude hacer fue mirarlos con compasión y tratar de explicarles que no podía ayudarlos. (Fue unos cinco años después que descubrí cómo utilizar mi técnica para sanar).

Todo el tiempo que pasé allí estuvo lleno de este tipo de sucesos. Hacia el final de nuestra estancia, Drago vino a nuestro hotel y dijo que una cineasta rusa quería hacer un documental sobre mí y mi trabajo. Quería filmarme haciendo una regresión a vidas pasadas. No importaba que no entendiera inglés, la traducción sería doblada más tarde. Le dije que iba a intentarlo, pero ¿quién sería el sujeto que yo utilizaría para la demostración? Dijo que se ofrecería como voluntario para hacerlo. Sintió que todo iría bien porque entendía inglés y nos conocíamos, así que estaríamos cómodos. Estuve de acuerdo, aunque me preguntaba qué pasaría. ¿Qué pasaría si no funcionara y él no regresara a una vida pasada? Ciertamente fueron circunstancias inusuales y no hay garantías de que sucediera algo. Incluso si tuviéramos éxito, el noventa por ciento de las regresiones son vidas monótonas y aburridas, sencillas y mundanas. Así que no sabía si conseguiríamos algo que les fuera útil. Sin embargo, sentí que no tenía más remedio que intentarlo.

Drago nos llevó a mí y a mi hija Nancy al hotel donde se realizaría el rodaje y la entrevista. Cuando entramos a la habitación, los técnicos estaban ocupados instalando luces y equipos alrededor de la cama que quería que usara. Entonces la mujer rusa trajo a una joven bonita, rubia vestida con una blusa sexy y pantalones cortos, y anunció que ella sería la que regresaría para el espectáculo. Le dije que tenía que ser alguien que hablara inglés, y la niña respondió con una voz aguda e ingenua: "¡Mi habla inglés!" Y mostró una linda sonrisa. Sabía que esto nunca funcionaría, pero también sabía que la mujer pensó que sería bueno para televisión mostrar a una joven sexy acostada en la cama. Entonces anuncié que habíamos decidido usar a Drago porque se sentía cómodo conmigo y podía hablar Inglés. Drago era un hombre bien parecido con cabello oscuro y barba, pero definitivamente no era sexy. Ella no tuvo otra elección más que aceptar nuestra decisión. Como yo no tenía idea de lo que iba a suceder, buscaba poner la mayoría de las situaciones a mi favor como más pudiera. Más tarde, después de la sesión, pensé que tal vez habían pensado que habíamos fabricado todo y lo había planeado con antelación. Pero no teníamos idea de lo que iba a salir, en todo caso. Ciertamente no habíamos tenido tiempo de ensayar ni de inventar nada.

Drago se acomodó en la cama con todas las cámaras, micrófonos y equipos reunidos a nuestro alrededor. Si estaba nervioso, no dio señales de ello mientras se relajaba y yo comenzaba la sesión. Mi hija, Nancy, estaba sentada detrás de mí, fuera del alcance de la cámara. Entonces sucedió lo inesperado y solo pude escuchar y dirigir la sesión con asombro. Regresó a una vida en la que fue un erudito y profesor centrado en la astrología y la numerología. Estudiaba constantemente y pasaba mucho tiempo en – (¿Estás listo?) – la Biblioteca de Alejandría. No lo podía creer y le hice muchas preguntas sobre la biblioteca para ver si parecía el mismo lugar. De hecho, así fue. Él estaba reportando las mismas escenas que yo había visto. Mientras estaba ocupado haciendo preguntas para verificarlo, miré detrás de mí a Nancy. Sabía que ella había escuchado mi historia y por la expresión de su rostro supe que se daba cuenta de lo que estaba sucediendo y de la importancia de ello.

Como maestro vestía túnicas negras y normalmente pedía ver los pergaminos más importantes, y luego se sentaba en una mesa a estudiarlos. Luego llegamos al día trascendental en el que la biblioteca fue atacada e incendiada. También estaba dentro de la biblioteca mientras la horda vino y comenzó a destruir los pergaminos con fuego. Más tarde dijo que se sintió invadido por la emoción y quiso llorar, pero se contuvo porque sabía que había otras personas en la sala y las cámaras estaban mirando. De lo contrario, se habría echado a llorar. En su desesperación, agarró tantos pergaminos como pudo y trató de salvarlos sacándolos del edificio. Pero la biblioteca estaba en fuego, y como él corrió hacia la entrada, parte del techo comenzó a derrumbarse y una viga que cayó lo golpeó en los hombros. Así también murió agarrando los preciosos pergaminos.

Cuando terminamos no dije nada. Esperé hasta cuando caminábamos de regreso al hotel. Entonces le dije: "Chico, ¿creerás que ¡tengo una historia que decirte!?" La mañana siguiente cuando vino a nuestro hotel, me confió: "No quería decir nada hasta que estuviera seguro. Pero toda mi vida siempre he tenido dolores en los hombros. Nunca supe qué lo causó. Desapareció inmediatamente después de la sesión". Luego le conté mi experiencia en la biblioteca. Supusimos que estábamos allí al mismo tiempo, sin embargo, probablemente no nos conocíamos, ya que él era un erudito y yo simplemente era el guardián de los pergaminos. Sólo podemos sorprendernos de las similitudes.

El resto de mi permanecer en Bulgaria fue igualmente lleno de acontecimientos, pero no adentraré en ello aquí. Excepto decir que antes de irme, la organización (Asociación de Fenómenos) que me trajo allí me entregó el Premio Orfeo en un programa de televisión. Fue otorgado por el mayor avance en la investigación de los fenómenos psíquicos. Hasta ese día sólo se había entregado a los búlgaros. Fui la primera extranjera y la primera estadounidense en recibir el premio: una estatua grande y pesada de metal con forma de llama estilizada.

Cuando Drago me llevó al aeropuerto le dije: "¿No es sorprendente que tuviéramos que dar la vuelta al mundo para volver a encontrarnos? Después de quince centenares de años." Él sonrió y dijo que ambos de nosotros intentábamos recuperar el conocimiento perdido. Yo a través de mi trabajo de regresiones y mis escritos, y a él a través de traer personas para hablar y publicar sus libros en su país.

Después de que salió el documental Drago llamó y dijo que eso había creado semejante sensación en la estación que estaba inundada de llamadas de personas con ganas de saber más sobre la regresión a vidas pasadas y la reencarnación. Unos años más tarde me dijo que en Bulgaria se utilizaba y enseñaba la terapia a vidas pasadas. Supongo que utilizaron la técnica que se muestra en la película. Una extraña historia del reencuentro de dos almas a través del tiempo y el espacio. Y Me pregunto si fui responsable de introducir una forma de pensar completamente nueva, en un país a medio camino alrededor del mundo. Así son las extrañas formas del destino.

Otra de mis vidas pasadas fue también verificada, pero no de una manera tan dramática. Esa vida pasada ocurrió en Atenas, en el Partenón. A pesar de que durante la regresión yo no estaba segura de donde estaba, excepto que tenía un aire griego. Yo era una mujer que vivía en una casa grande con un patio en el centro, marido e hijos, y con dinero suficiente para tener sirvientes. Desde entonces he visto fotografías de antiguas viviendas en Grecia que fueron exactamente como yo recordaba. Se sentía tan familiar en las fotos. Pero ese no fue el punto principal de la regresión. Fui a una escena en la que corría por las calles de noche y tuve una sensación abrumadora de terror absoluto. Mientras corría seguí mirando detrás de mí porque sabía que alguien me estaba persiguiendo. Corrí cuesta arriba hasta un gran templo. Allí me detuve por un minuto para recuperar mi aliento, y cuando lo hice vi una escena panorámica frente a mí. Pude ver una bahía muy por debajo de mí y pude distinguir barcos con velas en el agua. Estaba muy oscuro y la luna se reflejaba en el agua oscura. Luego me di la vuelta hacia el templo. Subí corriendo las escaleras que conducían al interior y vi que no había puertas, sólo enormes pilares. A través de ellos había una sensación de apertura en el edificio, como si hubiera mucho espacio. Allí, sobre una plataforma, había una enorme estatua de una mujer sentada. Tenía un brazo extendido y sostenía una gran linterna que proporcionaba luz al edificio. Me arrojé sobre los escalones frente a la estatua y me acosté boca abajo. Estaba llorando histéricamente mientras le pedía y suplicaba protección. Entonces escuché un ruido y me di vuelta justo a tiempo para ver a un soldado parado frente a mí. La muerte llegó instantáneamente cuando me clavó una espada.

Poco a poco llegaron fragmentos de información después de la sesión. Sabía que mi marido en esa vida era un hombre orgulloso y dominante que me consideraba una posesión. Aparentemente había estado hablando y expresando demasiadas de mis opiniones para su gusto, y ordenó mi asesinato. También he tenido una insatisfacción con la religión durante toda esta vida. Pienso que vino de esa vida porque aparentemente era seguidora fiel de la diosa de ese templo. Y, sin embargo, aquí, en el momento de mayor necesidad, ella no me ayudó. Sentí que ella me había abandonado. Esto me molestó más que la forma de la muerte.

Fue simplemente una regresión interesante, y de vez en cuando decía que sabía que había vivido en Grecia durante aquellos tiempos antiguos. Pero no significó nada más que eso... hasta... en la década de 1990, durante mis constantes viajes por todo el mundo, me invitaron a ir a Atenas en Grecia. Mis libros se estaban traduciendo a tantos idiomas que sentí que era necesario ir donde estaban los libros. Siempre había querido ver Grecia, así que acepté ir y dar algunas conferencias y firmar libros. Me quedé con una señora maravillosa que arregló todo. Eleni vivía en las afueras de Atenas en una antigua mansión de tres pisos donde solo ella y su perro "Droopy" estaban a solas. Quería mostrarme Atenas y los alrededores. Así que un día paseamos en tren a la parte principal de Atenas y nos llevó a ver la Acrópolis, el Partenón. Este fue lo más destacado del viaje porque siempre quise verlo. Subimos por una calle de tierra que conducía a las ruinas. Estaban siendo reparados y reconstruidos, por lo que había andamios y montones de bloques de piedra alrededor del edificio. Sin embargo, cuando subí las escaleras que conducían al interior, todo me resultó muy familiar. He oído a gente hablar de los deja vu, la sensación de haber estado antes en un lugar, pero yo nunca lo había experimentado. Ahora lo estaba. La plataforma estaba allí, pero no había ninguna estatua. En el museo ubicado debajo del Partenón se explicó que gran parte del edificio y sus estatuas habían sido destruidas con el paso de los años. Este era el templo de Atenea, la diosa patrona de Atenas, y su estatua estaba en el templo en aquellos tiempos antiguos. No quedaban imágenes, pero solo descripciones verbales y escritas. Supuestamente se trataba de una enorme estatua que casi tocaba el techo del edificio. Decían que la estatua estaba de pie y sostenía una diosa más pequeña en una mano y un escudo en la otra. Esto no coincidía con el vívido recuerdo que tenía de la estatua, pero no creo que eso sea una contradicción o un error. Porque uno no sabe exactamente cómo se veía la estatua. La vi sentada con el brazo extendido y la mano sosteniendo una enorme linterna. Sin embargo, todo lo demás era correcto. Cuando salí del frente del templo miré a mi alrededor desde el alto mirador. Le dije a Eleni: "Si este es el lugar correcto, entonces debería poder ver algún tipo de bahía desde aquí". Ella asintió, y apuntó. Abajo había muchas casas y calles. Eso bloqueaba parte de la vista, pero se veía una parte del Mediterráneo y se veían barcos en el agua. Estaba tan emocionada. Conté cómo corrí calle arriba y me arrojé frente a la estatua. No parecía importar que hubiera muerto violentamente en ese lugar. Me sentí eufórica al descubrir que mis recuerdos eran reales y habían sido verificados.

Así que al principio mi trabajo era principalmente la investigación de historia a través de información descubierta usando el nivel de trance más profundo posible, el nivel sonámbulo. Escribí varios libros en la década de los 80s y al inicio de los 90s antes que algo inesperado comenzara a suceder. Llegó (lentamente al principio) otro elemento con más conocimientos y podía facilitar la curación. Al principio fue inesperado, pero parecía tener mucha fuerza y conocimiento así que le permití ayudar. Cuando miro hacia atrás a mis primeros libros, puedo ahora ver que estuvo ahí todo el tiempo, simplemente no lo reconocí. Empecé a llamarlo Subconsciente porque no sabía cómo llamarle. Pero no es el subconsciente al que se refieren los psiquiatras. He descubierto que esa es la parte infantil de la mente, la parte que puede usarse al inicio de niveles de trance para ayudar con hábitos. Vi que esta parte era mucho más poderosa. Lo llamé Subconsciente y "ellos" me dijeron que no les importaba cómo lo llamara ya que de todos modos no tenía nombre. Respondería y trabajaría conmigo. Para los fines de este libro, lo llamaremos simplemente SC. Ahora sé que es el poder más grande que existe. Contiene todo el conocimiento de todo lo que ha sido y de todo lo que será. Para que pueda responder a todas las preguntas del cliente y brindar maravillosos consejos. Consejos que nunca se me ocurrirían. Descubrí que sabe todo sobre todos. No hay secretos, por lo que, naturalmente, puede ayudar porque ve el panorama más amplio. Así comencé a ver su maravillosa e impresionante capacidad de curar instantáneamente. Esto se ha convertido en el énfasis más importante de mi trabajo y lo que estoy enseñando en todo el mundo. "Ellos" decían que ésta es la terapia del futuro. Ahora dicen que es la terapia del Ahora. Descubrí que el SC tiene las respuestas a todo. Él es tan enorme y tan grande, y es amor total. ¿Por qué no trabajar con algo así? Me quita toda la carga a mí, el terapeuta. Sólo tengo que hacer las preguntas correctas y luego sentarme y observar la magia. Y veo suceder milagros en mi oficina cada día. Mis estudiantes de todo el mundo también informan milagros similares. Siento que hemos encontrado algo de gran importancia. De aquí también proviene la información sobre la que escribo en estos libros. Recuerda, sólo soy la reportera, la investigadora, la buscadora del conocimiento "perdido". Tengo que juntar todas las piezas para formar una imagen más grande, lo cual no es tarea fácil, pero es una que me encanta.

¡Continuemos entonces el viaje hacia lo desconocido y descubramos las nuevas sorpresas que el SC tiene para nosotros!

Capítulo 2
LA EVOLUCIÓN DE LA CONCIENCIA

Durante mis más de 40 años de trabajo en este campo de la hipnosis, me han desafiado nuevas teorías, conceptos e información. Mi característica principal siempre ha sido la curiosidad. Esto me ha impulsado a viajar por pasillos ocultos. Siempre quiero saber más. Saber el "por qué" de todo a lo que estoy expuesta. En el comienzo pensé que lo tenía todo resuelto. Pensé que había descubierto las complejidades de la reencarnación. Pero pronto descubrí que estaba lamentablemente equivocada. "Ellos" empezaron a darme nuevas teorías y conceptos que desafiaron seriamente mis sistemas de creencias. La primera fue la teoría de la huella o impronta que me hizo repensar todas las ideas que tenía sobre este trabajo. No quería agitar nada mi sistema de creencia ahora que lo tenía todo resuelto. Pero luego me di cuenta de que, si al menos no observaba la nueva teoría y la examinaba, yo no era mejor que el sistema religioso que dice: "¡Haz lo que te decimos y no hagas preguntas!" Ese era mi primer desafío, y al examinarlo, comencé a recibir más información. Fueron muy sabios en la forma en que lo hicieron. Saben que no pueden darte todo a la vez, sería demasiado abrumador. Entonces, en su sabiduría, te dan una cucharada pequeña. Cuando digieres eso, te dan otro pequeño bocado. Sé que si hubiera recibido la información que he recibido ahora treinta años atrás, habría sido demasiado abrumador. Lo habría rechazado por completo, lo habría arrojado contra la pared, habría dicho: "¡No lo entiendo! ¡No tiene ningún sentido!" y mi aventura y búsqueda de conocimiento se habría detenido. Nunca habría avanzado hasta el estado en el que me encuentro ahora. A través de uno de mis clientes me dijeron: "No le das a un bebé un bistec completo. Le das al bebé leche, cereal y verduras machacadas. No le das comida de tres platos." Así que tuve que dar mis pequeños pasos en este mágico campo del conocimiento. Tuve que digerir las cucharadas que me daban de comer. Al final de El Universo complejo, libro tres, dije: "Yo creo que me han contado todo lo que hay que saber. No creo que pueda haber nada más". Y ellos respondieron: "¡Oh, no! ¡Hay más! ¡Hay mucho más!" Y fieles a su palabra, han proporcionado más. Suficiente para varios libros nuevos. Tres oleadas fue el último de ellos. La gente me ha pedido leer mis libros en el orden en que los escribí, para ver cómo evolucioné. Algunos me han dicho: "Pero tú dijiste esto en un libro y esto en otro libro". Eso refleja mi pensamiento en el tiempo de la escritura de ese libro en particular. Luego, a medida que crecí y absorbí más información, mi forma de pensar cambió. Y todavía está cambiando.

A medida que la Nueva Tierra se aproxima, nuestra forma de pensamiento está siendo desafiado cada vez más. El Velo se adelgaza y se levanta a medida que nuestra conciencia se expande. Este es un requisito para entrar en la nueva dimensión con la elevación de nuestras vibraciones y frecuencias. Los viejos paradigmas y sistemas de creencias arcaicos deben dejarse de lado para dejar espacio a los nuevos. Lo que tenía sentido y era valioso en la Vieja Tierra ya no se aplica a medida que nuestra conciencia cambia y avanzamos. En los últimos meses, mientras preparaba este libro, comencé a descubrir nueva información que creo que tiene gran importancia. Causó un cambio importante en mi sistema de creencias y en mi conciencia, y creo que tiene gran importancia para el mundo a medida que atravesamos este momento extraordinario y sorprendente. Mi mayor desafío será si puedo transmitirlo de manera efectiva a los demás. Todo lo que puedo hacer es intentarlo, y con "su" ayuda tal vez otros lo entiendan. Por supuesto, todo siempre depende de la evolución y evolución del lector. ¡¡Aquí vamos!!

Alo largo de mis 16 libros se han presentado fragmentos de estas ideas. Ahora toca organizarlos con lo mejor de mi capacidad. Estos conceptos se han repetido a través de innumerables clientes, así que sé que tienen validez.

Todos comenzamos con Dios (o la Fuente) y fuimos enviados para aprender y tener experiencias. Este no sería un viaje corto porque finalmente nos inscribimos para experimentar la muy difícil Escuela de la Tierra. Una vez que nos inscribimos en esta educación, no hay vuelta atrás hasta que nos graduemos. Muchos otros planetas tienen cursos de aprendizaje más fáciles, pero la Tierra es el más difícil. Ha sido llamada el planeta más desafiante en nuestro universo, y sólo las almas más valientes se inscriben a la asignación. Las almas que eligen la escuela de la Tierra son muy admiradas porque los del lado espiritual (y nuestros ayudantes) saben que estas almas han elegido el curso de lecciones más difícil. Como es una escuela, tenemos que pasar por toda una serie de clases, cada una con su propia serie de lecciones, que aumentan gradualmente en dificultad y complejidad. No puedes proceder a la próxima "calificación" hasta que completes la presente. Si repruebas la clase o el grado y no aprendes la lección, entonces tendrás que repetir ese grado. Es así de simple. No se puede saltar del jardín de infantes a la universidad. Al universo no le importa cuánto tiempo te toma (como alma individual) completar una lección. Tienes toda la eternidad para resolverlo. Pero ¿por qué te gustaría tomar tanto tiempo para progresar y aprender una lección? Creo que querrías graduarte lo antes posible para poder regresar a Dios. ¿Por qué atascarse en el pegamento pegajoso de la Tierra y quedarse atrapado en el mismo grado mientras otros a tu alrededor progresan rápidamente?

Presentaré esto de manera lineal, aunque ahora sé que el tiempo no existe y que todo está ocurriendo simultáneamente. Pero para el beneficio de la sencillez y para que sea más fácil de entender a nuestra mente humana, lo explicaré de forma lineal.

Para completar la escuela de la Tierra tenemos que experimentar ¡todo! Tenemos que saber cómo es ser ¡todo! ¿Cómo podemos entender la vida si no sabemos cómo es ser otras formas? Esto puede ser sorprendente para algunos, pero no empezamos como humanos. Eso sucede mucho más tarde en esta escuela.

Primero, experimentas la vida en las formas más simples imaginables: aire, gases, agua, incluso células simples, tierra, rocas. ¡Todo tiene conciencia! ¡Todo está vivo! ¡Todo es energía! En mi trabajo, muchas personas han experimentado estas formas de vida básicas y donde hay lecciones valiosas que aprender. Lecciones que se acumulan y comprenden y poder ser aplicadas al complejo humano. Justo como si tuviéramos que aprender a imprimir, escribir y leer en una cierta progresión lenta para obtener los componentes básicos de la educación. Siempre debes empezar por el principio en cualquier tipo de escuela.

Luego experimentas el reino vegetal y animal. Hay lecciones valiosas que aprender al ser una flor o una mazorca de maíz, o de correr como un lobo o volar como un águila. Ya he explorado muchos de estos tipos de vidas en mis otros libros. Creo que éstas son lecciones valiosas que aprender porque podemos entender que debemos cuidar mejor nuestro entorno natural y nuestra ecología. Podemos entender esto porque todos somos Uno y todos hemos sido estas diferentes formas de vida. En nuestros primeros grados en la escuela de la Tierra también están los Espíritus de la Naturaleza: hadas, gnomos, duendes, dríadas, etc. Estos tienen la labor (o encargo) de cuidar la naturaleza. Estos seres son todos muy reales, y todos nosotros hemos tenido vidas en estas formas de existencia. Creo que trataríamos mejor a la naturaleza si nos diéramos cuenta de que todos somos parte de la conciencia Única.

La naturaleza es un tipo diferente de espíritu porque se considera un espíritu de "grupo". Puedes presenciar esto muy fácilmente cuando observas una bandada de pájaros, un rebaño de ganado, una colmena de abejas o una colonia de hormigas. Parecen trabajar y pensar como una mentalidad de grupo. Entonces, para comenzar a progresar hacia la parte humana de la escuela (compáralo con pasar por el jardín de infantes, la escuela primaria, la secundaria, la escuela preparatoria, la universidad, etc.), tienes que separar tu alma del grupo. Esto se hace a través del amor. Me han dicho muchas, muchas veces que el amor es lo único real; es lo más importante de todo. Si llevas un animal a tu casa, o le das cariño y atención, le das individualidad y personalidad, y le ayudas a separarse del alma grupal para que pueda comenzar a progresar a través de la parte humana de la escuela.

Entonces comienzas la etapa humana y esto también toma mucho tiempo. Nunca se aprende algo valioso instantáneamente. tiene que ser un proceso gradual. Cuando te convertiste en humano también tuviste que ser todo. Progresando desde la forma humana más primitiva hacia arriba al más inteligente, tienes que saber cómo es ser todo. Tienes que ser masculino y femenino muchas veces. Cuando digo eso en mis conferencias algunos de los hombres se ponen a la defensiva. Uno gritó: "¿Qué quieres decir? ¡Siempre he sido hombre! ¡Piénsalo! ¿Qué aprenderías si sólo hubieras sido un sexo durante toda la eternidad? No aprenderías mucho. Tienes que estar equilibrado, y esto sólo se puede lograr experimentando ambos. Esta es una de las explicaciones que he encontrado para la homosexualidad. La persona fue de un sexo durante muchas vidas y se decidió (por los poderes fácticos del ser) que ahora aprenderá lo que es ser del sexo opuesto. La primera vez que lo intentan, pueden sentir molestias en el cuerpo. Algunos de mis clientes han dicho que se sienten como una mujer atrapada en el cuerpo de un hombre. No hay nada antinatural en esto si lo entiendes de esta manera. Tienen que aprender a equilibrarse y adaptarse a las emociones y sentimientos nuevos y diferentes. Todo es diferente la primera vez que lo intentas. Algunos se adaptan más fácilmente que otros, como aprender a andar en bicicleta, esquiar o patinar. Algunos lo adoptan de forma natural y otros tienen que esforzarse mucho en ello.

Luego, a medida que avanzas en las lecciones humanas, Tienes que experimentar todo antes de poder graduarte. Tienes que ser rico y pobre. Recuerda, a veces ser rico puede ser una maldición más que ser una bendición. Todo depende de la lección involucrada. Tienes que vivir en cada continente del mundo, ser cada raza y cada religión antes de completar la escuela. Tienes que experimentar ambos lados de cada situación posible. Tienes que comprender todas estas formas de vivir, existir y pensar. El concepto principal detrás de la reencarnación es aprender a no juzgar ni tener prejuicios. Todos estamos aquí en la misma escuela en diferentes etapas de desarrollo. Todos apuntamos al mismo objetivo: aprender nuestras lecciones, completar la escuela y graduarnos para poder regresar a Dios. Si tienes prejuicio hacia cualquier religión o raza, ¿adivinen qué? Si no se resuelve ¡cuando dejes esta vida, tendrás que regresar como aquello contra lo que tienes prejuicios! Así es como funciona la ley del karma. ¡Lo que se siembra se recoge! Lo he visto una y otra vez en mi trabajo terapéutico.

Cuando hago estas declaraciones en mis conferencias, normalmente veo a algunas personas que parecen deprimidas. "¿Quieres decir que tengo que hacer todo eso?" ¡No te preocupes! He llegado a la conclusión de que cuando las personas empiezan a hacer preguntas y quieren aprender más sobre estas cosas, probablemente ya han pasado por la mayoría de estas lecciones y están en camino a graduarse. Recuerda que muchas de estas lecciones se pueden aprender en una vida. He encontrado esto en mi trabajo. Sin embargo, hay otros que están atrapados en una rutina, en un patrón, repitiendo los mismos errores con las mismas personas a lo largo del tiempo, una y otra vez y no progresa. A ese ritmo pasará un tiempo antes de que se gradúen: ¡aprenden lentamente!

Entonces, como se explica en mi último libro y algo de este libro, fue necesario pedir voluntarios para venir a ayudar a la Tierra y las almas que habían estado aquí durante tanto tiempo que quedaron atrapadas en la rueda del karma. Nunca podrían ayudar a crear los cambios necesarios para este momento dramático de nuestra historia. Así que trajeron a las Tres Oleadas y pudieron pasar por alto la escuela regular de la Tierra porque no tenían karma acumulado y no estaban estancados. Tampoco tienen intención de quedarse estancados. Es como cuando una escuela trae a un profesor invitado o a una persona especializada en un área determinada para ayudar a los estudiantes con dificultades. Esa persona no tiene que permanecer y participar en los cursos continuos y educación del grupo. Ellos hacen su trabajo y entonces pueden salir y regresar a su verdadero hogar. Así que sólo están aquí en una misión especial. A un gran número de ellos no les gusta estar aquí y desean volver a casa. Pero, aunque están protegidos de acumular karma "normal", si se van antes de terminar su trabajo, entonces pueden quedar atrapados en la "rueda" y tener que regresar.

He recibido y acumulado una gran cantidad de información sobre estos voluntarios y sus misiones, pero quedé placenteramente muy sorprendida durante una sesión reciente al descubrir otro grupo valiente. Parece que hay muchos más tipos que han venido aquí con asignaciones especiales que tampoco son reconocidas por el público en general. Han dado grandes contribuciones a la Tierra. Recuerden, todo parece tener que ver con la elevación de la conciencia de la gente de la Tierra. Estamos entrando en un mundo completamente nuevo y nuestras vibraciones y frecuencias deben elevarse para poder existir allí. Las viejas formas de violencia, odio y miedo no son más útiles en este nuevo mundo. Así que había que abordarlo. Ha sido un proceso lento que ahora sé que se ha ido produciendo durante muchos años (quizás siglos). Algo tenía que suceder para cambiar la forma de pensar de la humanidad. Debido al don del libre albedrío y la no interferencia, "ellos" no pueden simplemente intervenir y tomar el control. (Aunque estoy segura de que les gustaría). Tenemos que hacer los cambios en nuestras maneras de pensar por nosotros mismos. Y porque estamos tan arraigados en la negatividad, el prejuicio y juicio, se nos tenía que dar ejemplos.

Estas eran almas especiales que habían completado todas sus lecciones en la escuela de la Tierra, pero decidieron regresar para ayudar a los demás que estaban teniendo dificultad. Algunas almas vienen, no para aprender, pero a enseñar. Claro, vienen inmediatamente a la mente la mayoría de los grandes pensadores y maestros: Jesús, Buda, Mahoma. Ellos vinieron en tiempos en los que la humanidad estaba realmente atrapada en la rueda del karma. Sus tareas eran presentar nuevas formas de pensar para que pudiéramos progresar. Por supuesto, la respuesta Siempre ha sido el amor, y eso era lo que principalmente nos enseñaban. Pero debido a que sus ideas eran radicales, a menudo fueron recibidos con violencia. Cambiar el pensamiento de la humanidad es un proceso lento, y a menudo violento y la tragedia es la única manera de llamar la atención. Hay que "ir a la yugular" para hacerse notar. Lo mismo ha ocurrido con cualquier gran pensador que haya presentado ideas radicales o revolucionarias.

Cada vez que el mundo estuvo listo para dar un paso gigante hacia la elevación de la conciencia, muchas almas valientes asumieron tareas difíciles y entraron en el juego llamado "Tierra". He descubierto que se trata de almas que ya han completado las fases fáciles de la escuela y han logrado manejar algunas de las difíciles. Tienen suficiente experiencia y ahora quieren que se les asignen tareas difíciles. Justo como ciertos estudiantes que se han aburrido de las tareas fáciles. Se les puede asignar una tarea especial porque han demostrado que están listos para tal. Entonces a través del tiempo ellos tienen que venir en masa para tratar de crear conciencia y ayudar a cambiar la forma de pensar de la gente. Para intentar llevar a casa el concepto de que no debe haber prejuicios porque todos somos Uno.

La Guerra Civil llamó la atención sobre la injusticia de la esclavitud. La Segunda Guerra Mundial y Hitler llamaron la atención sobre lo que sucede cuando los prejuicios llegan al extremo de intentar extinguir a toda una raza de personas. El Movimiento de Liberación de la Mujer llamó la atención sobre la difícil situación de las mujeres. El Movimiento por los Derechos Civiles hizo lo mismo con la población llamada de raza negra. En cada uno de estos casos hubo a menudo violencia mientras los voluntarios realizaban sus roles como atacantes, defensores y mártires. Recuerden que estuvieron de acuerdo con estas cosas antes de entrar en esta vida. El acuerdo era para llamar la atención sobre los diferentes temas, y si eso significaba que su vida sería truncada, entonces eso era parte del acuerdo. Tuvieron que cambiar la mentalidad de la gente, y eso a menudo debe hacerse lentamente.

Si observamos hacia atrás en la historia, podemos ver que en muchos casos esto ha funcionado. Gran parte de la discriminación contra las mujeres, los negros, judíos, etc. ha estado disminuyendo. La mayoría de la gente joven que vive hoy no sabe cuán diferente era la situación para estos grupos hace apenas unas décadas.

EL PAPEL DEL VIH/SIDA EN EL AUMENTO DE LA CONCIENCIA

Además de los prejuicios contra las razas y las religiones, ha habido también prejuicios contra la gente con ciertos tipos de enfermedades o discapacidades o desventajas. Aquí de nuevo muchas de estas personas se ofrecieron voluntariamente para asumir estos roles con el propósito de enseñar. En mi trabajo me han dicho que hay más almas en fila para los cuerpos discapacitados que las normales. Cuando lo miras realmente, tiene mucho sentido. Se dijo que el alma puede devolver tanto karma en una vida discapacitada como normalmente tomaría diez vidas. Miren lo que están aprendiendo al estar en un cuerpo así. Miren lo que les están enseñando a sus padres o cuidadores. Miren lo que están enseñando a todos los que los ven o entran en contacto con ellos. ¿Cómo reaccionas cuando ves a alguien en silla de ruedas o a un niño con discapacidad mental? Todos aprenden algo de ellos. La profundidad de la lección depende del crecimiento y desarrollo del alma. Cuando veo a alguien así, pienso: "Esta vez te tocó una situación realmente difícil, ¿no?"

Ha habido muchas enfermedades a lo largo de la historia que han creado una enorme cantidad de miedo y estigma. En muchos casos, las víctimas han sido tratadas como proscritos y marginados por la sociedad. La enfermedad de lepra en la Biblia es un perfecto ejemplo. Incluso en los tiempos modernos, las personas con esta enfermedad estaban aisladas de los demás por miedo a la contaminación. Esto también fue cierto sobre la TB (tuberculosis) en los primeros días antes de que se descubrieran las medicinas modernas para controlarla. Estas víctimas fueron encerradas en sanatorios por el resto de sus vidas para aislarlas de los otros. En todas estas enfermedades, el miedo ha sido el principal motivador. Luego, en nuestros tiempos modernos tenemos el estigma del VIH y el SIDA. Cuando la enfermedad estalló por primera vez en la década de 1980, estaba envuelta en miedo. Gran parte de esto también se remonta al miedo a lo desconocido. El miedo es una emoción muy poderosa que puede paralizar el razonamiento y el juicio de una persona. Con las medicinas modernas el estigma no es tan malo como lo era antes cuando la persona era rechazada y condenada al ostracismo (especialmente por la Iglesia). En mi trabajo veo a muchos enfermos de estas enfermedades y mi trabajo es ayudarlos lo mejor que pueda. Cuando comprendes las leyes de la reencarnación, sabes que no puedes juzgar ni tener prejuicios. Si tan solo la Iglesia enseñara esto, no tendríamos tantos problemas.

Por supuesto, a lo largo de la historia hubo razones válidas para el aislamiento y el rechazo debido al miedo muy real a las enfermedades contagiosas que mataron a muchos miles de personas. Pero las condiciones ya no son las mismas en este tiempo moderno como eran en el pasado.

Esto me trae a la sesión que trajo información acerca de esta nueva manera de pensar, y una forma diferente de mirar a estas enfermedades.

Michael fue el joven que se ofreció a ayudarme cuando estaba dando una clase en Palm Springs, CA en julio de 2011. Él había sido muy útil conduciéndonos y asegurándose que tuviéramos todo lo que necesitábamos mientras estuvimos allí. Nos dijo que le habían diagnosticado VIH y que estaba tomando fuertes medicamentos. El medicamento apenas la controlaba y sin ella podría morir.

Michael dijo que su recuento de células T era muy bajo, y los análisis de sangre eran la forma en que los médicos monitoreaban su progreso. Yo sabía sobre el SIDA, pero no sabía sobre las células T. Después de la sesión pensé que debería investigar un poco para aclaración de los lectores. Espero que algún médico me perdone si no lo entiendo exactamente y correctamente. Las células T son producidas por el timo y son una parte importante de nuestro sistema inmunológico y de la lucha contra las infecciones. En una persona sana el conteo de célula T es 500 a 1300. En una persona infectada de VIH el timo está bajo ataque y disminuye la producción de células T. Si el recuento cae por debajo de 200, prácticamente no tienen inmunidad y son susceptibles a cualquier enfermedad infecciosa. No les queda nada con qué luchar. Aquí es cuando se convierte en SIDA porque la enfermedad puede abrumar al cuerpo. No le queda ningún sistema de defensa eficaz. Me parece interesante que el timo esté situado en la parte inferior del cuello. En mi trabajo, cualquier síntoma que se presente en la boca, los dientes, la mandíbula o la garganta (especialmente en la tiroides) significa que la persona no está diciendo la verdad. Por alguna razón se reprimen y no pueden expresar realmente sus sentimientos.

Cuando llegó el momento de elegir a alguien para la demostración del último día de clase, le pregunté a Michael si estaría dispuesto a hacerlo. Quería tener una sesión y sabía que no había tiempo para una sesión privada. Esta sería la única manera de conseguir una, pero dudaba. Es un joven gentil, amable, pero también muy reservado. Le preocupaba hablar frente a la clase y contar su historia. Esto siempre es un problema con una demostración. Yo digo que es como estar en una pecera dorada, con todos esos extraños mirándote. Lo que más le preocupaba eran las críticas y los juicios si hablaba de ser gay y tener VIH. Le dije que no creía que fuera un problema porque la enfermedad ya no tiene tanto estigma como antes. Además, todas las personas de la clase estaban lidiando con sus propias "cosas". Finalmente aceptó porque tenía muchas ganas de tener una sesión. No tenía por qué preocuparse porque cuando empezó a contar su vida y sus problemas, la clase fue muy abierta y amable con él. Fueron muy comprensivos y realmente querían que él recibiera ayuda.

Aunque estaba nervioso, cayó inmediatamente en un trance muy profundo cuando comenzó la sesión. Al principio, entró en un pequeño estanque de agua y se vio a sí mismo simplemente como una conciencia que era parte del agua. No había criaturas y el agua estaba tranquila y silenciosa. No tenía que hacer nada excepto simplemente ser. Cuando le pregunté por qué eligió ser sólo parte del agua, él dijo, "Por la 'soledad'. Por solitud. Para la tranquilidad. Sólo para estar lejos de todo. Elegí hacerlo". Cuando le pregunté si había sucedido algo que le hiciera querer estar solo, dijo que era para alejarse de todo el caos del mundo en el que había estado. Hubo demasiada confusión. Le gustaba la soledad, pero se estaba aburriendo. "Está calmado. No hay actividad, por lo que no puedes tener ambas cosas".

D: ¿Crees que quieres experimentar algo más?
M: Probablemente estoy listo.
D: ¿Crees que has aprendido todo lo que puedes estando en soledad?
M: No todo, pero suficiente.

Cuando determiné que estaba listo, le pedí que saliera del agua y se moviera a través del tiempo y el espacio hasta algo que fuera apropiado para que viera. Se encontró en una choza en medio de un campo. Tenía la sensación de estar en el Viejo Oeste. Era una mujer joven vestida con un vestido viejo y sabía que era desesperadamente pobre. En la choza apenas había bienes materiales y además hacía mucho calor. (Michael había dicho que en su vida actual no le gusta el calor). Dijo con voz deprimida: "Haces lo que puedes. Es una vida dura. Sudor, sufrimiento, rabia... Me siento embarazada".

D: ¿Por qué viniste allí?
M: Oración es la palabra. Pienso que había mucha expectativa.
D: ¿A qué te refieres?
M: A veces es común no tener demasiado, entonces aceptas lo que tienes. Más y más aceptación.

Allí vivía con su marido, quien también estaba descontento porque hacía trabajo de campo y no había trabajo. No sabía nada más. No podía cultivar la tierra. "Demasiado seco. Demasiado calor... demasiado sol... poca lluvia o agua".

D: ¿No puedes irte e ir a algún otro lugar?
M: No hay ninguna manera de irse.
D: No tienes transporte. ¿Cómo obtienes suministros?
M: Caminando. Son dos horas de camino a la ciudad.
D: ¿Cómo consigues suministros? ¿Tienes dinero?
M: No, no hay dinero. — comercio conmigo.— Es todo lo que tengo.

El marido no sabía que ella estaba haciendo esto. Durante la sesión yo seguía preguntándose acerca del esposo. ¿No se preguntó de dónde saldría la comida si no tenían dinero? Aparentemente, él decidido "hacerse el ciego" siempre y cuando tuvieran algo que comer. Luego anunció: "El bebé no es suyo". Se sentía avergonzada por lo que estaba haciendo, pero era la única forma en que podrían sobrevivir. Entonces llegó al punto que no podía caminar más lejos a la ciudad y venderse a ella misma para comer y estaban hambrientos.

La adelanté a un día importante para alejarle de la escena inquietante, pero encontramos una aún más inquietante. Cuando llegamos allí, Michael comenzó a sollozar, pero sabiamente prefirió observar la escena en lugar de participar en ella. Dadas las circunstancias, esta era la mejor manera de informarlo. Emocionado contó lo que estaba pasando: "Estoy observando. Se enteró. Él continúa golpeándola. ¡Se enteró! Él sabe que no es suyo. Se enteró. Siguió golpeándola, golpeándola y golpeándola. Todo fue su 'autocompasión'".

D: ¿Cómo descubrió que el bebé no es suyo?

M: Le dijeron. Los hombres con los que estaba se lo dijeron. Ella ya no estaba con ellos. Llegó a un punto en el que tuvo que parar. Los otros hombres se desquitaron con ella. El bebé no es suyo y él la está golpeando... tratando de sacarle el bebé a golpes. Demasiada pérdida de sangre. Ella muere y el bebé muere. Ambos mueren.

D: ¿Qué hizo el marido cuando descubrió que él la mató?

M: Había mucha emoción para comenzar. Él la ha arrastrado fuera de la casa. No le importó lo suficiente como para enterrar el cuerpo. Simplemente la dejó allí afuera a pudrirse.

D: ¿Qué le pasó a él?

M: No queda nada... nada queda para él. Él no hizo nada. Tiene hambre. Ella proveía para él. Ella ya no podía mantenerlo. No vive mucho más después de eso. Falleció poco después.

D: ¿Cómo se siente ella por todo esto, después de haber muerto y dejar el cuerpo?

M: Hizo lo que pudo. Se llevó toda esa ira y culpa consigo. No siente nada por su marido. Ya estaba muerta antes de que él la matara... por dentro. Él destruyó sus emociones y, en cierto momento, ella se rindió.

D: Hizo todo lo que pudo dadas las circunstancias. Tenía que sobrevivir. Había una razón para todo lo que hizo.

Luego lo hice flotar lejos de la terrible escena y dejé que la mujer encuentre su propio viaje hacia el otro lado y, con suerte, encuentre la paz. Debido a que se trataba de una demostración de clase, no hubo tiempo para explorar lo que sucedió en el lado espiritual. Llamé al SC para que pudiéramos encontrar algunas respuestas. La mente consciente de Michael trató de interferir y evitar que sucediera porque, sospecho, estaba preocupado por cuáles serían las respuestas. Sin embargo, soy persistente y pude apartar a la mente consciente. Habíamos encontrado una gran pieza del rompecabezas, ahora queríamos el resto. Cuando el SC finalmente llegó, pregunté ¿por qué eligió esa vida para que Michael la viera?

M: Aceptación...aceptación. Sin vergüenza... sin vergüenza... aceptación. Sin vergüenza y aceptación de lo que le tocó hacer en esa vida.

D: Esa es una gran lección. ¿Cómo se relaciona a su vida ahora?

M: Mientras agonizaba, el marido seguía gritando y llamándola púta. No más vergüenza... que no se avergüence. La estaba trascendiendo. Pertenece allí.

Hablé mucho con el SC sobre dejar todo eso en el pasado porque no era necesario en la vida presente. Michael es una buena persona y no necesitaba llevar nada de eso en su vida ahora. Esto le había causado problemas de espalda que le habían llevado a cirugía, pero había aliviado el dolor. Esto era parte de la carga que había llevado de esa vida, y la identificó como vergüenza en su vida presente. El SC se encargó de eso.

Entonces llegó el momento de plantear el tema de por qué había creado el VIH en su vida. "¿Por qué pasó eso?"

M: Era parte del acuerdo ... participar. El acuerdo es parte de la aceptación. Experiencia... la experiencia de todos. Los que lo han aceptado.

D: ¿Qué experiencia?

M: La enfermedad.

D: ¿Quieres decir que hizo un acuerdo de experimentarlo?

M: Sí. También de mover la conciencia ... fuera de eso.

D: ¿Cómo haces que se mueva la conciencia teniendo SIDA?

M: Por la conciencia de las personas que lo rodean. Aceptarlo antes de que suceda. Un concepto tan grande. Él estuvo de acuerdo.

D: ¿Puedes ayudarnos a entender lo que es el concepto más grande?

M: Sí ... tres días más.

D: ¿A qué te refieres?

M: El concepto… la comprensión… se necesitarían tres días para explicar el concepto. Hay tantos aspectos en ello. Es parte del acuerdo. Él ya lo aceptó. Tiene que confiar. Confía en que eso es parte de ello.

Esto fue difícil de entender, pero logré que el SC aceptara trabajar en el VIH. Los médicos contaban las células T de su cuerpo. Esa fue su medida del avance de la enfermedad. El de Michael había llegado a un recuento increíblemente bajo y podía morir. El medicamento era para ayudar a aumentar el recuento de células. El SC dijo que había aprendido la lección, por lo que podrían trabajar para aumentar los recuentos de células T. Todavía podría ser parte de este experimento o acuerdo, pero dijeron que su sufrimiento había terminado. "No más vergüenza. No más sufrimiento. Él tiene otro camino a seguir." La sanación sería gradual porque las células T tenían que aumentarse, pero definitivamente ocurriría.

Quería saber si había alguien en esa vida que él conociera ahora en su vida actual. La respuesta del SC fue una sorpresa. El marido que lo mató fue su padre en esta vida. El padre de Michael los había abandonado a él y a su madre inmediatamente después de su nacimiento. Últimamente había regresado a su vida, pero allí no había ninguna cercanía. Pensé que era un extraño acuerdo porque el padre no se quedó para criarlo.

M: No. Su trabajo era para darle vida nuevamente.

Eso tenía mucho sentido. Lo había matado, así que tuvo que pagar el karma de regreso para donación de vida, ayudándole a entrar al mundo otra vez. Entonces su trabajo terminó. Era muy importante que Michael lo supiera. "Muy bien. Aceptación."

Tenía una pregunta más. Quería saber de qué se trataba todo eso al comienzo de la sesión en la que estaba bajo el agua como una conciencia. El SC me sorprendió de nuevo. "Él era una roca". Había querido la soledad, y supongo que una roca ciertamente está en silencio.

Algo interesante sucedió cuando traje a Michael de regreso y abrió los ojos. Miró a la clase y dijo: "¿De dónde vino toda la gente?" Parecía desconcertado y pensé que se refería a los estudiantes sentados en sus sillas. Pero dijo más tarde que cuando estaba recuperando la conciencia, vio a mucha gente, seres, todo alrededor de la cama. Estaban parados en el espacio abierto entre la cama y la clase. Sabía que definitivamente no eran miembros de la clase. Supongo que los espíritus y guías de los presentes se habían reunido para observar, y él pudo verlos antes de volver a estar completamente consciente.

Cuando después hablamos de la sesión, los estudiantes fueron muy amables con Michael. Ellos son los que llegaron a la conclusión del propósito de este experimento. Lo que el SC había dicho que llevaría tres días de explicar. Tenía que ver con juicio. Las personas que se ofrecieron como voluntarias para regresar y experimentar (y posiblemente morir a causa) del SIDA habían acordado venir como grupo para enseñar juicio. La clase quedó atónita por la revelación. Se podía sentir la energía moverse a través del grupo mientras toda la sala cambiaba. ¡Por supuesto! Estas personas que contrajeron esta enfermedad no fueron víctimas. Eran algunas de las almas avanzadas que habían experimentado la mayoría de las otras lecciones de vida y se habían ofrecido como voluntarios para venir en masa a enseñar tolerancia y falta de prejuicio y juicio en este tiempo en nuestro mundo. Fue una revelación absolutamente fenomenal y pensé lo maravilloso que sería si la gente pudiera entender su sacrificio. Tal vez esto nos enseñará a mirar a otros grupos que están creando cambios y ver qué más tiene que enseñarnos.

Aproximadamente un mes después recibí un correo electrónico de Michael. "Obtuve el resultado de mi prueba de sangre del doctor (esperé cerca de 3 semanas después de la sesión para hacerla). Mis células T fueron de 293 a 429 en los cuatro meses desde mi última prueba. Lo interesante es que cuando el tanque de células T de alguien como el mío 3 años atrás, saltara de 100 puntos por año es considerado un buen progreso. Tuve un salto de casi 140 puntos en cuatro meses".

Por lo que parecía que el motivo de la lección fue aprendido, y Michael iba ahora en camino a la sanación.

Capítulo 3
EL LADO ESPIRITUAL

He estado recibiendo información acerca del lado espiritual (a dónde vamos cuando morimos) desde 1968 cuando al principio tropecé con la reencarnación. En aquellos días todo era nuevo y alarmante, y definitivamente desafiaba mi sistema de creencias. En la década de 1980 había recibido suficiente información de cientos de clientes como para escribir el libro Entre la muerte y la vida. Lo sorprendente es que no se ha contradicho nada. Sigo recibiendo información y sigue ampliando mis conocimientos y vista de este fascinante tema. No importa a donde voy en el mundo, recibo la misma información de mis clientes y el mismo patrón emerge. Intentaré resumir brevemente aquí para aquellos que aún no han leído ese libro.

Cuando una persona muere (o sale del cuerpo), es muy fácil. Dicen que es como levantarse de una silla y sentarse en otra. El sentimiento de libertad es estimulante. Vuelven a mirar el cuerpo y dicen cosas como: "Me alegro mucho de haber salido de allí. Ya no estoy atrapado. Ahora soy libre de ir a donde quiera". Normalmente siempre hay alguien que viene a llevar a la persona a dónde se supone que deben ir. Yo llamo a esta persona "el recibidor". Puede ser un familiar o amigo fallecido. O puede ser su ángel guía o guardián. Lo importante que debes saber es que nunca estarás solo cuando cruces. Siempre hay alguien que te muestra adónde ir. Tampoco estarás nunca solo durante tu vida, pero la gente no lo entiende. Cuando naces, siempre hay un guía (o ángel de la guarda) asignado a ti. Ellos están contigo toda tu vida y estarán ahí hasta el fin. Hay varios lugares diferentes a los que puedes ir después de morir. Estos se describen en Entre la muerte y la vida, y aparecerán en las regresiones incluidas en esta sección.

Sólo puedes ir al nivel con el que tus vibraciones y frecuencias sean compatibles. Con suerte, será un nivel superior y no habrás retrocedido a un nivel inferior. Todo depende de lo que aprendiste durante esa clase en la escuela de la Tierra.

A veces el alma es llevada directamente al "lugar de descanso", especialmente si la muerte ha sido traumática. Este es un lugar de completa tranquilidad, sin colores ni sonidos. Te quedarás ahí el tiempo que sea necesario antes de reincorporarnos a la rueda del karma. Al final, cada alma se presenta ante la junta (o consejo) de ancianos y maestros para que se evalúe la vida que acaban de dejar. A esto se le llama "revisión de vida". Repasan todas las cosas que hiciste y pensaste durante esa vida, y te califican según lo que lograste y lo que necesita más trabajo. No hay ningún Dios sentado en un trono esperando para juzgarte y castigarte. Tú te juzgas a ti mismo. Y no hay juez más severo que tú mismo. Tú decides qué errores cometiste y qué hay que hacer para rectificarlos. Hay que recordar que no hay dolor asociado a la muerte. Sólo existe el sentimiento de remordimiento. "¡No debería haber hecho eso! ¡Debería haber hecho algo más con mi vida!

Entonces comienza la preparación para regresar. No importa cuán hermoso sea allí, cuánto te encantaría quedarte allí, no puedes mientras haya deudas o karma por pagar. Tienes conversaciones con las almas con las que estuviste involucrado durante la última vida y haces tu plan. "La última vez no hicimos un buen trabajo. Volvamos y hagámoslo de nuevo. Esta vez tú serás el marido, yo seré la esposa. O tú serás la madre, yo seré el niño". Puedes cambiar roles de cualquier modo y como quieras. Recuerda que la vida es sólo una obra de teatro, un juego, una ilusión. Cuando estamos involucrados en ello parece tan real, pero solo llevamos un disfraz, un traje de ropa, para representar cierta parte. Tú eres el productor, director, actor y guionista de tu propio drama. Y como el guión se escribe a medida que avanza la obra, se puede reescribir y cambiar en cualquier momento. Tienes control total de lo que sucede en tu vida, una vez que te das cuenta de esto.

Entonces haces tu plan de lo que esperas lograr cuando regreses a la escuela de la Tierra. Haces contratos con otras personas sobre qué roles desempeñarán para que puedas deshacerte de cualquier karma sobrante. Parece muy fácil cuando estás del lado espiritual y confiriendo con los maestros, pero cuando vuelves a la rueda del karma porque este es un planeta de "libre albedrío", todos los demás tienen su propio plan y agenda, y a menudo estos entrarán en conflicto. Además, para hacerlo doblemente difícil, cuando regresas, el velo cae y te olvidas. Olvidas tu plan. Olvidas tus contratos. Olvidas que es sólo una escuela. Olvidas que es sólo un juego. Porque no sería una prueba si supieras las respuestas. Tienes que encontrar el camino de regreso por tu cuenta. Tienes que recuperar todo el conocimiento y la información que olvidaste antes de poder graduarte de esta escuela. No se puede saltar del jardín de infantes a la universidad. Tienes que tomarlo grado por grado de dificultad hasta que termines y regreses a Dios (o la Fuente) y descargues todas tus experiencias y lecciones en la gigantesca computadora de Su información. Hay mucho, mucho más sobre todo esto que se puede encontrar en los otros libros de Universo complejo. Sólo estoy condensando y parafraseando para que el lector tenga una idea. Una pauta para comprender las sesiones contenidas en este apartado. Aunque será notado que no hay contradicción, solo más información agregada a lo que ya he descubierto.

LAS LLAMADAS VIDAS "MALAS"

En mi trabajo he escuchado historias de terror sobre la forma en que la gente es criada (tal como probablemente muchos otros terapeutas han escuchado). Su infancia fue tan mala que me pregunto cómo la persona se convirtió en un adulto funcional. El crédito es suyo por lo que lo hicieron. Minimiza la inhumanidad que el hombre es capaz de hacer a su semejante. Por supuesto, sé que la parte perpetradora está acumulando grandes dosis de karma que tardarán mucho en pagar. Pero el cliente siempre pregunta: "¿Por qué me pasó esto a mí?" Se preguntan si hicieron algo horrible en una vida pasada que justificara que los trataran de esa manera.

Les explico que en mi trabajo he descubierto que lo aceptaron antes de entrar en esta vida. Esto siempre es recibido con incredulidad. "¡Eso no tiene ningún sentido! ¿Por qué querría aceptar vivir una vida así?" Recuerda que todo es una lección. Está arreglado para ver qué aprenderemos de la situación. Si no pasamos la prueba, o aprendemos la lección, siempre estará ahí la próxima vez. No importa cuánto tiempo lleve completar ese grado, esa lección. Tienes toda la eternidad. ¿Pero no preferirías aprenderlo más rápido que tardar una eternidad? Cuando se aprende lo que se supone que se debe aprender, se pasa a la siguiente lección, que puede ser más fácil o no. Quizás sea más difícil, pero al menos será diferente.

Lo que nos lleva de nuevo a la pregunta original: ¿Por qué decidimos elegir una experiencia tan horrible? Tuve dos casos cercanos el uno al otro, dónde la persona tuvo una infancia horrible. En un caso, los padres estaban involucrados en rituales satánicos que incluía a los niños. La cliente finalmente se fue de casa tan pronto como pudo y no quiso volver a tener nada que ver con su madre. Los demás niños de la familia no tuvieron tanta suerte. Las niñas se convirtieron en drogadictas y prostitutas, y el niño se dedicó al crimen y terminó en prisión. Mi cliente dijo que desde temprana edad supo que no quería verse involucrada en todo esto. Para ser una niña pequeña, tenía un notable sentido común e instintivamente sabía cómo combatir lo que estaba sucediendo. Psíquicamente puso una pared de ladrillos a su alrededor para poder separarse de la locura que la rodeaba. Se mudó y se ganó la vida sin la ayuda de su familia y no quería ningún contacto con ellos. Durante la sesión le pregunté por qué tuvo esa infancia y el SC dijo que ella la eligió (lo cual yo sabía). Y aprendió una gran lección: cómo sobrevivir y triunfar sin la ayuda de nadie. Entonces a pesar de que estaba sola y se sintió abandonada, había elegido esa lección y la había cursado con gran éxito, por lo que ahora era el momento de seguir adelante.

Otra mujer creció en una familia terriblemente abusiva donde su madrastra la golpeaba todos los días. Naturalmente en estas situaciones salen de casa lo antes posible. El SC dijo que esto era necesario para enseñarle cómo sobrevivir, cómo crecer, cómo estar sola. Había servido para un gran propósito, aunque ella no lo entendía mientras crecía. De niña sólo sabía que no era feliz.

Otra mujer tenía el mismo patrón abusivo y queríamos saber si había algún karma con estas personas que estuviera siendo compensado. Me sorprendió cuando dijeron que no. Tampoco hubo vidas pasadas con los personajes principales. El SC dijo que se acordó antes de entrar que ciertas personas serían colocadas en la vida a lo largo del camino para ponerla a prueba. Algunos de ellos podrían haber sido sus amigos más queridos mientras estuvieron en el lado espiritual y en otras vidas. Pero habían aceptado jugar la parte del villano en esta obra. Y debemos estar de acuerdo que a veces interpretan muy, muy bien sus papeles.

Siempre pregunto a la gente que ha tenido malas experiencias (y a todo el mundo le suceden algunas cosas negativas en la vida. De eso se trata la vida), ¿qué aprendieron de ella? Generalmente encontrarán algo si en realidad lo miran y ven el efecto en su vida. Si dicen que no han aprendido nada según la experiencia, y que simplemente no era justo; entonces tendrán que repetir nuevamente (tomar la clase) y la próxima vez puede ser incluso más difícil, hasta que comprendan cuál fue la lección que eligieron experimentar.

Por supuesto, todo esto tiene que ser mirado sin todas las emociones, como un observador.

Capítulo 4
VIDAS COMO OTRAS CRIATURAS

LA CRIATURA DEL MAR

Esa idea de vivir una vida pasada como otro tipo de criatura además del ser humano puede parecer extraña o improbable a aquellos que no han seguido mi trabajo. Pero he encontrado numerosos ejemplos de esto. Estos se informan en mis otros libros del Universo complejo. Antes de completar la escuela de la Tierra, tenemos que saber cómo es ser todo. Esto significa que tenemos que experimentar la vida en todas las formas posibles. Los humanos estamos más adelante en el itinerario de clase si pensamos en una progresión lineal.

Esta sesión se llevó a cabo como una demostración de clase en San Diego en 2010. Fue muy confuso porque desde el principio Carrie no tenía idea de qué era ni dónde estaba. Nos llevó bastante tiempo establecer que ella era algún tipo de criatura de mar viviendo en el océano. Una cosa que la confundió fue que desde el principio se sentía pesada como si estuviera llena de agua. Esto la hizo insistir en ir al baño. Apenas habíamos comenzado así que no quería que eso interrumpiera la sesión tan temprano, pero mis sugerencias de que se sentía bien no tuvieron ningún efecto sobre ella. Así que algunos miembros de la clase la guiaron al baño con sus ojos cerrados. Cuando regresó dijo que se seguía sintiendo pesada, como si estuviera llena de agua; se sentía como una burbuja. Cuando intenté que distinguiera el cuerpo, estaba más confundida. Se sentía ligera y podía ver colores grises apagados. "Es genial... puedo sentir, pero no veo un cuerpo. No veo pies. No tengo brazos. ¡No los tengo! No veo el cuerpo".

Dado que esto ocurre a veces cuando la persona es un espíritu, traté de seguir esa línea de pensamiento. "¿Eres consciente de que hay alguien más a tu alrededor?"

C: No… no… estoy aquí sola… solo yo. En esta... no sé la forma, pero sé que es dentro de algo, pero no sé qué es. Como... una burbuja. Me siento como si estuviera en una burbuja. Siento que estoy dentro de algo. ¿Dónde... donde? ¿Qué estoy haciendo? Sólo estoy... ni siquiera sé lo que soy. Solo estoy aquí.

D: ¿Por eso no puedes ver afuera? (Sí) ¿No puedes ver a través de la burbuja?

C: No. Está apagado. Es este color gris... Ni siquiera soy consciente de un final o algo así que me colocaría en otro lugar afuera.

Ella estaba tan confundida que yo sabía que no podía entenderlo desde esa perspectiva. Así que le pedí que saliera de la burbuja y la mirara para que pudiera entender mejor lo que la rodeaba. Entonces de repente exclamó: "Estoy en un huevo. ¡¡Estoy en un huevo!!" Ella quedó muy sorprendida por esta revelación. "Es de ese color. Es así de gris. ¡Cuando estás dentro no puedes ver, pero cuando estoy afuera puedo ver que estoy en un huevo!

D: Entonces ¿es por eso que no tienes un cuerpo?

C: Sí.—Es de aspecto como un huevo de ave.

D: Vamos a ver dónde está el huevo. Podemos expandir nuestro punto de vista. ¿Dónde está el huevo sentado?

C: Oh... como en una cueva. No es como un nido de pájaro ni nada parecido, pero es un huevo... Estoy en un huevo en una cueva. (Desconcertado.) No sé lo que estoy haciendo.

D: Está bien. Podemos ampliar nuestra percepción y ver más. de esa manera. ¿Quieres ver quién puso el huevo? (Sí) ¿De dónde vino el huevo?

C: Es un pájaro. No sé qué tipo de pájaro, pero veo azul.

D: Descríbelo de la mejor manera que puedas.

C: No plumas. Son más como muy resbalosas ... No plumas ... es como alas palmeadas.

D: ¿Quieres decir que son más como piel en lugar de plumas? (Sí) ¿Puedes decir qué tan grande es?

C: Grande. Porque es un gran huevo.—El pájaro tiene la cara negra, pero es de un azul muy bonito. Una especie de cara puntiaguda.

Sólo después de la sesión se me ocurrió una idea. Era una criatura marina, entonces ¿tal vez una mantarraya? Cuando yo Investigué, son de color negro y definitivamente se parecen a un pájaro con alas grandes.

D: Al menos estas en un lugar seguro. Nada puede lastimar al huevo si estás en una cueva. (Ella comenzó a hacer sonidos extraños.) ¿Qué?

C: (Susurrando) Pesado ... pesado.

D: Está bien. Vamos a la hora en que sales del huevo. ¿Cómo saldrás del huevo? Obsérvate haciéndolo.

C: (Hacía gestos.) Tengo que atravesar al exterior... al exterior. (Hacía movimientos de cabezazos con la cabeza.) Salir... lleva mucho tiempo. Quiero salir. ¡Ahora quiero salir!

Condensé el tiempo a dónde había finalmente conseguido salir de la cáscara. Dije: "Fue difícil salir. Te hizo trabajar. ¿Cómo luce tu cuerpo ahora que estás fuera del caparazón?

C: No mucho. Hmmm... ¡no me parezco a los otros pájaros! No soy azul. Estoy un poco gris. Tengo mucho trabajo que hacer. Siento que tengo que hacer algo. Sólo estoy acostado aquí. ¡No estoy haciendo nada! ¡Tengo hambre!

Dijo que se sentía pesada otra vez y como si estuviera llena de agua. No quería que esto la distrajera, así que traté de no pensar en eso. "¿Cómo se consigue comida?"

C: Mi mamá... mi mamá me lo trae, pero no lo sé. qué es... (Me reí.) No sé qué es. Uf... blando. (Los estudiantes se rieron.)

Se molestó al darse cuenta de que tenía que volver al baño. Dijo que volvió a sentirse llena de agua. Intenté sugerencias, pero la única solución fue permitir que los demás la llevaran al baño nuevamente en trance. Cada vez que esto sucedía, les indicaba a los estudiantes que se quedaran callados y la dejaran pasar entre ellos. Luego la llevarían de regreso a la cama con sus ojos cerrados y continuaríamos. Esto era inusual que tuviera que ir tantas veces, pero puede haber tenido que ver con ser la criatura recién nacida que estaba experimentando. "Bueno. Avancemos hacia donde ya no seas esa pequeña criatura que necesita el alimento de la mamá. Nos trasladaremos a donde has crecido. Cuando seas más grande, no te quedarás en esa cueva, ¿verdad?

C: No. Agua... agua... veo agua. Estoy en el agua. Soy un pájaro bajo el agua. ¡Hay otros! Hay otros aquí ahora.

D: ¿Se parecen a ti?

C: Unos se parecen. Unos no, pero allá hay otras criaturas. Algunas tienen muchos brazos. Algunas son realmente grandes. Todos somos niños. Estamos jugando. Estamos en el agua. Por eso siento tanta agua.

D: ¿También la cueva estaba dentro del agua?

C: Sí. Era profundo debajo de algo.

D: ¿Pero juegas con otros? (Sí) Incluso aunque todos lucen diferentes.

C: Eso es bueno.

D: ¿Te gusta allí? (Sí)

La adelanté a un día importante, aunque no podía imaginar cómo sería un día tan importante para una criatura tan inusual. Cuando llegó el día importante, comenzó a llorar. "Mi amiga ... mi amiga. Ha sido comida. Ha desaparecido. Algo se la comió. Algo se la llevó. Ya no está aquí. Todos están llorando".

D: Por eso estás triste. ¿Era tu amiga una criatura como tú?

C: No. Ella era lo que tú llamas un "pez." Era realmente bonita.

La tranquilicé y me compadecí de ella. Luego la adelanté a otro día importante. Ahora se reía en lugar de llorar. "Estamos aprendiendo a salir a la superficie. Muchos de nosotros estamos haciéndolo. A muchos de nosotros nos gusta, somos muchos".

D: ¿Eres más grande ahora?

C: Sí. Puedo salir del agua y volver a entrar. Ahora puedo ver el exterior desde arriba. Es hermoso sobre el agua. Hay cielos, sol. Nunca hemos visto eso. Todo esto es nuevo para nosotros. Nunca hemos visto el cielo. Es hermoso y seguimos buceando. Volvemos a entrar. Seguimos entrando y saliendo. Sí, algunos de nosotros lo entendemos. Algunos de nosotros no.

D: ¿Algunos no lo pueden entender? (Risas)

C: No, pero tenemos que ayudarnos el uno al otro. Es por eso que lo hacemos juntos. Tenemos que ayudarnos unos a otros. Eso es muy importante. No dejamos a nadie atrás. Y es hermoso allá arriba.

D: Está muy bien. Estás aprendiendo lecciones. (Sí)

Le pedí que abandonara esa escena y avanzara nuevamente hacia otro día importante. "¿Qué está pasando ahora o qué ves?"

C: Algo en el agua. Algo no bueno. Todos bajo el agua están muy molestos... muy molestos porque algo allá arriba no está bien. Están tratando de alejarse de eso.

D: ¿Cómo se ve? (Pausa) Haz tu mejor esfuerzo para describirlo.

C: Están tratando de atrapar a las criaturas bajo el agua, pero no están bajo el agua. Están encima del agua. Atrapan, pero no como yo... No sirvo. Quieren la comida. Están buscando comida y están lastimando a las criaturas. Están tirando un poco hacia atrás, lastimándolos. Estoy tratando de ayudarlos a escapar de la trampa.

D: ¿Cómo les ayudas?

C: Simplemente sacando… sacando con mi gran… no sé si es un ala… mi brazo… mi ala… no lo sé. Simplemente recogiéndolos y alejándolos del daño. ¡No puedo agarrarlos a todos! Pero todos están aquí tratando de ayudar... todos. ¡Ay, vete! ¡Esta no es tu casa! Esta es mi casa. Esta es nuestra casa. Hay criaturas aquí.

No pude continuar con esta escena porque yo sabía que tenía que mirar la hora. Cuando hago demostración para una clase no tengo tanto tiempo como en una sesión normal. Así que tuve que dejarla y moverla adelante a el último día de su vida y descubrir qué sucedió. "Estoy viejo. Sólo soy viejo. Ya no soy azul. (Los estudiantes se rieron.) No azul... como el color que tenía cuando nací. Algo gris".

D: ¿Sigues en el agua o encima?

C: Sigo estando bajo el agua. Soy viejo. No me muevo como solía, pero tengo muchos, muchos amigos. Están todos aquí.

D: Todos han estado juntos y siempre se ayudaron el uno al otro, ¿no?

C: Sí, eso hicimos ... es tiempo de irme. Estoy viejo.

D: Tuviste una buena vida, ¿no?

C: Sí, la tuvimos. Vinieron. Tuvimos una buena vida.

Luego la moví hasta que todo terminó y estaba fuera del cuerpo y al otro lado. Dio un profundo suspiro de liberación. Se notaba que estaba contenta de estar libre de ese cuerpo. Le pregunté qué aprendió de esa vida porque cada vida tiene una lección.

C: Ayudar. Ayudarse mutuamente. Estar ahí. Eso fue muy importante. Sí, aprendí. Yo ayudé.

Sabía que ahora ella pasaría al lado espiritual en su cuerpo espiritual. No quería seguir con eso para la clase. Sabía que tenía que mostrarles cómo hacer la terapia. Así que la alejé de allí y llamé al SC. Le pregunté por qué eligió esa extraña vida para que Carrie la viera.

C: Ella necesita recordar esto. Necesita recordar el ayudar. A veces se le olvida. Necesita recordar.

D: Ella ayuda a las personas en su vida ahora, ¿no ?

C: Sí, ha trabajado mucho, pero a veces olvida que no todos están donde ella está. Y ella necesita ayudarlos donde estén. No dónde está ella, sino dónde están ellos. A veces olvida que ellos no están donde ella está. Por eso hacemos lo que hacemos. Ella necesita relacionarse con ellos a su nivel. Esto es importante. Tiene que aclimatarse a donde están.

D: Esa fue una vida bastante extraña. ¿Qué clase de ser era ella en esa vida?

C: Criatura de mar ... su lección allí era a aprender a ayudar.

D: Fue bastante extraño. No esperaba eso.

C: Creo que tampoco ella. (Ambas nos reímos.) Sabe que ha sido muchas cosas. Esa no la conocía. Vio que no todo el mundo puede parecer igual, pero todos necesitan ayuda sin importar dónde se encuentren. Y eso es lo que tenemos que hacer, ayudar.

El SC procedió a contarle su propósito y lo que debía hacer con su vida. Tuvo que ir al baño una vez más, y esta vez el SC también la estaba reprendiendo. Decía que estaba tratando de mantenerla cómoda, pero estaba nerviosa, así que no había elección más que dejarla levantarse de nuevo y llevarla al baño. Al menos pensé que la clase estaba viendo cómo hacerlo si esto surgía durante una de sus sesiones. "Oh, sí, hablamos con ella. Lo hace a sí misma. Es lo que ella hace. Se pone nerviosa y ves… hace pis". Los estudiantes se rieron.

D: ¿Y estarás aquí cuando ella regrese, para que podamos continuar?

C: No vamos a ningún lado. Siempre estamos aquí.

D: Es una molestia, pero es solo el cuerpo físico.
C: Sí, es una molestia.

Después de que ella regresó y se recostó, "Esperamos porque tenemos mucho que contarte. (Risas) ¡Se lo dijimos! Es por eso que no tomó su café esta mañana porque sabía que iba a tener que orinar porque es lo que hace. Cuando se pone nerviosa hace pipí. Ahora ella se siente bien. No más distracciones".

Continuaron y respondieron sus preguntas y le dieron consejos sobre el marido de Carrie y sus problemas. Luego pasamos a las preocupaciones físicas. Antes de la sesión, Carrie tuvo una petición bastante extraña. Era algo que nunca había escuchado antes y ciertamente que nunca se me hubiera ocurrido preguntarle al SC. pero pensé: "¿Cómo voy a saber de lo que es capaz el SC si no pregunto?" Lo he visto hacer cosas milagrosas, entonces, ¿quién soy yo para juzgar? He descubierto que esta técnica es algo que crece y evoluciona y que tiene vida propia. Por eso aprendo constantemente cosas nuevas que el SC puede hacer. Parece que no hay limitaciones.

Carrie dijo que había tenido cáncer de mama y que los médicos querían hacerle una mastectomía. Ella no quería hacer algo tan radical, así que encontró un médico que estaba dispuesto a realizar una lumpectomía (la extirpación solo del tumor sin extirpar todo el seno). Funcionó y se la consideró curada. Sin embargo, la dejó con un seno más pequeño que el otro, y esto le resultaba vergonzoso. Llevaba ropa holgada y fluida para ocultarlo. Ya había hecho mucho auto examen de conciencia y descubrió la razón por la cual había desarrollado el cáncer, por lo que sintió que se había resuelto. Entonces su petición no fue para sanar, sino para ver si el SC podría de alguna manera agrandar el pecho pequeño para que sea comparable al otro. Lo consideré una petición inusual, pero pensé que no estaría de más intentarlo. Durante la parte de la entrevista previa a la sesión, todo esto se explicó a la clase, por lo que todos estaban ansiosos por saber qué pasaría. Si el SC pensaba que no se podía hacer, sabía que me lo diría.

Entonces mencioné el tema del cáncer de mama y le pregunté si ella tenía razón en lo que pensaba que era la causa del cáncer. "Sí, varias personas la lastimaron mucho cuando era pequeña, pero también fue muy amada. Y a veces pensaba en los que no la amaban y manifestaba el tumor en el seno". Esto va de la mano con lo que he descubierto: que el pecho representa cuidado. Y el lado izquierdo del cuerpo significa que está relacionado con algo que viene de su pasado. "Ella pensaba que no la amaban, cuando en realidad era muy amada".

D: ¿Y tubo que operarse?

C: Sí. La guiamos a ese médico. Tenía otras opiniones. Querían invadir su cuerpo. Por supuesto, ya sabes, no nos gusta que invadan al cuerpo. Ese doctor fue elegido porque hizo la menor de las intervenciones. Lo hizo por miedo. Está bien ahora. Ya pasó las cosas grandes. Ahora sólo tenemos que darle un golpe en la cabeza. Tenemos que golpearle los dedos de los pies. Tenemos que pincharle el dedo o algo así. Cuando hacemos eso es para que ella preste atención.

D: Pero todavía tiene problemas en la zona del seno izquierdo.

C: Ella sabe que está mejor. Sabe que está curado. Se ve bien. Está bien. Aún hay dolor pero está curado. Ya no necesita tomar analgésicos. Creemos que simplemente lo hace porque es un hábito. Puede hacerlo fácilmente. Nos aseguraremos de que lo haga. Ella sabe que estará bien.

D: Bien. Bueno, ella tenía otra pregunta. Podrías pensar que es un poco extraño, pero quiere preguntarte. Cuando lo hicieron la cirugía redujeron el tamaño del ceno izquierdo, ¿no es así? (Sí) Ella quiere saber si hay alguna forma de devolver el equilibrio con el otro lado. ¿Puedes hacerlo?

C: (Pausa) Hmmm. Podemos. Donde fue operada, hay espacio allí. Podemos poner algo en eso espacio ... poner tejido en ese espacio.

D: ¿Para reconstruirlo? (Sí) Bien, ¿de dónde vas a conseguir el tejido?

C: Tiene suficiente en su cuerpo. (Todos los estudiantes se rieron. Carrie tiene un poco de sobrepeso). Eso no será un problema. (Todos pensaron que esto era divertido).

D: ¿Entonces simplemente moverás el tejido de lugar?

C: Lo haremos.

D: Haces cosas maravillosas... cosas que los doctores no pueden hacer.

C: Sí. Pensó en hacerse la reconstrucción y decidió que no. Podemos hacerle esto porque estamos muy felices de que no lo haya hecho.

Luego el SC se puso a trabajar en el pecho. "Estoy buscando en la zona. Tiene suficiente espacio allá. Podemos poner algo ahí. No es gran cosa para ella".

D: Ya sabes cómo son los humanos. (Sí) Le preocupa la apariencia de su cuerpo. (Sí) ¿Y estás sacando el tejido de las otras partes del cuerpo y colocándolo en ese espacio? (Sí) ¿Y entonces estará igual al otro lado? (Sí) ¿Esto llevará mucho tiempo?

C: No, no tardará.

D: ¿Lo notará?

C: Sí ... Sí, lo notará. Sonreirá. Lo notará… lo notará. (Todos estaban riendo.)

Decidí que era un buen momento para hacer otra pregunta que me había estado molestando. Sabía que el SC podría hablar conmigo y responder preguntas mientras continuaba su trabajo. Me referí a otro caso que también fue una manifestación para una clase en Chicago. Una mujer estaba programada para tener cirugía de reemplazo de rodilla en ambas rodillas porque el cartílago estaba completamente erosionado y sentía un dolor extremo. "Ellos" reemplazaron cartílago donde no lo había y sus rodillas estaban bien. Todos en esa clase pensaron que me habían visto realizar un milagro, pero sabía que yo no tenía nada que ver con eso. Yo sólo soy la facilitadora. El SC es el que hace el trabajo. Después de esa clase comencé a usar esa cinta como ejemplo en mis otras clases. Ha habido mucho debate sobre de dónde obtuvo el cartílago el SC. Dado que hay cartílago presente en el cuerpo, ¿transfirió algo de otra parte del cuerpo? Esto sería similar a lo que le estaba ocurriendo a Carrie en esta sesión. El SC recordó el caso al que me refería. "¿De dónde sacaste el cartílago nuevo?"

C: Podemos volver a colocar cosas del tejido que ya está allí. Podemos utilizar tejido que ya está en la zona para trabajar y reemplazar el que está roto. Sin embargo, nunca es fácil reemplazar algo que ya no está.

D: Pero ¿puede hacerse? (Sí ... Sí.) Pienso que es importante que los estudiantes sepan esto, ¿no? (Sí, Sí.) Pero se necesita fe, confianza y creencia. (Sí)

Debido a que no tuvimos tanto tiempo como de costumbre para trabajar con Carrie, el SC dijo que continuaría durante la noche mientras estuviera durmiendo. Decía que los senos estarían equilibrados y todo estaría bien.

Mensaje de despedida: Permanezcan en el estado de conexión con nosotros y siempre estaremos aquí. Te escuchamos fuerte y te escuchamos claramente. Siempre estamos aquí para ti, y esto lo sabes. Nunca dudes. Nunca dudes. Hay veces que dudas y no es necesario. Siempre estamos aquí... siempre. Te amamos.

D ¿Siempre ayudas a quien necesite ayuda?

C: Sí, eso es todo lo que nosotros deseamos hacer, ayudar siempre. — Y tú, Dolores. Nos encanta hablar contigo. Haces buen trabajo.

Naturalmente, cuando Carrie despertó y se puso de pie, todas las miradas se dirigieron hacia sus pechos y hubo muchas risas entre los estudiantes. Carrie parecía avergonzada, pero cuando los miró tuvo que admitir que algo había cambiado; parecían estar más equilibrados de nuevo. Entonces fue una lección para mí también. Nunca hay que subestimar de lo que es capaz el SC.

UNA VIDA COMO HORMIGA

Cuando John entró en escena por primera vez, no podía determinar dónde estaba. Estaba muy confundido y sus descripciones me confundían también. Todo lo que pudo ver era un líquido espeso de color marrón. “Está en todas partes. Es como estar bajo el océano... un océano marrón. No hay nada más”. Me pregunté si estaría en el océano. Esto ha sucedido antes, pero no se ha descrito como espeso y marrón. “Es como chocolate líquido. Me vino a la mente la Tierra... rocas. Es muy grande... muy expansivo. Es todo lo que puedo ver”. Cuando sucede algo como esto, lo único que puedo hacer es seguir haciendo preguntas hasta que averigüemos qué está pasando. “Ahora es como si estuviera en una burbuja de aire. Como una bolsa de aire. Estoy rodeado por ello. Eso es qué parece. Este líquido marrón. Está todo a mi alrededor y estoy dentro de una bolsa de aire”.

Le pregunté cómo se percibía a sí mismo, a su cuerpo. Se sorprendió al ver que era una especie de insecto. "Extraño... como un insecto... como un saltamontes... un insecto. Tengo pies largos, tal vez cuatro y dos pies o brazos que son como pelotas".

Esto no me incomodó porque muchos clientes han ido a vidas pasadas donde eran insectos, plantas, animales e incluso rocas. Esto se explora en mis otros libros. No importa porque todo tiene conciencia y contiene un poco de la chispa divina de vida. Siempre exploro de la misma manera en que exploro las llamadas vidas pasadas "normales" porque el SC lo eligió por una razón. Debe haber información que el cliente necesita saber para relacionarlo con la vida presente. Nunca intento juzgar lo que "ellos" harán. Pueden ver el panorama más amplio y siempre proporcionar las escenas por una razón.

D: ¿Como apéndices?

J: Sí. Yo diría que soy marrón o negro. Tal vez una hormiga... hormiga, eso se siente bien.—Quizás sea agua marrón.—Sí, ahora estoy sobre una roca y me está pasando por encima. Tal vez hay una hoja encima de mí, y el agua va por encima de la hoja.

D: ¿Entonces no sientes que estás en el agua?

J: No. No, me ahogaría... no. Estoy esperando a que pase y luego seguir adelante. Creo que voy de regreso a casa. Y me atrapó la lluvia.

D: ¿Vino inesperadamente?

J: Creo. Solo sucede.

Condensé el tiempo hasta que llegó a su casa y le pedí que la describiera. "Es un nido... tal vez en un árbol viejo. Mis amigos, familiares o quien sea están felices de ver que estoy de regreso".

D: ¿Todos viven juntos en este nido?

J: Sí. Trabajamos todos juntos.

D: ¿Como una colonia? (Sí) ¿Es un nido grande?

J: No, es bastante pequeño. Está dentro de un tronco que está tirado en el suelo y está podrido por el centro. Y simplemente te acercas a él. Era un buen lugar para nido. Lo encontramos y luego construimos. Usamos fibras de madera en el tronco y cualquier cosa que pudiéramos encontrar afuera en el bosque; árboles, hojas.

D: ¿Tienes una parte que es sólo tuya o viven todos juntos?

J: Creo que compartimos entre todos. No hay un lugar para cada uno de nosotros. Todo es nuestro, juntos.

D: Hace rato dijiste "familia". ¿Tienes familia?

J: Siento como que soy uno y no tengo familia. Siento que soy uno, individual. Me siento masculino.

D: Pero todos ustedes trabajan juntos y eso es bueno, ¿no es así? (Sí)

Quería saber cuál era su trabajo, qué hacía con la mayoría de su tiempo. "Buscar, forraje, buscar, forraje, alimento."

D: ¿Lo haces solo o con otros?

J: Solo me veo a mí mismo ahora.

D: ¿Dónde buscas comida?

J: Bajo las hojas, en lo oscuro, a veces arriba en los árboles.

D: ¿Qué comes?

J: Solo verduras, plantas. No veo animales u otros insectos. Quizás hojas.

D: ¿Lo traes al nido?

J: Sí, y lo comparto con otros.

D: ¿Te gusta allí?

J: Me siento como que pertenezco y contribuyo y hago algo que se necesita. Así que sí, me siento bien por eso.

Luego lo adelanté a un día importante. Sería interesante ver qué sería importante para una hormiga. "Parece que el tronco se ha lavado y estoy completamente solo. Supongo que el agua subió y se llevó el nido y todo. Se fue flotando... Y estoy completamente solo. Estoy parado a unos metros de donde solía estar el tronco... la casa. Sé que fue lavado. Y me pregunto: ¿qué voy a hacer ahora?

D: ¿Es probable que los otros estuvieran dentro del tronco, en el nido?

J: Sí. Puede que estén bien. No lo sé. No sé qué hacer. Puedo intentar buscarlos. Simplemente no sé qué hacer. Puedo intentar empezar de nuevo.

D: ¿Es esta la primera vez que estás solo? (Sí) ¿Siempre has sido parte de un grupo?

J: Sí, y Eso se sentía bien.—Creo que voy a tratar de encontrarlos.

D: ¿En lugar de empezar de nuevo?

J: Sí. Los voy a buscar. Iré en la dirección en la que se lavó el tronco. Estoy pasando sobre hojas y tierra, y creo ver el tronco. Parece que es así. Mmmm, no veo a nadie allí.

D: ¿Está todavía en el agua o qué?

J: No, está en el suelo... está seco. Fue arrastrado... y depositado. Hay uno allí y no lo reconozco. Quizás el grupo era más grande de lo que pensaba. Simplemente no lo conozco. Otros están fuera forrajeando. No sé si están perdidos o no.

D: ¿Tal vez alguno de ellos falleció cuando estaba en el agua?

J: Parece seco por dentro. Creo que los demás podrían haber estado afuera cuando el tronco se fue flotando. Entonces no tienen un hogar al cual regresar, a menos que puedan encontrarlo. Así que voy a regresar de donde vine. A ver si puedo encontrar a los demás.

D: ¿Para que puedas guiarlos?

J: Sí. Volver a donde yo estaba. Están empezando a reunirse, los llevo de regreso a donde estaba el tronco y les muestro adónde se fue. Me sentí aliviado de encontrarlos. Se preguntaban qué había pasado con su casa y por qué. Salieron del bosque y no había un hogar al que ir.

D: Sí, de la misma manera en que te sentiste.

J: Y ahora ellos sienten alivio porque han podido encontrar su casa, pero está en un lugar diferente. Esto ha sucedido antes. Estamos felices de volver a casa y me siento importante por haber podido ayudarles a encontrar el camino de regreso a casa.

D: Así que tenías un papel importante que desempeñar. (Sí)

Cuando lo moví nuevamente hacia otro día importante todo lo que podía ver estaba oscuro. Él no pudo continuar la historia. "¿Ya no estás en el nido?"

J: No, no lo creo. Me siento separado de los demás.

Cuando esto sucede sé que el sujeto ha muerto y no hay nada más que ver. Esta es siempre mi respuesta a los escépticos que piensan que la persona está inventando estas vidas. Si se lo estaban inventando, él tenía una buena historia, ¿por qué no la continuó? La respuesta es que nunca lo hacen. Si la vida se acaba, no hay nada más que ver. He visto que esto suceda muchas veces. No pueden fantasear. Cuando esto sucede yo siempre los regreso a la última escena. Eso fue sólido. En este caso fue cuando encontraron nuevamente el nido del tronco. Cuando eso quedó establecido, lo adelanté al último día de su vida, para que pudiéramos descubrir qué le pasó. "¿Qué ves?"

J: Estoy afuera forrajeando y solo ... No energía ... no doy más.

D: ¿Algo te pasó?

J: No. Solo como que paré de laborar.

D: Cuándo dejas de trabajar, ¿qué sucede?

J: Es como que me voy a dormir. Solo me recuesto.— Voy a extrañar a mis amigos, pero seguirán sin mí.

D: Y, ¿qué pasa después que te recuestas?

J: Parece una especie de cascada obscura. Se supone que debo ir hacia arriba.

D: ¿Estas fuera del cuerpo ahora?

J: Tendría a ser, sí. El cuerpo es ... innecesario.

D: ¿Puedes ver tu cuerpo?

J: Sí. Se ve como una hormiga.

D: ¿Sólo ahí tirada? (Sí) ¿Ahora ves algo así como una cascada vertical?

J: Sí... una cascada o... líneas de algo... cayendo. Se supone que debo avanzar en esa dirección general. No tengo que ir por arriba de la cascada, pero puedo ir arriba junto a ella en el aire.

D: ¿Se siente bien estar fuera del cuerpo?

J: No importa. En realidad, no hace diferencia alguna.- Ahora veo una nube. Y algunos de los otros antes a mí, estamos felices de vernos. Todavía parezco una hormiga. Todos parecemos hormigas.

D: ¿Pero están felices que llegaste allá? (Sí, Sí, Sí.) ¿Hay algún lugar al que tengas que ir ahora?

J: Creo que estamos esperando a ser llamados. Esperamos allí juntos. Luego iremos más arriba. Es como un tipo de área de parada... una zona de espera.—Alguien llama. Sabemos cuándo ir.

D: Luego ¿qué pasa?

J: Es como un juicio o revisión ... una revisión de vida o algo así.

He realizado suficientes de estas regresiones para saber que cuando la persona muere tiene que acudir ante una junta o consejo para que le hagan una revisión de vida. Aparentemente no importa qué forma tomó esa vida. Pero encontré esto divertido. ¿Cómo sería la revisión de vida de una hormiga?

D: ¿Hay alguien allá haciéndote preguntas?

J: Más bien un guía. Alguien ahí para responder preguntas. o ayudarte.

D: ¿Cómo es?

J: Veo humano. Cabello gris, hombre con barba gris. Se supone que debemos discutir lo que he aprendido. ¿Como lo hiciste? ¿Qué hiciste? Estoy diciendo que no entiendo lo que se supone que debo haber aprendido. Mmm, familia, unión, ser parte de algo más grande, sacrificio. Dijo que lo hice bien.

D: Son cosas buenas. ¿Aprendiste buenas lecciones? (Sí) ¿Qué va a pasar ahora?

J: Voy a descansar un rato, tal vez jugar. Sí, tengo un tiempo de descanso. Descansar, jugar. Mmm... ir a explorar. Salir al espacio y simplemente volar. Eres libre hasta que te llamen. Parece que estoy en el espacio ahora mismo. Mayormente está oscuro. Algunas estrellas... algunos planetas. Me pregunto a dónde voy a ir ahora. Si no elijo hacer algo, entonces me aburriré. Voy a ver si hay alguien más con quien pueda divertirme. Veo a alguien. Creo que es alguien que conozco de antes.

D: ¿Entonces simplemente estarán flotando por allí juntos y explorando cosas?

J: Eso suena aburrido. Creo que vamos a ponernos al día con lo que he estado haciendo y qué ha estado haciendo el. Y contarle lo que he estado haciendo y él está escuchando. Ha estado explorando los planetas. Creo que vamos a volver a una vida juntos. Sí, hagamos algo en esta vida juntos... Todavía no están listos para nosotros.

D: Pero estas haciendo planes.

J: Sí. Nos vamos a reunir en esta vida.

D: ¿Crees que las personas que te llamen estarán de acuerdo con eso? (Sí) Entonces, ¿tienes algo que decir sobre dónde vas y qué haces? (Sí) ¿Y con quién lo haces? (Sí) Está bien. Pasemos a cuando te llaman.—¿Te han llamado?

J: Sí. Veo un bebé. Creo que estoy naciendo.

D: Antes de eso, ¿a dónde fuiste cuando te llamaron?

J: Había un grupo o un consejo y hablamos de estar juntos en esta vida. Y dijeron que estaba bien y hablaron sobre lo que vamos a trabajar.

D: ¿Dijeron que estaba bien ser humano ahora? (Sí) ¿Se puede saltar de una especie a otra?

J: Tenía que aprender algo en la última, por eso tuve que hacerlo.

D: ¿Así que no hace ninguna diferencia? ¿No hay ningún orden en el que tengas que entrar?

J: No si hay una lección que aprender.

D: ¿Te dieron algún consejo? ¿Hay algo que se supone que debes hacer o buscar en la próxima vida?

J: Se supone que debo cuidar de él... cuidarlo. Se supone que debo aprender algo de él... amor, conseguir la libertad. Tengo que aprender a tener paciencia.

D: ¿Ellos te ayudan con el plan?

J: Siento que ambos sabemos las áreas que cada uno tiene que trabajar y por eso llegamos a un acuerdo para reunirnos más adelante en la vida.

Decidí dejar eso y convocar al SC. "¿Por qué elegiste esa vida para que John la viera, en la que era insecto, la hormiga?"

J: La sensación de ser parte de un grupo y hacer aportes importantes. Eso es lo que necesita esta vez. Sentir que está haciendo contribuciones importantes y ser parte de una familia. Eso es lo que le falta. Tendrá que encontrar un grupo o un interés e involucrarse en él, ya sea en jardinería o meditación. Sintiendo unión. El verá que es más de familia.

John sufría de depresión y estaba tomando medicamentos. Al SC no le gustó esto. "No es bueno ni para el cuerpo ni para la mente, ninguno de los dos. Fue causado por la falta de fe en uno mismo en las situaciones más difíciles. No lo logramos... no pudimos hacer mucho".

D: ¿No pudiste ayudarlo del otro lado?

J: No, él no aceptaba la ayuda ... demasiado testarudo.

D: Queremos sacarlo de eso, ¿no es así?

J: Solo tiene que pedirlo.

D: Adelante, pregúntele y ve si tienes su permiso de ayudarlo.

J: Sí, eso sería lindo. Sí, él está de acuerdo.

D: ¿Qué vas a hacer para ayudarlo?

J: Será un proceso. Tendrá que pedir ayuda cuando la necesite y habrá un proceso para que él salga de ello.

D: Se que a veces puedes hacer curación instantánea, pero ¿esto es diferente?

J: El proceso será mejor para él. El proceso de aprendizaje que podrá usar más tarde. Se sentirá más ligero, sonreirá más, más fácil de carácter, relajado. Él verá cambios con el tiempo si se observa a sí mismo.

D: ¿Qué opinas del medicamento? ¿Está ayudando o no?

J: Podría ser una muleta ahora ... una muleta. Con el tiempo ya no la necesitará, pero necesita la muleta ahora mismo para sentirse seguro. El proceso generará confianza. Tiene que trabajar durante el proceso. Si tan sólo empezara a meditar de nuevo.

D: ¿Cómo es que se dejó caer en esa depresión así?

J: Aislado... nadie con quien equilibrar sus pensamientos... nadie con quien detener su pensamiento negativo, así que simplemente se alimentó de sí mismo.

D: ¿No tenía a alguien en quien pudiera confiar?

J: No... no quería.

Hubo varias preguntas personales. La siguiente es la eterna: Propósito.

J: Ayudar. Ayudar a los demás y no juzgar y aceptar a las personas tal como son. Si ve a alguien que necesita ayuda, píde y listo. Si ves una necesidad... llénala.

D: Y esto ayudará con la depresión.

J: Y la confianza, Sí.

Luego, el SC examinó el cuerpo en busca de problemas físicos. Hubo algunos daños en los pulmones debido a que fumaba. Sin embargo, él no quería parar, así que no había nada que pudiéramos hacer al respecto porque no podemos ir en contra del libre albedrío de nadie. “Ellos” aceptaron trabajar en algunos lunares que John tenía en el pecho y que podrían ser precancerosos. John temía que su vida terminara muy pronto. (Pero parte de esto se debió a la depresión). El

SC dijo que sí. Era posible. Pero yo sabía que, si se salía antes de cumplir su misión, simplemente tendría que comenzar todo de nuevo. El SC dijo: "Eso no es lo ideal".

Mensaje de despedida: comienza a meditar. Es muy importante... vuelve a ello. Entonces podrá comunicarse con nosotros, y él evolucionará, y sí, levantará su vibración. Y ejercicio. Esto fortalecerá su corazón y mejorará su estado de ánimo.

EL GRAN PÁJARO

Tube otra clienta (Rachel) que fue a una vida pasada como un gran pájaro. La vida era mundana mientras el pájaro iba a través de varias aventuras, incluyendo una en dónde fue atacado por otro pájaro al aventurarse en su territorio. Cuando murió tirado en el suelo del bosque mirando al cielo, vio un gran pájaro blanco brillante que venía para ayudarlo a llegar al lado espiritual. Así que parece que el "recibidor" puede tomar muchas formas según la vida que se ha vivido. Será algo con lo que el espíritu que parte pueda identificarse y sentirse cómodo. Cuando ella miró hacia atrás para ver su cuerpo, vio un pájaro oscuro tirado en el suelo. Ahora que ya estaba afuera del cuerpo, yo sabía que podría ver la totalidad de la vida de una perspectiva diferente. "Cada vida tiene un propósito. Cada vida tiene una lección. ¿Qué crees que aprendiste de esa vida?"

R: Está bien disfrutar estar solo y hacer cosas con la naturaleza. Era una vida pacífica.

D: ¿Cuál piensas que haya sido el propósito de esa vida?

R: No tener miedo de estar solo. Fue agradable ayudar a otros que necesitaban ayuda. Ese amor siempre está ahí dondequiera que estés. Y la vida no es dolorosa, ya sea que te lastimes o mueras; no hay dolor. El amor siempre está ahí porque ese pájaro es de alguna manera una forma de amor. Es como si estuviera mirando a través del espacio, el tiempo y el cielo, y como si hubiera nacido de la luz.

D: ¿Qué vas a hacer ahora que estás fuera del cuerpo?

R: Pienso que solo descansar.

Luego la hice flotar alejándose del pájaro y llamé a que viniera el SC. La primera pregunta que siempre hago es por qué le mostró esa vida en particular.

R: Necesita extender sus alas. (Esa fue una muy buena metáfora para representar eso). Sé tú mismo y no tengas miedo de ser quien eres. Es una hija de Dios y está aquí para representarlo en su manera especial, en la pequeña chispa que porta. Y sólo ella puede hacer eso. Y si no extiende sus alas y es ella misma, no está expresando a Dios. Y Él la puso aquí para su propósito.

Esto, por supuesto, planteó la eterna pregunta: "¿Cuál es su propósito?"

R: Amar. Ella les da amor a todos y los ama a todos. Tiene mucho amor y recibe mucho amor. Pero no confía en sí misma. Está como "en pausa". Está conteniendo. Eso no es bueno para su salud. Necesita poder verbalizar. Tiene que expresarse. Ha intentado muchas cosas y ha fracasado y tiene ese miedo al fracaso. Tiene que "intentar de nuevo". Está esperando que suceda algo, pero necesita darse cuenta de que tiene que lograr que suceda.

La dilación había afectado su salud. Me concentré en eso. Tenía un bulto en la columna y, por supuesto, los médicos querían operarla. Sus problemas con la espalda y cuello eran porque sentía que llevaba más peso que su peso. El SC lo eliminó al instante. "Ha pasado su tiempo. No es necesario ya". Ella también había tenido cáncer de mama y fue operada. El SC nos contó la causa: "Extrañaba a sus hijos. Todos ellos se han mudado de casa y se han ido. Ya no tenía a quien más nutrir. Nunca quiso tener hijos, pero cuando los tuvo, solo los amó tanto." Fue una lástima que Rachel no supiera esto antes de la cirugía, pero, por supuesto, nunca sabemos lo que nuestros cuerpos intentan decirnos. Ahora no habría más problemas con el cáncer.

Su siguiente pregunta física fue sobre sexo. Tenía dolor y malestar en esa parte de su cuerpo durante el coito. El SC dio una respuesta inusual. Fue causado por los tratamientos excesivos que los médicos le habían dado a Rachel después de la cirugía de senos. Le habían administrado quimioterapia, lo que le provocó una menopausia precoz, a la que su sistema tuvo dificultades para adaptarse. Todavía estaba tomando algunas pastillas. También le hacían resonancias magnéticas periódicamente que no eran necesarias. Su exceso de precaución había causado daño a esa parte de su cuerpo. El SC dijo: "Ella todavía recibe algunos tratamientos. No es quimioterapia, pero es una sustancia química en sus huesos. No los necesita. Tenía miedo de que volviera si no dejaba que los médicos hicieran estas cosas".

D: Ahí está el miedo otra vez. (Sí) Eso es lo que está causando los problemas.

R: Puede dejar eso para que su cuerpo pueda limpiarse y sanar por sí solo, y no luchar contra esas pastillas e inyecciones que le han estado dando. Debería suspender todos los medicamentos. El cáncer nunca volverá. Nunca hubo nada que temer.

Se le sugirió que tomara un trabajo que fuera trabajando con niños, así no extrañaría tanto a los suyos.

Mensaje de despedida: Se amable contigo misma... no sean tan dura ni crítica contigo misma. Se paciente. Ponte en marcha. Siempre estaré aquí para ayudarle. Su miedo se ha ido y sólo puede disfrutar de la vida.

UN ESPÍRITU ELEMENTAL

Estaba en Santa Fe para dar mi clase en la universidad del noroeste de Nuevo México. Antes de que comenzara la clase, me quedé con Paula en su casa de huéspedes en las sierras a las afueras de Santa Fe, donde estaba atendiendo clientes. Muy apartado y tranquilo. Bobbie tenía muchos problemas físicos, pero sobre todo padecía depresión. No tenía energía, parecía cansada e infeliz y tenía muchas ganas de morir. Ella sólo tenía unos 40 años, pero parecía y actuaba mucho mayor. Estaba totalmente agotada.

Normalmente uso un método en el que hago que mi cliente descienda de una nube a una vida pasada.

Cuando Bobbie salió de la nube, estaba en el campo y vio a hombres con armaduras de metal, trajes de malla y lanzas en la mano. Vio un batallón montado a caballo que iban a la guerra, con cascos y un escudo de águila en sus uniformes. Estaba en un claro en el bosque, entre los árboles, viendo pasar el ejército.

Esto pasó de lo normal a lo extraño cuando le pregunté sobre su cuerpo. "Estoy brillando, como un ser mágico. Estoy hecha de luz dorada. Soy risueña y dulce. Hay destellos de luz en mi cuello y mis muñecas. No soy parte del mundo humano. No tengo ninguna conexión con la gente del ejército. Es todo un poco divertido para mí. No me ven. Están muy concentrados. Tienen un lugar a donde ir. Soy muy feliz aquí en el bosque y me conecto con los espíritus. Vivo en el mundo de los espíritus en el bosque, pero es sólo una parte de mí. Hay otra parte de mí que pertenece allá arriba, en las nubes. Hay muchos seres espirituales invisibles que van y vienen. Los siento por todas partes. La gente los ve como luciérnagas, pero no lo son. Son seres espirituales con una existencia muy ordenada. Soy más visible que ellos. Puedes verme como una especie de ser humano brillante".

D: ¿Es esta tu apariencia normal?

B: No, es solo un disfraz.

D: ¿Por qué tomaste esa forma en este momento?

B: Porque ellos me enviaron.

D: ¿Quién te envió?

B: El lugar más allá de las nubes. Hay un mundo blanco allá y me pidieron que fuera.

D: ¿Es esa tu casa?

B: Creo que me enviaron a una misión y no me permiten regresar, así que no estoy seguro de dónde es mi hogar. Se siente como si el hogar fuera más alto, arriba, pero ahora no puedo sentirlo porque estoy aquí abajo y tengo que hacer algo.

D: ¿Quiénes son los que te enviaron?

B: Parecen seres de fuego que emergen de la nube. Hay una especie de concilio o trinidad. De vez en cuando, aparecen rostros fuera del fuego.

D: Entonces no son físicos. ¿Por qué te enviaron? Dijiste que era una especie de misión.

B: La imagen que tengo es como si uno de esos seres espirituales me hubiera metido en una canasta cuando era bebé. Ella es una persona amable y cariñosa que no pudo mantenerme allí. La dama del lugar blanco debía crear una descendencia que conectara con la Tierra. Soy parte de esa dama y estoy explorando. Me estoy conectando con estos seres mágicos como de una manera invisible y me muevo en este mundo humano. Me siento mejor siendo sólo en parte humano, donde puedo ser mitad luz y mitad humano, pero más luz porque así permanezco conectado con el lugar de luz.

D: ¿Dijiste que no te permitieron volver?

B: Ahora no. Tengo que hacer algo. Acabo de empezar. Es algo nuevo. Estoy jugando. Acabo de descubrir los bosques llenos de lindos animales que se llevan bien con los espíritus, y nos estamos divirtiendo. También es una forma de acercarse a los humanos.

D: Está bien jugar y experimentar. Se nos permite hacer eso antes de volvernos sólidos. ¿O quieres volverte sólido?

B: No lo creo.

D: ¿De qué se trata tu misión?

B: Sé que tengo que ir más adelante a la aldea dónde está la gente.

D: Pero ¿sabes cuál es tu trabajo?

B: ¿Quieres que pregunte?

D: Si quieres. Tal vez te lo digan antes de que te separes demasiado de ellos.

B: Hay muchos problemas en marcha: la guerra. El lugar de donde vengo no entiende la guerra y se supone que debo pasar un rato para que mientras ayude a elevar la energía. La gente en los pueblos está realmente abatida y no tienen ninguna esperanza. Dondequiera que yo vaya, la luz dorada me sigue y se supone que debo difundirla para que las personas deprimidas puedan recordar cómo conectarse con ella. Esto despertará sus mentes para que puedan agruparse y pensar en formas de resolver sus problemas. Ahora mismo se sienten derrotados y no están resolviendo nada. Soy una especie de portador de esperanza.

D: ¿Podrán verte?

B: No. Sentirán la diferencia. Es como estar cerca del polvo de hadas. Aumenta su frecuencia y luego el grupo blanco puede brindar su apoyo. Es fácil. Sólo tengo que ser yo misma Y permanecer juguetona. Ese es mi trabajo. Simplemente ser yo misma y difundir energía.

D: ¿Has hecho esto antes?

B: Parece en realidad nuevo porque todos son como inexpertos en esto. Parece un primer intento.

D: ¿Alguna vez has sido físico?

B: Viví en Egipto como mujer, pero no era sólo humana. Era en parte ser estelar y parte humana. Fui definitivamente más humana que en esta vida de tipo hada. Estaba en un tipo de mundo de las sacerdotisas. Definitivamente era un ser humano completo, pero mi energía no se siente carnosa. Se siente muy alta. Esa misión era mucho más seria. Ese fue un momento realmente importante. La energía estelar había descendido y se había mezclado con humanos durante mucho tiempo antes de esa vida. Así eran las cosas. Yo era parte de muchos seres que eran así.

D: Estaban evolucionando, experimentando y jugando.

B: No, no se sintió así. Parecía como si la Tierra y la galaxia estelar estuvieran haciendo cosas serias. Fue una vida importante. El destino del mundo iba a cambiar. Había muchas nubes oscuras, muchas decisiones importantes, muchas mentes superiores. Era realmente importante decir y hacer lo correcto porque las consecuencias podrían ser enormes.

D: Fue importante para ti estar allí en ese tiempo.

B: Sí, pero no porque yo fuera algo especial; sino porque era importante para todos.

D: ¿Hiciste tu trabajo en ese momento?

B: No parezco muy feliz. Creo que estaba muy estresada porque las consecuencias fueron enormes. Aquellos de nosotros que éramos parte de los seres estelares (no todos se habían convertido en parte de los seres estelares) teníamos la responsabilidad de cómo íbamos a guiar a los demás.

D: Suena muy serio.

B: Tampoco se siente como que había mucho amor presente. No se sentía mal, pero definitivamente se sentía más como una sociedad mental.

D: Mientras recuerdas esa vida, ¿crees que lograste lo que se suponía que debías hacer?

B: Me dicen que nos disolvimos. No avanzó, pero no fue doloroso. Fue un trabajo muy duro, que duró mucho tiempo y requirió mucha dedicación, pero no continuó. Nos disolvimos en el buen sentido. Pero ahora estoy en la vida traviesa. Estoy en el bosque y huelo las grandes flores. Me estoy divirtiendo mucho. Estoy hipnotizada y mirando dentro de la flor. Todo habla. Está lleno de una luz dorada que sale de él. Todo me parece muy divertido.

D: En tu misión, dijiste que se suponía que debías ir a hablar con la gente o algo así.

B: Oh, creo que no tengo prisa de ir. ¿Quieres que vaya?

Se estaba divirtiendo tanto que dudaba en ir a hacer su misión. Pero luego fue al pueblo y contó lo que estaba viendo.

B: Una vida muy sencilla con mucha gente sencilla. Muchas ratas. Me muevo en la noche y camino por las calles, pareciendo un fantasma, aunque no lo soy. Hay mucho miedo en el aire durante todo el día, creado por los pensamientos negativos de las personas. Se forma en zonas oscuras que limpio por la noche para que la gente pueda pensar con mayor claridad al día siguiente.

D: Y no sentirán el miedo tan intenso al día siguiente.

B: Correcto. Ni siquiera estará allí porque lo habré eliminado. La muerte que los rodea genera mucho miedo. Soy un ser elemental y tengo este trabajo.

D: Vamos a movernos hacia adelante y ver si sucede algo importante.

B: Hay una escena de una batalla sangrienta en el campo cerca del bosque donde emergí por primera vez. Lo que es tan nuevo para mí es ver sangre porque realmente no lo entiendo. No lo había visto antes. Al principio creí que estaba viendo hermosas flores rojas, y luego me doy cuenta de que son los estómagos de las personas abriéndose. De lejos no me molesta, pero a medida que me acerco es todo bastante feo.

D: ¿Tienes que hacer algo allí durante la batalla?

B: No precisamente. Soy más bien un observador. Ahora puedo irme a casa. Siento náuseas y no quiero quedarme. No tengo que hacerlo.

D: ¿Es tu hogar el mundo blanco? (Sí) ¿Cómo es?

B: La dama me recibe. Es como una sociedad muy ordenada. Hay muchos pasillos. Es muy silencioso. La gente habla con la mente. Parece que todo el mundo trabaja y se mueve sin esfuerzo. Algunos trabajan en cubículos, otros en mesas. Todo el mundo es muy libre y registran sus entradas y salidas como les apetece. Hay algunos extraterrestres sentados en una mesa trabajando. Todos somos investigadores de algún tipo.

D: ¿Cuál es tu trabajo?

B: Estoy conectado con los que forman parte del consejo, pero Soy una de las personas más jóvenes. No soy parte de las grandes decisiones. Estoy un poco al margen. Pero aun así, se me permite entrar a la cámara del consejo. Tengo más libertad que los que trabajan en una mesa. Parezco una especie de niño para los miembros del consejo. Todavía estoy aprendiendo, pero entiendo la energía de todo esto. Estoy muy cómodo. Todo me resulta familiar, definitivamente es mi hogar. Nada requiere explicaciones. Sé dónde está todo. No soy un anciano, pero soy muy inteligente.

D: ¿Sigues brillando?

B: No. Ahora soy uno de los seres de luz. Tengo mucho tiempo libre y paso mucho tiempo hablando con las estrellas. Supongo que se trata de una especie de galaxia. Mientras todos están ocupados y aún no me han asignado mi tarea completa, me siento y me pregunto qué más hay. No sé si quiero irme. Lo que hacemos es muy ordenado; no es que tenga ningún problema con eso. Pero soy consciente de que hay algo más y le pregunto al cielo si debo participar en algo más. Es casi ¿como si pudieras estar en tu mundo normal y te vas a dormir una noche y te despiertas en otro lugar? Es un poco así: cambiar de realidades.

D: ¿Estás hablando de estar en dos lugares a la vez?

B: No me gusta esta sensación de estar en el medio. Me siento raro y dividido. No sé si fue correcto para mí pensar fuera de mi grupo porque son muy buenos y muy cariñosos, y todos entrenamos durante muchos años y hacemos un buen trabajo. No sé si está mal querer algo más.

D: Creo es sólo por curiosidad.

B: Pero no sé si la curiosidad es mala.

D: ¿Qué dicen ellos?

B: En realidad ellos no lo saben. Solo está sucediendo entre los Cielos y yo.

D: ¿Así que no te lo ha dicho el consejo?

B: No. Esto es justo lo que hago en mi tiempo libre. Pienso en qué más sucede en otras realidades.

D: ¿Eres consciente de un cuerpo físico que tendrás en el futuro llamado "Bobbie"?

B: Esa misma persona está conectada al mundo blanco.

D: Es tan hermoso allí—¿por qué quisieras irte?

B: Es más como si estuviera despierto por la noche y preguntándome y entonces es como si el asombro me hiciera dormir y despertarme en otro lugar. Como si al preguntarte sobre algo, comienzas a vivirlo. Pero hay una parte de mí que no quiere meterse en problemas, que no quiere complicaciones, que no quiere hacer cosas fuera de la inteligencia de nuestra sociedad. Así que no sé cómo sucedió.

D: ¿Hay alguien a quien puedas preguntarle al respecto? Lo saben todo, ¿no? Probablemente sepan lo que estás haciendo incluso si no se lo dices.

B: Eso es cierto. Nunca pensé en eso. Voy a hablar con la dama que es una especie de anciana. Ella dice que en nuestra sociedad todos tienen libre albedrío, pero el libre albedrío implica mucha responsabilidad. No debería pensar en términos correctos o incorrectos porque eso no funciona. Y ella dice que una parte de mí era consciente de la responsabilidad a una edad más temprana de lo que hubiera sido apropiado. Eso creó un anhelo porque es como si estuviera listo para asumir la responsabilidad antes del momento adecuado en mi sociedad para asumirla. Ella está diciendo que necesitaba la experiencia para llenar el lugar dentro de mí que tomó conciencia de la responsabilidad.

D: Entonces de esa manera ¿está bien entrar a un cuerpo físico?

B: Bueno, todavía no lo he visto así. Hay una parte de mí que no sabe en lo que se está metiendo. Todavía estoy pidiendo permiso, pero ella dice que no es sobre permiso. Se trata de lo que creamos, y yo ya he creado esto y, por lo tanto, es simplemente lo que es.

D: Entonces, una vez que lo creas y decides hacerlo, ¿tienes que seguir adelante?

B: Sí, y tienes que cumplir tu creación.

D: ¿Ingresaste en el cuerpo físico conocido como Bobbie como un bebé?

B: Parece que tuve otras vidas humanas anteriormente.

D: No creo que haya nada malo en eso. Siempre tienes curiosidad y ganas de aprender. ¿Qué opinas de estar en el cuerpo de Bobbie?

B: Ella me gusta. Siente que permaneció conectada con los propósitos aquí: con los mayores, con la luz y con el trabajo. Y ella sigue siendo ordenada. Entonces eso es fácil.

D: Pero ¿por qué Bobbie tuvo tantos problemas en su cuerpo físico cuando era niña? ¿Hay algo relacionado contigo?

B: Bueno, en cierto sentido, creo que está conectado con parte del miedo que sentí al principio al cuestionarme si había hecho lo correcto al abrirme a mundos desconocidos. Creo que he llevado ese miedo. La dama me tranquilizaba diciéndome que no estaba mal, pero por alguna razón había un sentimiento de miedo y malestar ante lo desconocido.

D: Acerca de ser desobediente.

B: No, no se trata de ser desobediente. Era simplemente miedo a lo que puede pasar o a lo que puede salir mal en lo desconocido, y si puedes volver a casa sano y salvo y si pierdes lo que tenías. Porque esa sociedad no se rige por el bien y el mal, por eso no es desobediencia.

D: Pero una vez que has creado esto y has entrado al cuerpo físico, estás más o menos asignado u obligado, ¿no es así?

B: Bueno, creo que lo creé a medias. Era más como si el deseo surgiera de mí, pero no es que todo mi corazón estuviera en ello. Hubo mucha curiosidad.

D: Pero no habías tenido mucha experiencia para saber qué podría pasar.

B: Eso es. Todavía era bastante inocente. Por ejemplo, todavía no había formado vínculos con ningún miembro del consejo. Y realmente no hay ninguna familia allí, así que estás solo. En esa sociedad está bien el crecer por ti solo, pero en realidad solo maduras una vez que comienzas a tomar lugares en el concejo.

D: No habías avanzado tanto.

B: Eso es. Sabía de la energía porque mis padres estaban allí y yo era el siguiente en la fila.

D: Pero decidiste pasar por alto eso.

B: Bueno, supongo. Es más como si hubiera sucedido. No fue como una rebelión. Era como si la apertura estuviera ahí. Y es algo extraño.

D: Pero ahora que estás en el cuerpo de Bobbie vas a pasarla. ¿Por qué tuvo todo ese miedo y todos esos problemas físicos cuando era joven?

B: Parece conectado a las encarnaciones anteriores. Empezaron bien, pero luego empezaron a ponerse difíciles, y cuando llegamos a Bobbie, se puso muy difícil. Es como si me hubiera quedado sin fuerzas. La parte de mí que tenía esa ligera vacilación o miedo al principio me atrapó. Tuve aproximadamente tres vidas y media realmente buenas y sólidas como ser humano porque llevaba completamente la energía del lugar blanco. Ésta es la realmente mala, pero la anterior era medio mala. Empezó bien y al final salió mal. Así que éste no tuvo ninguna posibilidad. No sé por qué no volví. No sé por qué me quedé tanto tiempo.

D: Bueno, aún estás aprendiendo algo.

B: Pero hay libre albedrío en el otro lugar. Se te está permitido ir y venir.

D: ¿Es por eso qué ella tenía todas esas pesadillas todo el tiempo? ¿Sigue siendo tu inseguridad?

B: Está conectada con la vida anterior. Todo empezó a ir mal cuando me quedé sin energía. Dejé de ser el ser de luz y entonces, es como si no tuviera piel. No tenía lo necesario para ser humano. Ya estaba a la mitad de esa. Pero sigo preguntándome por qué no volví.

D: Quizás podamos averiguarlo. Pero ¿la incertidumbre y la inseguridad provocaron problemas físicos en el cuerpo de Bobbie?

B: Es todo vinculado con la vida pasada. No tiene oportunidad en esta porque todo sucedió en la otra.

La animé a que explicara acerca de la otra vida.

B: Está conectado con lo que vi en ese campo de batalla: sangre, tripas y estómago. Por alguna razón, esa imagen está apareciendo.

D: ¿Es una continuación?

B: Algo similar. Sí, es una continuación, la lección simplemente continúa. Sólo puedo describirlo como una imagen de luz, que equivale a salud, seguridad y plenitud. Y entonces la luz simplemente se acabó. Tan pronto como la luz se apagó, solo quedó sangre y tripas sin piel. Todo se convirtió en una enfermedad, devorada por alimañas. Parece un asqueroso trozo de carne muerta.

Le sugerí que no continuaría llevando esa imagen. Dijeron que todo eso todavía permanecía ahí con Bobbie cuando era niña. Pensé que tal vez ella regresó al cuerpo demasiado rápido porque sé que a menudo el espíritu es enviado a un lugar de descanso para borrar cosas así para que no afecten la próxima vida. Aparentemente ella regresó demasiado rápido, antes de que los recuerdos hubieran sido borrados.

B: Tal vez porque ya no había más luz para traer conmigo.
D: Debiste haber regresado para recargarle.
B: Lo se. ¡Lo se! ¿Por qué no lo hice?

Había elegido a su familia actual porque estaban conectadas con esa otra vida. Di sugerencias para que soltara todo esto.

B: ¿Lo cambiamos? ¿Podemos traer algo de luz ahora al cuerpo de Bobbie? ¿Quieres que vaya a hablar con la Asociación?
D: Ve y habla con ellos y diles que cometiste algunos errores en la jornada y pregúnteles cómo puedes solucionar las cosas. Mientras vivas en el cuerpo de Bobbie, queremos que este cuerpo sea feliz, sin problemas.
B: Bueno, la dama está muy feliz de verme. Me dice: "¿Por qué tardaste tanto?" Me quedé atrapado en aventuras. Ella es como una madre para mí. Sabía que las cosas se estaban poniendo mal y se preguntaba por qué no volví antes. Son todos muy cariñosos. Ahora el consejo está fuera de sus cámaras y todos están aquí para hablar conmigo. La dama me está dando mucho consuelo. Ella puede notar que estoy agotado. Me está sosteniendo y recargando. Tiene muy bella energía. No había podido ir tan lejos que había olvidado cómo era sentirse normal otra vez. – Es como si todas mis células estuvieran soltando lo que no funciona. Se siente tan normal. Comienza en los pies.

Bobbie realmente estaba sintiendo la recarga y cómo estaba afectando a su cuerpo.

B: Es mayormente emocional. Me asusté mucho, como un niño que se pierde en el centro comercial. Me mete dentro de ella y mientras me recargan, el consejo habla. Son tan geniales. Los amo mucho. Son tan sabios. Han crecido desde que me fui. Debería haber sido parte de ellos. Dicen que nunca me fui ni dejé de ser parte de ellos. No consideran que haya habido separación alguna. Había 15 cuando me fui, ahora hay unos 45. Creé un tentáculo largo. Dicen que cuando salgo es como si tuviera que crear mi propio cordón umbilical. Dicen que ahora que saben lo que está pasando, pueden alimentarme a través del cordón umbilical. Pueden enviar luz a través de él porque parecía algo viejo y andrajoso.

D: ¿En dónde están atando el cordón?

B: Está pegado al frente de mi ser como una ventosa. Dicen que están muy contentos por lo que hice. No hay errores. Les ofrece una oportunidad de intentar algo nuevo. Ellos me apoyan. Entonces salto nuevamente al cordón umbilical, como un gran tobogán. Lo que están diciendo ahora es que el concejo está en la puerta en constante comunicación. Ellos pueden enviar luz porque antes no podían debido que todo sucedió en la noche.

D: Es por eso que había mucha confusión en la vida de Bobbie. Ningún plan.

B: No. Simplemente deambulaba en la oscuridad. Ahora estoy hecho de luz como ellos. También recuerdo algo de esa otra vida, el hecho de que ahora soy parte luz y en parte mariposa. Cuando está en el lugar blanco, es sólo luz blanca. —Pero cada vez que viene a la Tierra, como cuando salí a la misión, comencé como una mariposa para convertirme en lo siguiente. Ahora me dicen que tengo forma de mariposa, mientras que cuando entré por primera vez, no lo tenía porque me había ido si su completo apoyo. Son estas alas lo que parecen ser la pieza que falta, —lo que significa que hay algo en cómo se mueven las alas que aviva la luz. Mantiene las cosas funcionando. Antes se acababa la luz porque no la ventilaba. Mientras en esa otra vida, todo estaba bien y podía volver porque entré con las alas. De hecho, en realidad las mantuve porque solía volar por el pueblo de noche. Se dice que dondequiera que haya plena luz, eso es todo lo que hay. Siempre y cuando entienda a las alas. Las alas representan la alegría. Hace mucho tiempo que no hay alegría. Dicen que ese era el ingrediente que más faltaba. Es como si la parte inferior de mi espalda fuera donde se unen las alas. Así que hay muchas cosas que parecen querer fortalecerse en ese lugar. El cuerpo ya está lleno de luz. La luz está simplemente... completa. Las alas dan energía.

Seguí intentando lograr la curación, pero el ser seguía contradiciendo con su propia lógica. "Es difícil para mí responder cualquier pregunta sobre el cuerpo porque estoy en una mariposa de luz, no realmente en un cuerpo. Así que ahora es la primera vez que intento conectarme con este cuerpo. Dicen que debido a que me sentí separado por un tiempo, necesito pasar algún tiempo sintiéndome seguro y conectado, y recordando lo que eso significa y como se siente. El recuerdo aún tiene que venir. Todavía siento temblar por estar separado. Es como obtener más energía. En este momento me duele la zona lumbar, por lo que están pasando muchas cosas. Es como tener que volver a llenar el depósito. Así que, aunque toda la luz está aquí, hay un proceso en el que la luz tiene que pasar y llenar completamente el cuerpo. No es sólo el cuerpo, es la vida de uno. Tener la luz recorriendo mi casa, mi matrimonio, mi cama por las noches. Volver a estar completamente completa. Tengo que llegar a ese punto otra vez. Tengo que llenarme mucho porque es muy importante estar conectado con su sabiduría, estar completo y funcionar correctamente. No se trata tanto de cuerpos. Se trata de todo mi funcionamiento interno. Porque así es como funciona allí: se trata de trabajo interno. Aquí no hay tiempo. Ella lo sabrá porque entonces volverá a sentir ese anhelo. Será ese anhelo de '¿qué sigue?' Ella no tiene un plan porque no es así cómo trabaja la luz. La luz tiene su propia inteligencia. Siempre se mueve en el lugar correcto en el momento correcto y hace lo correcto. Está todo ordenado. Cuida de todo. No es importante conocer detalles. Lo realmente necesario es el corazón. — Recordar a los ancianos en mi corazón porque ahí empezó el miedo. El miedo empezó cuando sentí que los había dejado, a pesar de que no tenían algún problema con eso. Sentí miedo al partir. Allá, todos son independientes, pero todos viven como un grupo. Así que es el sentimiento del grupo el que da toda la fuerza. Lo único que causa enfermedad es el miedo. Es lo único que puede obstaculizar la luz. Mientras haya luz no hay problema. Parte de mi luz había desaparecido con el tiempo porque el miedo había entrado desde el principio. Así que con el tiempo el miedo se apoderó de mí. No los consideran cuerpos. Se trata de organismos y de volver a conectarse".

Mensaje de despedida: Lo más importante es que la gravedad aquí en la Tierra realmente se engancha en el tiempo y esa no es mi manera. No tiene sentido relacionarme conmigo mismo a través de experiencias en el tiempo porque es solo algo que he tomado prestado para poder viajar. Están diciendo que no asuma que estoy hecho de tiempo porque entonces empiezo a conectar con el miedo. Y en esta otra vibración no hay miedo porque no hay tiempo. Nada malo puede pasar cuando no hay tiempo.

Capítulo 5
MUCHAS OPCIONES

Patti acababa de morir después de dos vidas sencillas y mundanas y estaba del lado espiritual. Una de las vidas fue fácil y una fue difícil. Cuando le pregunté qué aprendió de las vidas, respondió: "La fácil fue como unas vacaciones de por vida, una oportunidad para descansar de otras vidas más desafiantes que he vivido. La vida difícil fue sólo una gran dificultad tras otra. Mucha confrontación y fricción. Aprendí que tiene que haber una mejor manera. Todavía tenía que pasar por eso, pero a medida que lo atravesaba sabía que tenía que haber una manera mejor. Pero había muchas otras personas diferentes involucradas. No estaban del todo cooperando, pero yo estaba en medio de esto y no me pude salir de allí".

D: Porque tenías que interactuar con ellos. Pero luego te fuiste a una vida fácil. Unas vacaciones de por vida, dijiste.

P: Sí, fue excelente.

D: ¿Qué vas a hacer ahora que estás afuera del cuerpo?

P: Parece como si tuviera mucho que elegir. Es abrumador.

D: ¿Tienes que ir a algún lugar para ejercer las opciones?

P: No, pero puedo ir a algún lugar y recibir consejos sobre qué camino debo tomar. Quiero todos los consejos que pueda recibir. Mi mundo no funciona muy bien por mi cuenta.

D: Vamos a ver a dónde vas a obtener consejo. ¿Cómo es?

P: (Pausa) Es un edificio antiguo. Se siente viejo. No sé si es por las personas que hay allí. Son muy viejos. No viejo, sino sabio viejo.

D: ¿Qué están haciendo?

P: Me están esperando. Me conocen. Paso por una puerta y le hago saber a la persona que está allí por qué estoy allí y a quien quiero ver. Y ella me está esperando. Y así sin demora ella me lleva a esta sala donde puedo hablar con estas personas.

D: Pero dijiste que ¿tenías muchas opciones?

P: Sí, hay mucho por hacer. Entonces, ¿qué hago a continuación? No es que una decisión sea mejor que la otra, pero cada vez que recorres un camino, cuando llegas allí, podría ponérsete muy difícil o tener una buena vida.

D: Entonces tú decides lo que eliges.

P: Correcto. Entonces quiero hacer una decisión informada de a donde voy.

D: ¿Te muestran las posibilidades?

P: Sí, lo hacen. Yo solo deseo asegurarme de que cualquier camino que tome tenga la experiencia adecuada. Aunque pueda ser un camino difícil, que tenga todas las herramientas y experiencias necesarias para superarlo. Y aprender todo lo que se supone que debo aprender.

D: Pero dijiste que algunas serían más difíciles que otras. (Correcto) ¿Cuáles son algunas de las alternativas que están mostrándote?

P: (Pausa) Uno sería en la militar.

D: ¿Qué otras están disponibles?

P: (Pausa) El camino académico

D: Pero ya lo has hecho. (La vida pasada.)

P: Sí, hice eso. Pero es más una escuela... no un programa de formación, sino más bien un programa de por vida, pero luego enseñarlo.

D: Más largo del que acabas de dejar. (Correcto) ¿Hay otras posibilidades?

P: (Pausa) Algún tipo de trabajo... trabajo bastante difícil. Algo remoto. Hay muchas posibilidades y sé que eventualmente tendré que hacerlas todas. No estoy listo Para la militar, entonces voy con la de labor. No me siento preparado para el académico. Eso suena realmente aburrido.

D: ¿La enseñanza?

P: Bueno, no se trata tanto de la enseñanza, sino de que yo esté en la escuela. Al principio sería muy interesante porque estás aprendiendo mucho, pero no tiene fin. No alcanzo a aplicarlo. Solo sigue y sigue y no hay fin a la vista, y es realmente tedioso.

D: ¿Es eso una buena idea?

P: No fue idea mía. Me están dando consejos y es bueno saber que tendré que hacerlos todos de todos modos. Sólo quiero hacerlo en el mejor orden.

D: Al menos te dan elección.

P: Sí, Estoy agradecido por eso.

D: ¿Entonces decides cuándo vas a volver y dónde y todo?

P: Correcto, y qué es lo que estaré haciendo. Soy consciente de las circunstancias. Lo que mi trabajo es y las personas involucradas.

D: ¿Haces contratos con esta gente?

P: No tanto un contrato, sino una conciencia. La conciencia es más bien que tienen que hacer lo que tienen que hacer y no sé cuál es su propósito. En cierto modo es un alivio. Todos tienen su propio camino. Es su elección. Ellos Pueden pedirme información y estaré encantado de dársela, pero necesito dejarlos ir. Al final es su decisión y debo respetarla.

Luego llamé al SC que viniera y le pregunté por qué eligió la vida bastante simple para que la viera.

P: Para mostrarle que realmente es posible vivir una vida que tenga un mínimo... no desafíos, pero sí quizás tiempos difíciles. Y que ella no tiene que hacerlo más grande de lo que es ni darles esa energía a aquellos conflictos. Al hacer eso su conciencia cambiará y mantendrá la atención en las cosas que quiere y desea.

D: ¿Crees que lo hace más grande de lo que debería ser a veces?

P: No es su intención. Ha mejorado mucho en eso. Lo hace gracias a la aportación de algunas buenas personas que quieren ayudar y simplemente lo consulta con ellos y se asegura de que su perspectiva sea la que debería ser. Lo está logrando.

D: Esa otra vida sonó muy similar a la vida que ella está viviendo ahora.

P: En realidad es una combinación de las dos. Una era difícil y la otra era todo lo que ella quería que fuera. Por eso necesita comprender que puede elegir cómo quiere que sea. Ella puede dar a aquellos conflictos energía, o centrarse sobre lo que quiere y todo lo demás se ajustará por sí solo. Su vida ahora es muy similar, excepto que es más grande, y pasan cosas mucho más rápido en esta vida. Los resultados son muy claros.

D: ¿Qué sentido tendría repetir determinadas circunstancias?

P: La vida realmente fácil se configuró específicamente de esa manera. No hubo personas difíciles que fueron puestas en su vida como lo ha hecho ahora, o en esa vida anterior difícil. Es una especie de combinación de las dos. Entonces, ¿cómo lidias con esa adversidad y esas personas difíciles, y aun así conservar al final del día todo lo que era como en la primera vida ... la que era fácil? Una combinación, por eso sabe cómo superar la adversidad, pero no ser demasiado parte de ella. En la vida difícil, tenía trabajo que hacer y, aunque era un trabajo necesario e importante, tenía mucha fricción por parte de las personas que la rodeaban. Pudo terminar su trabajo, pero todo fue una batalla... mucha fricción y no peleas a puñetazos, sino peleas. Estaba absolutamente agotada y no podía esperar a salir de allí. La vida fácil consistía en demostrarle que se podía lograr. No tenía por qué ser una batalla. Y así fue configurado para que ella no tenga la fricción que tenía antes. Y entonces ahora ¿cómo vives esa vida trabajando en situaciones más difíciles? Y aun así todavía tener ese disfrute, la vida fácil, la capacidad de dejar las cosas donde pertenecen, lo cual no es siempre su modo de ser. Que le importe, pero sin involucrarse íntimamente en el proceso y el resultado porque el resultado se solucionará solo.

Se dieron muchos consejos sobre la empresa donde trabajaba y su relación con las figuras de autoridad allí. Sabía que los altos cargos eran corruptos y sentía que tenía que llevarlos ante la justicia. Pero el SC dijo que todo se solucionaría pronto y que ella no tenía que instigarlo. Pero no tener miedo de hablar cuando llegue el momento. La siguiente cosa más importante para cubrir fueron sus problemas físicos, principalmente la artritis en sus manos. Le pregunté qué lo estaba causando.

P: Viene del miedo y tomar decisiones. No confiaba en sus instintos. No confiaba en su intuición, por lo que la falta de movimiento es lo que provocó que sus articulaciones enfermaran. Conseguir ese movimiento y resolverlo y seguir adelante y tener fe. Sabía lo que debía hacer, pero el miedo la detuvo.

D: Tal vez esto le ayudará si sabe que todo va a estar bien.

P: Eso es muy importante. Algunas personas son capaces de superar su miedo y tienen una fe tremenda, pero ella tiene el tipo de fe que tiene que ser justificada. Es fe basada en experiencias pasadas, no sólo fe ciega. Así que comprenda que no hay nada que temer.

D: ¿Podemos quitarle la artritis?

P: Sí. Ya sirvió su objetivo. Y solo teniendo esta información realmente pone fin a todo. Simplemente que siga adelante y haga el trabajo que ella está perfectamente dispuesta a hacer.

D: Pero está tomando medicamento para el dolor. (Incluso intravenoso).

P: Ya no lo necesita. Puede parar eso ahora. De hecho, tiene una cita el martes. Solo puede llamar y cancelarlo cuando regrese a la ciudad.

Le pregunté cómo iba a curar la artritis. Siempre tengo curiosidad y me gusta que el SC me explique el proceso. "Tengo esta herramienta nueva muy buena que emite pura luz blanca, pero no es visible. Ella puede sentir la energía. Todo es luz y energía. Así que entro en todas las articulaciones y simplemente inundo toda la articulación con la luz blanca, y destruye los patógenos que están allí y las toxinas y tejido enfermo. Y lo que vuelve a crecer es tejido nuevo y perfecto. Funciona perfectamente sin ningún esfuerzo suyo. Ella tiene la responsabilidad de cuidar su cuerpo, pero más allá de eso, él se cuidará solo. El cuerpo es fantástico. Y está reparando el ADN mientras hago esto. Ella ha tenido esta condición por un tiempo... un largo tiempo. Así que está incrustado en su ADN y la hizo susceptible a los patógenos y las toxinas. Luego el ADN está siendo afectado por esta herramienta que está emitiendo luz, y basado en eso lo restaura a una vibración perfecta. Restaura todas las cadenas de ADN perdidas e inactivas, por lo que en cualquier lugar donde hubiera agujeros en las cadenas de ADN que faltaban, se están regenerando".

D: Bien. Hará casi todo un cuerpo completamente nuevo, ¿no?

P: Sí, lo hará. Notará la diferencia y sólo necesita aceptarla. Se ha hecho. Agradécelo y acéptalo y no te aferres a la parte en la que hizo algunas cosas en el pasado. Pensaría que le iba a doler y efectivamente... le dolería.

D: ¿Porque lo esperaba?

P: Correcto. Ese fue su pasado, solo necesita hacer las actividades y pensar que es maravilloso estar sin dolor. Necesita concentrarse en lo que quiere.—Estos cuerpos, por milagrosos que sean, hay situaciones en las que hay puntos de no retorno.

D: Siempre Pensé que podrías arreglar cualquier cosa.

P: Sí, pero a veces es empezar de nuevo con un cuerpo nuevo. Todo tiene un ciclo de vida. El resto de su cuerpo está en bastante buena forma. Ha hecho un buen trabajo. Su alimentación podría ser mejor, pero es peor para ella estresarse acerca de su dieta. Es mejor para ella continuar y dejar ir el estrés. El estrés es más dañino que una mala dieta. No tiene que negarse cualquier cosa de vez en cuando. Una rosquilla está bien. Solo que no es del grupo de alimentos.

Tenía una pregunta sobre su pareja: Jean. Tuvo algún contrato o vidas pasadas con ella.

P: Su experiencia pasada con ella fue en la vida intermedia antes de esta. Fue cuando estaba decidiendo y preparando las circunstancias para esta vida y se sentía muy abrumada. Como, "Oh, no puedo superarlo". Y le dijimos: "Tú puedes". Y entonces le ofrecimos esta opción de que Jean estuviera allí con ella y le enseñara cómo ver las cosas de manera diferente. Y Jean la entenderá y la ayudará a superarlo, pensarlo y actuar. Y se ayudarían la una a la otra. Jean ha trabajado mucho en asuntos también, Patti no lo sabe. No es para que ella lo sepa.

Era muy importante que a Patti le hubieran dado tanta información sobre su futuro y la participación y las implicaciones de lo que iba a pasar con la empresa para la que trabajaba.

P: Eso será un gran alivio para ella. Eso le dará fuerzas porque todavía no está fuera de peligro. Y será aún más fácil caminar sabiendo que las capas están explorando el futuro, pero ella está completamente protegida. No nos gusta decirle a la gente el futuro, pero a veces les da la seguridad de que están protegidos y esto es exactamente la forma en que debería proceder y que están seguros. Les ayuda enormemente, por lo que es esa sensación de tranquilidad y comodidad lo que les da aplomo. Les da una profunda sensación de que no se trata de ellos. Que están ahí por una razón y que todo será mejor que nunca del otro lado. Así encuentran su fuerza. Tienen esa sensación de protección y seguridad.

El SC siempre le da al cliente un mensaje de despedida: estás exactamente donde necesitas estar. Estas en el camino correcto. Estás haciendo exactamente lo que se supone que debes hacer. Así que sé quién eres y recuerda que no eres responsable de nadie más. Sólo eres responsable de ti. Cuida a tu gente. Diviértete.

EL TRABAJO DE SANACIÓN

Por mucho que deseo ayudar a cada cliente que viene a verme, hay momentos en los que simplemente no funciona. Son capaces de entrar en un nivel profundo de trance, y se descubre la causa de sus problemas (normalmente físicos), y el SC trabaja con gran amor para curarlos y les da maravillosos y sensatos consejos. Sin embargo, después insistirán en que no pasó nada, que no recibieron ayuda. De hecho, algunos dicen que están peor que antes de venir. A veces (y estos son casos raros) funciona por un corto tiempo y luego regresa. Puede que pasen meses hasta que me entere de esto y, por supuesto, me culpan a mí. Eso es mucho más fácil que admitir que ellos son la causa de sus propios problemas, incluidos los físicos. Siempre es más fácil culpar fuera de ellos mismos, en lugar de reconocer que han creado su propia realidad. Y aunque su realidad no sea agradable, es la que han manifestado. Es la fuerza de la mente humana. Es por eso que este poder debe usarse para curar en lugar de ser destructivo. Vienen a verme con expectativas bastante desproporcionadas. Están buscando a alguien más que los sane. Intento dejar claro que la curación no la hago yo, sino ellos. Sólo soy la facilitadora que permite que el SC se presente y haga el trabajo. Enseño esto en mis clases, que en el momento en que el estudiante piensa que está haciendo el trabajo, entonces es su propio ego. Esto dificultará el proceso entero. Solo soy una servidora deseosa de ayudar en el proceso.

Estos casos son raros, pero suceden. Todos tenemos libre albedrío, y nadie puede anularlo. El SC puede decir que la persona está curada y debería poder llevar una vida normal, pero si los propios clientes no lo aceptan, no lo creen y no confían en él, no hay nada que nadie pueda hacer. El libre albedrío es lo primero. Después de una sesión, un cliente dijo: "Me siento mejor. No hay más dolor. Pero sé que es demasiado bueno para ser verdadero. Volverá". Otro dijo después: "¡No puedo curarme! He estado enfermo toda mi vida. Nunca estaré bien". Todas profecías autocumplidas. Si el cliente desea continuar con esa realidad (aunque tercamente digan que no lo quieren) no hay nada que yo pueda hacer al respecto. También existe la posibilidad de autocastigarse por alguna culpa percibida. La gente son criaturas complicadas. Lo descubrí después de trabajar con ellos durante más de cuarenta años. A veces, aquello por lo que se castigan fue olvidado hace mucho tiempo y enterrado en los recuerdos inconscientes. Sin embargo, se han convertido en víctimas.

Acabo de hablar por teléfono con una clienta que vi hace unos meses y pasó casi una hora gritándome. "Vine a ti porque dijiste que podías curarme. ¡Y no estoy curada! estoy peor de lo que estaba antes." En primer lugar, yo nunca jamás diría que podría curarlos porque sé que eso no es posible. No tengo ese tipo de poder. En segundo lugar, el resultado final depende de ellos y de su sistema de creencias. Había tanta ira en la voz de esa persona. Podía sentir por qué ella no quería liberar la enfermedad (o por qué pensaba que no podía hacerlo). Ira por lo que ella percibía como la causa de su situación, ira hacia sus padres por la forma en que la habían tratado, ira hacia los médicos que no habían podido ayudarla, ira hacia mí por no poder quitárselo completamente. La causa de su problema siempre tiene que ser algo externo a ellos mismos. Duele demasiado, requiere demasiada responsabilidad admitir que la causa puede estar dentro de ellos mismos. Es más fácil asumir el papel de víctima: "¡Pobre de mí! ¡No entiendes lo horrible que me han tratado! Etcétera, etcétera." Sabemos en metafísica y especialmente en mi tipo de trabajo que hicimos un plan y contratos antes próximo en esta vida. Hemos acordado el tipo de situación que viviríamos, aunque a veces nuestros guías nos hayan advertido que nuestras decisiones serían difíciles. Sin embargo, insistimos y esperamos lo mejor. Debido a que olvidamos nuestro plan una vez que ingresamos al cuerpo físico, olvidamos que organizamos las cosas que nos suceden para aprender de ellas. Si no aprendemos, tendremos que repetir la lección. Ésta es la ley del karma y la forma en que esta escuela de la Tierra es administrada. Tienes que venir de nuevo y hacer toda una vez más con las mismas personas y las mismas circunstancias hasta que hayas pasado ese grado en la escuela. Es complicado, pero yo no pongo las reglas. Sólo trato de ayudar a las personas a comprender lo que se están haciendo a sí mismas.

Hay otras personas que realmente no quieren curarse porque secretamente disfrutan de lo que la enfermedad les proporciona.

Nunca lo admitirían conscientemente, pero todos conocemos a personas que siempre están enfermas y quejándose del dolor, síntoma o medicamento más nuevo que les ha recetado el médico. En secreto disfrutan de la atención que les brinda. Por lo general, este tipo de personas no tienen nada más en sus vidas y disfrutan de la atención. Si los sanaras y se los quitaras, realmente les estarías quitando su identidad. Y sentirían que no tenían nada. Es lo único que les hace sentir especiales y diferentes. Si la persona se está beneficiando de la enfermedad, será muy reacia a liberarla. En mi trabajo sobre la vida de Jesús (Jesús y los esenios, y Ellas caminaron con Jesús) descubrí que ni siquiera Jesús podía sanar a todos, sin importar cuál fuera el problema, no importa lo que la iglesia te haga creer. Él podría mirar a una persona y ver por qué tenían la enfermedad. Y si fuese por el karma, entonces no podría quitárselo. Podía aliviar el dolor, pero tenía prohibido interferir en su camino, en su plan. Entonces, si Él no pudo hacerlo, ¿por qué creo que tengo el poder de anular el libre albedrío de la persona?

Después de un día difícil en el que pasé cuatro o cinco horas con un cliente, dejé mi oficina deprimida y preguntándome si realmente estaba ayudando a alguien. Estoy segura de que cualquier terapeuta, curandero, médico o psiquiatra en ocasiones ha sentido lo mismo. Al entrar en mi auto, escuché tan claro como el día en mi cabeza, "Tu responsabilidad termina cuando el cliente sale por esa puerta. Si realmente crees que has hecho todo lo que podías hacer, con lo mejor de tu capacidad, entonces el resto es responsabilidad de ellos." Eso marcó la diferencia y me quitó un peso de encima de mis hombros. Por mucho que realmente quiera ayudar a todos, al final, ¡no es mi responsabilidad! Tienen que estar dispuestos a aceptarlo, desearlo, creerlo y permitir que suceda. Nadie más puede hacerlo por ellos. Amo trabajar con el SC, pero al final solo puede hacer lo que puede. Está prohibido anular el libre albedrío.

Así que para la cliente que estaba tan molesta con la que acabo de hablar, sólo puedo enviarle amor y esperar que despierte con la fuerza que tiene dentro de ella y se deje curar. Quizás esa sea su lección en todo esto: aprender a confiar en sí misma y no depender de otros para hacer lo que ella misma es capaz de hacer. Esa sería una lección maravillosa e importante.

También a todos mis miles de estudiantes que han tomado mis clases, les digo: "Hagan lo mejor que puedan. Tengan compasión del cliente e intenten todas sus habilidades para ayudarles. Después de eso es su responsabilidad".

Capítulo 6
LA ETAPA DE PLANIFICACIÓN

Amber salió de la nube directamente a una escena. Desde las primeras palabras se emocionó, así que supe que había caído en algo importante.

A: Estoy contra las rocas y veo hombres. No son de nuestro pueblo. Son los españoles y nos están cuestionando. Están buscando algo. Soy un chico joven. Estoy contra las rocas... todos estamos contra las rocas.

D: ¿Hay otros contigo?

A: Sí, de nuestro pueblo y están tratando de sacarnos algo. No sé qué quieren, pero el hombre que parece enojado tiene una barba puntiaguda. (Riéndose) Y esto es tan tonto. Están usando prendas, no es de extrañar que estén tan enojados. Tienen que sentirse miserables en esas cosas.— (Sobrio otra vez.) No sé lo que quieren. Están buscando algo. No sé qué regalarles.

D: ¿Puedes entenderles?

A: No, no, no sé lo que quieren. Sigo mirando hacia abajo y siguen haciéndome mirar hacia arriba. Creen que sé algo.

D: ¿Tienes alguna idea de lo que están buscando?

A: ¿El oro? (Risas) No conozco el oro. ¿Algo sobre algo dorado... algo que sea brillante? No sé lo que es eso. No sé por qué piensan que lo se.

D: ¿Y qué hay acerca de los otros que están contigo?

A: Están asustados. Se están escondiendo. Están intentando esconderse detrás de las rocas. Creo que han matado a algunos de los nuestros. Son muy insistentes. Están tratando de asustarnos, pero no sé qué es lo que buscan. No sé qué es eso.

D: ¿Tienes un líder de tu pueblo?

A: No están allí. Han desaparecido. Todos son principalmente hombres mayores, mujeres y niños. Algunos de nosotros los jóvenes habíamos estado jugando en un área que está como al lado de un cañón en las rocas. Mis amigos y yo los vimos y alertamos al pueblo. Y nadie sabía qué hacer, y venían. Y nos encontraron y nos reunieron a todos.

D: ¿Has visto a este tipo de gente antes?

A: He oído hablar de ellos. No los había visto. Estábamos esperando que no vinieran. Pero vinieron. Creo que tendré que aceptarlos. Creo que es la única manera. No sé a dónde llevarlos, pero tengo que llevarlos a algún lugar, lejos de mi gente. Tal vez pueda engañarlos. Tal vez pueda escapar, pero tengo que quitármelos de encima antes de que maten a más personas. Tengo que. Es la única oportunidad... la única oportunidad.

D: ¿Y qué decides hacer?

A: Decido actuar como si supiera dónde está, adónde quieren ir y qué están buscando. Hay varios hombres y van a caballo.

D: ¿Qué hay acerca de tus amigos? ¿Quieren ir contigo?

A: No, no, no quieren ir conmigo. Tienen mucho miedo. Las madres los llaman y están asustados.

D: ¿Está allí tu madre en algún lugar?

A: Sí, pero puedo ver con sus ojos que me está dando fortaleza para ir. Ella sabe lo que voy a hacer.

D: Creo que eres muy valiente por hacer eso.

A: Nuestro pueblo está sufriendo. No hay mucha comida y los hombres han estado yendo a cazar por mucho tiempo. Nuestra gente está muriendo.

D: ¿Crees que te creerán?

A: Sí porque quieren creerlo muy vehementemente. (Risas)

D: No creen que los vayas a engañar, supongo.

A: No, soy solo un joven.

Condensé el tiempo y lo moví hacia adelante para ver qué pasó.

A: Los llevo a un cañón encajonado, pero los hago recorrer un largo camino... un largo camino. Está a un día de caminata de mi pueblo y me aseguro de entrar y salir por otros lugares. Retrocediendo y retrocediendo para intentar confundirlos sobre dónde podríamos estar, para que no puedan regresar. Y mientras tanto espero que mi pueblo escape. Tenemos un lugar de escape en la cima donde pueden estar a salvo. Estoy tratando de darles tiempo. Quizás los que partieron a cazar regresen.

D: ¿Esta gente no sabrá cómo volver?

A: No, pero están empezando a desconfiar de mí. Los llevé al cañón encajonado porque conozco un camino. Saldré de allí si puedo llegar a tiempo.

D: ¿Estás caminando o también estás a caballo?

A: No, estoy caminando. Estoy caminando. Me están siguiendo. (Risas) Sus caballos son muy lentos. Piden agua para sus caballos. Los llevo para que dejen beber agua a sus caballos, y luego llega el momento de llevarlos de regreso al cañón. No he estado allí desde hace mucho tiempo. Espero recordarlo. Hay una cueva. Les voy a decir que está en la cueva y luego planeo escapar. Hay una especie de camino en las piedras por el que puedo salir para protegerme de algún afloramiento de maleza, si puedo alejarme.

D: Entonces entrarán en la cueva y podrás escapar.

A: Eso es lo que pensé, pero eso no es lo que pasó. No pensé que querrían que fuera a la cueva con ellos. Pensé que estarían demasiado emocionados y se olvidarían de a mí, pero me están haciendo ir. Entramos a la cueva y por supuesto, no hay nada allí. Hay unos dibujos en la pared que miran, pero están enojados conmigo. Y deciden que me van a matar. Están cansados. Hemos estado fuera todo el día y no hay nada que puedan ver. Intento desesperadamente de apuntar en otra dirección, pero la cueva... no llegamos muy lejos y no hay manera de que escape. No hay manera de salir y están cansados y molestos. No debería haber entrado en la cueva.

D: Pero no tenías elección. ¿Entonces qué sucede ahora?

A: Me mataron. Un cuchillo atravesó mi garganta.

D: ¿Ya estas fuera del cuerpo ahora?

A: Sí, estoy mirando. Los observo moverse y están dejando el cuerpo del muchacho (mi cuerpo) en la tierra dentro de la cueva. Mi familia querrá encontrarme.

D: No sabrán dónde buscar, ¿verdad? (No) ¿Cómo te sientes con todo eso?

A: Decepcionado. Fui tan estúpido al pensar que podía engañarlos.

D: Creo fuiste muy valiente tan solo por intentarlo.

A: Quizás no pude hacer nada por mi familia. Después de todo eso, es posible que regresen. Puede que los maten a todos. Me siento tan decepcionado. Estaba tan seguro.

D: *Pero en realidad eras sólo un niño. Estabas haciendo más de lo que algunos hombres habrían hecho. ¿Tienes manera de ver qué le pasó a tu familia o a cualquiera de las otras personas?*

A: Algunos pudieron lograrlo, pero es un largo viaje hasta las paredes del cañón. Y los que eran viejos no pudieron lograrlo... no pudieron escapar. (Parecía angustiada.) Los hombres regresaron, se vengaron y los mataron.

D: *Pero creo que hiciste lo mejor que pudiste.*

A: No sabía qué más hacer, pero algunos de mi familia lograron escapar. Mi madre se escapó.

D: *¿Qué vas a hacer ahora?*

A: Intentar ayudarles, aunque ya no esté allá. Intentaré ayudarlos tanto como pueda.

D: *¿Cómo haces eso?*

A: Dándoles señales. Diciéndoles que no vayan en cierta dirección en particular, pero se siente tanta desesperación. Y puede ayudarles durante algún tiempo, pero no sé si puedo evitarlo por completo.

D: *Tal vez se supone que no debes hacerlo. Tal vez sea demasiado para una persona.*

A: No lo sé.

D: *¿Pero te quedas allá mientras para intentar ayudarles?*

A: Si, pero ahora puedo ver que me estoy alejando más y más. Me estoy alejando de allí. Ahora me están levantando. Alejándome cada vez más. Estoy más allá de eso ahora. Estoy solo. Estoy flotando en la oscuridad y ahora ya no estoy más tan preocupado por mi familia. Ahora veo una luz realmente brillante. Parece venir de la nada y de todas partes. Dios mío, es agradable y cálido. Simplemente estoy flotando en ella.

D: *Es un buen sentimiento. Se siente muy lindo, cómodo y seguro. (Sí) ¿Qué planeas hacer? ¿Te vas a quedar allí?*

A: Hay algún lugar más a donde tengo que ir, pero se supone que debo permanecer en esta luz por ahora.

D: *¿Hay alguien ahí a tu alrededor que dice que hacer?*

A: Mmm... no veo a nadie. Simplemente estoy perdido en esta luz. Ahora veo que hay alguien esperándome. Justo lo que necesito ahora mismo. Parece muy sabio... paternal o abuelo, con el pelo blanco. Me saluda, y pone su brazo a mi alrededor y me dice que hice lo mejor que pude. Y me dice que está orgulloso de mí. Me llevó a un lugar lleno de luz.

D: ¿Te importa dejar el otro lugar?

A: No. Este lugar es aún mejor. ¡Es asombroso! Todo parece estar lleno de luz. Hay edificios... oh, dice "templos", lo siento. Son edificios de luz. Son templos. Son lugares de aprendizaje, pero no estoy seguro de lo que estoy haciendo aquí. Él dice que no me preocupe; Él me lo explicará. Ahora estoy dentro del edificio. Tiene un techo abovedado muy alto. Todo es blanco, pero entra luz. Pero es difícil ver si hay ventanas. Es como si fuera translúcido y la luz viniera del exterior e iluminara el edificio. Viene completamente como algo que se puede iluminar desde fuera... hermoso. Y mesas largas, pero no veo a nadie allí. Sólo estas mesas largas. Él está caminando conmigo. Hay un pasadizo por el que atravesar, pero se siente lindo aquí. No sé por qué las mesas están ahí. No hay sillas, sólo las mesas.

D: ¿No hay gente?

A: No. Siento que están en otras habitaciones al lado. Me llevará a uno.—He estado aquí antes.

D: ¿Te resulta familiar?

A: Si y hay libros...muchos libros. Él me sonríe y me mira y dice: "Todos los libros que existieron están aquí". ¡Oh, Dios mío! He estado aquí antes, sí. No sé cuándo, pero estuve allí. Lo veo, las estanterías con todos los libros. Y aquí está la gente que están mirando, sacando libros, devolviéndolos a su lugar. Pero nadie habla. ¡Estoy tan feliz de estar de vuelta aquí con los libros! (Feliz) ¡Ay! ¡Oh! Todos los libros que alguna vez existieron están aquí... todos los libros. ¡Oh, Dios mío! Es como pasar las manos por un piano mientras tocas esos acordes. Mientras juegas con esos libros, es como si cada libro, al tocarlo, lo conocieras. Dice que no sea tan tonto y que no juegue tanto, pero es una sensación maravillosa.

D: Entonces, cuando lo tocas, ¿no tienes que leerlo? (No) ¿Solo sabes qué hay dentro?

A: Es como la versión del Reader's Digest. Es el resumen ejecutivo del mismo tal como lo tocas. ¿Entiendes eso? Aún quieres bajarlo y absorberlo todo, pero puedes pasar tus dedos por él y tomar notas y tocarlo... sentir cada libro... sentirlo. ¡Oh! ¡Oh, qué maravilloso! (Estaba extática.) Él sonríe y me dice que ya habrá tiempo para eso más tarde. (Risas) Todo lo que necesite saber estaría ahí. Él se ríe de mí y dice: "Eso es cierto, pero hay diferentes secciones y lleva tiempo ir a las diferentes secciones".

Era obvio que la habían llevado a la Biblioteca del lado espiritual. Este es mi lugar favorito. De todos modos, me encantan las bibliotecas y puedo pasar un día entero en ellas cuando estoy investigando. Sin embargo, ésta es muy especial porque contiene todo lo que se ha conocido y todo lo que se sabrá. Un tesoro escondido para alguien como yo a quien le encanta la investigación. También contiene lo que se ha llamado los Registros Arcanos Akáskicos (Akáshicos), los que han sido descritos de muchas maneras diferentes. Cada vez que he llevado un cliente allí he tenido acceso a toda la información. Gran parte de esto se ha utilizado en mis libros.

A: Me está llevando más adentro al centro. Dice que será una habitación especial para mí con mis libros.

D: Entonces esto es como una biblioteca.

A: Sí. La gente viene aquí para investigar, planificar sus vidas y adquirir conocimientos sobre ciertas cosas, pero también hay muchas salas. Ni siquiera puedo contar cuántas habitaciones hay. Pero me lleva a una habitación que será mi habitación que tiene mis libros. Tendrá mi vida y la vida de otras personas con las que tengo cercanía.

D: ¿Así que es especial para ti? (Sí) Entonces, cuando la gente va allí, ¿va a su propia habitación?

A: Sí. Diferentes personas lo hacen de manera diferente, pero él sabe que así es como a mí me gusta hacerlo. Él sabe que amo los libros. Esta habitación es sólo mía.

D: ¿Cómo es esa habitación?

A: Bonita... hay una pared que es sólo una ventana sólida con luz, y hay estantes e hileras de libros. Hay una mesa en el centro y el me lleva a esta mesa. Hay una silla para mí en la que me sentaré. Y él me mira y dice: "Ya sabes qué tienes que hacer después." Y Yo digo, "¡Bueno, no estoy seguro!" Él dice: "Ya sabes... ahora llama al libro hacia ti".

D: ¿Llamarlo hacia mí?

A: Llámalo hacia ti. No te levantas y vas a buscarlo. Lo llamas y luego está ahí, frente a ti. Cualquiera que sea el libro que necesites, pero el libro que él quiere para a mí ahora, el libro que tengo que ver, es el libro de mi vida en la que acabo de estar.

D: ¿La que acabas de dejar?

A: Sí, pero él sabe lo ansioso que estoy por continuar, así que me permitirá apilar otros libros y ponerlos al lado. Pero él bromea conmigo, diciéndome que todavía no puedo mirarlos. Cuando abro el libro, es como mirar a través de un telescopio, sólo que el libro se parece más a una lupa. Y puedo moverlo para poder ver dónde viví. Puedo ver la mesa. Puedo ver las rocas. Estoy viendo donde soy pequeño y jugando con mis amigos, mi padre, mi madre.

D: Por supuesto, no viviste mucho tiempo en esa vida.

A: No, pero eso estuvo bien. Aprendí ciertas cosas y aprendí que mi padre tenía razón. Cuando era pequeño me dijo que los amigos que tenía tal vez no siempre estuvieran ahí para ayudarme. Y era importante tener amigos que te ayudaran, y tú también tenías que ayudar a tus amigos.

D: ¿Qué más crees que aprendiste de esa vida?

A: La familia era importante...muy importante. Pero no pude ayudarlos. No pude salvarlos, pero hice lo mejor que pude. Y si yo no hubiera ido, todos habrían sido masacrados.

D: ¿Entonces salvaste a alguno?

A: Si, lo hice.

D: ¿Entonces ese fue el propósito de esa vida?

A: Sí. Mi madre necesitaba vivir. También aprendí que había sido un poco tonto porque la partida de caza se había ido y nosotros, los muchachos, éramos los que se suponía que debíamos estar cuidando la aldea. Viendo y cuidando y habíamos estado ocupados jugando y no tocamos el sonido de alarma lo suficientemente fuerte.

D: ¿Cuándo venían los otros hombres? (Sí) Todo el mundo tiene derecho a cometer errores, ¿no es así?

A: Sí, pero la irresponsabilidad mata a la gente. No lo hicimos intencionalmente, pero entendemos por qué era tan importante para nosotros hacer lo que nos dijeron.

D: ¿El hombre está diciéndote estas cosas?

A: No, cuando hojeé el libro lo vi. Solo lo sé. Él está a mi lado muy reconfortante. No me está juzgando. Es muy cálido y amable.

D: *¿Hay algo que se supone que debes llevar contigo a medida que dejas esa vida?*

A: No puedes salvar a todos. Puedes ser inteligente. Puedes ser complicado. Y tratar de hacer todo lo posible para proteger a las personas que amas, pero al final... no puedes salvarlos a todos... No todo el tiempo, pero haces lo mejor que puedes.

D: *Porque cada uno tenía su propia vida. Todos tienen sus propias lecciones que aprender, ¿no? (Sí) ¿Crees que has sacado de ese libro todo lo que puedes usar?*

A: No, habrá más sesiones donde puedo regresar y mirarlo. Pero obtuve la parte principal y él está orgulloso de mí por haberlo obtenido. Y volveremos y lo veremos de nuevo. Pero también me dice que necesito descansar y que él volverá con nosotros.

D: *¿No quiere que mires esos otros libros sobre la mesa todavía?*

A: Me está tentando con ellos, pero todavía no me deja tenerlos. (Bromea) Porque no he terminado con este. Primero tengo que terminar lo que comencé antes de continuar. Y él sabe que esa es mi debilidad. Sabe que en eso tengo que trabajar, en terminar las cosas. Pero está logrando que sea una tentación para mí porque sabe lo ansioso que estoy por pasar a lo siguiente. Sé que están allí y lucen maravillosos, así que debo continuar en este. Pero él quiere que descanse primero. Me lleva otro lugar y está abierto. Hay aves cantando. Hay una fuente, y puedo relajarme solamente y esperar ahí. Escucho a alguien cantar.

D: *¿Estás solo?*

A: Sí. Puedo escuchar a la gente. Puedo escuchar voces de mujeres cantando algo, pero no veo a nadie. Parece una zona exterior con bancas en semicírculo. Y están tallados en piedra blanca, y en el centro es una fuente blanca. Y al fondo hay árboles en el bosque. Y puedo oír el canto de los pájaros, pero estoy allí solo. Me ha dejado allí por ahora.

D: *¡Parece un lugar hermoso! (Sí) ¿Pero no repasó ninguna otra vida que hayas vivido?*

A: No. Las demás están en los libros y puedo regresar y mirarlos cuando lo necesite porque a veces tenemos que recordarnos a nosotros mismos para que no olvidemos esas cosas que aprendimos en esas otras vidas. A veces tengo demasiadas ganas. El vendrá por mí más tarde, pero por ahora sólo tengo que relajarme. Sólo esperar y escuchar... y ver la naturaleza. La naturaleza es parte del recordatorio, de que hay que absorber todo ahora, y conectar con eso. Sintiendo el viento y la dirección en la que va. Y escuchar a los pájaros y no estar siempre tan ansioso por hacer lo siguiente. Sólo sé y está ahora mismo, aquí mismo. Ya habrá tiempo para los demás más tarde. Ya habrá tiempo.

Esto podría llevar un tiempo ya que probablemente pasaría bastante tiempo simplemente relajándose en este hermoso lugar para recuperarse de la forma en la que falleció en esa vida. Y reflejar sobre el significado de esa vida. Entonces decidí llevarlo adelante hasta donde el hombre regresó a buscarlo, cuando pensó que había descansado lo suficiente. Supuse que lo llevarían de regreso a la biblioteca donde lo esperaban los preciosos libros.

A: No me lleva de regreso a la biblioteca. (Risas) Me lleva a mi grupo. Él sabe que eso es lo que yo estaba esperando, pero me hizo esperar. (Riéndose y bromeando) Me hizo esperar.

D: (Risas) Pensé que te gustaban los libros?

A: Oh, si me gustaron (risas), pero era a la gente a quienes estaba esperando ver. Oh ¡Dios mío! es mi grupo... los que hemos trabajado juntos. Es nuestro grupo. Regresamos juntos en muchas vidas y no estamos en el cuerpo. Incluso cuando no estamos en el cuerpo o cuando estamos en el cuerpo, hay una parte de nosotros que todavía está ahí. Es interesante. No es exactamente lo mismo, pero estamos todos aquí.

Sentí que era una declaración muy importante, que incluso cuando estamos en la Tierra en un cuerpo, una parte de nosotros (un aspecto) nunca abandona el lado espiritual.

D: ¿Te gusta estar juntos?

A: Oh, ¡Sí! Trabajamos muy bien juntos.

D: Entonces, cuando vuelven a vivir, ¿a veces vuelven juntos? (Sí) De esa manera nunca estarás solo. (No) ¿Qué está pasando con el grupo?

A: Me preguntan: "¿Por qué me tomó tanto tiempo?" Sabían que tenía que esperar afuera. No puedo creer que me haya olvidado de ellos. Caminamos hacia los libros y afuera para descansar, y olvidé que eso pasaría después. ¿Cómo pude olvidarme de ellos? ¡Oh, Dios mío! Son maravillosos. Se siente tan lindo estar de vuelta con ellos... tan lindo. Están sentados en una mesa y han estado hablando. La mesa es interesante porque es una mesa interactiva. Parece un mapa translúcido, pero entonces cuando lo tocas, se aumenta a un lugar determinado. Lo vuelves a tocar y podrás ver a la gente en ese lugar. Es como un Google Earth, pero cuando lo tocas, puedes ir a ese lugar. Están ocupados planificando. Oh, este grupo nunca puede ponerse de acuerdo. Todo el mundo siempre quiere estar en un lugar diferente. Están planeando. Me estaban esperando. Piensa que este lugar es el más importante, que debemos estar donde podamos hacer la mayor cantidad de trabajo. Y los demás de aquí... Alguien acaba de decir (en un tono de voz divertido) "Oh, podemos estar en todos lados al mismo tiempo. ¿Qué diferencia hace?" Pero nos queremos tanto que deseamos estar en el mismo lugar. Queremos empezar en el mismo lugar.

D: ¿Están mirando el mapa, tratando de llegar a un acuerdo?

A: Tratando de descubrir adónde ir a continuación. Están serios por un momento. No sé si estamos listos para el siguiente paso.

D: Pero quieres ir juntos. ¿No quieres ir solo?

A: No, iremos. Hay varios que creen firmemente que necesitamos estar en el Medio Oriente. Nuestro grupo debe ir a donde debemos ir y hacer lo que estamos llamados a hacer. Lo sabemos y, en ocasiones, lo que tenemos que hacer puede significar que nuestra vida juntos será muy corta.

D: ¿Hay una razón para eso?

A: Todo es parte de ello y se nos muestran algunas partes y algunas cosas en las que simplemente tenemos que confiar. Estoy muy feliz de verlos y estoy muy feliz de poder volver otra vez con mis amigos, mi grupo. Pero me entristece un poco pensar que vamos a elegir una vida tan dura para el próximo.

D: Pero en tu última vida, no viviste mucho tiempo.

A: No, pero el próximo será más difícil. Será breve para todos nosotros. En la última vida, hubo muchos que vivieron mucho. E incluso aunque fui asesinado, tuvimos una buena vida juntos. En el próximo, algunos de nosotros tendremos que desempeñar papeles bastante difíciles.

D: ¿Te están mostrando como será el escenario?

A: Cuando tocamos el mapa y avanzamos vemos los posibles escenarios. Veo judíos. Veo Palestina. Y veo mucha sangre y veo que estaremos en lados opuestos.

D: ¿Hay una razón para eso?

A: Es porque tenemos que poder juntarnos para unirnos. Habrá oportunidades para unirnos, pero habrá igual de oportunidades para destruirnos unos a otros en esa vida. Volveré a tener la oportunidad de ayudar a mi familia.

D: Ya veo. Me preguntaba cuál sería el propósito. Porque cuando hay conflicto, piensas, ¿cuál es el propósito? ¿Cuál es el sentido de esto?

A: No se ve que tenga mucho sentido, pero tenemos que intentar establecer la conexión para demostrar que las personas son más similares que diferentes. Nuestro grupo ya tiene decidido ir. Era sólo quién desempeñaba cada papel, y me estaban esperando. Y es muy claro cuál es mi parte. Simplemente no sé de qué lado de la cerca voy a estar. (Risas)

D: ¿Puedes ver otras vidas a las que irás? ¿Se te muestra por adelantado?

Por supuesto, yo estaba pensando en su vida presente como Ámbar.

A: Lo son, pero de nuevo, empiezan a burlarse de mí por saltar de un lado a otro y hacer otras cosas. Y así que tengo que adherirme a hacer una cosa a la vez. Y sé que después de esta próxima corta vida en el Medio Oriente, habrá una vida completamente diferente después de ésta. Pero no puedo desviarme ahora o no tendré el coraje para hacer las cosas que necesito hacer.

D: ¿No pueden decirte demasiado a la vez? (No, no.) Eso tiene sentido. ¿Pero cada vez, vuelves a este lugar?

A: Sí, y puedo ver a mi grupo y podemos hablar y podemos estar con las energías de cada uno. Y todos nos sentamos con estas energías y reconozco algunas de ellas. Algunos de ellos que están como en las orillas no los veo. Mi padre está ahí. Mi amigo Rob está ahí. Y hay otros, pero no estoy seguro de quiénes son ahora en mi vida. (Su vida actual.)

D: ¿Así que tienes que vivir la vida corta primero antes de venir y vivir como Amber? (Sí) Es importante hacer eso primero. (Sí)

No quería tomarme el tiempo para repasar esa vida, así que hice que se mudara a donde habia terminado y había hecho lo que se suponía que debía hacer, y cuando el grupo se había reunido nuevamente en el lado espiritual. Quería llevarla a cuando decidiría entrar al cuerpo de Amber. "Están juntos de nuevo en el mismo lugar. ¿Qué me cuentas de la vida en el Medio Oriente? ¿Hiciste un buen trabajo?"

A: Creo que si lo hice. En esa vida en el Medio Oriente compartíamos música. Y él vio que yo no era malo, y yo vi que él no era malo, y lo llevamos con nosotros.

D: ¿Qué sucedió al ser una vida corta?

A: Hubo una explosión, tiroteo, y estoy muerto. (De hecho.)

D: ¿Pero aprendiste algo, ¿no?

A: Sí porque parte de mi sabia durante esa corta vida que debía seguir mirando a los ojos de los demás y ver que había detrás de ellos. Y no todos eran malos. Eran simplemente personas.

D: Todos viven sus propias vidas. Pero ahora volviste a este lugar. ¿El grupo siempre se reúne, o algunos realizan diferentes tareas?

A: Bueno, es interesante porque cuando se reúnen alrededor de la mesa, aquellos que están sentados más cercanos a la mesa son los que no están actualmente en un cuerpo. Pero hacia las partes exteriores está el resto de la gente del grupo, pero son de una luz más tenue. Y eso nos permite saber que están encarnados. Entonces una parte de ellos está en esa sala para participar, pero no de la misma forma como si no estuvieran encarnados. ¿Tiene sentido?

D: Si puedo verlo. Puedo entender. Están ahí para que aún puedan planificar.

A: Sí, y todavía pueden participar porque es posible que ya estén encarnados y es posible que nos unamos a ellos en algún momento. Entonces una parte de ellos sigue participando. Son sólo una luz más tenue en la habitación.

Quizás esto esté ocurriendo cuando la persona está durmiendo, y por tanto no son consciente de ello. Esto explicaría cómo se podrían hacer planes y contratos con aquellas almas que ya habían encarnado, y desempeñarían los roles de madres o padres, abuelos, etc. Asumí que estos contratos eran hechos antes de que cualquiera de las almas encarnara, mientras todas estaban en el mundo espiritual. Sin embargo, aparentemente todavía tenemos contacto incluso mientras vivimos nuestra vida actual. Y los planes y preparativos están en curso. También muestra cómo se puede cambiar el plan.

D: ¿Están hablando sobre la vida en que vendrás como Amber?

A: Sí. Me dicen que tendré que regresar a Nuevo México. (Risas)

D: ¿Habías estado allí antes?

A: Sí, como un muchacho ... el niño indio.

D: Entonces allí es donde era. (Sí) ¿Había oro ahí? (No) (Risas) ¿Entonces es importante regresar por lo que pasó?

A: Todavía estamos trabajando en mi problema de intentar salvar el mundo. (Risas) Entonces piensan que tal vez si vuelvo al mismo lugar, puedo recordar que no puedo salvar el mundo. Pero puedo salvar mi propio pedacito, que soy yo. Y me dijeron que iba a ser una vida muy diferente a la que tenía antes, y que fuera con humor al respecto. Me recordaron cuando intentaba ser travieso al entrar y salir del cañón, y cómo estaba abriendo un camino. Eso es más o menos lo que están haciendo en esta vida. Tengo muchos lugares donde tendré que llegar. Y puede haber indicaciones falsas para ir y volver, pero tengo que encontrar mi camino. Entonces se ríen.

D: ¿Creen que es divertido por todas estas probabilidades y posibilidades?

A: Sí, y saben que nos estamos acercando, y entonces como nos estamos acercando se convierte en más complicado.

D: ¿A qué te refieres con cerca?

A: Estamos más cerca de terminar esta etapa y nos acercamos al final. Y así se convierte en un arreglo muy complicado y complejo. Hay más opciones, más elementos para ejercer el libre albedrio. Más oportunidades y tienes que salir adelante, ser capaz de mostrar que puedes superar ciertas tentaciones que pueden ser más fáciles. Y tienes que superar lo que podría distraerte. Es muy complicado.

D: ¿Qué quieren decir con las últimas etapas?

A: No sé a dónde iremos después, pero no volveremos a esta habitación. Iremos a otro edificio. Supongo que nos graduaremos de este lugar y pasaremos al siguiente.

D: ¿Eso significa que no volverás a la Tierra otra vez o qué?

A: Volveremos de manera diferente, y solo si lo elegimos. Por eso tenemos que hacerlo bien.

D: ¿No habrá más oportunidades de volver y corregirlo?

A: Las habrá, pero quiero quedarme con mi grupo.

D: Porque la gente comete errores.

A: Así es. Y no se trata de perfección. Se trata de saber que el aprendizaje es importante. Que estés abierto y dispuesto a aprender.

D: ¿Pueden mostrarte lo que va a pasar en esta vida como Amber?

A: Muy complicado.

D: ¿Pero algunas de estas personas regresarán contigo a desempeñar su propio papel?

A: Sí. Y al estar allí, son su propio recordatorio de dónde debemos estar y de que estamos juntos y podemos ayudarnos unos a otros.

D: Cuando entras en el cuerpo, no lo recuerdas, ¿verdad?

A: No, pero existe esta sincronización de conocimiento y todos lo sabemos. Pero estamos aquí para animarnos unos a otros. No tomar el camino más fácil. No tomar el camino corto.

D: ¿Que sería el camino corto?

A: El camino corto es permanecer lejos de los desafíos.

D: Esa es la forma fácil, pero no aprendes mucho, ¿verdad?

A: No. No podrías pasar al siguiente paso y todos están entusiasmados por dar el siguiente paso. Por eso acordamos ayudarnos unos a otros. Para que no nos quedemos atrás. Todos progresaremos juntos.

D: ¿Cuál es el próximo paso? ¿Pueden decirte algo al respecto?

A: Hay un grupo frente al cual apareceremos y nos hablarán. Pero está en una ubicación diferente. Está en lo alto de una cúpula. Flotando en la cima como una luz dorada.

D: ¿Nunca has estado allí antes?

A: No. Mi grupo tiene muchas ganas de ir allí. Sabemos dónde está. Sabemos que no hemos estado allí y es allí donde iremos a continuación.

D: Como una graduación, dijiste. (Sí) Primero tienes que superar los desafíos de esta vida. (Sí) ¿Y la mayoría de las personas que conozcas durante la vida de Amber serán del grupo?

A: No la mayoría. Sólo unos pocos seleccionados, y estarán ahí como recordatorios de que estoy en el lugar correcto haciendo las cosas correctas. Vamos en la dirección correcta.

D: ¿Vas a tener hijos en esta vida? ¿Puedes ver eso?

Esta era una de las preguntas de Amber.

A: Sí. Yo he elegido eso y se ríen de mí por las cosas que elijo. Estoy seleccionando todo. No quiero seguir el camino corto. Estoy poniendo todo en mi lista. Y se ríen de mí porque dicen que no hay manera posible de que pueda manejar todas estas cosas. Pero estoy tan decidido a que la vamos a hacer al siguiente paso, a la siguiente etapa, en la que estoy cargando todo lo que puedo.

D: Eso puede ser un desafío.

A: Es como si sacáramos una canica de una caja y la pusiéramos en un cuenco. Y cada canica representa un desafío. Y normalmente la gente elegirá uno o dos. Las personas del grupo cogerán una o dos canicas y las pondrán en un tazón. Yo estoy llenando el tazón hasta arriba. No están muy contentos conmigo. (Divertido.)

D: ¿Estás seguro de que quieres hacer eso?

A: Se ve fácil, tú sabes.

D: Oh, Siempre se ve fácil de allí.

A: Sé que, si hacemos esto, nos graduaremos. Continuaremos. Me están mirando. Están diciendo: "Te das cuenta cuando pones la canica en el cuenco, que es tu canica. Otros están ahí, y pueden ocuparse de ello de alguna manera de forma lateral, pero es tu canica". Y yo digo: "Lo sé. Lo sé."

D: Está bien. ¿Pero sabes algo sobre los niños que posiblemente tengas?

A: Veo a una niña. Ella es maravillosa y tiene mucho que enseñarme, si la dejo. Será difícil. Ella será diferente a mí y a quienes me rodean. Ella no es parte de este grupo, pero acepté traerla porque tiene mucho que dar. Pero es una situación especial. Ella puede enseñarme si la dejo, pero también es una canica en mi cuenco. Es de una vibración diferente. Tiene problemas para permanecer en la Tierra. Su cuerpo es muy ligero y necesita aprender formas de conectarse a la Tierra. Es muy importante enseñarle eso. Enseñarle a jugar. Enseñarle cómo estar en la Tierra y caminar sobre la Tierra. Cuanto más tiempo pueda pasar afuera y próxima a la tierra, más conectada a la tierra estará. La naturaleza. Ella florecerá. Habrá mucho miedo porque es un ambiente extraño. No está acostumbrada a estar en un cuerpo. Y el cuerpo no siempre cooperará con ella.

Esta descripción coincidía con la hija de Amber, Adriana. Siempre ha parecido que no pertenecía aquí y necesitaba atención y amor especiales.

D: ¿Puedes ver quien será tu pareja en esta vida?
A: Mmm. Dijiste "pareja" y ellos dijeron: "Más canicas".

Ella dijo que los compañeros tampoco serían del grupo. Tendrían diferentes lecciones que Amber debería aprender. No quería estropear la diversión que estaba teniendo con su grupo y su planificación, pero pensé que era tiempo de hacer sus preguntas.

Pregunté si se me era permitido hacer preguntas, y ellos estuvieron de acuerdo, "Puedes preguntar". Sabían lo que estábamos haciendo y estaba permitido.

D: No deseo arruinar lo divertido que la están pasando o preguntar cosas que se supone ella no debe saber.
A: No, te lo haremos saber.
D: Saben que ahora estás en el cuerpo y que estás aquí tratando de obtener información.
A: Sí, por supuesto. Eso es lo que ella haría. Ya ha aprendido mucho de lo que le han dicho.

Una de sus preguntas se refería a su trabajo actual. No estaba contenta con él y sentía que estaba en una encrucijada, intentando decidir sobre un cambio de carrera.

A: Son esas canicas. (Risas) Ella sabe lo que tiene que hacer. Necesita cambiar y encontrará el momento adecuado, y sabrá que sólo por tener las canicas en el cuenco no significa que todas tengan que representar una carga. Un desafío no siempre es una carga.— Necesita reconocer que, en un cuerpo humano, solo hay ciertas cosas la persona puede hacer y existen limitaciones. De lo contrario, no estaría en un cuerpo humano. Y tiene que aprender a poder trabajar con su cuerpo humano para permitirle hacer las cosas que necesita hacer. Cuando va en contra de eso, su cuerpo se apagará, y se lo ha demostrado.

D: ¿Se rebelará y tendrá que tomarse tiempo para sí misma y para descansar?

A: Sí. No puede sanar a otros hasta que se sane a sí misma.

Había tenido una conexión interesante con su marido durante muchas, muchas vidas. No eran del mismo grupo, pero sí de la misma vibración. Habían acordado ayudarse mutuamente y la mayor parte de sus vidas fueron amigos serviciales. Su padre era uno del grupo. "Él acordó estar aquí primero para que ella supiera dónde estaba el camino. (Para que no se pierda). Ha hecho su trabajo y más, y ha hecho un trabajo maravilloso ayudando a la gente. Ha tenido muchas ocasiones en las que podría haberse ido, y cada vez decidió quedarse y ayudar, y le agradecemos su trabajo".

Mensaje de despedida: Ella sabrá que puede acceder a mí cuando lo necesite. Simplemente necesita callar y escuchar y sabe los lugares a los que puede ir para escuchar mejor y las personas con las que puede estar para poder escuchar mejor, pero siempre estaremos ahí para ella. Seguiremos estando ahí apoyándola. Y sólo recuerda lo de las canicas. (Nos reímos.)

Capítulo 7
UNA CORTA VIDA

Kim era una azafata jubilada de unos 60 años. Entró trance fácilmente, pero fue a vida que pareció a ser la vida justo antes de la presente. Parecía ser en un pequeño pueblo cerca del océano. Era una chica de quince años que vivía en un edificio de tres pisos que tenía una tienda de alimentos en el primer piso. Vivía allí con su madre, su padre y sus tres hermanos. La descripción de la cocina sugería que era de finales de 1880 o principios de 1900: una bomba de agua y una estufa barrigona. La tienda era un negocio familiar y todos ayudaban cuando no estaban en la escuela. Su trabajo era encargarse de escribir los pedidos. Parecía ser una vida simple y tranquila, hasta que la adelanté a un día importante. Estaba caminando por las escaleras que conducían desde su vivienda de arriba a la parte trasera de la tienda cuando tropezó y cayó por las escaleras. Estaba gravemente herida, pero no podía gritar. Podía oír a la gente en la tienda, pero no podía gritar para pedir ayuda. Tuvo que quedarse ahí hasta que alguien la encontró y la cargó de regreso al piso superior. Cuando llegó el médico descubrió que se había roto el cuello.

"Está poniendo una sábana sobre mi cabeza. No creo que haya sobrevivido. Mi papá está conmigo. Estoy mirando desde el otro lado de la habitación. Desearía no haberme caído, pero no puedo hacer nada al respecto". Así que murió trágica y repentinamente a los dieciséis años. Yo, por supuesto, quería saber qué pasó después, ahora que ella estaba fuera de su cuerpo. "Hay una luz. Voy a subir allí".

D: Dime lo que sucede a medida que subes a la luz.

K: ¡Ocurrió tan rápido! Pero desearía que no hubiera sucedido.

D: Pero ahora no puedes regresar ¿verdad? (No) Entonces ¿Qué sucede? ¿Qué estás experimentando?

K: Sólo esta paz. Se siente bien.

D: ¿Estás sola, o hay gente contigo?

K: No veo gente. Hay una presencia ... "¿Puedo regresar?"

D: ¿Es eso lo qué estás preguntando? (Si) ¿qué te dice?

K: "No. Tu cuerpo está roto". ¿Por qué tuvo que suceder eso? "Es lo que tu querías." ¿Por qué desearía eso? Dicen: "Lo necesitabas... era tu momento. Habías terminado".

D: Pero no fue muy larga vida.

K: Sí, y pienso que no es justo. Dicen: "Es lo que querías".

D: Pregúntales que te lo expliquen porque se te ha olvidado.

K: "Es lo que tu alma tenía destinado. Estar allá un corto tiempo. Para aprender."

D: ¿Para aprender qué?

K: Sólo lecciones. ¿Y qué aprendí? Aprendí lo que aprendí. Acerca de ser joven ... acerca de la mejor parte para tu cuerpo. Tu cuerpo nunca envejece, pero tu alma no progresa. Cuando tu cuerpo se rompe y eres joven, tu alma no llega a progresar. No pudo retener el alma.

D: Podría haber quedado paralizado. (Sí) ¿Entonces tal vez no podrías hacer lo que se suponía que debías hacer?

K: Supongo que no debía hacer nada más. Sólo para aprender cómo es ser joven. Entonces regresarás y te harás viejo. Y luego desearás ser viejo y hacer que tu alma crezca. Porque ahora sabes que tu alma no consigue crecer si tu cuerpo se rompe cuando eres joven. Entonces apreciarás envejecer. Y cuidar el cuerpo, y tener más cuidado. No te caigas si puedes evitarlo.

D: Después de que hablan contigo, ¿vas a algún otro lado?

K: Hay algo como una explosión ... calor ... justo como si estuvieras en un capullo o algo.

D: ¿Alguien te dijo que lo hicieras?

K: Sí. Tengo que continuar y ser parte de ese universo allí. Sé parte de eso por un tiempo. En ese estallido de luz... solo pensar en eso.

D: ¿A pensar acerca de vida que acabas de dejar?

K: Para alistarme otra vez para otra.

D: ¿Tienes que vivir otra? (Sí) ¿Cómo te sientes por eso?

K: (Alegre) Creo que es bueno. Quiero vivir más tiempo y no quiero subir las escaleras. (Risa fuerte.)

D: No quieres arriesgar que suceda de nuevo. (Risas) Hablas con alguien acerca de tus planes?

K: Sí. Estamos hablando de eso. Sobre si regresara, sería lo que quisieras ser, cuánto tiempo viviría y todo eso.

D: ¿Haciendo un plan?

K: Sí. Así que tengo que pensar en eso y lleva mucho tiempo descubrirlo. Hablan de diferentes posibilidades. Preguntan: "Bueno, ¿quieres vivir cerca de la nieve?" No, no... Me gusta la nieve, y a veces estaré cerca de la nieve, pero no me gustaría vivir allí. Pero creo que planeé esta vida en la que estoy ahora.

D: ¿Es eso lo que te están mostrando? (Sí) ¿Cómo estás haciendo los planes?

K: Solo tengo un gran pedazo de papel, un lápiz y un bolígrafo. Y lo estamos resolviendo todo. Y ellos dicen: "Bueno, no tenías mucho más que aprender. Pero necesitabas aprender a cuidar tu cuerpo. Has aprendido mucho".

D: ¿Estás haciendo planes con otra gente o qué?

K: Sí. Ya sabes... dónde decides vivir... familia... y todo eso. Supongo que ya he decidido esta vida y traté de mantenerme alejada de las escaleras. Eso fue malo. (Ambos nos reímos.)

D: ¿Estás hablando de la vida como Kim? (Sí) ¿Había alguien en esa vida que Kim conozca ahora?

K: David (su marido actual) ... creo que era el doctor.

D: ¿Por qué hiciste un acuerdo por venir otra vez con él?

K: Porque me fui, y no tuve oportunidad de conocerlo. Y el parecía realmente bueno y cariñoso. Lloró.

D: ¿Entonces él ha acordado a venir otra vez en la vida de Kim para ayudar? (Sí, Sí.)

Kim había preguntado por su hija adoptiva, Robin. "Ella fue mi madre en esa vida. Estaba muy molesta porque me fui".

D: ¿Quería estar contigo otra vez? (Sí) ¿Pero ella no pudo venir como hija natural de Kim? (No) ¿Sabía de antemano que sería adoptada?

K: Sí, eso era parte de su plan. Casi lo logro. Casi me rompo el cuerpo. (Kim tuvo un accidente de auto.) Pero ella tenía que llegar a mí.

D: ¿Y te eligió por encima de sus padres biológicos? (Sí) ¿Había alguna razón para eso?

K: ¡Oh! ¡Tenían dieciséis años! Cuando ella era mi madre yo tenía dieciséis años y me rompí el cuerpo. Luego tuvo que dejar a sus padres biológicos porque tenían dieciséis años y eran demasiado jóvenes para quedarse con ella. Y vino a estar conmigo otra vez.

D: *Entonces este era el acuerdo de antemano que ellos iban a renunciar a ella. Ya sabía que Kim iba a ser su madre adoptiva. (Sí.) Es interesante porque muestra que todo encaja.*

K: Sí. Espero que aquellos padres estén bien.

D: *Podemos averiguarlo. Estás haciendo un trabajo maravilloso respondiendo las preguntas, pero creo que llamaremos a alguien más que tenga más respuestas. ¿Está bien? (Sí)*

Entonces llamé al SC a que viniera. Siempre pregunto lo mismo primero, "¿Por qué elegiste esa vida para que Kim la viera?"

K: Para que viera que necesitaba cuidar su cuerpo.

D: *Tuvo algunos accidentes, ¿no? (Sí) Realmente arruinó el cuerpo, ¿no? (Sí) El subconsciente no pudo prevenir que sucediera?*

K: No, nosotros no. Pensamos que necesitaba recordarlo. Había empezado a olvidar.

D: *Nos contó cómo su hija tomó la decisión de venir y ser adoptada. ¿Qué pasa con los padres biológicos de Robin? Eran muy pequeños cuando tuvieron a Robin. ¿Puedes ver si están bien?*

Este era una pregunta que Kim quería descubrir.

K: La madre biológica era su hermano en esa vida. Su madre estaba muy ocupada con la tienda y tenía que cuidar a ese hermano pequeño.

D: *¿Entonces hubo acuerdos hechos por todos? (Sí) Bueno, Kim expresó su preocupación. Los padres que tuvieron a Robin eran muy jóvenes, dieciséis años. Se preguntaba qué les pasó en esta vida presente. Se que puedes ver estas cosas si es apropiado. ¿Qué pasó con ellos después del nacimiento de Robin?*

K: Ella fue a la escuela y tiene otros niños.

D: *Eso hará que Kim se sienta mejor si lo sabe. Entonces todo salió bien.*

Uno de los problemas físicos de Kim era la preocupación por su garganta. (Tiroides) Pregunté qué estaba causando su problema. "Ella quería pedir ayuda. Cuando se cayó por las escaleras y se rompió el cuello, se quedó allí por mucho tiempo y trató de gritar, pero no pudo".

D: ¿Por qué sigue afectándole garganta ahora?

K: Ella todavía está intentando pedir ayuda. Esto comenzó cuando su mamá se enfermó. Mientras su madre estuviera allí, ella estaba bien. Pero cuando su madre empezó a enfermarse y morir, quiso gritar de nuevo.

Luego procedí con la terapia para dejar los síntomas de garganta en el pasado con la otra chica y asegurarle a Kim que ella no pudo hacer nada para ayudar a su madre de todos modos cuando ella estaba muriendo. Simplemente se estaba castigando a sí misma. Ya que era sólo un recordatorio de otra vida, el SC acordó curar la garganta y devolver todo al pasado. Lo curó enviando energía a las glándulas de su cuello y relajándolas. El SC dijo: "No tienes que gritar. Sólo tienes que relajarte".

Una vez completado esto, pasé a las siguientes preguntas. Le preocupaba el zumbido en los oídos. Pasaría de un lado al otro. En otros casos me han dicho que tenía que ver con ajustar frecuencias. Sospeché que la respuesta sería la misma en este caso. "¿Qué está causando eso?"

K: La tierra. Las vibraciones están cambiando y eso simplemente va a suceder. Tendrá que adaptarse a las frecuencias. Podemos ayudar elevando sus vibraciones.

Los accidentes le habían causado graves problemas en su cuerpo y fue necesaria una cirugía. Al SC le estaba costando más ajustar su cuerpo a las vibraciones porque: "Claro ¡Hay muchos cables ahí dentro! Por eso es tan difícil adaptarse a la frecuencia. Veamos qué podemos hacer".

D: Sucedió cuando rompió el cuerpo nuevamente. (Sí) ¿Puedes ayudarla con la frecuencia de vibración para que no la moleste?

K: Justo intentando ajustarlo.

D: ¿Todos esos cables crean un efecto de conexión a tierra o qué?

K: Aumenta las frecuencias... interferencias. Interfiere con el proceso natural. Está haciéndolo muy bien con todo lo que está pasando. Considerando.—Le dijimos que cuidara ese cuerpo. (Risas)

Wilma estaba pasando por una vida simple, mundana y primitiva cuando le pedí que siguiera adelante para un importante día cuando algo estaba sucediendo. Cuando lo hizo, era obvio que había dado un salto hacia una vida diferente.

W: (Frenéticamente) Hay agua. No puedo respirar.
D: ¿A qué refieres?
W: Estoy dentro del agua. No puedo respirar.

La saqué de cualquier sensaciones físicas e incómodas, para que pudiera hablarme objetivamente, si fuera necesario.

D: ¿Cómo llegaste al agua? Puedes retroceder y descubrir qué pasó. Puedes verlo. No te molestará en absoluto mirarlo.
W: Hay un auto y se salió del puente.

Eso fue una sorpresa. Ahora era obvio que había dado un salto. No tuve más remedio que seguir.

D: ¿Estabas dentro del auto?

Su voz estaba temblorosa de miedo al contestar, "Sí."

D: Todo está bien. Puedes observar. ¿Tú estabas conduciendo o qué?
W: No ... estaba en el asiento de enfrente.
D: ¿Quién conducía el auto?
W: Mi mamá.
D: ¿Quién más está en el auto?
W: Mi hermana.
D: ¿Cuantos años tienes?
W: Siete.
D: ¿Ibas a algún lugar?
W: Eso creo.
D: ¿Vivías por ahí en algún lugar?
W: UH Huh ... no realmente cerca, pero por allá.
D: ¿Dónde está tu padre?

W: No sé.

D: ¿Qué sucedió? Puedes observarlo. No tienes que experimentarlo.

W: Golpeó algo o … estamos en el puente. El frente del auto simplemente se fue por el costado del puente, se volcó y cayó al agua, y el agua comenzó a entrar por las ventanas y no puede respirar.

Nuevamente eliminé cualquier sensación física desagradable. "¿Sabes si tu madre y tu hermana están por algún lado?"

W: No. Ninguna de nosotras salió. Todos morimos.

D: ¿Están todas en el auto?

W: Sí. Me hundo.

D: No lo sentirás. No sentirás ninguna incomodidad. Fue un shock, ¿no?

W: Sí, No lo anticipé.

D: Tu madre tampoco, ¿verdad? (No) Ella no sabía lo que iba a pasar.

La moví hacia adelante hasta donde todo había terminado y ella estaba al otro lado. Es más fácil obtener información una vez que la persona ha abandonado el cuerpo. No necesito que pasen por el proceso real de la muerte. Le pregunté a Wilma (la niña) si podía ver el coche.

W: Está bajo el agua. Se hundió con todos adentro.

D: ¿Alguien supo que estabas bajo el agua?

W: No, no había nadie alrededor.

D: ¿Qué harás ahora?

W: Bueno, Fallecí allá, entonces creo que solo flotaré.

D: ¿Están tu madre y tu hermana por ahí?

W: Ellas están en el agua. Han fallecido también, pero ya no las veo.—realmente no me quiero ir.

D: ¿Por qué no?

W: Porque no quiero morir.

D: Eras joven. (Sí) Pero fue un accidente. (Sí) ¿Tuviste una buena vida?

W: Quería que durara más.

D: Fue una sorpresa. No debía haber terminado tan rápido. (No) ¿Ves a alguien?

W: Sí, hay algunas personas aquí arriba esperando. Saben que voy a venir.

D: ¿Vas a hablar con ellos?

W: Uh-huh, ahora mismo está mi papá.

D: Puedes preguntarles por qué sucedió. ¿Por qué moriste tan joven?

W: Simplemente dijo que no necesitaba estar allí más tiempo. Quería quedarme. Olvidaré muy rápido lo que es estar allí abajo y entonces sabré por qué es mejor estar aquí arriba.

D: Pero estuviste ahí abajo por un corto tiempo.

W: Dice que eso es todo lo que necesitaba. Dice que aprendí lo que necesitaba.

D: ¿Cómo te sientes al respecto?

W: Bueno, como dije, me hubiera gustado quedarme allí, pero tal vez sea mejor aquí arriba. No es tan estrecho. Hay otras personas aquí. Ahí está mi tía. Ella era mi tía.

D: Entonces hay gente que conoces. ¿Adónde tienes que ir ahora? ¿Alguien te ha dicho?

W: No, simplemente estamos parados aquí... flotando aquí, por así decirlo. Dicen que hay que subir, pero no hay prisa. Dice que no es como si estuviera ahí abajo. Puedo hacerlo en mi propio tiempo.

D: ¿Qué quieres hacer ahora?

W: Estoy lista para ir arriba, supongo – No podré regresar.

D: Puedes ir de una vez arriba y ver qué hay allá.

W: Sí. A él le gusta estar allí. Simplemente tomó mi mano y subimos. Viene mi tía. No veo mucho por ahora. Está un poco nublado. Hay cosas en el aire.

La adelanté más rápido a cuando había llegado a donde se suponía que iba a ir.

W: No sé dónde está esto. Todavía no puedo ver mucho. Hay cosas en el camino. Está bien. Hay alguien ahí arriba. Ahora sé que debería conocerlos, pero no sé quién es. Es un poco "espeluznante", pero sé que es alguien con quien he estado en contacto aquí antes.

D: ¿Entonces sientes que has estado aquí antes?

W: Sí, muchas veces.

D: ¿Así que te es familiar ahora que estás ahí?

W: Sí, eso creo. (Susurrando) Ojalá supiera quién era ese chico. No sé qué hace ahora. No puedo describirlo. En cierto modo me da la bienvenida cuando vuelvo allí. Mi papá se va. Tiene que ir a otro lugar.

D: *¿Él tiene trabajo que hacer?*

W: Creo que lo acaba de hacer ... solo tenía que asegurarse que llegué aquí. – Así que ahora solo estoy como esperando con esta persona.

D: *¿Él te llevará a algún lado?*

W: Iremos aquí por ahora, así que eso es lo que hicimos. Hay mucha niebla. No puedo ver.—(Risas) ¡Oh, desearía poder hacer eso!

D: *¿Qué?*

W: Simplemente cambió su apariencia... así como así. Está cambiando muy rápido... Oh, simplemente está siendo gracioso. No siempre lo hace.

D: *Veamos a dónde te lleva. Se hará más claro.*

W: Voy a la escuela. Veo piedra de color blanco y algunos escalones y pilares y es bastante grande... como si los escalones recorrieran un largo camino. Probablemente haya sólo unos seis pasos, pero corren a larga distancia al otro lado.—Así que estamos yendo a la escuela. Y estábamos afuera, ahora estoy adentro y ni siquiera lude ver la puerta. ¿Qué te parece eso?

D: *¿Cómo es la escuela?*

W: Hay muchas cosas que están pasando aquí, pero aquí es dónde descubro qué haré a continuación.

D: *¿Qué te enseñarán en esa escuela?*

W: Cómo manejar las cosas en la Tierra... qué molestia es estar ahí abajo.

D: *¿Te refieres a cómo manejar las cosas cuando vuelvas a entrar al cuerpo?*

W: Sí, porque aquí arriba podemos ver cómo manejar las cosas allá abajo. Es más fácil verlo desde aquí arriba. Pero ahí abajo no se ve nada. Es simplemente ridículo. Es por eso que todos tenemos que hacerlo directamente aquí.

D: *Cuando estás ahí abajo, no siempre sale todo como debiera ser, ¿verdad?*

W: No, porque no podemos recordar qué estamos haciendo. Somos lamentables.

D: *¿Te dicen porque no puedes recordar?*

W: Bueno, veamos. Simplemente dice que sería demasiado confuso. Creo que sería más fácil si pudiéramos recordar, pero él dice que no sería así. -- Quiero recordar, pero él dice que simplemente no es así.

D: ¿Él piensa que sería más confuso si lo supieras?

W: Si, eso es lo que dijo. Dice que estamos simplemente programados para quedarnos en el camino correcto y de alguna manera internamente programados. Él dijo que aquí arriba podemos hacer todo contigo. Y debido a que hemos hecho eso, cuando llegues allí abajo lo sabrás, incluso aunque no lo recuerdes. Porque dice que está todo grabado ahí arriba, así que no tienes que preocuparte por eso. Cuando la gente está aquí arriba, repasamos lo que es el plan con ellos. Así que incluso cuando la gente regresa a la Tierra, saben cuál es el plan, aun si en realidad no lo recuerdan, entre comillas y sin comillas "recuerdan". Ellos saben. Simplemente no saben que lo saben.

D: Pero muchas veces cuando llegan aquí, las cosas no siempre salen según lo planeado, ¿verdad?

W: No, pero tenemos arreglos para eso también.

D: ¿A qué te refieres?

W: Bueno, ya sabes, tratamos de influir un poco si es necesario, simplemente para mantener a la gente encaminada, o hacer que la gente vuelva a encaminarse o lo que sea que podamos manejar desde donde estamos, sin romper ninguna regla.

D: ¿Cómo haces eso? Cuando están en la Tierra, la gente no puedo verte ahí arriba.

W: No, no pueden verme, lo cual es bueno. Porque si pudieran verme, tal vez no podría hacer las cosas que hago. —A veces hay que animar a las personas a tomar una dirección en la que no piensan o no quieren ir.

D: ¿Eso no es interferir?

W: No, lo hacemos dentro de las normas. Sabemos las reglas y no rompemos las reglas ninguna vez.

D: ¿Cuáles son las reglas?

W: Sólo que no puedes interferir, y no puedes bajar y tomar a alguien de la mano y guiarlo. Pero a veces puedes establecer obstáculos en el camino; bloquear una determinada avenida que podría cambiar las cosas para muchas personas. Intentamos no hacer más de lo necesario.

D: Tienen libre albedrío cuando regresan a un cuerpo, ¿no es así?

W: Sí, Sí. Ellos pueden hacer muchas cosas si lo desean.

D: ¿Vas a hacer un plan?

W: Bueno, voy a trabajar con ella y vamos a averiguar qué debe hacer a continuación. Pero creo que irá a la escuela por un tiempo.

D: ¿La niña pequeña? (Sí) ¿Necesita ir a la escuela para capacitarse?

W: Bueno, en realidad no lo llamamos entrenamiento, pero hay cosas que necesitará saber antes de la próxima vez. Así que ella lo hará mientras trabajamos en el plan.

D: ¿Ella tiene algo que decir acerca del plan?

W: Oh, Sí. Si ella no desea hacerlo, trabajaremos en otro. No queremos que nadie haga algo que no quiere hacer. Eso no es divertido.

D: ¿Tienen que aceptarlo entonces? (Oh, Sí, Sí.) Pero entonces ¿Se puede cambiar el plan cuando regresen a la Tierra?

W: Eso depende. Ha habido ocasiones en las que se han cambiado los planes, pero intentamos no hacerlo. Quiero decir, tratamos asegurarnos de hacer el plan sólido antes de enviar a alguien allá abajo.

D: Porque tienes a todas esas otras personas con sus planes.

W: Correcto, y como tú sabes, todos ellos están entrelazados.

D: A veces no funcionan como la persona quería.

W: Bueno. No, y tienen libre albedrio. Además, hay cosas que suceden y entonces no es como si lo eligieran.

D: Son todas las otras influencias también.

W: Correcto. Estará en una especie de clases generales hasta que tengamos el plan. Y una vez que tengamos el plan, sabremos mejor qué necesita hacer en la siguiente ronda. Primero repasamos el plan con ella y, si le gusta, la enviamos a varias áreas donde puede aprender cosas, pero le seremos útiles en esa vida.

D: ¿Por qué murió tan joven en el accidente de auto?

W: Simplemente ya no la necesitábamos allá. Ella acordó hacerlo por ese corto tiempo.

D: ¿Ella aprendió todo lo que se suponía que debía aprender?

W: Sí, y ella estaba ayudando a otras personas también, Creo, si recuerdo correctamente.

D: Cuando murió, no quería irse en ese momento.

W: No, la mayoría de la gente normalmente no quiere. No todo el tiempo. Algunas personas están dispuestas, pero... están todavía adheridas al cuerpo. Y no saben adónde van. No recuerdan haber estado aquí antes. Creen que van a algún lugar que no conocen, por eso tienen miedo. Y ella era pequeña así que probablemente estaba más asustada que alguien que ya era adulto, tal vez, sólo depende.—La queríamos de regreso aquí. Teníamos algunas cosas que le gustaban.

La hice avanzar para ver cuál era el plan, qué se suponía que debía hacer.

W: No está solidificado todavía, pero estábamos pensando sea un hombre. Veo un traje de negocios y ... no sé si quiera hacerlo.

D: ¿Quieres decir que regresará como hombre?

W: Bueno, eso no. Su vida va a ser realmente complicada. No sé si necesita algo tan complicado en este momento.—(Hablando a alguien más.) ¡Oh! Sí, necesitamos ... No creo que eso sea adecuado para ella. ¿Era de otra persona? Creo que confundieron los planes. (Risas y susurros.) Está bien, ve a buscarlo.

D: ¿Eso pasa a veces? ¿A veces se confunden?

W: Bueno, se supone que no.—(Risas) Queremos asegurarnos de que todos tengan el plan correcto. Sí, me confundí un poco... lo siento.

D: ¿Tienes mucha gente a la que cuidar allí?

W: Sí, y ese plan en realidad era para la persona que esta adelante de ella.

D: Bueno. Deja que esa persona tenga el complicado. (Risas) —Está bien, ¿qué ves para su plan? ¿Qué se ve bien?

Supe desde el principio que estábamos hablando de Wilma en su vida actual porque si la otra niña murió en un accidente automovilístico no pudo haber ocurrido hace mucho tiempo. Wilma nació en 1963, por lo que probablemente fue la vida anterior a la actual.

W: Saqué algunas cosas de aquí y parece que será madre la próxima vez. Eso es todo lo que puedo ver.

D: ¿Eso parece un buen plan?

W: Bueno, no quisiera hacerlo, pero... ahora está moviendo cabeza. No lo quiere hacer. No quiere ser madre. (Risas)

En esta vida, Wilma nunca se ha casado y no tiene niños.

D: Ella tiene la última palabra, ¿no?

W: Sí. Nunca obligamos a nadie a hacer algo que no quiera hacer. Por lo general, la gente se da cuenta si cree que no quiere hacerlo. Normalmente, si lo piensan lo suficiente, pueden ver de qué manera saldrán adelante, así que lo harán.

D: Estaba pensando que no se puede confiar en que algunas personas tomen sus propias decisiones.

W: Bueno, hay algunos, pero yo no hago nada con aquellos. Alguien más se encarga de ellos.

D: ¿Le mostraste otro plan?

W: Tendremos que resolver uno. Tomará un poco de tiempo estudiarlo para asegurarnos de que todo esté en su lugar correctamente.— Quiero darle uno bueno... no tan traumático como el último.

D: ¿Será más largo que el último?

W: Pienso que sí. Sí, será más fácil de navegar. A ella le gustará algo que no sea tan tedioso.

D: ¿A veces uno corto como ese es una lección para otras personas?

W: A veces lo son, y hubo algunas lecciones para otros involucrados en esa situación.

La llevé a donde el plan era sólido y le pregunté si estaba de acuerdo con él.

W: Ella tendrá una carrera o un trabajo. A ella le gusta eso. Vive más de los siete años, así que eso le gusta mucho. Es bueno si quieres estar ahí abajo tanto tiempo. No me gustaría que fuera, pero ella piensa que es una gran idea.

D: ¿Qué tipo de carrera?

W: No puedo decirlo. A ella le gustó, fuera lo que fuera. A ella le gustó la idea.

D: ¿Ella va a estar de acuerdo?

W: Creo que sí. Tiene que ver el resto, pero creo que le gusta. Pasará un tiempo.

D: ¿No va a ir ahora mismo?

W: Oh, no. Ahora que a ella le gusta esto, hay ciertas cosas a las que la vamos a aclimatar.

Aunque la entidad con la que estaba hablando no tenía ningún concepto del tiempo, tuve que decirle que aquí estábamos trabajando con el tiempo. Le pregunté si era consciente de que hablaba a través de un cuerpo físico. Dijo que definitivamente estaba consciente.

D: Este es el cuerpo físico que llamamos Wilma. (Sí) ¿Es este el cuerpo, la vida en la que entra la niña, o hubo algo intermedio?

W: Creo que este es el siguiente.

D: ¿El cual ella estaba planeando?

W: Pienso que sí. No deseaba el otro donde iba a ser madre, Así que nos deshicimos de ese.

D: ¿Ella no quería la responsabilidad?

W: Simplemente no la necesita. No sé alguna vez lo ha hecho antes, pero no necesita hacerlo. Esta vez está en una misión de exploración.

Necesitaba hacerle preguntas y quería estar segura de que la entidad con la que estábamos hablando podría responderlas, o si tendríamos que convocar al SC. Decía: "No puedo verlo todo, pero puedo ver mucho". Siempre existía la eterna pregunta: "¿Cuál es su propósito? ¿Qué se supone que debe hacer con su vida? Tiene una carrera, pero no estaba satisfecha. Dijeron que ella iba a cambiar eso. Le dieron mucha información sobre la nueva carrera que tendría por el próximo año. Le recordé que necesitamos dinero en este mundo para poder vivir. "Lo sé. Por eso me alegro de no tener que volver más allí".

Le pregunté al SC por qué quería que Wilma supiera sobre la corta vida de la niña. ¿Qué estaba tratando de decirle?

W: Eso es por qué ella no se siente bien.

D: ¿Es eso lo qué está causando sus problemas físicos?

W: Sí, ella estuvo en el fondo del río por un rato.

Wilma tenía un problema con sus pulmones: retención de líquidos, la sensación de que se ahogaba en su propia grasa y líquido.

W: Ya no se está ahogando. Murió allí. La pequeña niña está muerta ahora, por lo tanto, Wilma no necesita esos sentimientos físicos.

D: Pero parece como si los trajera consigo en el cuerpo de Wilma.

W: Oh ¿de verdad? Dios, no deseamos eso. Eso no es lo que queremos.

D: Dijo que ha tenido este sentimiento toda su vida y que por eso se está ahogando en líquidos como si tuviera retención de líquidos en el cuerpo.

W: Bueno, ella estuvo ahí abajo por mucho tiempo. No veo ninguna razón por la que deba trasladar eso a este organismo. Esa fue la última vida de esa niña. No pertenece a ningún otro lugar. No debería ser parte de su vida actual.

Le di la sugerencia de que dejara eso en el pasado dónde pertenecía, para que no moleste a Wilma más en esta vida.

W: Nunca lo he visto, pero hay muchas cosas que aún no he visto. Probablemente podría preguntar y alguien seguramente habría oído o sabido de ello.

D: En mi trabajo encuentro personas que presentan cosas asociadas con la forma en que murieron. Y eso no nos gusta porque causa problemas.

Seguí los pasos para quitárselo. Dijeron que no había nada más mal con el cuerpo, sólo las secuelas del incidente del ahogamiento.

W: Wilma nunca iba a resolver ese problema aquí; Eso era más fácil desde allí arriba. Simplemente lo disolvemos. Nos centramos en lo que debería ser el cuerpo y cómo debería funcionar. Y luego separamos esas cosas y las devolvemos al área adecuada hasta la otra vida. No pertenece aquí. – Logramos sacarle eso entonces solo visualizamos como debería ser el cuerpo en un estado saludable, y está en un estado mucho más cómodo para ella, ¡y considéralo hecho! Ya hemos terminado. (También estabilizaron su metabolismo. La caída de su cabello también fue causada por el metabolismo lento). Solo sucedió porque estaba confundiendo las vidas. No soy un experto en esa parte, pero a veces eso puede suceder. Y por muy cuidadosos que intentemos ser, a veces las cosas se nos escapan.

Mensaje de despedida: sólo quiero decirle que lleve la antorcha y ella sabe para qué la lleva. Sólo para recordar que ella está aquí por una razón y las razones no siempre están claras. Pero todos ustedes tienen que llevar la antorcha y sólo queremos que ella recuerde llevar la antorcha.

D: ¿Qué quieres decir con llevar la antorcha?
W: Trabajos por hacer y tú puedes. Sólo mantén la vista en el objetivo; para no perder de vista lo que quiere hacer.

Capítulo 8
UNA MISIÓN DIFÍCIL

Mary bajó de la nube hacia una hermosa escena en el campo con árboles y prados y muchos animales jugando entre los árboles. Era una chica pequeña de seis años quien estaba disfrutando de estar afuera sola. No le gustaba estar en la casa donde vivía, sino que prefería permanecer entre la naturaleza. Dijo que había mucho estrés en la casa porque todos estaban asustados. Tenían miedo de hacer enojar a su padre, por lo que reinaba tensión en la familia. Pregunté quién más había en la familia. Respondió con voz infantil: "Pienso en los gusanos del tomate como mi familia, pero mi hermano, mis hermanas y yo tenemos un tío abuelo y un abuelo. También mi mamá. Está muy cansada. Ella trabaja muy duro. Es una granja grande. Hay otras personas que vienen a ayudar con las cosechas y ella cocina para todos. Papá no está contento. Él no quiere estar allí. Hay tortugas en los estanques y los gusanos del tomate son grandes, verdes y gordos. Ellos se sienten bien. Ellos son mejor que familia." Vivían en casas separadas, pero todas en la gran finca. "Me quedo prácticamente conmigo misma, pero tenemos gatos con gatitos. Me gustan las plantas y los animales. Subo a los árboles para ver a los pajaritos en los nidos".

D: ¿Qué quieres hacer cuando seas grande? ¿Alguna vez has pensado en eso?

M: No sé si aguantaré tanto. Parece demasiado lejano. No creo que los mayores sean felices y yo no quiero ser así. —Me gustaría ser más alta.

D: (Risas) Lo serás. Créeme... lo serás. Crecerás. Todos crecen.

M: Sólo quiero quedarme en la granja. Los animales, las plantas... tenemos un gran jardín... atrapamos tortugas en el estanque. Siento la tierra entre los dedos de mis pies.

Por lo que Mary me había dicho durante nuestra entrevista, era obvio que había llegado a un momento de su vida actual. Estaba reviviendo su infeliz infancia en una granja con padres que no la amaban. La moví hacia atrás cuando era una bebé. De esta manera podría sacarla de esta vida y llevarla al pasado. Se vio a sí misma como una bebé en una cuna. Todos sus hermanos y hermanas estaban reunidos mirándola. Parecían mucho más grandes que ella.

D: ¿Qué opinas de estar en esta familia ahora que estás en el cuerpo de un bebé?

M: No sé. No estoy segura de esto. (Pausa) No parece muy feliz. No parece que sepan que soy uno de ellos. Soy mucho más pequeña y hay curiosidad sobre mí.

D: Eso es porque eres la nueva de la familia. Todo saldrá bien.

Luego retrocedí a Mary, hasta el momento en que tomó por primera vez la decisión de volver a ser un bebé, y le pregunté qué veía.

M: Es una mesa con gráficos en él, o mapas o rollos. Estoy en un extremo. La mesa tiene forma ovalada, pero con esquinas divertidas. Puede que sea mármol... algo frío al tocarlo. Parece que la mesa tiene una luz dentro, pero no veo cómo puede hacerlo. Hay mapas y documentos. Algo se ha extendido y parece brillar desde abajo.

D: ¿Hay alguien más alrededor de la mesa o estás sola?

M: Se siente como si hubiera un par de personas allí que son mayores. (De repente comenzó a llorar y dicho con un terrible sonido en su voz:) ¡No quiero ir!—Dicen que tengo que regresar. (llorando) No deseo regresar. (Llorando)

D: ¿Es eso lo que están decidiendo?

M: Dijeron que tengo que regresar.

D: ¿Por qué tienes que volver?

M: Supongo que hay más aprendizaje. Aunque me gusta dónde estoy ahora. Tiene una gran belleza y aguas cristalinas... preciosos setos verdes, paisajes y fuentes. Tranquilo y pacífico. No quiero ir. Dijeron que sería mejor a largo plazo.

D: ¿Pueden decirte lo que tienes que aprender?

M: Las relaciones son una cosa. Procesos de pensamiento y mantenerse alejado de la negatividad.—Todos tiene que pasar por las lecciones. Supongo que no lo hice bien la última vez.

D: ¿Qué sucede si no lo hacen bien?

M: Hay muchas opciones diferentes, pero me dicen que esta la tengo que tomar.

D: ¿Te mostraros las otras opciones?

M: No porque dijeron que este es uno que tengo que tomar.—La meta es la perfección.

D: ¿Pero crees que no lo hiciste bien la vez anterior?

M: Supongo que no. No pensé que hubiera hecho un trabajo tan malo. (Deprimida) Dijeron que esta vez sería diferente. Diferentes personajes... diferente reparto de obra... diferentes partes. (Frustrada) No puedes volar allí.

D: ¿Te mostraron algo de cómo sería?

M: Dijeron que sería sanación para la familia.

D: ¿Para la familia en la que vas a entrar?

M: A la que todos acordamos.

D: ¿Los otros de tu familia también acordaron venir juntos?

M: Sí. Algunos de nosotros hemos estado juntos antes, pero no todos... para intentar hacerlo bien esta vez. Sé que algunas de esas personas lo han intentado antes, pero supongo que no lo hicieron bien. Y hay otros nuevos. Cada uno tiene partes diferentes... no son iguales.

D: Se incorporan diferentes personajes a la obra. ¿Es eso lo que quieres decir?

M: (Decepcionada.) Sí, supongo. Dijeron que para mí sanación y toda nuestra curación, tenía que ir y hacer esto.

D: ¿Te dijeron como se supone que tienes que hacerlo?

M: Simplemente hay muchas opciones diferentes.—No hacer daño.

D: Eso es importante, ¿no es así?

M: Supongo que, si me van a hacer volver y "hacerlo", lo es. (Enojada) Creo que hay otras formas de hacerlo. Dijeron algo sobre un cronograma para que pudiéramos hacerlo más rápido.

D: ¿Tiene que ser en un periodo de tiempo determinado?

M: No sé si tengo que hacerlo en un período de tiempo determinado o todo lo que tengo que hacer. Esto es más rápido que otras formas de encargarse de ello.

D: Entonces, ¿todas las personas que formarán parte de tu familia han acordado unirse?

M: Sí, eso creo. Otros vendrán también conforme se necesite.

D: He escuchado que se hacen contratos. ¿Es verdad?

M: Bueno, todos tenemos nuestras tareas, si eso es lo que quieres decir. Mi tarea es ir y no hacer daño. (Enfatizando.)

D: Y la meta es la perfección, lo cual es difícil, ¿no es así? (Sí) Por supuesto, se ve diferente cuando estás allí arriba. ¿Qué opinas? ¿Podrás hacer la tarea?

M: (Un profundo suspiro.) Simplemente creo que debería haber otra manera de hacerlo. Pero dijeron que de esta manera se solucionaría todo más rápido.

D: ¿Qué sucede si no lo haces bien?

M: Parece que no tengo otra opción esta vez, por alguna razón.

D: ¿Entonces tienes que hacerlo bien?

M: Esa es la expectativa.

D: Tengo curiosidad. ¿Qué sucede si no lo haces bien?

M: Tengo que venir acá otra vez.—Pero puede ser en diferentes lugares.

D: ¿Diferentes entornos, diferentes países y diferentes situaciones?

M: Diferentes planetas.

D: Oh, entonces tú también puedes hacer eso. ¿Has tenido muchas vidas diferentes y experiencias diferentes?

M: He tenido algunas.

D: Me pregunto si has estado haciendo esto por un largo tiempo.

M: (Molesta) Seguro que se siente así. —Parece que hay niveles, y cambian de nivel y hay diferentes niveles, y esto eventualmente terminará en un nivel superior. (Parecía muy angustiada.)

D: Entonces pasas a diferentes niveles. ¿Tienes que aprender cosas y terminar ese nivel primero antes de pasar al siguiente?

M: Sí, supongo que sí. Simplemente pienso que es estúpido... ¡simplemente estúpido! Porque al lugar que quieren que vaya no puedes recordar nada después de llegar allí. ¡Es simplemente estúpido! Es como si te apuntaras a un determinado grado en la universidad; luego, cuando llegas allí, no hay libros ni ropa. No sabes dónde está tu clase. ¡No sabes quiénes son tus profesores y es una estupidez! Es el único lugar donde lo hacen así. ¡Tierra! (Descontenta) Otros lugares... otros sistemas energéticos... otras galaxias. Saben lo que está pasando.

D: No entras solo totalmente a ciegas. Así que la Tierra es diferente.

M: Sí. ¡Lo tienes que hacer! La cosa es ir y hacerlo. Es muy frustrante.

D: Pero tú no hiciste las reglas.

M: No, pero me hacen cumplirlas.

D: ¿Les dijiste que no te parece una buena idea?

M: Oh, creo que lo he dejado claro. —Ven grandes acontecimientos, pero no sólo para mí. Estamos todos interconectados, por lo que es como un salto cuántico hacia adelante, dicen. Muchos de nosotros llegamos al mismo tiempo, con la misma misión. Orientación a nuevas maneras de hacer las cosas que no se han hecho ... bueno, así es como siempre se suponía que debían ser las cosas, pero todo se ha jodido ahí abajo. Entonces es una reorientación hacia la forma en que las cosas deberían haber sido siempre, pero está cambiando nuevamente. El cerebro humano, no todo está conectado, por lo que apenas está en su infancia. Como si no supiera todo lo que puede hacer, pero el cerebro puede hacer muchísimo más. Así que es como una flota entera o grupo de nosotros que tenemos que regresar y reorientar a la gente.

D: ¿Has estado en la Tierra antes? (Sí) Entonces ya sabes cómo es eso ahí abajo.

M: Sí, pero es siempre una sorpresa.

D: ¿Te han dicho como puedes recordar tu misión una vez que llegues allí?

M: Me han dicho que no me preocupe acerca de eso. Solo tendrá un flujo mínimo, pero que no ha sido mi experiencia.

D: ¿Hay alguna manera de que puedan ayudarte una vez que llegues allí, si tienes problemas?

M: Sí. Nunca estamos realmente desconectados, pero parece que sí lo estamos. Es como que todos estuviéramos en la misma sopa, así que tenemos que ayudarnos entre sí. Se me dijo que tendría ayudantes a medida que avanzara.

D: ¿Probablemente ni si quiera los reconocerías, creo?

M: Probablemente ellos no me reconocerán a mí. (Enfáticamente) —Simplemente no quiero ir. Es muy bonito aquí ... cascadas y agua clara.

D: ¿Tienen idea de cuánto tiempo pasará antes de que puedas volver allí?

M: Dicen, que cuando termine. Sé que pase lo que pase, se sentirá como una eternidad porque siempre es así ahí abajo. (Muy infantil)

D: No puedes argumentar con ellos, ¿verdad?

M: Lo he estado haciendo, pero no me ha llevado a ningún lado.

D: Y eventualmente regresarás. He oído que cuando regresas es como un abrir y cerrar de ojos. Ni siquiera te darás cuenta de cuánto tiempo llevas fuera.

M: Sí, esa es la canción que han estado cantando. Pero he estado allí. Es pesado y no tienes alas. Me gusta volar. (Anhelante.) Me gusta la libertad.—En el escenario al que voy a entrar, tengo que hacer todo el asunto del nacimiento y la infancia y sus escuelas.

D: Desde muy al comienzo.

M: Solo tenemos que enseñar y no tiene que ser así.— Será diferente en el futuro. Una vez que consigamos que todo el mundo vuelva a ser como siempre ha sido, entonces podrás recrear. No tienes que quedarte atrapado en la gravedad y 3- D.—¿Es esa la palabra correcta... 3-D... dimensiones?—No será así. Será diferente. Lo han olvidado. Serán diferentes cuando se cambien las energías. Todos vamos a ayudar a cambiar la energía y el cerebro estará completamente conectado, así que tú puedes encargarte de eso. Y estar en un lugar y concentrarte y pensar y estar en otro lugar. Pueden hacerlo ahora. Simplemente lo olvidaron.

D: ¿Quieres decir que en el futuro no tendrán que empezar como bebés y pasar por todas las cosas de la infancia?

M: Correcto, porque todo está cambiando y no va a tener límites — no, no límites, — restricciones.

D: ¿Quieres decir que tendrán simplemente un cuerpo de adulto y lo conservarán?

M: Sí, o ni siquiera tener cuerpo. No tienes que tener un cuerpo. Son justo todos estos pasos diferentes y están tan pesados rodeados de estos trajes físicos tan grandes y no tienen por qué estar haciendo eso. Hay muchos de nosotros que les ayudaremos a recordar. Pero para llegar allí tenemos que olvidar. ¿Ves lo que estoy diciendo? Es simplemente estúpido.

D: Pero en el futuro, si tienen un cuerpo físico, ¿lo conservarán o qué?

M: Sí. La energía es lo único que cambia, se vuelve más ligera y la gente puede salir de diferentes dimensiones y aparecer allí. No es necesario que empiecen siendo bebés. Al principio habrá facilitadores de energía para ayudar.

D: ¿Entonces en el futuro no habrá bebés o niños pequeños?

M: Los habrá si quieres venir de esa manera, pero será sólo una opción que podrás elegir.

D: *He escuchado que hay algunos seres que son solo energía. (Sí) Ellos no tienen un cuerpo en absoluto.*

M: Es como una conciencia que nunca muere. Es solo la conciencia que queda.

D: *¿Todos en la Tierra subirán a esta forma de hacerlo?*

M: La gente que permanezca en lo físico cambiará, pero habrá mucha gente que no permanecerá. Eso no era su situación esta vez, así que habrá gente que se irá. Pero entonces las personas que se queden podrán recordar cómo usar el cerebro. Todo estará cableado correctamente.

D: *¿Pero todos los que están vivos ahora en la Tierra podrán hacer esto?*

M: Toda la gente que se quede lo hará. Algunos más rápido que otros, pero tendrás que hacerlo porque todo el marco cambiará. Es como si la computadora no reconociera el software si te quedas. ¿Sabes de que estoy hablando? Aceptar los programas antiguos. Tendrás que actualizarte o simplemente no funcionará.

D: *Estaba pensando en la gente que está tan interesada en karma y negatividad.*

M: Eventualmente cambiarán. ¡Dios mío, son negativos! Son tan negativos. Esto es juicio... negro, blanco... correcto, incorrecto... sí, no. Hay muchas otras formas de ser.

D: *Has dicho antes que tienes que cambiar la negatividad, ¿no?*

M: Sí, se supone que todos debemos trabajar juntos para iluminarlos. Cambiar la forma en que son las vibraciones en el planeta para traer la plena integración del mecanismo humano a la manera en que se supone que debe ser. El modo en que era antes. Sospecho que es así en cualquier otro lugar excepto en ese planeta.

D: *Pero parece que algunos de ellos se moverán a diferentes velocidades. Diferentes vibraciones. ¿No lo harán todo al mismo tiempo?*

M: Si, no todos ellos conseguirán la realización o lo que sea.

D: *Me parece interesante que se suponga que deberías estar allí, pero en realidad no estás contento de ir. (Risas) Parece que tienes un gran trabajo que hacer.*

M: Sí. Definitivamente es un gran trabajo.

D: *No te pedirían que lo hicieras si no pensaran que podrás.*

M: (En silencio) Si estoy yendo ....

D: Tienen confianza en ti que vas a poder a hacerlo. Reglas estúpidas ... pero pienso que eres capaz de hacerlo y lo harás muy bien.

La hice alejarse de la escena y llamé al SC. Al principio hubo resistencia por parte de la mente consciente de Mary mientras intentaba tomar el control. El SC dijo que estaba luchando para permitirle entrar por miedo. No podía ver de qué podría tener miedo después todas las cosas que ya habíamos descubierto y habíamos estado discutiendo. Luego Mary finalmente se relajó y dejó de intentar controlar la sesión, y luego el SC pudo entrar.

D: Pensábamos que íbamos a vidas pasadas, en cambio ella estaba un poco chica en esa vida. ¿Había una razón por la que la llevaste allí?

M: Lo ha hecho en el pasado.

D: Me has dicho muchas veces que ya no necesitamos centrarnos en el pasado.

M: Ya no más.

D: Las cosas están cambiando, pero Mary sonaba como si hubiera venido a hacer una misión muy importante. Y las cosas no han salido como ella pensaba, ¿verdad?

M: Todavía no termina.

D: Eso es verdad. ¿Dijo que debería haberse ajustado y ayudar con la negatividad?

M: Es verdad. Se supone que es lo que ella y todos debe hacer.

Hubo mucha discusión sobre las preguntas y circunstancias personales de Mary, especialmente con su familia. La habían influenciado negativamente por muchos años, y todavía de le dificultaba liberarse de las ataduras que tenían sobre ella. Trabajamos en todo de esto. Luego nos enfocamos en sus problemas físicos (de los cuales hubo muchos, en su mayoría causados por su entorno de trabajo [productos químicos]).

D: Ella se había hecho mucho daño cuando estaba trabajando allí, ¿no?

M: Sí, estuvo muy cerca de la transición.

D: Oh, ¿fue tan malo? (Oh, Sí.) ¿Por qué tuvo que desarrollarse tanto?

M: No se percató de las señales y estaba acostumbrada a tener una energía tan abundante y pasando del amanecer al anochecer. Lo dio por sentado y luego empezó a pasar mucho tiempo en ese ambiente; No era sólo un turno de seis u ocho horas. Fueron muchas, muchas horas extras y estaba saturada de estos químicos, y también era un punto de salida que podría haber elegido. Fue una puerta abierta para ella. Podría haberse ido y decidió no hacerlo. Desde entonces se dio cuenta de que era una puerta abierta y desearía haberse lanzado a través de ella, y así es como se convirtió en una fuente de depresión para ella.

"Ellos" procedieron a trabajar en sus muy complicados síntomas físicos. Uno fue interesante y trataba sobre su cerebro. "Ella sabe que ha recibido algún recableado y parte de esto se debe a los cambios en el planeta. Sabía que si optaba por la medicina occidental tendría más problemas. Y ella sabía intuitivamente que, si podía escapar de lo que estaba causando eso, que eventualmente el cuerpo se arreglaría".

D: ¿Dijiste que el cerebro había sido recableado?

Muchas veces el SC reconectará el cerebro si lo cree necesario.

M: Sí. Tenía que pasar. Si alguien hiciera el escaneo correcto, podrían verlo y ella sabe que, si alguien tomó bien las fotos, podrían leerlo y verlo. Y ella es bien sobre eso.

D: ¿Quieres decir que después del daño (químicos), entraste allí y lo recableaste?

M: Eso es exactamente correcto. La forma en que funciona ahora no es la misma.

D: Pero ella piensa que ha perdido algo de sus funciones.

M: Bueno, es diferente de lo que era. Estaba bastante concentrada antes. Estaba haciendo su meditación y sus ejercicios. Es muy lista y nota pequeñas inconsistencias y tiene razón. Ella no es como era, pero le ofreceríamos ayuda y le diríamos que, al seguir los caminos de la curación y el arte, el cerebro habría cambiado de todos modos... en otros sentidos. Así que dice: "Ya no soy como era antes de empezar a trabajar en la planta". Nuestra respuesta a ella sería: "No serías la misma sin importar lo que hicieras, y tu funcionamiento se está acercando al 100% incluso si es algo diferente de lo que era". Tiene que acostumbrarse y no verlo como algo negativo.

Su estómago y su sistema de eliminación también sufrieron un fuerte golpe por los químicos y ella llevaba muchos metales pesados en su sistema. "También diríamos que había comenzado una limpieza inicial con hierbas. En los últimos días ha faltado a eso. Y le diríamos que continuaremos ofreciendo asistencia intuitiva para saber qué hierbas usar en el futuro para mantener las cosas en orden. Tiene esta sensación de que 'nadie me ha ayudado. Voy a tener que hacer algo al respecto yo misma'".

D: Pero ella no te pidió ayuda, ¿o sí? (Risas)

M: Pero ha hecho un salto de fe por venir aquí a verte.

D: ¿Puedes eliminar todas esas toxinas de su cuerpo?

M: Sí, lo puede notar "no es agradable" con cosas en el baño durante un próximo tiempo, pero todo es por una buena razón y no hace daño. Nos desharemos de todo de eso. Puede que desee aumentar su ingesta de líquidos y asegurarse de que sea todo agua de manantial. Y sabe que debería comer más frutas y verduras. Ha notado que ya no necesita tanta carne como antes. Y esto es algo muy positivo ya que ella continúa sanando. También ha rezado que le gustaría llegar al punto en el que no coma nada en absoluto. Y solo queríamos decir: "Un paso a la vez". Ella no está allí todavía, y puede que no esté allí en seis meses. Pero ese es su objetivo y diríamos que es un objetivo alcanzable.

D: Dijiste que notaría cosas en el baño. Quieres decir ¿Cómo diarrea?

M: Puede ver defecación oscurecida y el color de su orina puede cambiar, pero eso es parte de lograr deshacerse de todo de eso.

Nota: El tiempo entero que Mary había estado en mi oficina no había bebido nada, a pesar de que yo seguía ofreciéndole agua. Después de la sesión, antes de que hubiéramos dicho nada sobre la sesión, fue al baño. Cuando salió, dijo: "Creo que aceptaré esa oferta de agua. Mi orina tiene un color extraño". Así que ya había comenzado a surtir efecto de inmediato.

M: Pediríamos que permanezca alejada de la carne; probablemente dos veces al año sería suficiente. Volverá al 100%. Tomará algún tiempo reequilibrar la dieta y descubrir qué necesita ahora para vivir, y será diferente de lo que era en el pasado.

Mensaje del SC: Tranquila con el dinero. La escuchamos y entendemos sus preocupaciones. No va a morir de hambre ni a morirse, aunque le gustaría la parte de "morir". Simplemente no se da cuenta de cuán grandes son los avances que ya ha logrado. Y ella cree que es mucho más complicado. Tiene miedo de no llegar a la nueva Tierra pero, en cierto modo, ella ya está allí.

D: Sí, ya está aquí. Ya está sucediendo.

M: Su asociación contigo es muy positiva. (Ella había tomado una de mis clases). Ella puede hacer el trabajo que enseñas. La ayudaremos en las áreas de autoestima y le traeremos clientes con los que tenga resultados positivos para desarrollar su confianza en sí misma. Para que pueda practicar y será de "gran" servicio para la gente porque ha tenido un camino muy difícil. Se siente sola, pero nunca está sola... nadie lo está jamás.

Capítulo 9
EQUILIBRIO EN LA VIDA

Chelsea tuvo cierta confusión al principio cuando salió de la nube. Se encontró en un ambiente extraño y sobrenatural. Vio un cielo naranja, y suelo naranja y un bosque de árboles púrpura sin hojas. En lugar de corteza, tenían una textura coriácea, suave, pero con una huella como las células de la piel. La atmósfera profunda, de color naranja oscuro, era pesada, un ambiente casi gaseoso. Mientras avanzaba por el bosque de árboles extraños sintió que no tenía cuerpo. Eso no la molestó, pero sí la quietud sin vida de la escena. "Me siento mayormente decepcionada porque no hay mucho más ahí. Está algo vacío". Después de vagar un rato decidió que quería encontrar algo más.

Entonces le pedí que se alejara de la escena y se trasladara a otro momento y lugar apropiados. Cuando se detuvo esta vez, era un entorno verde de árboles y bosques regulares. Una escena normal tipo Tierra. Vio que era un pequeño niño indio que cazaba conejos para ayudar a alimentar a su familia. Describió su vida con su familia en un gran asentamiento de tipis. A medida que avanzamos en su vida, llegó a una edad en la que se le permitía unirse a los otros hombres mientras montaban a caballo en una partida de caza. Además de cazar ciervos para el pueblo, anunció que también iban a matar gente. "Son colonos que están en nuestra zona. Están donde no pertenecen y nos estamos deshaciendo de ellos. Han construido una estructura allí. Esta es la primera vez que supe que estaban allí. Creo que los demás lo sabían. Me sorprende que los vayamos a matar. Me siento un poco confundido. hay mujeres y niños ahí también. Pero los hombres dicen que tienen que irse. Tenemos que deshacernos de ellos o vendrán más, así que tenemos que matarlos a todos".

Cuando comenzó la matanza, él realmente no quería ser parte de ella, pero sería considerado un cobarde si no ayudaba. Entonces mataron a una familia y él participó, aunque no se sentía bien por ello. Los hombres decidieron no contarles a los demás en el pueblo sobre los intrusos. Tenían miedo de preocuparles y que entraran en pánico.

Así que decidieron mantenerlo en secreto y no le contaron a nadie lo sucedido cuando regresaron al pueblo.

Pero no habían logrado nada. Cuando lo adelanté a otro día importante, dijo que habían venido más extraños. Los hombres sintieron que no tenían más remedio que matarlos, tantos como pudieran. "¿Qué otras opciones tienes? ¿Vas a irte? ¿Por qué tendrías tener que abandonar tu casa? Ahora no había forma de mantenerlo en secreto. Todo el pueblo estuvo involucrado. Entonces la hice avanzar nuevamente y anunció que le habían disparado y que se estaba muriendo (un joven de unos veinte años). La familia que atacaron esta vez tenía armas y lo recibió con un disparo en el pecho. "Los demás están peleando. Estoy muerto cuando se dan cuenta de que estoy muerto".

Ahora que estaba libre del cuerpo, se sentía ingrávido mientras flotaba hacia arriba a través de las estrellas en el espacio. Fue un sentimiento muy pacífico. Le pregunté sobre la vida que acababa de dejar. "Fue triste tener que hacer algo que no quería hacer. Creo que todos podríamos haber aprendido a vivir juntos, pero no había confianza alguna.—¡Matar niños no es algo bueno!—A veces tienes que hacer cosas que no quieres hacer por el bien de todos los que te rodean. Incluso si no te gusta. Es una lección, pero no estoy seguro de que sea la lección correcta. No parecía haber la opción de no hacer lo que se requería... no, si quieres ser parte de ese grupo".

Luego condensé el tiempo hasta donde llegó a algún lugar, y no simplemente flotar. "Es un área blanca, blanca, simplemente de un blanco brillante. Hay una energía, una presencia, pero es como muchas células de energía que ahora son una. Es parte de una gran masa. Ahora tienes que revisar tu vida. Es como una reseña. Pasas por todo el asunto".

D: ¿Qué piensas cuando te la muestran?

C: Oh, yo era una buena persona. No viví mucho, pero fui una buena persona durante el tiempo que estuve allí. La parte de matar no fue muy buena. Aunque no quería hacerlo, lo hice de todos modos.

D: Pero tú eras parte de la cultura. A veces no puedes salir de las situaciones.

C: No, pero podría haber sido una influencia. Si hubiera hablado, tal vez podría haber cambiado el resultado. En lugar de hacer lo que todos esperaban, ser parte de una mentalidad de grupo.

D: ¿Seguir lo que todos los demás piensan?

C: Correcto, y asumiendo la responsabilidad por eso.

D: Después de terminar la revisión de la vida, ¿qué pasa entonces?

C: Bueno, tengo que volver a bajar. Supongo que entraré en una situación en la que usaré mi criterio para obtener un resultado diferente. Una situación que irá en contra de una mentalidad de grupo.

D: ¿Tienes que llegar a algún acuerdo con otras personas o eso es parte de tu revisión?

C: Siento que hay alguien a quien maté. Que tal vez no debería haberlos matado. Aunque pensé que era lo correcto en ese momento, en realidad no lo era. —Creo que hice un acuerdo con esta persona que sí maté. Era una criatura... fue una niña a la que maté. Tengo que regresar y hacer algo positivo para reemplazar lo negativo. Tengo que compensar a este otro individuo de alguna manera. Se está discutiendo qué haremos. Están averiguando adónde debo ir. Soy parte de ello. Tengo que afrontar situaciones en las que puedo elegir hacer algo que está mal o ser diferente de los demás y hacer lo correcto. (Chelsea se quejaba). Voy a ser soldado. No creo que sea mi decisión. Voy a regresar como soldado porque tal vez en la misma situación pueda hacer algo diferente.

D: Los soldados también matan, ¿no?

C: Sí. No fue una buena elección, pero eso es lo que hice.

D: Cuéntame sobre eso. Puedes verlo de forma condensada. ¿Qué pasó en esa vida?

C: Dicen que es la Segunda Guerra Mundial alemana. ¿O es la Primera Guerra Mundial? Tengo un uniforme bonito. Soy un hombre joven.

D: ¿Querías ir al ejército? (Sí) ¿Querías pelear?

C: Estoy orgulloso de ello. Porque me hace importante para mi familia.

D: ¿No eras importante antes?

C: Creo que es sólo una dirección en este momento. Soy un adulto. Que he elegido algo que hacer.

D: ¿Y la guerra continúa?

C: No estoy en el pleno apogeo. Solo estoy de uniforme.

Lo hice resumir para saber que pasó. Entró en la lucha, la parte de la guerra, pero resultó herido antes de tener la oportunidad de matar gente. "La batalla apenas comenzaba. No sabía lo que estaba haciendo. Me lastimé y me liberaron". Le dispararon en el pecho y en el brazo, y se le infectó, por lo que no tuvo que regresar a la guerra. En lugar de ser feliz, lo hizo sentir como un perdedor. "Porque no pude hacer mucho antes de irme". Regresó a su casa y su madre estaba cuidándolo. "Mi mamá está de acuerdo con eso. Aunque no estoy feliz. Habría sido otra cosa si hubiera avanzado más".

D: ¿No te molestaría matar gente?
C: Para eso entré en el ejército.

A medida que lo avanzábamos en su vida, su pecho todavía le causaba dolor. Allí dentro había pequeños trozos de metralla. Consiguió un trabajo en una fábrica. "No tengo otra opción. Eso es lo que tengo que hacer ahora. No es lo que me gusta hacer pero tengo que hacerlo de todos modos. Vivir." Ahora tenía una familia así que tenía que tener algo.

Luego lo llevé al último día de su vida y vio que había tenido un infarto. "Estoy viejo."

D: ¿Has vivido mucho tiempo?
C: Relativamente hablando. Voy a decir que tengo sesenta y tantos. Mi salud se desplomó y ya no podía trabajar. Simplemente estaba agotado de respirar y fumar... dolores en el pecho. Simplemente me dolía y había demasiados trozos de metralla para sacarlos. Estoy en la cama y me cuesta respirar y tengo dolores en el pecho. Me está dando un infarto. Mi esposa está allí.

Lo moví hacia donde había terminado de morir y ya estaba fuera del cuerpo. Le pregunté si aprendió algo de esa vida. "Me dejé deprimir. Y simplemente me cegué. Elegí sentir lástima por mí mismo después de la guerra... después de que me lastimaron. Y dejé que eso arruinara el resto de mi vida. Elegí estar molesto por eso y nunca me interesó nada. Todo eso estaba en mi propia cabeza. Podría haberlo hecho mucho mejor. Podría haber tenido una vida mucho mejor".

D: ¿Pero dejaste que eso te deprimiera?

C: Sí, y no puedes hacer eso. Tiré esa vida por la borda. Y no deberías hacer eso.

D: Realmente no puedes ver lo que estás haciendo cuando estás en medio de eso.

C: No... hasta que es demasiado tarde.

D: Si tuvieras la oportunidad de volver a hacerlo, ¿qué crees que harías?

C: Creo que hubiera tenido una actitud diferente. Quizás no entre al servicio para empezar. E incluso si lo hiciera y tuviera que irme, simplemente lo aprovecharía lo mejor posible y haría otra cosa. No te deprimes por lo que salió mal. No puedes obsesionarte con el pasado. Simplemente arrastras a todos los demás a tu alrededor también. No puedes dejar que las cosas te depriman. Puedes controlar muchas cosas con tu propia cabeza.

Luego hice que se alejara de la escena de la muerte y llamé al SC. La primera pregunta que siempre hago es por qué le mostraron esas vidas. "Elegiste tres vidas diferentes para que ella las viera. Puedo ver la continuidad en dos de ellas. Volvamos al principio. La primera que elegiste fue el lugar que tenía árboles morados y el ambiente naranja. ¿Por qué elegiste eso para que ella lo viera?

C: Hay vida en otras formas además de las que esperas. Necesitaba saber que no se trata sólo de vida humana. Hay todos los espectros de vida. No siempre se trata de un ser humano.

D: Un ser humano es sólo una parte de la evolución, ¿no es así? (Sí) Luego le mostraste la vida de un indio que tenía que matar.

C: Porque a veces hay que hacer cosas que no son populares si eso significa sostener a toda la comunidad.

D: ¿A veces es la única manera de existir en esas comunidades?

C: Así es. A veces tienes que dejar atrás tus propios sentimientos personales por el bien de todos. A veces no siempre se da cuenta de eso. No se trata sólo de lo que quiere hacer. Se trata de lo que tiene sentido para el bien común.

D: Puedo ver cómo eso se conecta con la siguiente vida donde ella era soldado. En la vida de india ella mataba y no quería hacerlo, pero en la vida de soldado fue herida antes de tener la oportunidad de matar.

C: No debería haber dejado que las circunstancias arruinaran la forma en que percibió el resto de su vida. Debería haber superado eso. Debería haber tratado de mejorar lo que quedaba de vida y afrontar cualquier circunstancia.

D: En lugar de eso, dejó que eso la derribara.

C: Correcto. Ella desperdició toda la vida. La lección es tomar situaciones adversas y no dejar que dicten el resto de tu vida, sino convertirla en algo diferente. Puedes elegir ser víctima y dejar que suceda algo que no quieres y no hacer nada al respecto, o puedes aceptarlo, superarlo y hacer algo más que sea positivo.

Chelsea estaba experimentando muchos problemas físicos graves y tomaba medicamentos para la depresión. No le gustaba su trabajo como contadora y se sentía sobrecargada de trabajo. Su marido bebía y ella se sentía abandonada. Entonces ella había creado una situación similar en la que la había convertido en negativa en lugar de centrarse en el lado positivo. El SC dijo que la principal causa de sus problemas era querer escapar de la vida. Todas las noches, cuando regresaba a casa del trabajo, se encerraba en su habitación y pasaba todo el tiempo frente al ordenador, especialmente en eBay, donde compraba y vendía constantemente. Ella dijo que era simplemente un pasatiempo inocente, pero el SC dijo que se había salido de control y que estaba excluyendo todo lo que era importante en su vida. Una repetición de la última vida. El SC sugirió deshacerse por completo de la computadora para que pudiera volver a la vida. Pero creo que será muy difícil que ella lo logre. Le dijeron que si pasaba más tiempo con su marido, su matrimonio sería mejor y él no sentiría la necesidad de beber. Definitivamente Chelsea tenía mucho trabajo por hacer. El SC ofrecerá sugerencias buenas y válidas, pero siempre depende de cada individuo si las aceptará o no. Debido a que tenemos libre albedrío, ellos nunca podrán interferir. Pero si somos inteligentes, los escucharemos porque pueden ver el panorama más amplio.

C: Hay que tener un equilibrio en todo. Puede hacer trabajo voluntario. Puede realizar actividades menos compulsivas. Ser más una esposa para su marido. Ella puede ayudarlo con su situación. Ha sugerido más caminatas y hacer cosas que lo ayudarían con su salud. Y si no estuviera tan pegada a la computadora todas las noches, entonces tal vez pasaría tiempo haciendo eso y ayudándolo también.

Mensaje de despedida: hay que tomar todo en perspectiva y equilibrio. El trabajo está bien, pero no eres responsable del resultado. Y es necesario reducir todos los pasatiempos. Se ha convertido en una distracción demasiado grande evitando la vida real. Puedes ayudar a tu marido. Ella sólo necesita equilibrar todo.

Capítulo 10
VIAJAR

Linda fue elegida para hacer la demostración en mi clase en Londres en 2008. Durante la entrevista, Linda lloró mientras describía los acontecimientos de su vida. A ella le habían sucedido todas las cosas horribles que es posible que un humano le haga a otro. Es mérito suyo que haya podido sobrevivir. Seguramente eso habría destruido a un alma inferior. Una infancia horrible, un matrimonio igualmente horrible, y luego que un marido que ella sabía que estaba involucrado en incesto con sus hijas le quitara a sus hijos. Terminó perdiéndolo todo y sintió que no tenía nada por qué vivir. Estaba pensando seriamente en suicidarse. Dijo que cada vez que conducía a casa después del trabajo, temía el viaje porque sabía que no había nada para ella en su casa. No me sorprendió cuando dijo que le habían diagnosticado un crecimiento canceroso en los órganos femeninos. Era obvio que estaba reprimiendo una gran ira. Fue muy conmovedor para la clase escuchar su historia y muchos de ellos tuvieron dificultades para escucharla. Pero tuvieron que aprender que de eso se trata la terapia: escuchar sin juzgar ni prejuicios para poder ayudar al cliente. No sabía nada sobre su vida antes de elegirla para la demostración de la clase, pero era obvio que necesitaba ayuda desesperadamente.

Cuando Linda salió de la nube se encontró en un paisaje de arena marrón. No se veía nada más. Hacía calor y, para su sorpresa, vio que era un anciano descalzo. Tenía las piernas desnudas y peludas, viejas y marrones, y estaba vestido con una especie de tela que simplemente lo cubría. "Mis brazos son viejos y mi cuerpo se siente fuerte, pero viejo y gastado, cansado. Mi cabello es una mezcla de negro y gris y llega hasta mis hombros. Pelo por todas partes, mi cara es peluda y áspera. Hasta mis brazos, peludos y negro y gris ... (Desconcertado.) ¡Soy viejo!" Tenía algo en la mano. "Lo estoy agarrando fuerte. Es una piedra".

D: ¿Por qué lo aferras con tanta fuerza?

L: Es mi línea de vida. Me mantiene conectado para recordar quién soy. Me mantiene conectado con los demás. Así siempre sabré que soy parte de los demás.

D: ¿Cómo es la piedra?

L: Es gris y tiene un símbolo. Grabado en su interior.

D: ¿Cuál es el símbolo?

L: Tiene tres puntas, pero... se curva así y hay tres puntas. (Hacía un gesto. Era difícil de describir.)

D: ¿Como una pirámide?

L: No. Se riza en la parte superior. Es como un movimiento continuo. Es tres. El interior es macizo y las puntas curvas.

D: ¿Qué representa el símbolo?

L: Mi pertenencia. Mi conexión. Mi recuerdo. Lo guardo conmigo. Miro el símbolo. Porque estoy alejado de los demás y eso me conecta con ellos. Puedo recordar y puedo comunicarme. Es mi línea de vida y la tengo en mis manos. A veces lo uso dentro de mi pecho. Es como un radar... una forma de encontrar mi camino.

D: ¿De dónde sacaste la piedra?

L: De los demás.

D: Háblame de los demás. Me interesa. Puedes confiar en mí. Está bien, ¿no?

L: Sí. Los demás dicen que sí. Los otros son mi fuente... mi grupo... Yo soy uno de los otros.

D: ¿Dónde están los demás?

L: Están esparcidos por todas partes como semillas, y nosotros estamos en muchos lugares diferentes y estamos conectados. Y el símbolo es para recordarme mi conexión. Voy a lugares y a veces existe la posibilidad de olvidar que no soy el lugar. Estoy con ellos, pero no de ellos.

D: ¿Y llevas mucho tiempo en la Tierra?

L: Sí, vengo y voy. He sido parte de la creación de la oscuridad de la Tierra y soy parte del levantamiento de la oscuridad.

D: ¿Es eso lo que estás haciendo ahora en este lugar con la arena?

L: Estoy en la arena porque es donde encuentro a los demás, en la soledad de la arena.

D: ¿Quieres decir que tienes que estar alejado de las demás personas?

L: Sí, y los demás se conectan conmigo y tengo mi símbolo en la mano porque me estoy acercando a los demás. Y cuando estoy entre la gente, lo llevo en el pecho. Sí, en mi corazón, ahí está.

D: ¿Entonces ese es parte del motivo de la piedra, para que no olvides de dónde vienes? ¿Recuerdas por qué viniste?

L: La piedra es para abrirme los canales para enviar mis sucesos a los demás... lo que ocurre dentro de mi vida.

D: ¿Dijiste que fuiste enviado para borrar la oscuridad?

L: Sí, para aliviar, sí. Para mostrar la salida de la gran densidad, sí. Camino con ellos y los saco, así que soy de ellos, pero no soy ellos. Veo la salida, así que entro y siento y tengo la vida... (Me pregunto si esa es la redacción correcta). Tengo la vida que ellos tienen, y luego les muestro la salida.

D: ¿Cómo les muestras la salida?

L: Sabiendo cómo sienten, cómo piensan. Cómo reaccionan y mostrando a través de eso la otra forma de ser.

D: Es difícil, ¿no? (Sí) ¿Cómo evitas quedar atrapado en ello?

L: Con mucha dificultad, pero luego tengo mi símbolo ya que rejuvenece mi espíritu y me alimenta impulsos de los demás. Y los demás me elevan por encima de los acontecimientos para que, aunque mi cuerpo esté en ello, mi esencia esté por encima de ello.

D: A veces es difícil mantenerse separado, ¿no? (Sí) Por eso debes tenerlo para no olvidarlo y quedar atrapado. ¿Es esa una buena palabra?

L: Sí porque a veces lo hacemos. Se necesita un amor tremendo.

D: ¿Y los demás están haciendo lo mismo?

L: Sí, y diferentes, pero todos con el mismo propósito.

D: ¿Están todos mezclándose con la gente?

L: Sí. Vivir en la realidad del pueblo.

D: ¿Y todos ellos vienen a cuerpos físicos?

L: No. Algunos permanecen en forma espiritual porque elevan a aquellos de nosotros que nos aventuramos en lo físico. Sin ellos sería imposible porque nos perderíamos. Por eso tenemos que sostener el símbolo.

D: ¿Dijiste que ayudas a la gente simplemente estando entre ellos y compartiendo su experiencia?

L: Sí, de una manera. Primero reúnes los sentimientos que tienen al tener las experiencias, para crear esos sentimientos y esa forma de ser. Y luego, a través del camino de los demás, les mostramos la salida, por lo que es muy útil en cuanto a sumergirnos en la oscuridad. Primero sumergiéndose en la oscuridad y mostrándoles la salida para aclararlo.

D: ¿Haces esto hablando con ellos?

L: No. A veces el lenguaje es importante, pero es más una vibración. Simplemente estando con ellos y sintiendo el impulso de qué hacer y cuándo hacerlo.

D: ¿Entonces solo tu presencia es suficiente?

L: Sí, porque a través de la presencia las otras cosas suceden según sea necesario, a través de la apertura de estar con la presencia. Entonces, en algunos podría ser el lenguaje o el habla. Con otros podría ser una mirada. Con otros podría ser simplemente el amor en ellos, pero con todos sienten la vibración y eso los tranquiliza.

D: ¿Vas a permanecer en la Tierra mucho tiempo haciendo esto?

L: Lo que sea necesario.

D: ¿Sabrás cuándo es hora de partir?

L: Sí, porque nos llaman para regresar.

D: ¿Sabes adónde ir?

L: Simplemente viajando de un lugar a otro, según sea necesario. Se nos indica adónde ir. Cualquier lugar o momento.

D: ¿Cómo consigues la comida y las cosas que necesitas?

L: Siempre estamos atendidos. Todo está provisto y es lo que enseñamos a los demás, a confiar en que estamos conectados y que todo llegará según sea necesario, y por eso nunca hay que preocuparse por las provisiones. Y a veces nos faltan provisiones, ya que eso es un hecho dentro del planeta que necesitamos experimentar, el cómo se sienten los demás cuando algo falta.

D: ¿Siempre has hecho esto o has vivido una vida normal?

L: Siempre he hecho esto.

D: ¿Nunca has vivido una vida como las otras personas a las que estás ayudando?

L: Las he vivido, pero con el fin de ayudar. Es el aprendizaje. La comprensión, la asunción de la vibración de la Tierra. Porque formamos vida dentro del planeta, y nutrimos y guiamos la vida, vivimos la vida y la movemos.

D: ¿No acumulas karma?

L: Sí, y eso es imprescindible para que tengamos total comprensión, y a veces nos envían a rescatar a uno de los nuestros. Y a veces tenemos que permitirles moverse según les indiquen.

D: Pensé que tal vez te mantendrían alejado del karma para que no te involucraras.

L: Sin karma no entendemos completamente de qué se trata la Tierra. El karma tiene un propósito con el planeta.

D: Pero no quieres aferrarte a ello. (No) ¿Pero a veces te envían a rescatar a uno de los tuyos? (Sí) ¿Por qué sucedería eso?

L: Porque a veces olvidamos por qué estamos aquí y caemos más profundamente en la oscuridad, por eso mi piedra es mi recuerdo visual.

D: ¿Qué pasa si alguien se olvida y tienes miedo de que se pierda?

L: Con el universo no hay pérdida, y por eso si pasan más tiempo, que así sea. Porque dentro de cada uno de nosotros la información siempre se envía de vuelta, y así incluso si uno está aquí muchas, muchas, muchas veces en muchas capacidades, donde la información siempre se retroalimenta.

D: Dijiste que a veces vienes a ayudar a uno de los tuyos.

L: Muchas veces los sacudiremos para despertarlos. A veces, aquellos de nosotros que estamos en el reino físico somos enviados para desencadenar el recuerdo de otra persona, y a veces tenemos éxito y otras no. Cuando experimentas la densidad, es muy difícil recordar a veces la conexión.

Era obvio que la vida del anciano transcurrió haciendo esto, así que no pensé que serviría de nada trasladarlo a un día importante. Además, se trataba de una demostración en clase, por lo que sabía que no tendría tanto tiempo para dedicarle como en una sesión privada. Así que lo adelanté al último día de su vida y le pregunté qué estaba pasando. Se vio tendido sobre una piedra, una losa, rodeado de mucha gente mirándolo. El cuerpo estaba muriendo porque era muy viejo. “Mi barba ahora es muy gris y blanca. Todo es blanco”.

D: ¿Acabas de decidir que era hora de irte?

L: Me llaman a que vuelva.

D: ¿Cómo te sientes al respecto?

L: Alegría... estoy feliz. Espero con ansias la libertad. Los demás vienen por mí. Siento que me sostienen... levantándome y simplemente me levanto de mi cuerpo... una muerte pacífica. Es un buen comienzo. Es libertad. Ya no estoy confinado al atrapamiento restringido del cuerpo. Me siento más ligero. Estoy volviendo.

Su voz estaba llena de total alegría. Estaba encantada de dejar el examen físico y regresar a casa. "Me están saludando. Siento el amor."

D: Avancemos hasta el momento de regresar. ¿Alguien te ayuda con la decisión?

L: Sí. Me muestran diferentes cuerpos y elijo un hombre, y me dicen que no... no, no, no... una mujer.

D: ¿Quieren que seas mujer la próxima vez? (Sí) ¿Te muestran cómo será la vida?

L: Me río porque creo que es fácil. (Con indiferencia) Después de ser hombre, ser mujer es fácil. Se ríen conmigo. Dicen: "¡Ya veremos!"

D: ¿Te dicen algo sobre cómo será?

L: Sí. Suenan un poco arrogante.

D: ¿Qué quieres decir?

L: Estoy llena de mis capacidades. Tengo confianza. Me dicen que, debido a mi arrogancia y mi confianza, si elijo un cuerpo masculino dentro de este período de tiempo, tendré una ventaja dura y seré demasiado obstinado. Entonces dicen, no, una mujer porque como mujer, tendré más empoderamiento interno... capacidades de poder interno, habilidades internas para mantenerme conectada con ellos.

D: No quieren que te pierdas, ¿verdad?

L: No porque entonces perderé el propósito.

D: ¿Eres consciente de que estás hablando a través de un cuerpo humano mientras me hablas a mí? (Sí) ¿Es este el cuerpo que elegiste, al que llamamos Linda?

L: Sí, pero hay una desconexión con el cuerpo. Hay una división dentro del cuerpo. Está el cuerpo, la Linda física, y está la esencia de los demás a lo largo de toda la vida de Linda, por lo que no ha habido un físico completo. Ha habido un dentro y fuera del cuerpo, pero eso fue planeado previamente para permitir que el cuerpo sobreviva a la existencia. Si se me permitiera ser sólo el cuerpo físico, no podría haber sobrevivido intacta.

Se han reportado casos similares en otros libros del Universo complejo. A veces el espíritu asume demasiado y las circunstancias de la vida son más de lo que la persona puede manejar. En estos casos se permite que otro aspecto entre y asuma las responsabilidades (especialmente las conexiones kármicas con los demás). A veces el aspecto original y el nuevo cambian de lugar a lo largo de los episodios traumáticos de la vida. (Vea los otros libros del Universo complejo para obtener explicaciones sobre las astillas y facetas del alma original).

D: ¿Está bien si respondes preguntas o necesitamos llamar al subconsciente? ¿Qué opinas? ¿Puedes seguir contándome qué está pasando?

L: Sí, puedo hacer eso.

D: Eso pensé. Pero ella eligió esta vida, ¿no?

L: Absolutamente.

D: ¿Se suponía que iba a ser tan difícil?

L: Sí, y podría haber evolucionado peor.

D: ¿Podría haberlo hecho? (Sí) Sonaba bastante mal por las cosas que me estaba contando.

L: Sí. Decidió experimentarlo todo para no tener que volver una y otra vez.

Me pareció como si realmente hubiera llenado su plato y la pesada carga habría destrozado a una persona común y corriente. Así que Linda estaba lejos de ser una persona común y corriente. Ella era un ser humano excepcional para poder manejar todo lo que le había pasado. Hablamos de algunas de sus relaciones familiares y le contaron muchas de las situaciones kármicas en las que había estado resolviendo. "En cada vida con el planeta, los propósitos son los mismos. Por eso sobrevivió a esto, y así es como sobrevivió donde otros no lo hicieron. Ahora es el momento de liberar la culpa de lo que ella trajo al plano terrestre en las primeras etapas porque eso estaba predeterminado. Eso era parte del plan. Y estamos alentando su determinación de reunir los recursos para el trabajo que tenemos por delante para que no todo esté perdido".

D: ¿Cuál es su propósito? ¿Qué quieres que haga a continuación?

L: Su propósito es ayudar al planeta a aligerar la pesada carga que soporta. Su propósito es cambiar las vibraciones dentro de los demás y dentro del planeta. Y su propósito es ver por qué ha tenido estas experiencias porque su cuerpo, como tú sabes, es lo mismo que la Tierra. Su cuerpo es como un transformador y por eso absorbe la negatividad, por usar ese término, y la transforma en pureza. Tiene que incorporar a la Tierra para poder cambiar a la Tierra. Ahora puede hacerlo sin pensar. Necesita aceptar que debe dejar de usar "camisas de pelo".

Esa es una referencia bíblica. Era una prenda de tela tosca hecha de pelo de cabra. Era muy incómoda y usada como forma de penitencia o autocastigo.

D: ¿Qué quieres que haga para ayudar a la gente?

L: Respirar... permitir que la respiración fluya porque, como sabes, y sabemos que lo sabes, la respiración es la conexión con la Fuente. Por eso necesita dejar de contener la respiración y ayudar a los demás porque, como saben, contener la respiración es atrapar el miedo. Y por eso debe ayudar a liberar el trauma, el miedo y el dolor. Está aquí para ayudar al planeta a respirar. Y debido a que la gente piensa con conciencia, tiene que entrar en contacto con ellos a través de la conciencia y cambiar eso. ¿Lo entiendes?

D: ¿Hay algo en particular en lo que quieras que se concentre?

L: Queremos que se concentre en sí misma. Queremos que se concentre en quién es por dentro. Pasa demasiado tiempo mirando hacia afuera. No se ve a sí misma sin importancia y por eso se centra en la importancia que hay ahí fuera. Y nos gustaría decirle que comienza dentro. Y desde dentro no es necesario hacer nada porque lo que está dentro es lo que está afuera. Así que no necesita buscar activamente porque cuando adopta esta forma activa de pensar, se queda atrapada en el consciente y luego vuelve a caer en el cuerpo.

D: Ella queda atrapada en el karma, la familia y todo eso.

L: Y así cuando se levante de esta cama, habrá dejado atrás la necesidad de hacer cualquier cosa. Simplemente necesita ser. Y ha notado que esta expansión ocurre dentro de ella y este calor aumenta, y está tratando de contenerlo. Y está a punto de salir. Está embarazada de lo nuevo, de la posibilidad, y necesita dar a luz a eso. De lo contrario, descubrirá que ese bolsillo comenzará a hacer erupción allí. Al tener este crecimiento allí. (El crecimiento canceroso que los médicos habían descubierto.) ¿Lo entiendes?

D: Sí. Es querer dejar salir la energía. Quiere salir y crear. Eso tiene mucho sentido.

L: Y debe bendecir a sus hijos y a su exmarido porque han sido parte de ella para crear su propósito de ser.

D: Aunque fue doloroso.

L: Una ilusión. Es un juego, ¿sí?

D: Vivimos en una ilusión. Estamos atrapados en una ilusión y parece muy, muy real.

L: Cuando uno entra en el cuerpo físico, se olvida. Y en la vida en la que tuvo este símbolo (la piedra), fue para recordarle visual y profundamente su propósito. Es muy fácil, cuando entras en esta energía densa, olvidar.

D: Ahora puede darse cuenta de que todo el dolor que ha sufrido tenía un propósito y que ya no necesita aferrarse a él. (Correcto) Puede utilizar esas experiencias para ayudar a otras personas. ¿Es eso una buena idea?

L: ¡Absolutamente! ¿De qué otra manera habría aprendido por qué las personas son como son? Y les decimos que muchos en el planeta pasan por el abuso. Descubrirás que, en este tiempo y lugar, la mayoría de aquellos que tienen un propósito para el planeta, eligen entornos disfuncionales porque formulan lo que necesitan experimentar. Y una vez que encuentran la salida o ven la salida, es muy fácil animar a otros. Y por eso dijo cuando estaba en la cima de la montaña tratando de atraer a otros: "No puedes elevar a otros. Simplemente los aceptas y estás con ellos, y la vibración de lo no dicho es lo que los eleva y les da, y les crea un ambiente seguro en el que realmente se conmuevan". Y con que esté simplemente en ese lugar de ser, trabajamos a través de eso para acceder a los demás.

D: ¿Crees que olvidó su propósito cuando entró?

L: Sí y no. A lo largo de su vida ha tenido enseñanzas y recuerdos internos, pero en lo físico ha tenido mucho con lo que lidiar y lo sabe. Pero las únicas veces que está físicamente en el cuerpo es cuando siente actividad física o dolor físico, por lo que su dolor se intensificó para mantenerla en su cuerpo. Porque cuando siente el dolor, entonces está físicamente consciente.

D: Una cosa que quieres que ella haga es liberar a estas personas en su vida. (Sí) Ella no puede hacer nada con respecto a su marido y sus hijos. Ese ya no es su trabajo, ¿verdad?

L: (Alegremente) Y comulga con ellos diariamente en el otro lado.

D: Entonces ella no los ha perdido. Simplemente se están comunicando de una manera diferente.

L: Vamos a trabajar un poco con el recableado del cerebro para ajustarlo. Volver a cablear de manera diferente y volver a conectar algunas cosas que se han desconectado por un propósito.

D: ¿Notará una diferencia?

L: ¡Ah! Notarás una diferencia. (Risas) Verás dentro de sus ojos y la sentirás mientras se levanta.

D: Lo principal, y sé que estarás de acuerdo conmigo... nunca hay daño hacia la persona... siempre es con amor.

L: Ese es el juramento que ella mencionó haber escrito, era para traerlo al recuerdo físico: nunca ningún daño. Verás, dadas las circunstancias de su vida, podría haber hecho daño, pero sabía... que no había daño. Simplemente lo asimiló todo, pero lo transformó en los lugares adecuados.

D: ¿Puedes decirnos cómo estás reconfigurando el cerebro? Siempre estoy muy interesada.

L: Si piensas en vías en las que han puesto bloqueos, por ejemplo, en algunas calles. Lo bloquean y lo hacen ir en una dirección. Estamos liberando esos bloques para hacer dos caminos. Y también estamos re enhebrando áreas que están deshilachadas. Estamos reparando. Y estamos lanzando todas las formas, y aperturas a plena capacidad. Y estamos trabajando, especialmente, en la nuca. El dolor que siente en la nuca y en los omóplatos. Ella cree que tiene que ver con la flexibilidad, pero diríamos que está cerrado para permitir que ocurran las experiencias. Y entonces es como una acumulación de energía, y por eso estamos abriendo esos caminos. Y dentro de la conexión en la parte posterior del cuello, estamos conectando el centro para reabrir la corona y reabrir su frente.

D: ¿El tercer ojo?

L: Sí, y así ya no tendrá que dudar de sí misma y mirar hacia afuera, sino que será libre de mirar hacia todas partes.—Estamos estirando entre los omóplatos porque todo se ha compactado. Y aquí es donde se encuentra distorsión en la parte de atrás porque todo ha sido compactado y así todo lo que debería expresarse hacia afuera ha sido bloqueado hacia adentro.

D: ¿Qué pasa con los crecimientos debajo de su seno?

L: Eso es una acumulación de energía, diciendo: "¡Presta atención!" Mira, se ha desconectado de su cuerpo. Ha repudiado a su cuerpo y por eso estamos rehaciendo que su cuerpo sea seguro. Un lugar amoroso para estar.

Luego, el SC describió cómo iba a eliminar el crecimiento. "Vamos a derretirlo. Y permitir que vuelva a tener una salud normal y la energía que ha estado acumulando se liberará". Me han dicho muchas veces, cuando trabajan en casos similares, que disuelven o absorben tumores o crecimientos y permiten que salgan del cuerpo de forma segura. Afirmaron que eso era lo que estaban haciendo. "A medida que se derrite, regresa al lugar de donde vino. Y absorber es una buena palabra. Le sugerimos que haga un ayuno para permitir que fluya la desintoxicación de la ruptura".

D: ¿Por ayunar quieres decir que no quieres que ella coma nada por un tiempo?

L: No. Zumos de frutas... fruta... mucha agua.

D: ¿Por cuánto tiempo?

L: Cinco días.

D: Supongo que lo llamarías cinco días de ayuno de frutas.

L: Sí. Esto desplazará lo que hemos roto, y una parte del sudor que siente es calor a través de cada poro mientras el cuerpo intenta liberarse. Ha habido una resistencia con ella y su cuerpo. Notará una diferencia de inmediato.

D: ¿Qué pasa con el área del abdomen? Tenía una hinchazón allí.

L: Sí. Ella usa la palabra "embarazada". (Dijo que se sentía y se veía como cuando estaba embarazada). Se podría decir que estaba embarazada de la energía. Y este es su cuerpo siendo utilizado para llamar su atención y dar hacia afuera en lugar de no pensar que es capaz. —Ha estado atrapada en una batalla con sus hijos y consigo misma. Y verá que, dentro de su liberación real, liberará a sus hijos para que puedan acudir a ella. Porque dentro de cada acontecimiento hay un regalo a cambio. Nunca trabajamos con nadie para decirle: "Está bien, debes sufrir por sufrir". No. Es como el diamante que se forma mediante el fuego. Hay un regalo dentro de él, por lo que en realidad ha retrasado el proceso creando la energía para que se mantengan alejados. Ahora ellos son libres de regresar y ella es libre de ser liberada. —Ha llevado y sentido profundamente esta cuna del útero, pero esto es anterior a esta vida. Se trata de eones y eones de cargar con la culpa. Queremos que este ser se dé cuenta de que al ser parte de la formación del planeta y ver lo que ha estado ocurriendo, está predeterminado. No tiene que cargar con ninguna culpa por nada de lo que ha hecho porque, como sabes, es un juego.

D: Eso es lo que le digo a la gente, es un juego. He hablado con personas que dijeron que estuvieron allí para la formación de la Tierra. ¿Es ella también una de ellas? (Sí) Ella ha estado aquí por mucho tiempo.

L: Sí. Ella es de los seres con el cíclope... un ojo.

D: ¿En el principio mismo de la Tierra? (Sí) ¿Entonces eran reales y no leyendas?

L: Sí. Eran muy reales y ella lleva ese hilo de culpa que surge cuando está en el cuerpo físico.

D: ¿Por qué hubo culpa asociada con el cíclope?

L: Mira el planeta. Mira la enfermedad. Mira los dolores de la Madre. Sí, pero tiene un propósito. —Y por eso está atrapada en esta dualidad de sentir su grandeza y sentir su humildad.

D: Siempre hemos pensado que los cíclopes eran cuentos de hadas.

L: ¿Sí?

D: Pero me han dicho que toda leyenda tiene una base de verdad.

L: El cuerpo está sintiendo el calor y el calor era para llamar su atención... para prestarle atención al cuerpo con el que estamos hablando... escucha, escucha, escucha.

D: Bueno, ella tenía otra pregunta. ¿Encontrará pareja?

L: Sí. Primero necesita asociarse ella misma. Tener el equilibrio de la izquierda y la derecha. (Risas) Porque ahora siente que está buscando a alguien más que lo haga por ella. De lo contrario, quedará atrapada nuevamente en... Tienes que verlo por ti misma... fusionarte. (Muy fuerte.) ¡Mirar hacia dentro! ¿Entiendes? —Le estamos diciendo que mire hacia adentro... que entrelace ese ADN... que fusione esa izquierda y esa derecha. Encuentra tu plenitud dentro de ti misma. Luego atrae al ser porque entonces atraerás a alguien a quien no tengas que arreglar. Es el momento. Tenemos trabajo para ella. Y cuanto más se escondía... no se podía hacer ningún trabajo. Se verá a sí misma cambiando a pasos agigantados. Entiendes los pasos agigantados, por lo que serán la libertad de movimiento que ha estado reteniendo. Les agradecemos con mucha alegría y los bendecimos.

D: Entonces, ¿has terminado de trabajar en el cuerpo?

L: Sí, y continuaremos durante los próximos días en el estado de sueño. Primero hicimos el cerebro para que ella no frustrara su propio propósito a través de su conciencia. Hemos cambiado la conciencia.

D: ¿Y quieres que ella ayune comiendo la fruta para eliminar todo esto de su sistema?

L: Absolutamente. Y mira, ella sabía que algo iba a pasar, así que anoche comió muchas cosas que no le permitían comer. (La clase se rió a carcajadas ante esto).

D: ¿Pero cuidarás de su cuerpo a partir de ahora?

L: Absolutamente. Este es un cuerpo que amamos; por el que trabajamos. Ella ha estado frenando el trabajo.

Le expliqué que reconocí por la voz que estaba hablando la parte que me resultaba familiar. También le expliqué que estaba tratando de mostrarles a otros cómo contactarlos.

L: Vienen a ti, pero les decimos: "Ya tienes dentro lo que tiene Dolores. Es simplemente aceptarlo". Y los que están preocupados por el curso avanzado. Mmm. (La clase se rió.) ¡Les adelantaremos! ¡Les ayudaremos!

Mensaje de despedida: El amor que buscas está dentro de ti y te colmamos continuamente de amor. Abre tu corazón para sentirlo. No pienses que el amor tiene que llegar a través de los seres y de los pequeños. El verdadero amor proviene de la Fuente y el amor verdadero se derrama a través de ti. No busques más. Siéntete dentro de ti y sabe que siempre estamos contigo. Nunca estás solo... nunca. Nos inclinamos ante tu grandeza. Nos inclinamos ante tu dedicación. Los elevamos, así que no lleves ninguna tristeza. No existe tal cosa. (Con mucha ternura) Te amamos.

D: ¿Eso es todo lo que quieres decir?

L: ¿Ah? ¿Tenemos más tiempo? (Risas) Diremos que amamos a todos y que todo lo que está dentro de este espacio y tiempo está destinado... sí... todos ustedes están llamados a avanzar en este momento porque todo es para ustedes también. Así que vete sabiendo que, al levantarte de tu asiento, has dejado atrás lo que habías asentado y ni siquiera lo trates de descifrar. Simplemente acepta que es así y te veremos mientras duermes.

La vida de Linda cambió dramáticamente tan pronto como terminó la sesión. Incluso de camino a casa, se sintió feliz. Antes, ella temía ir a una casa vacía. Luego pensó: "¡Oh, sí, mi cerebro fue reconfigurado!"

Capítulo 11
ACUMULADOR DE INFORMACIÓN

Cathy entró en escena y trató de describir un entorno extraño. "Veo formaciones suaves en el suelo. Son casi como rocas, pero no son rocas. No sé cómo llamarlas. No tengo un nombre para ellas. Es como una roca grande y redonda. Puedo sentir que está resbaladizo o brillante. No es aguda ni áspera. Es muy suave y tiene muchas capas y no es una sola pieza. Hay muchas piezas. Se forman juntas. —Aún no he ido a ver el resto del lugar. Siento que hay mucho más de lo que veo". Entonces vio un edificio, una ciudad a lo lejos. "Tiene techos afilados como cubículos de hielo, pero apuntan hacia arriba y también van en todas direcciones. Algunas de ellas son planas y parecen hielo".

D: ¿Ese color?

C: No, es transparente. Se ven grises y blancos, pero desde la distancia parecen hielo. Es un gran grupo de edificios altos. Son extraños porque van de lado y luego en el medio se extienden hacia arriba también. Puntas hacia arriba y hacia los lados, irregulares. Edificios extraños. Desde lejos es extraño porque está en medio de la nada, en este espacio vacío, y no hay nada más. Parece que está apoyado en una colina en la ladera de una colina cada vez más grande.

Lo importante de estos edificios es que no hay ningún patrón. Es tan irregular. Como si un paso pudiera estar aquí o allá. Cuando alguien lo construyó, así fue como construyeron los edificios. No está organizado. Quizás esa sea la forma en que se organizan. No sé. No sabes que esperar cuando miras a un lado del edificio porque no será algo que puedas esperar en un edificio.

No estaba segura si vivía en esa ciudad o no. Fue muy extraño y desconocido. Sin embargo, aceptó entrar y explorarlo. "Primero tengo que entrar por la entrada de toda la ciudad porque hay una entrada determinada por la que tienes que pasar para entrar. Cuando entras, es una ciudad, pero está vacía. Tiene calles y están hechas del mismo tipo de material de hielo. — Siento que necesito subir a una torre. La llamo torre porque hay una escalera de caracol redonda, y subes y subes las escaleras. Supongo que cada uno tiene su propia torre a la que subir. La cima está abierta y puedo ver muy, muy lejos. —En lo alto de la torre, no hay una habitación. Está abierto. Es un lugar de observación cuyo propósito es observar lugares lejanos".

D: ¿Entonces no es un lugar para vivir? ¿Es un lugar para observar? (Sí) ¿Qué ves cuando miras?

C: No veo nada todavía. Conozco el propósito de esta plataforma de observación porque puedes ver lo que quieras ver. Hay otra cosa que puedes controlar u ordenar para poder ver. No es un lugar que se ve al azar. Tienes que sintonizarlo para ver algo.

D: ¿Se hace con maquinaria?

C: No veo nada mecánico. Creo que lo han hecho con diferente tecnología o mente o algo que no puedo describir, o no lo tienen aquí. Cuando digo máquinas, no tengo una palabra para describirlo. En nuestro mundo la gente lo llamará máquina, pero en realidad no es una máquina. Es algún tipo de método o tecnología que puedes utilizar.

D: ¿Con la mente?

C: Sí. Tú simplemente decides. Sólo piensas en ello. Pero por alguna razón tienes que estar ahí para ir a ver cosas. No vas físicamente, pero puedes verlo todo y saber todo lo que está pasando. Envía una parte de ti... tu mente va allí. O toda tu conciencia está ahí y puedes sentir todo allí. Entonces podrás volver. (Algo así como un portal o probablemente una ventana): —recopilas información y la almacenas. Todo está grabado. Todo se almacena en la torre donde recopilan información. Lo guardan allí donde lo reciben por primera vez. Y creo que podrían ponerlo en otro lugar después de reunir todas las torres y toda la demás información. Luego lo juntan todo en algún otro lugar. Todo está almacenado.

D: ¿Toda la gente de la ciudad hace esto?

C: No lo sé todavía. A ver.—Hay otras personas que también lo hacen.—Me voy de este lugar. No me quedo todo el tiempo. Hace mucho, mucho tiempo que no voy a esta ciudad, así que no recuerdo muchas cosas sobre ella.

D: ¿Tienes que comer? ¿Consumir alimentos?

C: No, no consumo alimentos.

D: ¿Qué haces para mantenerte vivo?

C: No hago nada. Es el aire. Todo está en la atmósfera. Allí me sostengo. Ni siquiera pienso en comer.

D: Entonces es una existencia fácil, ¿no? (Sí) ¿Qué haces con la mayor parte de tu tiempo?

C: Me gusta ir a la torre a observar. Esa es una de mis actividades favoritas y, si no la hago, me voy a otros lugares a jugar. Puedo ir a cualquier parte. Puedo ir a diferentes planetas lejanos.

D: ¿Cómo viajas a los otros planetas?

C: Simplemente voy. Simplemente pienso en que quiero ir a algún lugar y estoy allí.

D: ¿No tienes que ir en nada parecido a una nave? (No, no.) Pero tu cuerpo es físico, ¿no?

C: No, cuando hago eso no soy físico. Cuando viajo no tengo este cuerpo.

D: ¿Cómo te ves cuando viajas?

C: Parece energía, pero no puedo explicarlo. Es como una corriente. Como si tuvieras electricidad en el agua y la sientes, pero no la ves. Entonces viajo así. Simplemente voy.

D: Entonces, ¿qué pasa cuando llegas al lugar al que quieres ir? ¿Necesitas un cuerpo físico en esos lugares?

C: Si quiero. Si quiero quedarme. Depende de lo que quiero hacer. Si quiero simplemente quedarme y mirar, no necesito tener un cuerpo. Si decido quedarme entonces puedo tener un cuerpo si quiero.

D: ¿Si quieres quedarte un rato y participar?

C: Sí, si así lo decido.

D: Entonces ¿cómo consigues un cuerpo si decides tenerlo? ¿Cómo se cambia de una forma a otra?

C: Se necesita mucho tiempo para permanecer en un lugar para tener un cuerpo porque hay que pasar por muchas, muchas formas de vida. Luego pasas por muchos, muchos cuerpos. Eliges un cuerpo, pero ese no es el único cuerpo que tienes. Lo que quiero decir es que, si eliges quedarte en un lugar, pasará mucho, mucho tiempo que permanecerás en ese lugar. Podrías estar allí durante muchos miles de años.

D: ¿Entonces no entras y luego vuelves a salir?

C: Puedes hacer eso, pero una vez que tomas la decisión de quedarte, te quedas por mucho tiempo. O puedes optar por no quedarte y simplemente alejarte e ir a otro lugar.

D: *Eso es sólo observar, ¿no? (Sí, sí.) Pero si decides quedarte, estás comprometido. ¿Tienes que quedarte más tiempo? (Sí) ¿Hay alguien que te diga que tienes que quedarte más tiempo allí?*

C: No veo que nadie me lo diga.

D: *¿O darte instrucciones?*

C: ¿Instrucciones? Estoy tratando de averiguar si hay alguien que me esté dando instrucciones. Bueno, la decisión es que, si yo decido, es mi elección. Si decido que tengo que seguir las leyes o las reglas de ese lugar, tengo que seguir las reglas. Y una vez que sigues las reglas, debes permanecer ahí hasta que finalice todo el ciclo.

D: *De lo contrario, ¿te gustaría simplemente ir a mirar?*

C: Sí, pero tengo la sensación de que no. O me quedo o me voy. Porque será muy interesante para mí o no, y luego me iré a otro lugar.

D: *¿Es eso lo que estaba pasando cuando mirabas esa ciudad hecha de hielo?*

C: No, la ciudad de hielo es mi base de operaciones.

D: *Entonces, cuando decides ir, te conviertes en este cuerpo de corriente eléctrica. (Sí) Y, si decides quedarte en algún lugar, ¿estarás lejos de tu base de operaciones durante mucho tiempo?*

C: Sí, eso me gusta. Es una forma diferente de recopilar información. Luego, cuando regreso, lo pongo en algún tipo de dispositivo de almacenamiento y todo queda almacenado. Y alguien más entrará y recogerá todos los dispositivos y los pondrá en otro lugar para hacer algo con ellos.

D: *Así que acumular información es muy importante, ¿no? (Sí, sí.) Nunca se sabe lo que alguien va a hacer con ella.*

C: No lo sabes.

D: *Bueno, ¿sabes que estás hablando a través de un cuerpo físico?*

C: ¿Ahora?

D: *Sí. Así es como te estás comunicando. ¿Acabas de decidir venir a vivir a la Tierra?*

C: Estoy aquí para hacer algo. Hay más peligros que observar. Tiene algún tipo de propósito. Voy a observar la Tierra y también la voy a experimentar yo mismo, en lugar de mirarla. Ese es uno de los trabajos. Es para mi propio propósito, saber cómo se siente tener todas las experiencias.

D: Una vez que te comprometes a ir, ¿tienes que quedarte por mucho tiempo? (Sí) ¿Entonces ya has pasado por otras formas de vida?

C: Sí. Por alguna razón me vinieron a la mente las piedras. No sé por qué. La forma de vida de una roca. Es como si me hubiera quedado allí mucho tiempo. Seguí siendo una roca... pero ya pasé por eso. Lo he hecho.

D: ¿Qué aprendiste siendo una roca?

C: Que es lindo estar estable, quedarse en un lugar. Entonces me vino a la mente la mariposa.

D: ¿Cómo fue ser una mariposa?

C: Yo lo veo muy bonita, casi lo opuesto a la roca. Entonces tuve que ir a lo contrario. Voy de un extremo al otro y aprendo de ello. Al contrario… todo es opuesto, pero si me muevo todo el tiempo… las rocas no se mueven… y una mariposa es más bonita. Una roca es de un solo color. Y también una mariposa pasará de oruga a mariposa. Y la lección es sobre transformarse porque crees que es una cosa, pero luego cambias a otra cosa. Las rocas permanecen iguales todo el tiempo.

D: Entonces todo tiene una lección. (Sí) ¿Pero tuviste que pasar por muchas formas antes de convertirte en humano?

C: Sí. Eso es lo que pensé, pero no estaba segura. No quería decirlo porque suena muy extraño.

D: (Me reí.) Nada me suena extraño. ¿Pero tuviste que pasar por una progresión antes de decidir ser humano?

C: Sí, sí. Es una necesidad. Es como un ciclo natural. Si vas a aprender, tienes que hacerlo.

D: ¿A ser todo?

C: Sí, y por eso la Tierra es tan importante porque te da la oportunidad de atravesar tantas formas de vida. Otros lugares son oscuros y tienen sólo unos pocos colores. No tan colorido ni este tipo de atmósfera climática.

D: ¿No tienen tantas formas de vida?

C: Sí, puedo sentirlo. Son más oscuros y fríos. Es diferente.

D: ¿Pero cada lugar tiene algo que aprender? (Sí) ¿Pero luego también pasaste por otros cuerpos humanos?

C: Sí, pasé por cuerpos humanos. No creo que haya pasado por muchos otros cuerpos, pero sí por varios importantes que me ayudaron a aprender lecciones. Cubriendo todo un largo período de tiempo.

D: Entonces finalmente decidiste entrar en el cuerpo de Cathy, a través del cual estás hablando ahora. (Sí) ¿Por qué elegiste este cuerpo?

C: (Respira profundamente) Elegí este cuerpo porque este cuerpo es fuerte. Este cuerpo siempre ha sido fuerte y sano. No tuve ningún problema con este cuerpo en mi infancia. Los genes son buenos. Los genes son fuertes en el cuerpo.

D: ¿Alguien te dice qué hacer en esta progresión de una forma a otra?

C: Creo que hay alguna orientación. Alguien está dando sabios consejos.

D: ¿Hay algún propósito al venir a este cuerpo?

C: El propósito de este cuerpo es ver cómo el cuerpo femenino está creciendo en una cultura que no tiene mucha libertad. Y atravesarlo y volver a la normalidad, y poder ver más allá de él. (Cathy nació en China y luego vino a Estados Unidos). El propósito total del cuerpo es... romper todos los sistemas que veo. Estaré en algo y luego tendré que destrozarlo... deconstruirlo todo. Ver todo y luego salir y ver la imagen real. Es no conformarme con todo y ver si puedo salir adelante de una sola pieza. Tendría que romper con los padres, la cultura, lo que todos esperan de mí, lo que yo espero de mí mismo. Esperaba ser pianista y todo lo que esperaba se vino abajo. Todo lo que mis padres esperaban se vino abajo. Todo lo que esperaba... mi matrimonio... incluso mi hijo a veces y mi hija. Es como si estuviera yendo contra corriente toda mi vida y me topara con obstáculos. Esa es la historia de su vida.

D: ¿Qué estás aprendiendo al ir contra la corriente?

C: Estoy aprendiendo que muchos sistemas de creencias son perjudiciales para las personas.

D: Ahora está interesada en trabajar con cristales en su vida.

C: Sí, ella confía en los cristales porque los cristales siempre la ayudarán.

D: ¿Tiene un historial de trabajo con cristales en otros cuerpos humanos?

C: He oído que he trabajado con ellos antes, pero se supone que no debo saberlo porque no me lo dirán. En otras vidas sucedieron muchas cosas y conozco la tecnología. Sé cómo funciona y era buena en eso, y puedo hacerlo, pero se supone que no debo hacerlo de esa manera. (Confundida.) Sólo debo saber que no puedo hacerlo de esa manera. Necesito estar bien con eso. Cuando sueña el sueño... ahí es cuando viaja. Entonces es cuando va al consejo. Toman todas las decisiones juntos y, a veces, ella también toma decisiones. Su trabajo principal siempre ha sido viajar, acumular información y observar a la gente. Y ella ayudará cuando sea necesario. También dará su opinión ya que está en el cuerpo. Ya está haciendo lo que se supone que debe hacer. No creo que deba preocuparse realmente por eso.

Parece que cuando la parte del alma decide comprometerse a pasar una vida en un planeta específico, tiene que estar allí durante muchas, muchas vidas para completar el ciclo, el orden de progresión. Esto significa que deben experimentar todas las formas de vida, desde las más simples hasta las más complejas. Y como dijo Cathy, una vez que has hecho ese compromiso, estás sujeto a las reglas que se han establecido en ese planeta o sistema. Por eso la ley del karma prevalece en la Tierra. Debes seguir las reglas del lugar que has elegido para experimentar. Pero debido a la amnesia requerida, cometes errores y no puedes progresar más hasta que el karma que has acumulado sea pagado. Este ha sido el problema de la Tierra, demasiadas almas están atrapadas en la rueda del karma y no están progresando, sino que simplemente están dando vueltas y vueltas.

Esta es una razón válida por la que un alma elegiría ser observadora para ayudar sin quedar atrapada en el ciclo. Vienen a observar y ayudar y luego pasan a otra cosa. Me han dicho que estas almas puras y gentiles vienen a esta vida envueltas en una envoltura para evitar la acumulación de karma. Esto es para evitar que queden atrapados aquí. Porque una vez iniciado el ciclo del karma tendrán que seguir regresando para pagarlo. No quieren que los atrape, simplemente hacer su trabajo y salir de aquí. Muchas de estas almas gentiles decidieron, ya que vienen aquí, ¿por qué no experimentar todo lo posible sobre la condición humana? Fue un gran error, pero en su inocencia no se dieron cuenta. En mis libros se relatan algunos casos en los que el alma dijo, en esencia: "¡Adelante! ¡Échamelo! ¡Quiero experimentarlo todo! Y han vivido una vida horrible en la que han tenido que experimentar cada cosa terrible que el hombre puede hacerle al ser humano. No tenía nada que ver con el karma, simplemente pidieron experimentarlo para saber cómo era, así tendrían el conocimiento para informarlo. Otro tipo no eligió las horribles experiencias físicas, sino las emocionales. Querían experimentar todo tipo de emoción en su estado extremo, para saber cómo se sentía. Muchas de estas almas gentiles asumen mucho más de lo que pueden manejar, y el conocimiento proporcionado por estas sesiones puede ayudarlos a encontrar una salida al desastre que han creado en sus vidas.

Así, la mayoría de las almas de la Tierra quedan atrapadas en el ciclo hasta completarlo. Los voluntarios u observadores no quedan atrapados (a menos que tomen un camino equivocado y acumulen karma). Están aquí en una misión única y son libres de ir a otros lugares a observar cuando terminen su trabajo aquí. Hay información más detallada sobre esto en mi libro, Las tres oleadas de voluntarios y la nueva tierra.

Capítulo 12
CARGANDO CULPA

Amanda habló sobre su vida con una madre controladora y exigente. Dejó su hogar a una edad temprana y estuvo felizmente casada. Llegó a mi consulta en silla de ruedas aunque podía caminar con algo de apoyo. Sabía que tendríamos varias cosas que cubrir en la sesión.

Amanda acababa de morir siendo un niño pequeño a causa de una enfermedad contagiosa que arrasó el pueblo donde vivía.

D: ¿Qué sientes que vas a hacer ahora que estás fuera del cuerpo?

A: Veo que estoy atravesando este túnel y voy a regresar a la escuela que dejé antes.

D: ¿Antes de que entraras en el cuerpo de ese niño?

A: Sí, voy a volver a la escuela.

D: ¿Cómo es esa escuela?

A: Conozco a todos los que están allí y también conozco a personas que conocí de otras escuelas. Algunos de ellos se unen a mí en esta escuela, a la que doy la bienvenida. Y luego hay personas que no conozco y que estoy conociendo. Y la escuela se está expandiendo, lo cual fue una sorpresa para mí. Se ha hecho más grande que antes y por eso es algo feliz. Siempre es un momento feliz para volver a la escuela.

D: ¿Qué te enseñan en esa escuela?

A: Muchas cosas diferentes. ¿Sabes qué pasa si algo se te acerca y lo apartas? No tienes que aplastarlo porque eres tú quien lo trajo, y aprendes que tú lo causaste, y no tienes que tener miedo de nada, ni tienes que luchar contra ello. No es necesario que responda de la misma manera. Y esa fue una gran lección para mí. Y no tienes que defenderte, y si alguien planea hacerte daño, puedes simplemente dejar que atraviese tu cuerpo y no te tocará. No tienes que luchar contra eso. Si sientes agresión, puedes dejar que lo hagan. Te atravesará como la energía que atraviesa una pared que no está ahí, por lo que no tendrás que aplastarla. No tienes que responder porque realmente no te toca porque estás vibrando en un nivel superior de comprensión.

D: ¿Qué más te están enseñando?

A: Seguir los sonidos de la música y la corriente, flotar en la corriente del sonido y dejarla entrar. Romper la corriente del sonido dentro de ti y te conviertes en la corriente del sonido. Y no hay límites ni barreras excepto las barreras que tú has creado. Estoy aprendiendo que no hay barrera porque yo lo hice, y por eso elijo no tener esa barrera. No está ahí y realmente nunca estuvo allí. Fue sólo que pensé que estaba allí.

D: ¿Entonces las corrientes de sonido son importantes?

A: Oh, sí, sonido y luz, y la corriente de luz, por supuesto.

D: ¿Son esas cosas que encontrarías en la Tierra?

A: Oh, sí... en todas partes.

D: Tengo curiosidad por saber qué quieren decir con corrientes de sonido y corrientes de luz.

A: Es todo, básicamente. Es la totalidad. Es todo. Es la corriente.

D: ¿Entonces podrás identificarlos cuando estés en un cuerpo físico? (Sí) ¿Qué haces con las corrientes de sonido y las corrientes de luz cuando te das cuenta de ellas en un cuerpo físico?

A: Lo disfrutas. Montas las corrientes de sonido y disfrutas de las corrientes de sonido. Disfrutas de la luz. La corriente sonora te enseña. Todo se aprende mediante la corriente sonora y la frecuencia de vibración. Aprendes y te nutren. De hecho, puedes vivir de la luz y eso puede ser tu alimento. Tu alimento donde no necesitas comer nada, excepto la corriente sonora y el rayo de luz. No necesitas comer nada más a menos que así lo desees.

D: Eso es notable.

A: Realmente no es necesario.

D: ¿Puedes existir de eso?

A: Sí, porque ese es el verdadero alimento completo. Eso es. Esa es la totalidad.

D: Entonces cuando te están enseñando en la escuela, ¿cómo sabes cuándo es el momento de volver al físico?

A: Tienes la sensación de que te empujan hacia atrás al flotar hacia atrás.

D: Puedes aprender mucho allí, ¿por qué no te quedas allí?

A: Si te piden que seas profesor, entonces permaneces ahí. Si puedes impartir la enseñanza y es necesario que te quedes, entonces te quedas porque no te irías de donde te necesiten. Pero retrocedí muchas veces porque necesitaba aprender más.

D: Entonces, ¿cuándo estés listo regresas a un cuerpo físico?

A: Sí, y lo he hecho.

D: ¿Dijiste que sientes que has retrocedido?

A: En realidad no es un jalón. Sientes esa atracción. Es como oler una rosa. Conoces el olor y simplemente lo sigues. Tienes esta necesidad de seguir ese olor. Sabes que puedes elegir no hacerlo y quedarte donde estás, pero sabes que es algo bueno que debes hacer. Nadie te arrastra a ninguna parte. Nunca hay fuerza. Es: "¿Te gustaría esto ahora?" Así es como son las cosas. Creo que estás invitado. Los mensajeros vienen y te invitan si quieres venir o te quedas si decides no hacerlo.

D: ¿Crees que aprendes más rápido yendo a la escuela o yendo al examen físico?

A: Creo que esta vida a la que fui, la elegí porque sabía que aprendería más si iba. Y sí aprendí más y cuando volví, cuando llegué a casa, vi que entendía más. Mi conciencia se amplió. Hice más y encontré más gente cuando regresé a la escuela aquí.

D: Entonces puedes aprender en ambos lugares. Se te permitió pasar al examen físico en diferentes momentos. (Sí)—¿Eres consciente de que estás hablando a través de un cuerpo físico en este momento?

A: Una parte de mí habla a través del cuerpo físico.

D: ¿Sabes por qué elegiste venir a este cuerpo físico que se llama Amanda?

A: Ah, sí, sí. Principalmente volverá a trabajar en la espiritualidad. Hay un tapiz que Amanda comprende ahora y que le entusiasma. Y ese es uno de los grandes mensajes que ella traerá a la gente en esta vida: ¿cómo notas el tapiz? Y lo discutirá de manera que tal vez la gente lo entienda. Pero hay muchas cosas que la gente no entenderá. Ella entiende sólo un poco de lo que realmente es ese tapiz. Es energía vibrante y está viva y lo sabe todo, por supuesto, y es muy consciente de todo. Nosotros somos el tapiz. No hay separación. Es sólo que pensamos que estamos separados. Así que esa es realmente la gran conciencia: entender primero que hay un tapiz, y segundo, que no estás separado del tapiz. Y luego, lo tercero es tomar conciencia plena del tapiz. Ser consciente de ello. Es la conciencia total. Es toda la Aseidad.

Hay mucha información sobre la sala de los tapices en mi libro de Entre la muerte y la vida. Esto ha sido visto como un enorme tapiz ubicado en el complejo del Templo de la Sabiduría en el lado espiritual. Dentro de este templo se encuentran la gran biblioteca, la sala de curación y muchos otros lugares de aprendizaje. El tapiz es representativo de toda la vida. Cada ser humano vivo está representado como un hilo en este tapiz, y se ha descrito que parece respirar y ondularse. Porque todos los hilos están entretejidos muestra que, aunque somos uno, también somos parte del todo, del Todo. No hay separación.

D: ¿Por qué eligió venir a esta vida? ¿Hizo un plan?

A: Sí. En realidad, tuvo que terminar con algunos errores, algo de karma, y ha estado trabajando en eso y prácticamente lo ha superado.

Explicaron el karma entre Amanda y su madre y cómo se había resuelto.

D: ¿Por qué su cuerpo físico ha estado teniendo problemas?

A: Culpa. Se sintió culpable. Su hermana que está enferma. Se sentía mal porque se permitía ser libre y su hermana aceptó el peso de lo que su madre quería. Y cuando su hermana enfermó, Amanda no vivía con la familia. Estaba teniendo una vida maravillosa y luego se sintió horrible. Culpable del hecho de que ella se escapó y su hermana no.

Su hermana desarrolló EM (esclerosis múltiple). Cuando Amanda comenzó a tener problemas con las piernas y las manos, los médicos sospecharon EM, pero las pruebas no lo confirmaron. Entonces Amanda, a causa de la culpa, estaba imitando la enfermedad de su hermana de manera muy realista.

A: Realmente no fue culpa suya, pero la culpa no es real. La culpa no es real en absoluto.

D: Porque su hermana hacía sus propios planes... sus propias decisiones.

A: Cierto... cierto. Entonces debería dejar de lado eso porque de todos modos eso no es real. En la vida pasada se le mostró que el niño dudaba de su capacidad. Él es el que se contuvo. Y ese es el problema en esta vida, que ella nuevamente se está conteniendo con la culpa de su hermana. Asumió la empatía en esta vida, por eso siente la empatía de otras personas y la asume, y luego la siente con su hermana. Sintió la culpa de: "¿Por qué tengo tanta suerte cuando ella no?" Y entonces asumió eso. Necesita simplemente superar todo eso. No hagas esa empatía. Es decir, puedes ser empático, pero no tienes por qué sentirte culpable.

Luego quise que el SC trabajara en las piernas de Amanda. El SC dijo que necesitaba suspender los medicamentos que estaba tomando. De todos modos, decía que se olvidaba de tomarlos la mayor parte del tiempo. "Ellos" la estaban ayudando a olvidarse de tomarlos. Estaría caminando de nuevo.

D: ¿Qué tal si renunciamos a la silla de ruedas?

A: Estamos trabajando con ella y no te preocupes. ¿Ella lo sabrá y, como un niño, cuando empieza a caminar y de repente se sienta y cree que no podrá volver a caminar? De repente dice: "¡Puedo hacerlo!" Se lo mostramos. Iba conduciendo un auto sin ningún problema y se detuvo totalmente. La sorprendimos y ahora no tiene problemas. Ella puede conducir. Para Navidad utilizará el bastón y no utilizará la silla de ruedas en absoluto. Esto sucederá si ella libera la culpa.

D: Dicen que se le está desprendiendo una retina en el ojo izquierdo. ¿Puedes arreglar eso?

A: Creo que podemos. Somos bastante buenos en todo. (Risas) Ella no quería ver lo que estaba pasando en su vida. Ahora mismo está cerrado porque ella cree que está cerrado.

D: Te he visto hacer milagros. ¿Puedes arreglar la retina?

A: Creo que trabajaré en ello ahora mismo. Estaremos jalando los rayos de luz y estaremos cosiendo. Pasemos al trabajo de costura. En realidad, lo único que trabajamos es energía luminosa y sonido. —Antes estaba muy sana. Sucederá de nuevo. Ella también tiene mucha culpa, ya sabes, porque ha tenido otras vidas en las que ha hecho algunas cosas malas... todos las hacemos. Y realmente ya no quiere ese karma. Y nos gusta el hecho de que ahora sea muy cuidadosa porque algunas de sus antiguas encarnaciones son realmente memorables.

Mensaje: Habrá un gran momento antes de fin de año, y no tengas miedo si sientes un gran impulso para salir de tu cuerpo. Anímate porque te llevaremos a un gran lugar y realmente lo disfrutarás. Solo ve. En realidad, no es posible. Es una venida. Nadie va nunca a ningún lado, ¿recuerdas? Simplemente regresan.

Capítulo 13
CAMBIANDO EL PASADO

Monica vio que era un hombre mayor (alrededor de 50 años) parado sobre la arena en un ambiente árido, vestido con ropa sencilla y anodina, con cabello y barba castaños descuidados. Llevando a la espalda un cartapacio que contenía comida, dijo que simplemente estaba caminando en peregrinación. Anunció con tristeza: "Y no espero sobrevivir". Comenzó a llorar: "Siento que fallé. Siento que decepcioné a todos. Se siente como un exilio autoimpuesto. Que me exilié porque no era lo suficientemente bueno. Fracasé y por eso me fui. Voy en peregrinación para absolver mis pecados".

D: ¿Otras personas pensaron que habías fracasado?

M: Eso no importa. Sé que fallé. No puedo vivir conmigo mismo.

D: Todos cometemos errores, ¿no?

M: Sí, pero se supone que no debo. Soy a quien la gente acude en busca de sabiduría y he fracasado.

D: ¿Vivías en algún lugar por ahí?

M: Yo no era de allí. Yo vine allí. Me enviaron allí.

D: ¿Era una ciudad o qué?

M: No era una ciudad. Era un lugar al que venía gente que no estaba muy lejos de la ciudad. Hubo otros allí que me ayudaron.

D: ¿Qué tipo de sabiduría le diste a la gente?

M: Cómo plantar cultivos, cómo tener una vida mejor, cómo llevarse bien, cómo ver las cosas de manera diferente y cómo estar más en su corazón. Fue sencillo.

D: Todas esas son cosas buenas. ¿Alguien te entrenó para hacer esas cosas?

M: Sí. Me enviaron desde muy lejos. Quiero decir "arriba". Estoy tratando de ver de dónde vengo y yo... simplemente siento que me enviaron allí, pero no tengo una idea clara de quién me entrenó.

Por supuesto, mi curiosidad no iba a permitir que esa fuera la única respuesta. Le hice retroceder para ver el lugar de donde venía con la sabiduría.

M: Templos blancos y agua azul. (Se emocionó.)

D: Cuéntame sobre el lugar. Suena hermoso. ¿Alguien te entrenó allí?

M: Eso es lo único que hacen, entrenar. Te capacitan para lo que necesites hacer. Y entonces fui entrenado para esto. Era como una universidad.

D: ¿Has estado ahí por mucho tiempo?

M: Se siente como un muy buen lugar para estar y no sé cuánto tiempo llevo aquí.

D: Entonces siempre que te capacitaron y aprendiste todo lo que necesitabas saber....

M: Entonces simplemente me dejan en el sitio.

D: ¿Cómo te dejan?

M: En una nave espacial o un merkabah o vehículo. Había un piloto y me llevó a este lugar. Era como una esfera de oro...una pequeña nave. Lo suficientemente grande para el piloto y para mí. Me llevó a este lugar de ese planeta y es como si me estuvieran esperando y nadie me tuviera miedo. Caminé hasta este lugar. Es casi como si yo fuera el reemplazo. Como si hubiera habido alguien allí antes, y luego yo tenía que ocupar el lugar del otro.

La gente sabía que vendría y le dieron la bienvenida. "Buscan orientación. —Y también hice sanaciones".

D: ¿Cómo lo hiciste?

M: Sosteniéndolos. Simplemente los abracé y las energías los sanaron.

D: Parece como si estuvieras lleno de amor por estas personas. (Sí)

Le gustaba mucho ayudar a la gente y era feliz allí. Pero entonces sucedió algo que lo cambió todo. Le pedí que avanzara para poder mirarlo de nuevo y contarme sobre ello. "Vino un hombre... un hombre grande y enojado".

D: ¿Por qué estaba enojado?

M: No lo sé. Todo lo que veo es negro. Es casi como si una energía negra entrara en la morada donde estaba. Y no podía calmarlo ni controlarlo. Quería matarme.

D: ¿Por qué querría matarte? Estabas haciendo cosas buenas.

M: Él odiaba eso.

D: ¿Cómo supo de ti?

M: Todo el mundo lo sabía. No era un secreto.

D: ¿Entonces decidió que quería matarte? (Sí) ¿Qué pasó entonces?

M: Le dije que no podía.

D: ¿Sabías que él no podría hacerlo? (Sí) Porque tienes protección, ¿no?

M: Sí, pero mi gente no tenía protección y los mató. No sabían que no necesitaba protección y se sacrificaron para salvarme. Mucha, mucha gente.

D: ¿Intentaste decírselo?

M: Sucedió demasiado rápido. Fue como si pasara un tornado. Él tenía un arma y se pararon frente a mí para detenerlo y los mataron a todos.

D: ¿Luego qué pasó?

M: ¡Lo maté! Simplemente envié la energía y detuve su fuerza vital.

Estaba haciendo movimientos con las manos como si sacara energía de arriba con una mano y la dirigiera con la otra.

M: Envié la energía a través de mí y la usé para matar en lugar de curar. Por eso me fui. Mi gente ya estaba muerta. No había ninguna razón para matar a este hombre y lo hice de todos modos porque estaba enojado. Va contra el protocolo. Se suponía que no debía lastimar a otro ser humano ni a otros seres de ningún tipo. Va en contra del protocolo. (Sollozando) Va contra el protocolo.

D: Pero fue una emoción.

M: No tengo emociones. No está permitido... no está permitido. Yo soy amor. No soy emoción.

D: ¿La única emoción que se suponía que debías tener era amor? (Sí) ¿Nunca antes habías experimentado ese tipo de emoción? (No) Eso sería totalmente opuesto al amor. Pero sabes que el amor es una emoción poderosa y esta otra emoción sería igualmente fuerte.

M: Sí, y por eso lo hice.

D: ¿No pudiste controlarlo?

M: Podría. Lo hice deliberadamente. Maté a esa persona deliberadamente. Fue una emoción, pero no lo fue. No pude detenerme. No se me permite tener ninguna emoción. Yo soy amor. Debo pagar. Debo redimirme. No sé si esto es posible. Se supone que no debe suceder. Va en contra de todo mi entrenamiento y en contra de todo lo que defiendo.

D: Cuando entraste en ese cuerpo, ¿eras como un humano? (Sí) Entonces adoptaste algunas de las características humanas.

M: Tendré que comprobarlo. No sé si hice eso o no.

D: Estaba pensando que, si asumieras algunas de las características humanas, esas emociones humanas básicas estarían ahí.

M: Se suponía que debía superarlo. Ése era mi trabajo. No podía vivir conmigo mismo. Fui en contra del protocolo. Fui en contra de todo mi entrenamiento. Fallé. Entonces decidí irme para redimirme.

D: ¿Alguien intentó impedir que te fueras?

M: No, todos estaban conmocionados y de luto. Sucedió demasiado rápido. Creo que caminé un largo camino y finalmente terminé en el desierto. Así que estoy caminando por el desierto y no siento que pueda sobrevivir por mucho más tiempo.

D: ¿Entonces te estás castigando a ti mismo?

M: Sí, lo estoy. Lo estoy. No sé qué más hacer.

D: ¿No hay nadie de quien puedas recibir consejos?

M: Con ese acto corté mi conexión. La fuerza... está cortada. No soy nada. Soy tierra.

D: ¿Entonces no pudieron venir a ayudarte de ninguna manera?

M: No, fue cortado. Fue cortado.

D: Entonces no hay manera de que regreses al lugar de donde viniste.

M: Hasta que pueda redimirme y reconectarme con la Fuente... con la fuerza. No pude hacer el trabajo como lo hacía antes debido a este corte de fuerza. No puedo volver atrás hasta redimirme.

D: ¿Cómo crees que puedes redimirte?

M: No tengo idea... a través del autocastigo, a través del sufrimiento.

D: Eso es algo drástico, ¿no?

M: Fui en contra del protocolo. Hice lo impensable, lo que no se puede deshacer. Corté mi conexión con la fuerza.

D: Pero todo el mundo comete errores.

M: No tengo permitido cometer errores.

Decidí hacerlo avanzar en el tiempo. Dijo que estaba vagando por el desierto. "¿Qué pasó finalmente?"

M: Encontré un oasis y oré allí. Recé por la redención. El perdón.—No llegó.—No me alejé del oasis. Simplemente me quedé allí.

Había suficiente agua y comida para vivir. Siento que el cuerpo envejeció y murió.

Lo moví hacia donde todo había terminado y él estaba del otro lado. "¿Cuál crees que fue el propósito de esa vida?"

M: Siento que tomé lo que sea que fuera el enojo que tenía el hombre que vino allí... el enojo de ese hombre, y todavía está conmigo cuando miro la vida. Por dentro siento esta ira que no es mía y no puedo conectarme conmigo mismo... Déjame ver... Estoy notando que hay esta energía de ira en mí a pesar de que estoy en espíritu... ira a la que me aferré y abracé para castigarme a mí mismo.

D: ¿Qué se supone que debes hacer ahora?

M: Quiero preguntarle a la ira: "¿Cuál es tu propósito? ¿Quién eres y cuál es tu propósito?"—Soy la muerte y tú cumpliste mis órdenes.—"¿Perteneces al hombre que maté?" Sí, era su momento.

D: ¿Entonces eras sólo el instrumento?

M: Sí. Y estoy pidiendo que el hombre y su consejo vengan y expliquen si esto es cierto. Y el hombre y su consejo están allí y dicen: "Te estamos agradecidos". Y yo pregunto: "¿De qué?" Y dicen: "Por brindarle una muerte oportuna". Y yo digo: "Fue en contra de mi protocolo, en contra de mi entrenamiento, en contra de todo lo que creo". Dicen: "Vino del amor". (Se emocionó.) Y le pregunto: "¿Cómo puede ser eso... cómo puede ser eso?" No entiendo. Siento que cometí un error en el juicio del protocolo.

D: Pídeles que te expliquen qué significan. Es muy importante que lo entiendas.

M: Dicen que lo liberé de la energía que había... Lo liberé de sí mismo. Él, a nivel inconsciente, no quería seguir haciendo daño a la gente y no quería seguir acumulando karma. Entonces fue como si viniera y quisiera que lo matara y lo detuviera, pero no era consciente. Era lo que su alma quería. Y mi alma lo reconoció y no lo culpé por las muertes de mi pueblo. No lo reprendí ni lo toqué. Yo simplemente lo maté, y supuse que fue por ira. Hice lo que se suponía que debía hacer a pesar de que iba en contra del protocolo. Y no entiendo cómo puede pasar. (Triste.)

D: Sé que dijiste que habías sido entrenado y que no deberías haber permitido que esto sucediera. Pero cuando entras al cuerpo humano, quedas atrapado en las emociones humanas porque esas emociones hacen que las personas reaccionen de manera impredecible de las que no podrías haber estado preparado. Y esas emociones te afectaban a pesar de que te habían entrenado para no serlo. Entonces no puedes culparte a ti mismo.

M: Sí, dicen que ésta era una posibilidad incorporada, por lo que sabían que podía suceder. (Como si fuera una revelación inesperada). ¡Nunca había pensado en eso! ¿Por qué no me lo explicaron mientras estaba en mi formación? Pensé que estaba preparado para cualquier cosa. "No era necesario saberlo todo. Habría influido en tu aprendizaje, en tu misión. Además, era sólo una posibilidad remota, una laguna jurídica incorporada en el programa, pero que no se esperaba que fuera utilizada. Se suponía que debías aprender de la experiencia. No lo lleves al extremo de castigarte a ti mismo durante muchas vidas. Eso no sirve para nada y sólo te frena en tu progreso".

Monica me había dicho durante la entrevista que otros hipnotizadores le habían realizado regresiones y que siempre fueron vidas de sufrimiento y autocastigo. Por supuesto, los otros hipnotizadores no sabían cómo llevar esto más lejos y encontrar la razón del patrón. Así que no investigaron para descubrir por qué ella tenía que experimentar esto. Incluso lo había llevado a su vida actual y todavía experimentaba mucho sufrimiento que parecía desafiar toda explicación. Por eso estaba desesperada por encontrar la respuesta.

D: A veces hay fuerzas superiores que toman el control.

M: Sí, hay fuerzas superiores.

D: Y fuiste utilizado como instrumento. (Sí) No te condenan, ¿verdad?

M: No, me condené a mí mismo.

D: Entonces ¿te vas a quedar ahí por un tiempo o qué?

M: No es necesario ahora. Puedo volver a conectarme ahora. No podía vivir con el dolor de lo que había hecho.

D: No hay necesidad de cargar con ira ni ningún tipo de culpa, ¿verdad?

M: Ahora no, y lo entiendo. Y la redención no es necesaria. Nadie más me castigó... sólo yo mismo estaba castigándome.

D: Y el hombre aparentemente te perdonó.

M: El hombre estaba agradecido. Él entendió. Ahora puedo continuar con lo que se supone que debo hacer. De lo contrario, habría pasado más vidas castigándome.

D: Eso no es nada bueno.

M: Fue contra el protocolo. Estaba en contra de todo por lo que vivía. Ahora no tengo que vivir todas esas vidas de dolor y sufrimiento. Puedo ir en una dirección diferente.

D: Ahora podemos dejarlo en el pasado. Ahora que te das cuenta de eso, no hay razón para seguir ese patrón, ¿verdad? (No) Ahora se puede abrir una vida completamente nueva, ¿no? (Sí)

Consideré que esto era un avance gigantesco y había recibido excelentes respuestas, pero todavía sentía la necesidad de llamar al SC. Probablemente era parte de con quien estaba conversando de todos modos. Se hizo evidente al instante: "Estamos dispuestos". Luego le pregunté por qué eligió esa vida para que Monica la viera.

M: Fue directamente al meollo del asunto. Se auto castiga.

D: Pude verlo, pero quería oírte decirlo. Es totalmente innecesario que se castigue a sí misma, ¿no? (Sí) Es buena persona. Tiene muchos talentos. Puede ayudar a mucha gente, ¿no?

M: Si ella se lo permite.

D: Ella se ha estado aferrando a ese recuerdo.

M: Y otros. El hombre se estaba castigando a sí mismo pasando por muchas vidas de castigo. El autosacrificio está hecho. Está completo. Ella debía abrazar plenamente el autosacrificio y lo ha hecho con éxito. Y ahora es el momento de seguir adelante.

El SC explicó que esta fue la razón por la que ella eligió una infancia tan mala en esta vida y por qué se casó mal. Fue más un autocastigo. Ahora ya había terminado y era importante que no permaneciera encerrada en su casa aislada de la gente. Ya era hora de que ella cumpliera su propósito de ayudar a las personas. Ahora iba a traer alegría a los demás y también a ella misma. Ella iba a enseñar. "Enseñar a estar en conexión divina y simplemente a la alegría de ser. Simplemente debe permitir que venga, que fluya".

D: Le darás las palabras, ¿no?

M: Eso es lo que ha sabido, que siempre le daremos el siguiente paso, para que pueda dárselo a sus clientes, y así seguirá.

D: Siempre has estado ahí, pero ella simplemente no te escuchaba, ¿verdad?

M: Lo hizo…ha seguido todos los pasos…todas las carreras de obstáculos que le hemos puesto. Lo ha hecho bien. No iba a ser una vida fácil. Iba a ser una vida fundamental y la energía necesaria tenía que ser de una magnitud para superar el otro en el que ella se está moviendo ahora. Primero necesitaba entender al otro. No puede enseñar si no comprende eso, porque las personas a las que enseña necesitan saber que ella las comprende.

D: Dice que no se siente cómoda con las multitudes.

M: Cada persona que la miraba le recordaba que había fracasado. Eso cambiará con el tiempo. Saldrá más... al principio no. Le encanta trabajar con los animales. Que son hermosos. La reflejan y necesita saber su belleza es su belleza. Como un espejo al que se negaba a ver. Había demasiado dolor.

Cuando le pedí al SC que examinara el cuerpo de Monica en busca de curación, dijo: "El cuerpo sobrevivirá. Tomará tiempo sanar". Pero sabía que podría sanar más rápido que eso. "Ella no esperaba eso". Sabía que "ellos" sólo harían lo apropiado, pero le pedí que revisara el cuerpo y viera qué era lo más importante en lo que debía concentrarse. "Hay mucha energía oscura en la parte superior de la cabeza que debe desaparecer".

D: ¿Eso se ha colgado de otra vida?

M: Muchas vidas... muchas vidas.

D: Ella no necesita vivir en la sombra. Queremos que viva bajo el sol... la luz brillante. Podemos dejar eso en el pasado. ¿Puedes quitar eso?

M: Lo hicimos. ¡Puf, se fue!

D: ¿En qué más quieres centrarte en el cuerpo?

M: Hay muchos tipos de dolores que la estrangulan. Conjuntos de dolores tratando de matarla. Eso es lo que ella quería. Pero ya no, así que los eliminaremos libra por libra. Todo su cuerpo está lleno de dolor. Es principalmente autoinfligido. Ha hecho un buen trabajo al aclarar el dolor de los demás y ocultar el suyo propio. Estamos eliminando el autocastigo y el odio a sí misma. Así que ahora eliminaremos el resto. Está completa con esa paz. Creemos que ya ha sufrido bastante por sus lecciones. Creemos que ahora puede ir más allá de esto. Nos gustaría verla sonreír.

Recorrieron su cuerpo sanando y explicando las causas de los problemas a medida que avanzaba. Había experimentado un sangrado menstrual excesivo y dijeron: "Pensó que si creaba más dolor podría redimirse. Iba a pasar por esas vidas sin comprender cómo llegar a esta vida. Debe entender que iba a pasar por todo eso. Cumplió un propósito. Le ayudará a manifestar la alegría ahora. Necesita abrazarse a sí misma. Es hora de reconectarnos y abrazar su totalidad. Ha terminado con esa lección". Ahora también podría dejar de tomar los medicamentos que estaba tomando. Todo su cuerpo había sido afectado de alguna manera. No había perdido parte de su deseo de castigarse a sí misma. Ahora había llegado el momento de parar, y eso era lo importante que ella debía enseñar a los demás, a no castigar sus cuerpos.

Mensaje de despedida: Hemos esperado mucho este momento y estamos felices. Nos damos cuenta de que esta ha sido una serie de vidas desafiantes y estamos agradecidos de que estés dispuesto a completarla. No entendiste el propósito y no era tiempo para que entendieras el propósito. Solo debes saber que está completo y ahora es el momento de seguir adelante, y te lo agradecemos. Te amamos y te abrazamos y esperamos en nuestro camino juntos en más y más conexiones en el amor y la vida.

Hubo algunas cosas en esta regresión que me hicieron pensar en una dirección diferente. Otros han preguntado si era posible ir a una vida pasada y cambiar las circunstancias de esa vida. Eso definitivamente afectaría la vida actual de la persona. Siempre pensé que no sería posible, ¿sería aconsejable? La persona en la otra vida experimentó los acontecimientos y aprendió de ellos. Entonces no sabía si sería posible alterar los eventos. Por supuesto, en este caso no alteramos los acontecimientos durante la vida. No pudimos detener la matanza. Pudimos cambiar la perspectiva del hombre después de la muerte. ¿Es la misma cosa?

Monica había vivido muchas, muchas vidas de terrible sufrimiento, y ese sufrimiento había continuado hasta la actual. Todo fue causado por la mala comprensión al hombre sobre su entrenamiento. Sintió que había fracasado, que había ido en contra de su misión, por lo que la única solución sería tener muchas vidas de castigo, sabiendo que nunca encontraría la redención porque su crimen había sido tan horrible. No estaba dispuesta a ir al otro lado en busca de consejo porque tenía demasiado miedo a la condena. Sin embargo, cuando descubrimos que el asesinato tenía un propósito, uno que ella no podía conocer y que no había fallado, entonces se dio cuenta de que no necesitaba experimentar todas esas vidas desesperadas. Entonces fue libre de tomar otra dirección.

En mi trabajo siempre hablamos de líneas de tiempo y de infinitas posibilidades y probabilidades. ¿Significa esto que esas vidas ahora dejan de existir? ¿Qué pasa con los otros personajes de esas vidas? ¿Qué pasa con el karma que se había incurrido en esas vidas? Al descubrir la causa y cambiar el punto de vista del hombre, ¿eso hace borrón y cuenta nueva, disuelve todo eso? Se ha dicho que, de todos modos, todo depende de nuestro enfoque para descubrir nuestra propia realidad. Sin embargo, no importa cómo se pueda debatir esto, al menos tuvo un efecto profundo en la vida actual de Monica. Ya no tiene que cargar con la carga del sufrimiento, el autocastigo y el odio a sí misma. Si los del otro lado no condenan, ¿por qué sentimos que tenemos que juzgarnos y castigarnos a nosotros mismos? La vida se trata de lecciones y experiencias, y de lo que aprendemos de ellas.

Hay mucho que reflexionar aquí.

Asesinatos y suicidios

Capítulo 14
ASESINATO Y EL LUGAR DE REPOSO

Cuando Carol salió de la nube y se encontró en una típica ciudad del Viejo Oeste: edificios de madera, aceras de tablas y calles polvorientas. Era una mujer vestida al estilo típico de la época. Se encontró frente a una tienda general, y cuando entró, su atención se vio inmediatamente atraída por las pilas de telas y artículos de costura. Ella era costurera, pero estaba decepcionada por la monótona selección. No era feliz en la ciudad y se sentía atrapada allí. En realidad, no quería estar allí, pero no había ningún otro lugar adónde ir. Todas las ciudades estaban muy lejos. Vivía sola con su pequeña. Su marido había muerto en una explosión mientras construían un ferrocarril para ir más al oeste. No podía irse, así que se dedicó a coser para ganarse la vida y la de su pequeña. Su casa era sencilla pero adecuada a sus necesidades. Amaba a su hija, pero fue difícil perder a la otra persona que amaba: su marido.

Luego, cuando le pedí que se trasladara a un día importante, descubrí que había dado un salto. En otras palabras, saltó a una vida diferente. Comenzó a describir un entorno totalmente diferente. Cuando esto sucede, generalmente significa que no sucedió mucho de importancia en la otra vida. En la mayoría de las vidas, un día es igual al siguiente. Cuando esto sucede tengo que tomar una decisión: ¿sigo explorando la nueva, o vuelvo a la que dejamos para saber qué pasó con ella? Decidí explorar a la que había saltado porque sabía que el SC tenía una razón para mostrárselo.

Esta vez se vio a sí misma en una ciudad con calles adoquinadas y farolas. Era una tarde lluviosa y con llovizna y entró en una taberna. Sabía que era Inglaterra o Irlanda. Era una joven de unos veinte años, pelirroja, vestida con un vestido de pana con cordones en la parte delantera y una blusa en la parte superior. Bastante diferente de la mujer sencilla de la ciudad occidental. Así fue como supe que habíamos dado un salto. Había música en la taberna y la gente bebía, reía, contaba chistes y, en general, se lo pasaba bien. "Es como si todos se estuvieran relajando después de un duro día de trabajo. Y todo el mundo se divierte riéndose y hay mucho ruido ahí dentro". Describió la taberna con todo lujo de detalles y parecía que tal vez datase de 1880. Le pregunté si tenía trabajo, ya que mencionó un día de trabajo duro. "Yo socializo. Eso es lo que hago. Hago favores a los hombres y les agrado. Les gusto mucho. Principalmente paso el rato en ese lugar. Simplemente soy lo que soy". Ella era feliz allí, sin responsabilidades ni preocupaciones. Ella vivía cerca, "Arriba. Tengo mi lugar. Tengo que subir y no es muy grande. Tiene un dormitorio y una silla allí. No paso mucho tiempo allí porque estoy principalmente abajo. Bailando con los hombres y... Tienen mucha música... muchas bromas... muchas bromas y todos conocen a todos. Hay un bar allí abajo y se sirve comida y tienes toda la socialización, comer y beber... todo continúa allí abajo. Estoy por mi cuenta. Puedo hacerme cargo de mí misma. A los hombres les gusto y a mí me gustan ellos. Y ellos me hacen favores y yo les hago favores. Me dan dinero. Se aseguran de que esté bien. Se preocupan mucho por mí, no sólo porque soy un juguete, sino porque realmente se preocupan por mí. —No es que simplemente que yo sea fácil. Lo soy, pero no es que seas sucia. Cumples un propósito y ellos lo respetan y son buenos conmigo porque yo soy buena con ellos. Tengo muchos amigos y no esperan mucho. Simplemente soy feliz tal como soy".

Cuando la trasladé a un día importante, ella fue al día de su muerte. "Fui asesinada. No era muy mayor". Le dije que podría verlo como observadora si quisiera, para poder explicar lo sucedido. Ocurrió en esa habitación de arriba donde ella dormía. Un hombre la estranguló. "Tenía celos de alguien que habían visto conmigo y me mató. Habíamos estado juntos antes y él sabía quién era yo y quién era. Pero me mató porque no podía soportar lo que hacía para ganarme la vida. Él estaba muy enojado. Quería alejarme de todo eso. No quería sentar cabeza y estar con una sola persona. Tuve una buena vida. Yo era feliz. No quería dejar mi vida y no quería dejar a mis otros amigos allí".

Hice que se moviera a cuando todo terminó y ella estaba fuera de su cuerpo. Ella observó la escena. "Está muy avergonzado. Lo siente, pero ya es demasiado tarde. Ya me ha matado. Se acabó. No puede traerme de regreso. Nadie puede. Simplemente estoy ahí en el suelo. Y lo veo inclinado sobre mí llorando y sollozando. Lo siente mucho. Simplemente cometió un error". Luego le pedí que mirara toda la vida y me dijera lo que creía haber aprendido de esa vida. "Ser más responsable con mis afectos. Me estaba divirtiendo, pero mira a lo que me llevó. La gente es celosa, se enoja, se enoja y termino muerta. Y yo era joven, hermosa y vibrante, y ahora estoy muerta. No me avergoncé de lo que hice. Así es como yo era".

D: ¿Qué vas a hacer ahora? ¿Vas a ir a algún lado?

C: Sólo quiero un poco de paz y tranquilidad. Sólo quiero descansar. Quiero estar lejos de todo y de todos por un tiempo. Sólo quiero sanar.

D: ¿Vas a algún lugar para poder curarte?

C: Voy a un lugar tranquilo. Es azul... y es como un capullo. Es como si estuviera encerrada en un capullo. Y me están cuidando. No es que duermo y me despierto. No es así. Simplemente estoy allí y me estoy curando y hay gente atendiéndome. Ellos me cuidan. Ellos se encargan de todo. No tengo que preocuparme por nada. No tengo que preocuparme por ganarme la vida. Simplemente estoy suspendida en este agradable y cálido capullo. Estoy recuperando mis fuerzas. Y puedo quedarme allí todo el tiempo que quiera hasta que esté completa otra vez. No hay nada más que amor.

Sabía que estaba en el lugar de descanso del lado espiritual. Podría pasar mucho tiempo allí si estaba recuperándose de la forma violenta en que murió, así que tuve que acelerar el tiempo hasta que estuviera lista para dejar ese lugar de descanso. "¿Qué pasa cuando decides que es hora de irte?"

C: Como que me siento y abro esa cápsula y luego comienza a entrar luz. No me duelen los ojos ni nada. Y puedo salir y hacer lo que quiera. Veo luz a mi alrededor. Hay pilares de luz. Hay una luz magnífica. Hay un brillo a mi alrededor. Es como si estuviera en un lugar de confort profundo, oscuro y aterciopelado. Era prácticamente como estar en una habitación. Y luego abro esa cámara en la que estoy y salgo, y hay una luz brillante. Hermosas, hermosas mansiones sobre mansiones de luz cristalina. Todas estas estructuras continúan por siempre. Y la luz se refleja en todos estos edificios. Todos los colores del espectro y es muy brillante, pero no me duele la vista en absoluto. Puedo verlo todo.

D: ¿Hay alguien más allí?

C: Hay toneladas de gente allí. Toneladas de personas y están mirando libros. Tienen videos que están reproduciendo, pero no son personas. No son personas, pero están ahí y hacen todo esto y son muy amables. Y están tratando de guiarme y decirme: "Esta es esta habitación, y esta es esta habitación. Y puedes hacer esto y aquello, y puedes cocinar. Puedes comer. Puedes hacerlo todo. Y no pueden mostrármelo lo suficientemente rápido.

Me reí por la emoción en su voz.

D: Si no parecen personas, ¿a qué se parecen?

C: Cambian. Algunas son luces azules, luces rosadas, luces blancas, luces amarillas. A veces son bolas de luz y otras veces salen de brazos y piernas y toman la forma de una persona. Y, sin embargo, puedes ver a través de ellos.

D: Suena como un lugar hermoso.

C: Oh, es lindo. Y continúa para siempre. Estos grandes pasillos, antiguos y largos, y por muy grandes que sean, no parecen una institución. No puedo creer todos los discos y esas cosas que tienen. Si quieres buscar cualquier cosa, todas las respuestas están ahí. Simplemente estoy tratando de abrirme camino a través de él. No sé por dónde empezar. Ni siquiera sé adónde ir. Quiero aprender. Quiero saber de qué se trata. Quiero saber todo.

D: ¿Sería difícil aprenderlo todo?

C: Eso pensarías. Hay mucho que saber. Hay mucho que aprender. Quiero saber si todas las personas que conozco están muertas. Estoy tratando de escuchar todo. Están tratando de contarme sobre todos los diferentes aspectos de este maravilloso lugar, y todos los registros y todos los medios y todos los artilugios... ¡todos los artilugios de información! Y, sin embargo, mientras intento aprender todo esto, intento conectarme con la gente que conozco.

D: ¿Te refieres a otras vidas o qué?

C: No lo sé. Es como si conociera a todo el mundo. No es que sean extraños porque son muy amables. Y me siento realmente bienvenida aquí, y es como si hubieras estado fuera por mucho tiempo. Es como un regreso a casa.

D: ¿Hay alguna persona principal que pueda hablar contigo ... alguien a cargo?

C: Tengo una persona que es una especie de "amigo" que me encuentra. Me ayudan a salir de ese lugar especial de curación. Y me ayudarán a conocer la situación del terreno, para que pueda empezar a profundizar y descubrir las cosas. Es como mi "compañero" de asignación o la persona a la que reporto. La persona a la que se le asignó la responsabilidad de ponerme en marcha nuevamente porque estaba muy destrozada. Estaba muy herida... muy herida. Fui tan feliz en esa vida y que me la quitaran... No quiero que me asesinen otra vez. —Quieren que me aclimate. Acostumbrarme a todo lo que hay ahí. Toma mi tiempo. No se apresura nada. Moverse. Mirar todo lo que hay que ver.

Esto podría haber llevado mucho tiempo ya que no tenían prisa por enviarla a su siguiente asignación. Así que le pedí que condensara el tiempo y avanzara hasta que hubiera hecho esas cosas y viera qué tenía que hacer a continuación. "Tengo que dar un informe".

D: ¿Como en la escuela? (Sí) ¿Qué tipo de informe?

C: Tengo que reportarme y decirles si estoy bien. Decirles si me estoy recuperando y si estoy lista para ver todo lo que hice y que me ayuden a resolverlo. Por qué me mataron y qué hice con mi vida.

D: ¿Qué descubriste?

C: Bueno, no creen que haya sido malo. Vieron que me divertía mucho haciendo lo que estaba haciendo, pero jugar así con las emociones de la gente no me favorecía. Aunque todo fue a un nivel superficial, a veces la gente lo toma mucho más profundamente. Y no me di cuenta de cómo podría haber lastimado a alguien al no reconocer sus afectos. Como ese hombre que me mató. Le estaba haciendo daño. Necesito trabajar en eso.

D: Pero no se puede juzgar, ¿verdad?

C: No, no creen que sea malo, pero si quiero hacerlo mejor, tengo que observar eso. No puedo continuar y seguir haciendo eso. Quiero decir, tienes que ser consciente de lo que estás haciendo. No puedes simplemente vivir la vida y divertirte y no pensar en otras personas. Tienes que pensar en otras personas y en cómo les afectas. Porque esa es una responsabilidad que tienes.

D: ¿Entonces te han dado algún consejo?

C: Pensar menos en mí y más en los demás, y eso me ayudará a no hacerles daño.

D: ¿Tienes que ir a algún lugar para hacer esto o qué dicen?

C: Tengo que quedarme allí un tiempo y estudiar. Hay mucho. Hay grandes volúmenes de cosas que tengo que llevar. Puedo mirar lo que hice y en cualquier momento puedo retroceder. Puedo seguir adelante. Puedo mirarlo todo. Puedo hablar con otras personas. Es un lugar donde se supone que debo aprender.

D: ¿Te dijeron lo que sucederá después de que sientas que lo has aprendido?

C: Entonces puedo intentarlo de nuevo.

D: ¿Quieres?

C: Ah, sí. Es realmente agradable hacer eso. Pero no quiero que me maten de nuevo. He estado elaborando estrategias sobre adónde quiero ir. Creo que la próxima vez podría sentar cabeza e intentar tener una familia.

D: ¿Entonces estás haciendo planes?

C: Seguro que lo intento.

Esto explicaría la vida en el Viejo Oeste. Si pensamos en tiempo lineal, aparentemente habría sido después de aquel en el que fue asesinada. Tenía una familia, pero uno de sus seres queridos (su marido) había sido asesinado. Definitivamente tenía que pensar en otras personas y ponerse en segundo lugar en esa vida. Fue aburrido y simple, pero cumplió su propósito.

Entonces pensé que era hora de convocar al SC y encontrar algunas respuestas. Siempre pregunto por qué a la persona se le mostraron las vidas que el SC eligió para que las viera.

D: El primero en el que ella estaba en el pueblo del oeste y su marido murió trabajando en el ferrocarril. ¿Por qué elegiste esa vida para que Carol la viera?

C: Por mi pequeña. Ella lo era todo para mí.

D: ¿Por qué el SC le mostró a Carol a la niña? ¿Cómo se relaciona eso con Carol en la vida actual?

C: Conozco a esa niña.

Le instruí a Carol que permitiera que el SC respondiera las preguntas y no intentara interferir. "Debía mostrar amor incondicional". Carol es lesbiana en su vida actual y el SC explicó sobre las personas en su vida actual. Actualmente estaba con pareja, pero una nueva (la pequeña de la vida occidental) había llegado a su vida. Estaba creando un problema. Dijeron que había estado con Michelle (su actual pareja) demasiado tiempo y que era hora de seguir adelante y permitir que alguien nuevo entrara en su vida. Le pregunté si Carol había tenido vidas pasadas con Michelle. "Estaban en Europa. Carol era un joven estudiante, un hermoso violinista... muy talentoso, muy talentoso. Michelle era maestra. Hubo problemas. Michelle, como maestra, fue muy, muy dura con Carol. Y, sin embargo, Michelle les decía a los otros instructores lo talentosa que era Carol. Ella nunca le diría eso a Carol. La presionó más y criticó cada vez más, y eso minó la confianza en sí misma de Carol. Fue casi como si Michelle lo hubiera hecho a propósito porque estaba celosa del talento que tenía Carol".

D: Entonces, ¿por qué eligieron unirse en esta vida?

C: Carol tiene que recuperar su confianza. Había karma entre el maestro y el alumno. Michelle le debía a Carol. El contrato ya ha terminado. Llevan mucho tiempo juntas, pero ahora ha llegado el momento de separarse. Va a ser difícil, pero hay que hacerlo. Se tiene que ir. Deb (la pequeña) ahora será libre de entrar en la vida de Carol. Hay un gran amor allí (debido a la vida pasada como madre e hija).

D: Tal vez esto le ayude si ella sabe estas cosas y puede entenderlas. (Sí) Luego le mostraste la vida en la que estaba en la taberna y fue asesinada. ¿Por qué elegiste esa vida para que ella la viera?

C: Para mostrar cómo puedes herir a las personas con tus acciones.

No había nadie en esa vida que ella conociera ahora en su vida actual. Me sorprendió porque hubiera pensado que el hombre que la asesinó sería un personaje actual. Ella había preguntado sobre su breve matrimonio y, aunque estaba relacionado con una vida pasada diferente, el SC se negó a dar detalles. Sería mejor que Carol no lo supiera.

D: ¿Qué aprendió de ese breve matrimonio?

C: Aprender a amar incondicionalmente… ser honesto y cuando ames de verdad, de verdad, no reprimas nada. Era un contrato corto, pero muy significativo, muy fuerte. Ser totalmente tú mismo para la persona que amas. Poder hablar de cualquier cosa, pero ser honesta y abierta porque es la única manera en que el amor verdadero puede perdurar. Ella no tenía esos mismos sentimientos con Michelle. Esa era una relación diferente. Ha intentado todo para mantener una amistad amable y amorosa con Michelle, pero dependerá de Michelle aceptarlo. Carol no puede controlar eso. Carol no puede aclarar su mente cuando está con Michelle. No puede crear cuando está envuelta en una red. Michelle quiere demasiado de ella.

Otra pregunta cuya respuesta ya sabía, pero quería que el SC se la dijera. "¿Quiere saber de dónde viene?"

C: Ella vino de la Fuente. Todo lo que es... todo lo que es. Somos de la Fuente y siempre volvemos a la Fuente porque todos somos uno.

Mensaje: Nunca pierdas la fe. Siempre estamos ahí para ayudarte. Nunca estás solo.

Capítulo 15
EL MIEDO TRASCIENDE

Dionne entró en escena de pie sobre un suelo marrón, cálido y seco como un desierto. Se dio cuenta de un antiguo arco de estilo persa a un lado. Sólo verlo la llenó de una cantidad inexplicable de miedo. El miedo era tan fuerte que quiso llorar. Sabía que cada vez que esto sucedía, estábamos a punto de descubrir algo importante y significativo para el cliente. No se pueden fingir emociones, provienen del meollo mismo del asunto, aunque no tengan ningún sentido en ese momento. Pensé que si podía dejar de pensar en eso entonces podríamos continuar, así que le pedí que se concentrara en su cuerpo. Era un hombre mayor, barbudo, vestido de manera muy sencilla con una prenda holgada y un turbante. Su cuerpo se sentía cansado y fatigado. "Estoy angustiado por algo al otro lado del arco... algo está sucediendo allí dentro. Tengo miedo de lo que está pasando dentro, al otro lado del muro. Hay mucha gente, voces fuertes. Siento como si alguien que conozco estuviera ahí y estuviera preocupado por él". Le pregunté si quería entrar al arco y ver qué estaba pasando, pero sentía un miedo extremo. "Tengo miedo de entrar y también tengo miedo de lo que está pasando dentro. Creo que necesito entrar, pero siento temor de ello".

D: ¿Quién crees que está ahí que te preocupa?

Di: Siento que podría ser mi hija. Casi como si la acusaran de ser una hechicera o algo así, y la multitud grita por su destrucción.

D: ¿Crees que ella es una hechicera? (No) ¿Por qué crees que la gente pensaría eso?

Di: Porque son ignorantes. Tiene un don que la mayoría de la gente no tiene y no lo entienden. Ella se lo confió a alguien y ellos no entendieron y se asustaron e incitaron el miedo en el resto de la gente. Y con confianza, le dio esa parte de sí misma a este joven y él se volvió y la usó en su contra.

D: Dijiste que ella tenía un don que ellos no entendían. ¿Qué clase de don era?

Di: El don de la profecía. Ella le contó al joven sobre su don y le dio una profecía que se hizo realidad. Y él se volvió y la acusó de hechizarlo y crear la situación en lugar de simplemente verla. Él creía que ella lo creó.

Después de mucha postergación, decidió superar su miedo extremo y entrar. "La van a matar si no lo hago, y cuando entre, probablemente me van a matar a mí también, así que… no sé cómo hacerlo porque si solo entro, si irrumpo y trato de llevármela, sé que simplemente me someterán. Así que no sé si debería hacerme pasar por uno de ellos y descubrir de alguna manera cómo liberarla. Simplemente no sé qué hacer porque si me apresuro, eso tampoco funcionará". Decidió entrar. "Ella está en la parte trasera de una carreta y gritan que la ejecuten. El joven dice que ella es una bruja y lo demuestra con lo sucedido. Y la multitud es sólo un rebaño de vacas que realmente están contagiadas de fiebre. No quiero perderla, y no quiero que me maten y luego dejarla sola". Para acelerar esto, condensé el tiempo y lo moví hacia adelante para ver qué decidía hacer.

Di: Nos terminan matando a los dos. La multitud. Nos ahorcan a los dos. Tiran cuerdas alrededor de algo y nos ahorcan. Me consideraron culpable por asociación. Entré y traté de razonar con ellos, pero no fueron razonables porque habían cogido fiebre. Intenté liberarla, agarrarla y jalarla, pero estaba retenido y, por asociación, fui condenado al igual que ella.

D: Había demasiada gente. (Sí.) Bueno, ¿qué opinas de las personas que hicieron esto?

Di: ¡Los odio! Estoy enojado con la multitud por su ignorancia. El joven era uno de ellos. No creo que haya vuelto a confiar en la gente desde entonces. Fue innecesario porque nada cambió. Ella no era bruja. No hizo nada. Nada ha cambiado. Simplemente sintieron alivio. Pensaron que estaban a salvo ahora que ella se había ido.

Nunca es buena idea cargar con ira contra las personas que causan tu muerte. Es seguro que creará karma que se transmitirá a otras vidas posteriores.

D: Estaban gobernados por el miedo. (Sí) Creo que fuiste muy valiente al intentar salvarla. Pero no solucionó nada, ¿verdad?

Di: No funcionó... no.

D: Ahora se acabó y estás fuera del cuerpo, así que puedes mirarlo en retrospectiva y verlo todo desde una perspectiva diferente. ¿Puedes ver tu cuerpo?

Di: Sí, son sólo dos cuerpos sin vida. La verdad es que siento que a nosotros también nos apuñalaron en el estómago. Pero, de todos modos, son sólo dos cadáveres amontonados en el suelo. La multitud aplaude y ahora se están disipando. Nada ha cambiado. Creen que están a salvo, pero en realidad nada ha cambiado.

Su hija estaba con él en espíritu mientras ambos recordaban la espantosa escena. Le expliqué que cada vida tiene una lección. "¿Qué crees que aprendiste de una vida así?"

Di: Amaba a mi hija y aprendí a ser tolerante porque ella era diferente. Tuve que aprender a ser tolerante porque de lo contrario habría tenido que alejarla. Y también tuve que aprender a tolerar las diferencias de las personas. No lo entendí, pero no era malo porque ella no era mala. Entonces aprendí la tolerancia y, sin embargo, también me llevé la intolerancia por lo que la gente hizo.

Le pregunté qué planeaba hacer ahora que estaba fuera del cuerpo. Si había algún lugar al que sentía que tenía que ir, o algo que tenía que hacer. Después de una pausa, dijo: "Supongo que podríamos ir a buscar a la esposa que tuve y que murió". Su esposa había muerto antes, por eso solo estaban ellos dos para cuidarse el uno al otro.

D: ¿Cómo harías eso?

Di: Probablemente dé la vuelta y vaya en la dirección opuesta a donde estoy mirando.

D: ¿Qué hay en la dirección opuesta?

Di: Quiero decir el "Sol", pero el paisaje de abajo se ha convertido en un punto más pequeño.

D: De todos modos, no es algo que realmente quieras ver.

Di: No. No puedo volver allí... no puedo volver. Todavía siento el peso de lo que acabo de vivir. No se ha ido. No desapareció. Todavía siento el miedo.

D: Definitivamente. Fue una situación traumática. —¿En qué dirección quieres ir?

Di: Sólo hay una zona iluminada. Realmente hay un lugar al que ir. Es simplemente alejarse de esa escena y volverse hacia la otra. Simplemente parece brillante y un poco vacilante. No sé a dónde voy. Parece que debería reconocerlo. He estado allí un millón de veces. Siento que sigo siendo esa persona. Simplemente estoy flotando hacia la luz.

Condensé el tiempo y lo adelanté hasta que llegó al lugar donde necesitaba detenerse. "Lo sabrás cuando lleguemos allí y podremos parar".

Di: Tengo la vaga sensación de que hay otras personas allí. Es como si viniera de una experiencia traumática y todos quisieran escuchar lo que acaba de pasar, y yo contando la historia. Parecía que mi esposa estaba allí y probablemente fuera mi esposo en esta vida. Siento que mi madre y mi padre están ahí. Los rostros son algo irreconocibles a medida que el círculo de personas se aleja de mí. Las caras no son muy claras.

D: A veces es más un sentimiento que un reconocimiento.

Di: Es un alivio estar ahí. Es como un trauma que todavía está cerca de mi corazón en cierto modo. Todavía estoy molesto por lo que pasó, pero me alivia saber que estoy bien. Sin embargo, todavía me siento triste por eso. —Probablemente solo tenga que irme a dormir un rato.

D: ¿Alguien te dice eso?

Di: Creo que simplemente soy consciente de que tengo que pasar por un período de tiempo en el que (no sé cuál es la palabra) simplemente me descomprimo.

D: Sólo para descansar. Eso suena como una buena idea. ¿Qué pasa con su hija?

Di: Estamos juntos. Creo que ahora vamos a tomar una siesta uno al lado del otro.

D: ¿Cómo es ese lugar de descanso?

Di: En cierto modo es como una nube. Simplemente me siento preocupado. Siento que me pasó algo que no debía haber pasado, que no tenía sentido y que me resulta difícil dejarlo ir.

D: Entonces te quedarás allí por un tiempo y no pensarás en nada. (Sí.)

Cuando las personas van al lugar de descanso pueden permanecer allí un tiempo considerable. Sólo depende de cuánto tiempo pasará antes de que se sientan capaces de volver a la rueda de la vida. Puede que sea un período breve o, para algunos, hasta cientos de años. Así que condensé el tiempo nuevamente hasta que él completó su descanso y llegó el momento de dejar ese lugar y hacer otra cosa.

D: ¿Te sientes mejor ahora que has podido descansar?

Di: Tengo este miedo impregnando todo mi ser.

D: A pesar de que pasaste por el descanso, ¿todavía tienes miedo? (Sí). ¿A qué se debe el miedo?

Di: Supongo que es sólo miedo a ser destruido.

D: Bueno, destruyeron el cuerpo.

Di: Lo sé. Lo sé.

D: Pero no pudieron destruirte, ¿verdad?

Di: No. Sólo siento el peso y el miedo. No sé cómo deshacerme de él.

D: ¿Hay alguien ahí a quien puedas hacer preguntas y obtener respuestas?

Di: Puede que haya alguien a la derecha. Parece uno de esos Maestros Ascendidos. Él es asiático.

D: ¿Quieres hacerle preguntas?

Di: Podría si quieres.

D: Podríamos obtener algunas respuestas. Dile que quieres entender este miedo. El miedo es una emoción fuerte. Dile que quieres entender de dónde viene.

Di: Dice que es lo opuesto a la Fuente Divina.

D: Pregúntale por qué todavía te aferras a ese miedo.

Di: Porque se ha convertido en una muleta.

D: Porque el miedo debería haberse quedado con el cuerpo una vez asesinado, ¿no es así?

Di: Al parecer llevo mucho tiempo viviendo con el miedo y usándolo como muleta.

D: ¿No sólo esa vida, sino otras vidas? (Sí) ¿Entonces no desapareció en el lugar de descanso? (No) ¿Qué quiere decir con que se ha convertido en una muleta?

Di: Una forma de protegerme de alguna manera. Me impediría entrar en situaciones que serían perjudiciales.

D: Desde ese punto de vista está bien, ¿no?

Di: Sí, pero cuando reconozco situaciones como lo que estaba sucediendo con la multitud, entonces mi miedo aparece y estoy en un modo constante de lucha o huida. Lo percibo a mi alrededor todo el tiempo, así que constantemente quiero huir de algo, pero tengo que esforzarme por estar tranquilo y no huir.

D: Ese no es un buen modo de actuar, ¿verdad?

Di: No porque es estresante. Y sospechar siempre de la gente. Siempre sospechar que en cualquier momento podrían traicionarme.

D: Esa no es una buena manera de vivir, ¿verdad? (No) ¿Qué sugiere? Parece que puede ser muy sabio. Quizás tenga un consejo.

Di: La Tierra es un buen lugar para ir. Dice que lo más importante que tenemos que hacer en la Tierra es superar el miedo. Y si no lo hago, tendré que volver. Si lo supero, no tendré que hacerlo. Si lo controlo o lo supero, no tendré que regresar a menos que quiera. Sin embargo, no quiero volver allí otra vez. No entiendo por qué todo tiene que ser tan horrible en la Tierra.

D: No tiene por qué ser así, ¿verdad?

Di: Parece que sí. (Molesto) Sólo crueldad. Eso es simplemente "lo que es". La Tierra es así. La gente es así.

D: Quizás no lo sean. Quizás necesiten ayuda. Pregúntale, si decides regresar a la Tierra, ¿podrías marcar la diferencia para cambiar las cosas?

Di: ¿Para ayudar a otras personas o para ayudarme a mí mismo?

D: De cualquier manera. ¿Qué dijo? ¿Tienes una opción? (Dionne se emocionó.) Está bien ser sentimental. Eso es bueno. ¿Pero tienes la opción de irte o quedarte?

Di: Más o menos, pero no realmente. No tengo que ir, pero sé que, si no voy, no terminaré lo que se supone que debo hacer. Y tengo que hacerlo. ¡Simplemente no quiero ir! Desearía no tener que resolver nada más. Ojalá pudiera quedarme aquí.

D: ¿Qué dice? ¿Existen reglas y regulaciones al respecto?

Di: Dijo que queda mucho por hacer.

D: ¿Qué aceptaste hacer?

Di: Pasar por todo hasta terminar. Sólo pasar por lo que fuera hasta que estuviera terminado. No conté con que estuviera así de mal. Siento que, si vuelvo, será otra cosa horrible.

D: Quizás no sería tan malo como lo que acabas de pasar. ¿Sabes si será tan malo o más fácil?

Di: Puede ser lo que yo haga.

D: Entonces tú tienes el control, ¿no? (Sí) Eres más poderoso de lo que crees, ¿no?

Di: En cierto modo me siento como una víctima.

D: Creo que es hora de darle la vuelta a eso. ¿Es entonces cuando tomas la decisión de regresar a la Tierra?

Di: Sé que tengo que hacerlo para cumplir con mi acuerdo y terminar, de lo contrario lo estaría postergando. Tendría que hacerlo eventualmente.

D: ¿Y el acuerdo fue vivirlo todo?

Di: Para recorrerlo, sí. Atravesar la realidad física.

D: ¿Todo lo bueno y lo malo?

Di: Sí, pero no tenía idea de lo malo que iba a ser. Es como si alguien vive en el ecuador y tratas de explicar qué es la nieve. Y tienen una imagen, pero no saben realmente qué es hasta que llegan allí.

D: Nunca lo sabes realmente hasta que lo experimentas tú mismo.

Di: Supongo que no pensé que iba a sentirlo tanto como lo he sentido.

Pensé que habíamos aprendido todo lo que podíamos en este momento. Sabíamos que había tomado la decisión de regresar porque la procrastinación sólo retrasaría lo inevitable. Entonces pregunté si estaba bien llamar a alguien más que pudiera darme más respuestas. La otra entidad estuvo de acuerdo en hacerlo. Así que le di las gracias y luego convoqué al SC. Por supuesto, la primera pregunta era por qué eligió esa vida para que Dionne la viera.

Di: Fue el momento en que la tristeza se apoderó. Se fue acumulando hasta ese punto, pero fue en ese momento cuando la tristeza se apoderó.

D: ¿Entonces ella había experimentado otras vidas negativas, pero ésta fue la gota que colmó el vaso? (Sí) ¿Por qué querías que ella supiera eso?

Di: Ella es empática en esta vida y necesitaba saberlo.

D: Un empático asume los sentimientos de todos los demás, ¿no es así?

Di: Sí. Necesitaba saber que, para ser empática, necesitaba experimentar todas las emociones que existen.

D: Eso es grande.

Di: Sí. Para ser empático, debes haber experimentado todas las emociones para poder saber qué emoción estás experimentando. En otras palabras, hay que experimentar miedo para poder saber que es miedo. Y puede leer a las personas y sentir lo que sienten incluso antes de que lo verbalicen.

D: Eso es bueno, pero ¿qué quieres que haga con ese talento de ser empática? ¿Cómo quieres que lo utilice?

Di: Siempre ha sido ayudar a los demás. Le da mucha compasión.

D: Pero ella tiende a mantenerse alejada de la gente, ¿no?

Di: Sí, ha desarrollado desconfianza hacia la gente.

D: ¿Eso viene de esa vida?

Di: Sí, y otras.

D: La gente mostró su lado violento. (Sí) Pero en esta vida nadie la va a tratar así, ¿verdad?

Di: Oh, lo hacen. Algunas de esas mismas personas de la multitud están hoy en su vida.

D: ¿Personas con las que desarrolló karma?

Di: Sí, hay karma. La gente de la multitud le era desconocida y aparecen de vez en cuando en esta vida. Y continúan con el mismo comportamiento, sólo que se adapta a lo que es su vida ahora. Hay personas en su vida que inconscientemente quieren destruirla. Su familia más cercana, su familia inmediata, quiere protegerla. Los otros que entraron y se fueron eran sólo conocidos. Ellos iban y venían. Simplemente para seguir reproduciendo el mismo patrón que han seguido durante mucho tiempo. Hay personas en su vida que inconscientemente la reconocen de aquella otra época. Y reaccionan inconscientemente ante ella de la misma manera que reaccionaron en aquel otro momento. La agenda no es destruirla en esta vida, pero tienen un reconocimiento inmediato de ella y una reacción negativa inmediata hacia ella. Hay un reconocimiento del alma y se manifiesta en ellos como una aversión hacia ella. Y no se dan cuenta y no entienden su reacción negativa hacia ella.

D: Entonces, ¿cuál es el propósito de eso? ¿Qué está aprendiendo de eso?

Di: Ella necesita aprender a desapegarse. Se involucra demasiado personalmente.

D: Entonces debería aprender a no tomárselo como algo personal.

Di: Sí. Se sintió traicionada e incomprendida y en su vida actual ha tenido experiencias que, para ella, le confirmaron que es digna de ser traicionada. Nadie en esta vida ha intentado traicionarla, pero ella así lo percibe.

D: ¿Había alguien en su familia ahora con ella en esa vida?

Di: Su marido ahora era su esposa y su hija ahora era su hija. Su madre ahora era parte de la multitud, pero no una más. Ella era una espectadora indefensa entre la multitud. Ella era parte de la multitud, pero no le gustaba lo que hacía la multitud. Pero no había nada que ella pudiera hacer.

D: Entonces no hay karma ahí.

Di: Algo le pasa a su madre. Su madre se siente arrepentida.

D: Pero su madre no tuvo parte activa en ello.

Di: Su madre reacciona ante ella a veces de la misma manera que otras personas reaccionan ante ella a nivel del alma. Entonces ella tiene miedo de su hija de la misma manera que la multitud tenía miedo de la joven. Pero también siente tristeza hacia ella por la forma en que lo sentía como parte de la multitud... tristeza por lo que les estaba pasando a estas dos personas. Debido a que estaba indefensa, en esta vida criticó a su hija porque vio aspectos en su hija que ella poseía y que quería que su hija fuera fuerte como ella. Y entonces utilizó la crítica para tratar de fortalecerla, pero en cambio debilitó a su hija. Su hija vio esto como una confirmación de que todos eran malvados, negativos y no dignos de confianza.

D: ¿Pero ¿cómo podemos deshacernos de este miedo que todavía lleva Dionne? Ahora sabemos de dónde viene. Ella no lo necesita en esta vida, ¿verdad?

Di: En realidad no. Es una especie de patrón arraigado en ella. Se ha hecho más fuerte a lo largo de los siglos. Está bastante arraigado.

Le pedí al SC sugerencias de cómo aliviar el miedo y que Dionne lo maneje más fácilmente. Queríamos que se ahora se deshaga de él que no tenga que cargarlo más. El SC dijo que un factor fue que ella se encontraba en una situación negativa en el lugar donde trabaja. Creó un miedo al que ella cedió. "La gente no está a su nivel. Necesita estar con gente que sea como ella. Hay gente por ahí, pero son pocas y espaciadas".

D: ¿Qué se supone que debe estar haciendo?

Di: Se supone que ella debe estar creando. Tiene mucha información, mucho conocimiento y mucha sabiduría, pero está dispersa. Necesita recomponerlo para poder compartirlo con otras personas. Podría estar hablando con la gente y podría estar escribiendo sobre ello.

D: Hay que tener cuidado con quién habla porque mucha gente no entiende.

Di: No, el mundo está en el lado izquierdo del cerebro. (Risas)

Dionne había empezado a escribir unas novelas y el SC la animó a terminarlas. "Necesita que todo lo que ha experimentado haga clic en su mente y lo comprenda. Ha estado en su cerebro izquierdo demasiado tiempo, y el cerebro izquierdo mantiene a la gente atrapada en un ciclo de pensamiento que no lleva a ninguna parte. Y las circunstancias y también la naturaleza la obligan a estar mucho tiempo en el lado izquierdo del cerebro. —Se encuentra en el dilema de tener que pagar por ciertas cosas, pero mientras esté en ese trabajo, nunca creará. Tiene ciertos talentos que no todos tienen y que podría utilizar para ganar dinero". Principalmente su sentido del humor, que podría utilizarse de una manera única a través de su escritura y actuación. Lo que la frenaba principalmente era su miedo: el miedo a la incertidumbre, el miedo al fracaso, el miedo a no ser lo suficientemente buena en eso. Era su miedo lo que mantenía el dinero a raya.

Di: Hay un patrón a nivel celular casi de desconfianza; Miedo de que, si habla, la derribarán. Es por eso que se ha vuelto algo solitaria en el pasado por lo que sabe que otras personas le harán. Siempre van a reaccionar ante ella. Se trata de si eso la aplasta o no cuando lo hacen. Tiene un pequeño grupo de personas que se preocupan por ella. Su marido se preocupa mucho por ella y su hija.

La animaron a empezar a escribir de nuevo porque eso era extremadamente importante. Y tuvo que dejar su trabajo porque las condiciones allí la estaban frenando. Dijeron que tendría otro trabajo mejor y con todas las condiciones ideales que necesitaba. Sus condiciones físicas de fatiga y depresión se explicaban fácilmente porque no estaba haciendo lo que se suponía que debía hacer.

Di: Ella no está haciendo lo que debe hacer y lo sabe. Lo siente y su cuerpo no se anima con lo que está haciendo. Cuando empiece a hacer lo que le digo, ya no tendrá más depresión. Estará llena de energía y entusiasmada con la vida.

Luego, el SC revisó el cuerpo e hizo correcciones y mejoras. Decía que ahora que entendía de dónde venía el miedo, podría manejarlo, aunque requeriría trabajo de su parte.

Mensaje de despedida: La amo mucho y fue creada diferente a otras personas a propósito. Ella es diferente porque se supone que no debe ser como las demás personas. Ella es especial. Todas las personas lo son, pero ella fue creada para ser especial y fue creada para que su luz brillara para que otras personas la vieran. Y tiene dones que se supone que debe desarrollar, utilizar y devolver al mundo. Está bien que la gente la reconozca y tenga una reacción negativa inmediata. Está bien porque se trata más de quiénes son ellos que de quién es ella. Si escucha esa vocecita intuitiva y actúa en consecuencia en todo momento, encontrará felicidad y satisfacción.

Capítulo 16
ASESINATO Y SUICIDIO

Una de las principales quejas de Julie tenían que ver con su hígado. Estaba programada para una operación que era muy peligrosa y que posiblemente podría matarla. Tenía que ver con una cicatriz en el conducto biliar trasero que hacía que la bilis se desechara en sus intestinos. Si la cirugía no funcionaba, la tenían en lista para un trasplante de hígado. Julie tenía un largo historial de cirugías importantes y muchas molestias físicas, especialmente en la espalda. Estaba tomando muchos tipos de medicamentos diferentes porque sentía mucho dolor. Su psiquiatra también la estaba tratando por depresión y estaba tomando más medicamentos para ello.

Julie bajó de la nube en una playa junto al océano. Era un chico de catorce años de tipo nativo, cabello negro y piel color chocolate, caminando por la playa de la mano de un niño que sabía que era su hermano. Cuando le pregunté dónde vivía, dijo que ya no estaba allí. Había una aldea en lo alto de la cresta, pero había sido destruida por una fuerte tormenta con fuertes vientos y agua. Él y su hermano no estaban allí cuando sucedió porque habían estado recogiendo bayas en el bosque. Cuando llegó la tormenta se escondieron debajo de un árbol caído y una roca, y él trató de proteger a su hermano pequeño. "Me golpeé la cabeza con una rama muy, muy grande del árbol. Esperé a que todo se detuviera... me comí nuestras bayas". No vieron lo que pasó hasta que regresaron al pueblo. "No encuentro a nadie. ¿Adónde fueron todos? Mi mamá… mami.—Todo estaba simplemente plano y derribado. ¡La tormenta fue fuerte, pero no tanto como para hacer esto! Estaba muy sentimental y molesto, y seguía susurrando "mamá" una y otra vez. "No sé qué hacer ni adónde ir. No sé dónde están los demás".

Se puso muy sentimental y estaba llorando, así que decidí condensar el tiempo y seguir adelante y ver qué pasaba. "Los hombres blancos nos atraparon. Sabía que había hombres blancos allí, pero traían a su Dios. En el pueblo se enseña al Dios del hombre blanco, pero otros hombres blancos han venido a llevarnos... — No sé dónde está mi madre".

D: ¿Por qué querrían llevarte a ti y a tu hermano?
J: No sé. (Desconcertado) Estoy frustrado. Nadie me lo dirá.
D: ¿Te llevan a algún lado?
J: Sí… (Sarcástico)…muchos de nosotros. Encontré a mi padre. Mi hermano ya no está aquí. Se lo llevaron. Golpearon a mi padre y mi padre está avergonzado.
D: ¿Por qué está avergonzado?
J: Mataron a mi madre... no la tormenta... no la tormenta. Ella peleó. Mi padre se avergüenza de no poder protegerla. Él no me mira.

Estaban prisioneros con mucha gente en un lugar de un pueblo con "guardias de hombres blancos". Describió a los hombres que llevaban cinturones con espadas y botas de cuero. Le daban asco: "Apestan". Mientras lo hacía avanzar para ver qué pasaba, su voz se llenó de odio e ira: "Nos matan de hambre... y nos golpean... y luego quieren que nos arrodillemos ante su Dios". Pregunté cómo estaba representado su Dios. "Este hombre, les oigo, que se llama Padre. Me da asco. Tenemos que inclinarnos ante él y su cruz de madera". Dijo, como si tuviera mal sabor de boca: "Dicen que el camino a la salvación es por el hombre en la cruz, y que no somos más que animales". Tenía un acento distintivo a lo largo de este emotivo relato. "Creen que somos animales. Nos golpearon como a animales. Nos reúnen como animales. Nos matan como a animales". Estaba extremadamente molesto y llorando decía: "¡Me como la raíz! Me voy a matar. ¡Ellos no!" Dijo que vendría un barco para llevárselos a algún lugar. La idea lo asustó: "Escucho historias. Nos hacen ir... y luego morimos. Y dicen que son nuestros dueños y que son dueños de nuestra tierra. No puedes poseer tierras. Es de Dios. Somos el pueblo de Dios". Estaba tan asustado que pensó que era mejor suicidarse comiendo la raíz que sabía que era venenosa. "¡Y me duele el estómago!" Eliminé cualquier sensación física para que pudiera explicar lo que estaba pasando. "Al Padre lo maté con la raíz. Lo engañé para que se comiera la raíz. Le gusto. Él me toca. (Sollozando) Le dije 'qué rico'. Es como un chacal. Es fuerte y apesta, pero puedo matarlo". Estaba orgulloso de haber engañado al sacerdote para que se comiera la raíz.

D: No te gustaba este hombre, ¿verdad?

J: No... me hizo daño.—¡Me hace lo que el hombre no le hace al hombre! (Acento muy marcado.) Él no era un hombre de Dios... ¡no mi Dios!

Su voz estaba llena de tanto disgusto y odio que no hacía falta mucha imaginación para saber de qué estaba hablando. Así que no entraré en detalles para los lectores.

J: Fui astuto como la leona. Le decía "bueno para comer" y me lo comí primero. Le di la peor parte de la raíz. Y se lo comió.

Al niño le dolía el estómago y no pasó mucho tiempo antes de que muriera. Estaba fuera de su cuerpo y mirándose a sí mismo. "He sido desperdiciado por el hombre blanco... y el Dios del hombre blanco". Vio que estaban tratando de ayudar al Padre, pero sabía que no podían hacer nada y que moriría. Él sonrió: "Le he hecho bien a mi madre". Le pregunté qué iba a hacer ahora que estaba fuera del cuerpo. "Bailaré. Bailo para aquellos que lloran y lloran, y bailaré hasta que regresen a casa... mi familia. Quiero que estos hombres se vayan, pero bailaré hasta que vuelvan a casa. Se los llevaron a todos y me dejaron con el Padre porque le agradaba. Pero ahora puedo ir a cualquier parte. Soy libre. ¡Soy libre!"

D: ¿Estás libre de eso, y aunque te suicidaste y lo mataste, sientes que fue por una buena razón?

J: Sí. Necesitaba evitar que lastimara a otras personas y nos hiciera arrodillarnos ante su cruz. Él era poderoso. Era un Dios en su propia mente, y quienes lo rodeaban se inclinaban sólo ante sus palabras, sus palabras. Y ahora no tienen a su asqueroso Dios.

Luego hice que Julie se alejara de la escena, dejando al niño allí para que continuara su propio viaje. Y llamé al SC y le pregunté por qué había elegido esa vida para que ella la mirara.

J: Por amor a la comunidad. Los sacrificios a menudo se hacen cuando menos se espera, incluso por parte de los jóvenes.

D: Porque era una vida bastante violenta, ¿no?

J: Sólo esa porción. El resto estuvo bien. Hay mucho que decir sobre los sacrificios, la comunidad y el amor. Ella siempre ha tenido un amor profundo. El amor es ese amor supremo del que ella habla.

D: Pero, aunque en esa vida ella mató. ¿Crees que fue por amor?

J: No. Sentía que, si lo mataba, impediría que otros fueran reunidos en otras aldeas, una vez que este hombre poderoso se hubiera ido.

D: ¿Porque este hombre de Dios ya no estaría allí?

J: Sí, pero eso no lo detuvo. Demasiada gente. Simplemente reemplazaron el que perdieron.

D: Hizo lo que pensó que era lo correcto. (Sí) Podría haber ayudado a algunas personas al hacer eso. (Sí) ¿Qué tiene eso que ver con la vida de Julie ahora?

J: A veces piensa que siempre se está sacrificando para ayudar a los demás, y lo hace. Cualquiera que requiera su atención y necesite sacrificio, lo dará. No es saludable para ella. Necesita tomarse un tiempo para sí misma y curar su dolor... su dolor autoinfligido. Es como sacar la raíz.

D: ¿La forma en que se suicidó tiene algún significado en su vida ahora?

J: Sólo que ahora es veneno tomar e ingerir lo que ella toma e ingiere. Los médicos creen que la están ayudando. Intentan. No están ayudando a Julie.

D: ¿Entonces crees que las cosas que le están dando no son buenas para ella?

J: Sí, y al pensar que está haciendo lo correcto se está matando.

D: ¿Otra vez quieres decir? (Sí) No queremos eso porque en esta vida no es la lección que hay que aprender, ¿verdad? (No) Ella ya aprendió esa lección. (Sí) En esta vida ella tiene trabajo que hacer. Ella ayudará a mucha gente.

J: Muchas.

D: Entonces no queremos que se vuelva a envenenar.

J: No. Ella sólo ayudó a unos pocos en esa vida, pero ahora puede ayudar a muchos. Si simplemente no toma el veneno.

D: ¿Cuáles son las cosas que no quieres que ella tome?

J: Los analgésicos neurológicos que le dan, y los analgésicos regulares con Tylenol... malos... y los medicamentos recetados con Tylenol. (En voz alta) ¡¡El Tylenol está matando este cuerpo!! Está afectando su hígado y sus riñones. ¡El Tylenol la está matando!

¡Necesita parar! Incluso cuando tenga dolor de cabeza, use Reiki y podrá hacer que sus dolores de cabeza desaparezcan.

D: ¿Puedes eliminar de su cuerpo los medicamentos que ya tomó?

J: Sí, puedo.

D: ¿Está tomando algún otro medicamento que no quieres que tome?

J: Sí. Lo que le da su psiquiatra no es necesario.

D: ¿Los antidepresivos?

J: Sí. Quiero que ella deje de hacerlo; detenerse por completo... no utilizarlos.

D: Al dejar de hacerlo, ¿quieres que lo haga gradualmente?

J: ¡No, que pare!

D: ¿Esto causará algún efecto en el cuerpo si simplemente deja de tomarlo? Ya no queremos dañar el cuerpo.

J: Puede sentir cambios de humor extremos si deja de hacerlo por completo. Ella puede elegir cualquier camino. La mejor manera sería detenerlo por completo, pero puede ser demasiado difícil emocionalmente detenerlo por completo, pero solo le llevará aproximadamente una semana.

No pensé que eso fuera muy tardado en sacar todo eso de su sistema.

D: Entonces ella puede notar cambios de humor en ese período de tiempo, pero sabrá de dónde viene.

J: Sí, y ella se equilibrará.

D: Queremos que esté equilibrada. ¿Hay algo más que quieras que deje de tomar?

J: Su medicación para el déficit de atención. No hay nada malo en su mente. Ella es muy, muy consciente de sí misma.

He descubierto que muchas veces, cuando el cliente toma varios tipos diferentes de medicamentos, estos interactúan entre sí y, a menudo, producen efectos no deseados. Mencioné que los médicos estaban hablando de operarle el hígado. Esto siempre molesta al SC porque no le gusta la cirugía. Dijo que el hígado se recuperaría si dejaba de tomar Tylenol y otros analgésicos. "No operación... ¡no es necesario realizar ninguna operación!" Le pedí al SC que fuera al cuerpo hasta el área del hígado e hiciera algunas reparaciones. Julie tenía programada una resonancia magnética cuando regresara a casa.

Pensé que si los médicos hacían sus pruebas y luego veían que no pasaba nada, no querrían operar. "No, no lo harán."

D: Ya sabes cómo son los médicos con sus máquinas.
J: Sí. Son una prueba positiva para ellos.

El SC dijo que ya estaba trabajando en el hígado y le pregunté qué estaba haciendo. Siempre tengo curiosidad por saber cómo se hace. Cuando el SC trabaja se vuelve silencioso, así que me gusta que siga hablando conmigo para poder saber el progreso. Me ha dicho en el pasado que puedo hablar con él mientras trabaja.

J: La presión en el interior del hígado se está acumulando y empujando. Estoy rotando a su alrededor con energía que cura. Su cuerpo ha estado acumulando energía mientras hablamos, para que yo pueda hacer esto.
D: Cuando ella vuelva al médico y él le tome las fotografías, ¿notarán que algo es diferente?
J: Ah, sí.
D: Por supuesto que no lo entenderán, ¿verdad? (Risas)
J: No, pero tendrá una forma muy ingeniosa y divertida de hacérselo saber. Su cuerpo está muy caliente por la cantidad de energía. Necesitaba que se desarrollara para que pudiéramos hacer esto. No deja de sorprendernos.
D: ¿Entonces estás curando el daño que causó el Tylenol? (Sí) Incluso hablaban de sacar el hígado y poner otro... un trasplante.
J: Y ella dijo que eso le hizo temblar el hígado. (Me reí.)

Esto demostró que el hígado tiene conciencia propia. Reaccionó ante la idea de ser eliminado del cuerpo.

D: No le gustó la idea. Esa es la única solución que tienen, simplemente operar.
J: Sí. Mutilar el cuerpo. Este cuerpo ha pasado por mucho. Ya ha sido bastante mutilado.
D: No queremos que lo mutilen más, ¿verdad?
J: No, ella no lo necesita. Es una testaruda.

Le pregunté si podía examinar otras partes de su cuerpo con las que tenía problemas, en particular la zona lumbar. Dijo: "Por supuesto que puedo". Pregunté por la causa de ese problema.

J: ¿Honestamente? (Sí) Su pasado... aun desafortunadamente, ella resbaló y cayó en vida y en espíritu.

Mientras trabajaba en el cuerpo, le pregunté si había alguien en esa vida que ella conociera ahora en su vida actual. Decía que el hermano pequeño era James, un buen amigo en esta vida. Por supuesto, me preguntaba si el Padre era alguien que ella conociera. Confirmó lo que estaba pensando, que el Padre era su abuelo en esta vida. Durante nuestra entrevista, Julie me confió que su abuelo había abusado sexualmente de ella cuando era niña. Aparentemente habían hecho un contrato para estar juntos nuevamente (en diferentes roles) para que él pudiera pagar lo que le había hecho al joven. Pero parece que todavía no había aprendido esa lección y había traído ese problema sexual. En lugar de pagar, había acumulado más deuda. Le pregunté al SC sobre el karma.

J: Ella completó el suyo en el pasado. Este hombre tiene mucho karma. Y volvió a repetirse. Es su problema, no el de ella.

D: Julie ya no necesita participar en eso. Dijiste que ella cumplió su parte.

J: Mucho. Ella lo amaba.

D: Entonces, en un caso como ese, ¿el asesinato y el suicidio no se consideran negativos?

J: No en un caso así. Parecía ser la única respuesta para un joven de catorce años. Las cosas también fueron cruciales para ella a los catorce años.

D: ¿Estaba relacionado de alguna manera?

J: En cierto modo encontró amor en lugar de odio... gracia en lugar de ira.

D: Le hicieron una mastectomía a los catorce años.

J: Sí, así es.

D: ¿Hay alguna conexión ahí?

J: A esa vida en particular no. Aparte del dolor, el sufrimiento y la mutilación de uno mismo. Por muy necesario que creas que es, no siempre es necesario. Pero esto tenía que ver con su madre también. Quería lo mejor para su hija. Ella quería ayudarla. Aunque sabía que la masa era benigna, insistió. Y esta pobre niña perdió su pecho, pero no está apegada en absoluto a este cuerpo. La deformidad asimétrica les hizo entrar y reconstruir la mama. Su madre le dijo que el tumor era canceroso y no lo era. Julie no sabía ninguna diferencia. Ella nunca tuvo cáncer. Su madre pidió que le reconstruyeran el pecho tras la extirpación del tumor. Y el seno en sí tuvo una infección por estafilococos después que fue horrible... casi la mata. Ella no tiene ningún recuerdo de eso. Sólo recuerda estar muy enferma y pasar mucho tiempo en el hospital.

Pensé que era interesante que esto ocurriera a la misma edad en que el joven había experimentado su trauma en la vida pasada. Pero ahora que entendió todo esto no debería tener más problemas físicos. El SC insistió en que ya había tenido suficientes problemas físicos.

Luego hice la inevitable pregunta: "¿Cuál era su propósito?" Debería estar escribiendo, aunque esto era algo que consideraba difícil. Tenía interés en sanaciones, pero el SC pensó que no era una buena idea para Julie. "Creo que a veces funcionará para la gente, pero ella debe estar conectada a un nivel muy profundo para que funcione. Ella es demasiado empática. Capta como un imán las enfermedades y la energía de las personas".

Hubo una sorpresa cuando le pregunté por su marido. Habían tenido problemas y él estaba considerando retirarse o ir a otra base militar en Washington. "Creo que la jubilación aún está muy lejos. Demasiado pronto."

D: ¿Puedes ver lo que va a pasar con él?

J: Sí. Se vuelve a casar. (Esto fue una sorpresa).

D: ¿Quieres decir que no van a permanecer juntos?

J: No. Al final, aunque ella piensa que esto es lo que quiere, todavía la pone muy triste cuando se trata de fruición. Él aceptará el trabajo en Washington y ella se quedará en Virginia.

D: ¿Cómo podrá mantenerse Julie?

J: Empezará por regresar a la escuela y tomar algunas clases; nada extenso. Educación... no en una universidad. Le abrirá una puerta para conocer gente nueva... conexión. Conocerá a un caballero mayor que la ayudará a adquirir confianza para escribir.

Se me estaba acabando el tiempo, pero ella tenía otra pregunta. Muchas veces mientras dormía hablaba en otros idiomas. Su marido incluso los había grabado en cinta. Quería saber qué estaba pasando cuando esto ocurría.

J: Ella está canalizando otras vidas. Recuerdos... recuerdos celulares. Habla el idioma.

D: Estaba pensando que cuando ella tomó ese veneno, tal vez eso fue lo que la estaba afectando en esta vida. Le causó dolor en el estómago en esa vida.

J: No. Hay un contraste entre tomar algo que crees que te ayudará y morir. Pensó que al final le ayudaría, pero sólo te mata en esta vida.

El mensaje final antes de partir: "Deja de tomar los medicamentos. Entérate que estás abierta psíquicamente con nosotros. Siempre te enviamos la información cariñosa sobre lo que escribirás.

No suelo recibir noticias de mis clientes después de las sesiones, pero en el caso de Julie, me envió un correo electrónico para contarme lo que pasó después:

Primero, de camino a casa esa noche (después de la sesión), cuando salíamos de la ciudad de regreso a Virginia, me quedé dormida mientras mi mejor amigo conducía. Me despertó más tarde queriendo saber si estaba bien porque estaba goteando, no, empapada de sudor. Era como si mi cuerpo físico se apagara y estuviera tratando de desintoxicar todos los medicamentos que me estaban dando los doctores. Nunca antes había sudado así, ni imagino que volveré a hacerlo. ¡Podía exprimir mi vestido, literalmente!

En mayo, tuve un conducto biliar abierto con una cicatriz de 14 mm que provocó que la bilis se derramara en mis intestinos. La cirugía preventiva estaba en orden y luego pasó a la lista de trasplante de hígado para un hígado nuevo con conductos de tamaño saludable. (Nuestra sesión se realizó en junio).

El mes pasado (septiembre), finalmente me hicieron la segunda resonancia magnética y los médicos quedaron atónitos con los resultados. De hecho, tanto es así que dicen que es como mirar el hígado y el sistema de conductos de dos personas diferentes. Tenía un conducto biliar con cicatrices de 14 mm que no podía cerrarse debido a las cicatrices. Ahora tengo un conducto biliar de 9 mm SIN signos de cloros ni cicatrices en ninguna parte. No hace falta decir que ya no es necesario un trasplante de hígado. Ya no tengo una enfermedad terminal. La única otra cosa que cambió fue que dejé todos los medicamentos y Tylenol para el dolor. Tal como mi yo superior me ordenó enfáticamente que hiciera. ¡NO TYLENOL! Era veneno.

Al mismo tiempo que teníamos esta sesión, había avisos en CNN y en los periódicos advirtiendo a la gente sobre tomar estos medicamentos que contienen paracetamol. Tylenol y otros analgésicos contienen este mismo ingrediente dañino que daña el hígado. Desde esta sesión, he tratado de advertir a la gente sobre los peligros de estas drogas.

También he tenido otros clientes que experimentaron reacciones de purga después de sesiones como esta. Algunos experimentan vómitos, diarrea o sudoración. Cada cliente tiene síntomas diferentes. Lo interesante es que el cliente rara vez se preocupa. Se dan cuenta de que los venenos están siendo liberados del cuerpo y los síntomas no duran mucho. Es una purga.

Capítulo 17
UN SUICIDIO

Después de salir de la nube, Evelyn se encontró parada en una montaña mirando hacia un gran valle debajo de ella. Había muchos árboles y el valle era muy profundo, tan profundo que el sol no podía llegar al fondo. Era un lugar hermoso y prístino. Estaba parada al lado de un edificio de estilo chino con techos curvos, que percibía como una especie de monasterio. En el interior había suelos de madera y la impresión de muchas cosas brillantes, también un Buda. Esta era una habitación grande, con otras habitaciones contiguas a los lados. La luz entraba desde arriba, como si estuviera abierta al cielo. Había alfombras de bambú en el suelo y un pequeño jardín en miniatura en el medio con un árbol bonsái.

Hubo confusión cuando miró su cuerpo por primera vez. No estaba segura de si era hombre o mujer, pero vio que llevaba una túnica larga con un intrincado diseño bordado en color púrpura y dorado, como un brocado chino. Tenía poco más de veinte años y cabello negro liso y áspero. Su piel era de un color amarillo pálido, no oliva, pero tampoco blanca. Sus mangas eran muy anchas y podía ver que llevaba un brazalete de jade como un círculo en su mano izquierda. También se sorprendió al ver que tenía las uñas largas. El lugar parecía un monasterio porque allí no había familias. Cada uno tenía su propio dormitorio, muy sencillo. Pero cuando comían había grandes mesas donde la gente se sentaba en el suelo. Los vio comiendo platos de sopa.

Le pregunté si había algo en particular que hiciera con su tiempo. Se vio a sí misma escribiendo canciones y manuscritos en papel blanco alto y rectangular. "Parece una tableta, pero no estoy usando un cepillo. Es una lapicera. No estoy escribiendo. Estoy subiendo y bajando. Estoy escribiendo manuscritos iluminados". Le pregunté qué quería decir con "iluminado". "Con las fotos en la esquina. Es tan lindo. Se trata principalmente de palabras, pero hay bordes que son bonitos o letras que son bonitas. Creo que lo hice todo, tanto los dibujos como la escritura. Los dibujos son la parte divertida. No sé si es religioso o si somos estudiantes. Ahora todos están juntos en ese lugar para comer y todos parecen de la misma edad. Puede que sea estudiante, pero no quiero irme de este lugar". Luego se emocionó. No pude entender por qué. Empezó a llorar. "No quiero dejarlo. Tengo tanto miedo. Estoy muy feliz aquí". Llevaba varios años viviendo allí.

Luego la adelanté a un día importante. "Todos vamos a entrar en esta sala de reuniones. Creo que nos van a decir algo. —Hay un hombre hablando. Creo que es un guerrero. Tiene una espada encima. Creo que es una toma de poder militar. No va a ser lo que era". De repente habló en voz alta, como si estuviera agitada o asustada. "¡No me gusta este hombre! Sólo puedo verlo a él ahora. Pero es un ejército". Entonces, por primera vez, tomó conciencia de su sexo. "Todas somos niñas, las personas que vivimos aquí. Pensé que era un monasterio porque vivimos allí, pero todos tenemos la misma edad y todos somos del mismo sexo".

D: ¿Pero ahora ha llegado este ejército, los soldados?

E: Su jefe está aquí y les está diciendo que se hagan cargo... tratando de decirnos que todo estará bien, pero no va a estar bien. Porque es un mentiroso. Puedes verlo en su cara. No somos estúpidas.

D: Como estás aislada, piensan que no sabes nada diferente.

E: Correcto. Es una escuela y un hermoso lugar en la cima de un paso. Es difícil llegar allí y no se ve mucha gente, pero eso no significa que no podamos ver la escritura en la pared. Puedes notarlo. No somos estúpidas. —Siento que esto es algo malo. Creo que tiene la intención de traer a sus lugartenientes y se quedarán donde estamos. Y su gente, la gente principal, el ejército, estará al frente. Sé que nos van a imponer la fuerza. ¿Para qué más vendrían aquí? Tenemos todo lo que puedan necesitar y luego están todas estas mujeres. Este no es su punto final. Están de camino a alguna parte... ¡Pero ahora creo que me voy a suicidar!

Podía sentir el miedo creciendo en ella. Tenía dificultades para hablar de ello. Tuve que animarla diciéndole que podía contarme cualquier cosa porque yo lo entendería.

E: Creo que nos van a violar y no va a ser muy lindo. Son animales. Puede que se vistan bien y sean pulcros, pero no son agradables. Es divertido para ellos. —(Obviamente estaba viendo esto.) ¿Cuánto tiempo va a durar esto? ¿Qué va a pasar? ¡Tal vez debería ir al borde y simplemente saltar! —Creo que voy a hacer eso. Voy a hacerlo. —Es horrible. No va a mejorar. Creo que voy a salir muy rápido. Hay una pieza en el borde que es muy afilada y sobresale. Por eso llega tan abajo. Está oscuro. —Creo que iré y correré hacia allí muy rápido. No tendré tiempo para pensar en ello y luego el impulso me dominará y luego... será un largo camino hacia abajo. Entonces estaré bien.

D: ¿Es esa una solución?

E: Eso es lo que voy a hacer. Creo que lo haré. ¡Está bien, se acabó!

D: Entonces, ¿qué hiciste?

E: (Con total naturalidad) ¡Salté! No quería vivir así.

D: ¿Cómo fue caer así?

E: Creo que fue aterrador. El aire tiene que subir muy rápido, ¿no? Y mis piernas me aletean, pero sabía que cuando llegara abajo estaría muerta porque estaba muy abajo. —Estoy aplastada contra el suelo allí debajo. Veo un cuerpo allí. Está tranquilo y estoy sola allí. No hay nada que pueda perturbar nada. No duele ahora. Todo está bien.

D: Ahora que estás fuera del cuerpo, puedes mirar toda esa vida desde una perspectiva diferente. ¿Qué crees que aprendiste de esa vida?

E: Sobre todo fue hermoso. Pero tal vez aprendí a no resistirme a las cosas. Quiero decir, si te resistes a las cosas, simplemente se vuelven más difíciles.

D: Pero sentiste que era la única manera de salir de la situación, ¿no?

E: Podría haber vivido y podría haber ayudado a los demás, y podría haber hecho una vida después de que se fueron. Pero nunca se sabe. Tal vez no estaría viva después de que se fueran porque tal vez habrían matado a todos. Pero yo no lo sabía. No sabría qué pasó... —Bueno, son sólo hombres y estos cuerpos son sólo cosas.

D: Me preguntaba si estabas enojada con ellos.

E: Estaba enojada con ellos. Estaba horrorizada, pero después de morir resultó que no. Es simplemente algo que sucedió. Supongo que no podrían haber hecho nada diferente. Quiero decir, eran producto de su entorno. (Ella comenzó a reír.) Me pregunto si hice un desastre con todo eso. Fui bastante dramática.

D: Sí, pero ¿adónde vas a ir ahora? ¿Sabes?

E: Puedo darme la vuelta y hay algo detrás de mí... algo ligero... algo esponjoso, adorador. Tengo la sensación de que puedo ir a este lugar con gente que ya conozco. Gente que conocía antes de ir allí. Es como volver con mi madre. No sé cómo decirlo. Yo las conozco. Es como la escuela. Es como si fueras y dijeras: "¿Qué piensas de eso?" Entonces piensas: "Bueno, ¿hiciste lo que querías hacer?"

D: ¿Quieres decir que hablaste de lo que acabas de experimentar? (Sí) ¿Qué dicen sobre lo que viviste?

E: No hacen juicios. Te dejan hablar. Me ayuda saber que nada es bueno o malo. Era hermoso, pero también había una intensa fealdad. —No sé qué vamos a hacer ahora. Creo que este es un lugar para esperar y calmarse. Creo que voy a tener otra vida. (Ella comenzó a llorar.) Y todavía no sé qué es. —Conozco a esas personas y fui con ellos, y me dijeron: "Entonces, oye, ¿cómo te fue?" Todos lo sabían. Creo que hay un lugar donde puedes ir a discutir esas cosas.

D: ¿Cómo es ese lugar?

E: La gente usa estas túnicas blancas. No hay diferenciación ni estatus entre nadie más. Puedes sentir que alguien es más maduro por lo que sientes por él, no por su forma de vestir.

D: ¿Y evalúas lo que has hecho?

E: Cuando entré por primera vez, supe que eso era lo que íbamos a hacer, pero fue con alegría. Fue extraño decir algo después de una experiencia como esa. —Oh, es bueno estar de regreso. Se siente como en casa. Es un buen lugar. El otro lugar fue una experiencia. La gente de blanco... ese es su hogar.

D: ¿Dijiste que ibas a discutir lo que ibas a hacer a continuación?

E: No lo sé. Tuve un destello de que iba a tener otra vida. Puedo verlo venir. Es como si un círculo viniera hacia mí.

D: ¿Alguno de ellos va contigo?

E: Creo que algunos podrían hacerlo, pero no quiero ir todavía. Creo que es mi elección de qué se trata. Creo que te dan consejos.

D: ¿Qué te están diciendo?

E: Escucho la palabra "limitaciones", como si tuviéramos que conocer nuestras limitaciones.

D: ¿Qué significa eso?

E: Bueno, me suicidé. (Risas) La discusión fue sobre la vida que terminó. Esa era una opción. No creo que se considere óptimo, pero si vas a elegir experiencias difíciles, debes estar seguro de que puedes afrontarlas. Se trataba de conocer tus limitaciones.

Porque si te metes en una situación que es muy intensa y no puedes manejarla, cuando te cierras entonces ese es tu límite. Eso significa que has superado lo que puedes hacer. Puedes superarlo rápidamente y salir con una actitud diferente. Podría haber seguido o tal vez habría llegado a un lugar diferente. Quería que todo terminara. Quería estar fuera de esto.

D: Entonces, ¿qué pasa con tu próxima vida? ¿Te están diciendo qué va a ser?

E: Va a ser completamente diferente. No estoy segura. Podría ser en la que estoy ahora. Creo que sí. Sólo veo destellos. No conozco toda la historia. Estoy viendo esta vida en la que estoy ahora.

D: ¿Qué quieren que aprendas en el próximo curso al que te diriges?

E: Algunas cosas son obvias. No ser tan exaltada con las cosas... aceptar las cosas y no resistirse a ellas.

Evelyn estaba obteniendo algunas respuestas, incluso identificando a algunas personas en su vida ahora que estaban en esa vida. Pero pensé que podríamos obtener más respuestas incorporando al SC. Le pregunté por qué se le mostró esa vida. "Entonces ella vería que el vacío que la llevó a suicidarse no es real, y el vacío que siente ahora tampoco es real".

D: ¿Por qué se siente vacía ahora? (Evelyn se emocionó y comenzó a llorar).

E: Porque toda la gente con la que ella entró se ha ido. Acordamos que vinieran juntos.

D: En esa vida Evelyn se suicidó. Fue porque estaba en una situación de la que sentía que no podía salir. (Sí) Sé que no condenas a nadie... nunca hay nada bueno o malo. Pero siempre trato de entender la parte del suicidio. Sé que muchas veces se condena el suicidio porque se considera romper contratos.

E: En este caso fue una opción. No fue algo malo. Parecía que podría haber sido así, pero no fue así. Mi sentimiento es que quizás no fue lo más inteligente, pero lo hizo y así...

D: ¿Cómo se aplica eso a su vida actual? ¿Qué se suponía que debía aprender de ello?

E: Resistencia. No darse por vencida. Se ha rendido muchas veces en esta vida. Tiene que parar. No tiene sentido este hermoso lugar llamado "Tierra". La vida es tan hermosa. Ella necesita ser feliz...

simplemente feliz con todo... todos los días. Eliges venir aquí. Hay más dimensiones de las que imaginas y puedes sentir alegría. No ha terminado. Puedes sentir alegría.

Físico: Asma toda su vida.

E: Ella no quiere respirar. Se resiste a las cosas ahora. Contuvo la respiración por completo cuando saltó. Ya no tiene que hacer eso. —A veces creo que se siente mal cuando no puede manejar las limitaciones. Podemos quitárselo. Realmente no está ahí. No hay nada malo con los pulmones. Ella crea este problema en el cuerpo. Está acostumbrada, pero no lo necesita. Le preocupa que las cosas la lastimen todo el tiempo. Piensa que le va a doler, pero nada le va a doler. Es miedo. Está esperando que suceda. No necesitas sentir miedo. Tiene que entender que no hay nada que temer.

Sobrepeso: "Ella lo quería. ¡Lo quiso! (Risas) Porque se sentía segura. Le gustó. No debería hacerse eso a sí misma. Simplemente desaparecerá. Sabe que somos muy livianos por dentro y que podemos despegar del suelo si queremos. Creo que su problema es que no pensó que su vida iba a ser tan larga, y en cierto modo se dio por vencida. Y todavía queda mucho más por recorrer. Ella no cuenta sus logros.

Capítulo 18
SUICIDIO POR CORAZÓN ROTO

Cuando Helen salió de la nube me di cuenta por sus expresiones faciales de que algo la estaba molestando. Susurró que estaba sola entre muchas lápidas en un cementerio por la noche. Había niebla y sintió frío. "Simplemente no me gusta estar aquí. Eso me hace querer llorar." Sonaba muy triste y sola. "Estoy mirando a mi alrededor, pero no encuentro lo que busco. —Sólo quiero estar triste... como si alguien hubiera muerto. Alguien murió... —Estoy tratando de encontrar algo". Luego se dio cuenta de que era una joven de unos veinte años vestida con botas negras y un vestido largo cubierto por una capa. Luego su voz adquirió un acento inglés: "Estoy angustiada. Es como si estuviera buscando a alguien y no lo encuentro. —Es un niño... Creo que estoy buscando a mi bebé". Luego empezó a llorar: "Un niño. Creo que perdí al bebé. ¡Perdí al bebé! Aunque estaba sollozando, la animé a que me hablara de ello. "Él estaba enfermo, pero yo también. Fiebre. Me desperté y él ya no estaba. Estoy tratando de encontrarlo en el cementerio. Tenía menos de cinco años. Muy triste... muy triste. —Creo que yo también perdí un bebé".

Había perdido dos hijos al mismo tiempo a causa de la enfermedad. Sólo había una pequeña cantidad de medicamento, por lo que no se podía hacer nada. Su marido no enfermó, sólo ella y los niños. "Sucedió muy rápido". Dijo que vivían en un pueblo pequeño, que sonaba como Siking (?) en Inglaterra. "Un pueblo pequeño... muy húmedo, frío y oscuro". Luego tuvo un destello de reconocimiento de que su esposo Rob en su vida actual era su esposo en ese entonces. "Simplemente veo ese cementerio y estoy mirando a mi alrededor... muy perdida sin mis bebés. Se los llevaron. No estaba allí (no estaba consciente). Estaba enferma. No lo vi. Están en las tumbas... en las tumbas".

D: *¿Entonces pasó mientras estabas enferma? ¿Por eso no sabías dónde los enterraron? (Sí) ¿Lo sabe tu marido?*

H: Él viene hacia mí. Él me lo está mostrando... Simplemente estoy loca... simplemente estoy loca. (Llorando) No puedo... simplemente no puedo soportarlo.

D: Es un gran shock. (Sí) ¿Entonces te recuperaste y te dijeron?

H: Simplemente lo sabía... simplemente lo sabía. Sí. ¡Oh! Creo que tenía un bebé dentro de mí. Parecía como si fuera un bebé que había muerto dentro de mí.

D: ¿Este es el que enterraron o es otro?

H: Era un feto y un niño... un niño de cabello rubio.

D: Entonces la fiebre mató al bebé que llevabas dentro.

H: Sí, por eso estaba enferma.

D: ¿Los tomaron y los enterraron y ahora te muestran dónde están enterrados?

H: Es un montículo de tierra. Y una lápida... una pequeña cruz.

D: ¿Dice algo en la lápida?

H: Quizás sí... Thomas... dice Thomas C. Y una fecha: 1873.

D: Pero no había nada que pudieras hacer, ¿verdad?

H: Me siento muy mal. Lo decepcioné. Es un deber. Es un deber tener hijos. Siento que decepcioné a mi marido.

Pasé un tiempo consolándola y diciéndole que no era culpa suya y que no podía hacer nada al respecto. Esto es importante porque a veces estas situaciones se prolongan hasta la vida actual y pueden ser la causa de todo tipo de problemas (físicos y de otro tipo).

D: ¿Cómo está afectando esto a tu marido?

H: Está triste y decepcionado, pero todavía me ama. Se siente culpable porque cree que podría haber hecho algo más.

D: Hay momentos en los que nadie puede hacer nada. Dijiste que había muy poca medicina. (Correcto)—Al menos sabes dónde están. Los encontraste, ¿no?

H: Sí... en el Cielo.

D: ¿Qué hace tu marido en ese pueblo?

H: Clero. Él cuida la iglesia. Una especie de clero. Veo ropa blanca y negra.

D: ¿Es como un sacerdote?

H: Sí, tiene en la mano una Biblia y una cruz católica... sí... hombre muy piadoso. Piadoso, piadoso... Es muy respetado y la gente lo admira. Me siento como si no fuera nada.

D: ¿Así te trata?

H: No. Simplemente me trata como a una mujer. Simplemente me trata como a un sirviente.

D: ¿Es así como se trata a las mujeres en ese lugar?

H: Sí... y fallé. Porque no le di un hijo.

D: Pero le diste hijos.

H: Lo sé, pero soy solo yo... eso es lo que pasa... los niños mueren. Hace demasiado frío aquí... demasiado húmedo. (Pausa)—Creo que me he vuelto loca. (Lamentablemente) Ya no quiero quedarme allí. —Simplemente no quiero vivir después de eso.

D: ¿No crees que podrás tener más hijos?

H: No. Simplemente me ignora. Él simplemente me deja en paz. Simplemente se ha cerrado.

D: Pero se supone que él debe estar allí ayudando a la gente del pueblo.

H: (Con total naturalidad.) Oh, lo hace. Es sólo una fachada... sólo su trabajo. —Entre nosotros... no hay contacto.

D: Entonces realmente no fue un matrimonio por amor. (No) ¿Solo para tener hijos y cuidarlo? (Sí) Entonces no había nada por qué quedarse allí, ¿a eso te refieres?

H: No, y simplemente muero en mi cama.

La llevé hasta ese día para que pudiéramos ver qué pasó. Siempre le digo a la persona que puede mirarlo como un observador si así lo desea. No tienen que experimentar nada físicamente. "¿Lo que le pasó?"

H: Sólo ira... (Pausa) Yo... me suicidé. (Ella se enojó.)

D: Puedes verlo como observador. No tienes que participar.

H: Simplemente me veo apuñalándome.

D: ¿Dijiste que había mucho enojo?

H: Sí. Como si no fuera adecuada para ser esa persona... y con él, sabía que ya no quería estar allí. Estaba tan enojada conmigo misma... —Me veo apuñalándome el estómago y el corazón. Estaba gritando.—No había nadie allí, pero Robert entró y me vio muerta así inmediatamente después.—Lo veo tapándose los ojos y está triste, pero sin emoción... sin emoción. Creo que es mejor que me haya ido. Yo era inútil para él.

D: Si no podías tener hijos, no valías nada.

H: Sí. No era apta para esa vida. Después de perder al bebé, simplemente no quería estar allí. No sabía cómo llegué a eso. No entendía nada de la vida.

D: ¿Entonces ya estás fuera del cuerpo?

H: Sí. Veo un cuerpo... pero soy mucho más feliz fuera de ese cuerpo. Yo sólo tenía unos veinte años.

Vio cómo llevaban el cuerpo al mismo cementerio, cavaban una tumba, la metían allí y la tapaban con tierra. Había una piedra gris blanca. “Becca. Rebecca”.

D: ¿Hay algún apellido?

H: Empieza con C. Es sólo un cuerpo. Gracias a Dios ya no estoy en esto. Cuando entré en esa vida quería traer luz a la oscuridad. Ese lugar estaba tan oscuro... Era todo demasiado difícil... demasiado difícil de hacer algo.

D: Entonces planeaste hacer una cosa y no resultó de esa manera. ¿Es eso lo que quieres decir?

H: Sí. Sucede mucho. Simplemente no es seguro. Mi corazón sigue lastimándose cada vez que vengo a esta Tierra. (Estaba molesta.) Se supone que debo... amar... ayudar.

D: Esas son cosas buenas. ¿Tuviste malas experiencias también en otras vidas? (¡Oh, sí!) Dime qué puedes ver o qué puedes recordar.

H: Mmm... tantas. Muchas guerras. Somos tan estúpidos.

D: ¿Estuviste involucrada en guerras?

H: Sí... pero deshonrar la muerte.

D: Pero cuando llegaste a esas vidas, ¿tenías intención de estar en guerras? (Oh, sí.) ¿Hiciste planes para hacer eso?

H: Sí. Seguí pensando que podía conquistarlo. Que podría marcar la diferencia.

D: ¿Incluso en una situación como esa, incluso en una guerra?

H: Sí. —Me sentí muy sola y en esos momentos no podía conectarme con las personas que quería.

D: ¿Entonces hiciste planes que no salieron como querías?

H: Sí. No como yo quería que fuera. ... Sólo veo mucha sangre... mucha muerte. —Eso no sucedió cada vez que vine a la Tierra. Tuve varias vidas buenas. Por eso pensé que podía hacer lo que intenté hacer. Porque sabía que la luz era buena y era necesaria.

D: Tenías buenas intenciones.

H: Siempre.

D: ¿Pero eso es lo que sucede cuando bajas aquí en el cuerpo?

H: Es como barro... es tan pesado y la gente simplemente no me entiende.

D: Cuando entras en el cuerpo, olvidas tu plan, ¿no?

H: Sí, y simplemente me escondo. Me escondo. —Acabo de ver a Rob (su actual marido). ¡Él era el hombre! ¡Él era ese hombre!

La hice avanzar hasta que estuvo haciendo sus planes de entrar en el cuerpo como Helen. "¿Puedes mirar esa parte donde estás haciendo tus planes?"

H: ¿Qué quieres saber?

D: ¿Cuál era tu plan cuando entraste al cuerpo conocido como Helen? Ése es el cuerpo a través del cual estás hablando, ¿no? (Sí) Veamos cuál era tu plan, qué querías lograr. No queremos volver a cometer los mismos errores.

H: Oh, lo hizo de nuevo de todos modos. —Ella es muy sensible. Tiene una energía dentro de ella que es muy fuerte. Es como si no importara lo que ella haga en particular. Todavía tiene la energía para aguantar por este espacio... por este nuevo tiempo....

D: ¿Qué tipo de energía?

H: Es para la Tierra.

D: ¿La Tierra durante el tiempo que Helen estuvo viva?

H: Sí, el plan era realmente simple. Todo lo que tiene que hacer es ser ella misma. Sólo el disfrutar de la vida. Eso es todo lo que tiene que hacer.

D: Eso suena simple.

H: Ella lo hace muy complicado.

D: ¿Entonces se supone que debe entrar y disfrutar esta vez?

H: Sí... sí... sí... sí.

D: ¿Lleva esta energía de la que estás hablando? (Sí) ¿Se supone que debe hacer algo con la energía?

H: Ella dice que es un faro de luz y eso es lo que es.

D: ¿Cómo puede compartir este rayo de luz? ¿Cuál era el plan original?

H: Es para el área en la que vive. La matriz... cerca de la cuadrícula... ahora.

D: Entonces, cuando planeó venir aquí, ¿sabía que viviría en esa zona?

H: Ella lo sabía de antemano, sí... pero no conscientemente.

D: ¿Cómo se supone que debe difundir la luz si sólo se está divirtiendo?

H: Le encanta ayudar a la gente.

D: ¿Sabe ella que está limitada aquí en la Tierra?

H: Ella lucha con eso. Con saber de dónde viene y saber qué tiene que hacer aquí.

D: ¿De dónde vino ella? Quizás sería bueno que ella lo entendiera.

H: Muchos lugares. Sirius es su favorito. Es una viajera. Va por todos lados. Tiene la capacidad de vivir donde se la necesita.

D: ¿Y se supone que ella no debe hacer nada... sólo estar allí... ser un faro de luz?

H: Es importante que lo haga. —Es difícil compartir todo con ella porque queremos que se quede como está. Sabemos que está frustrada. Simplemente tiene que ser así. Su personalidad es tan fuerte que debemos mantener el ego bajo control.—Y está muy protegida. No debería preocuparse.

Helen parecía parte de la Segunda Ola que había venido a difundir su energía para ayudar a la gente. Normalmente no tienen que hacer nada. Simplemente tienen que ser. Y para muchas personas es difícil entender cómo pueden influir en las personas simplemente siendo.

D: Ella también quiere lograr cosas en esta vida.

H: Eso realmente no importa porque todo está en movimiento. Debería simplemente disfrutar de su vida. Ese es su propósito... disfrutar. Ha tenido muchas vidas que no fueron agradables.

D: La que nos mostraste no fue divertida, ¿verdad?

H: No... eso le está causando dolor ahora. Está atrapada en su cuerpo. Por eso ya estamos trabajando en ella.

Se referían al corazón (zona del pecho) y a la zona del abdomen, los lugares donde se apuñaló.

D: (Me referí a una de sus preguntas sobre su físico). Dijo que hay un tumor fibroide en su útero. ¿Puedes verlo?

H: Esta no es mi área.

D: Ahí fue donde se apuñaló, ¿no?

H: Sí. Eso fue muy desafortunado. (Suspiro profundo.)

D: La gente comete errores cuando cree que no puede más. ¿Los problemas físicos están siendo causados por el trauma del apuñalamiento?

H: Parcialmente.

D: (Me referí a una de sus preguntas sobre lo físico). Dijo que hay una masa en el lado derecho. ¿Qué es eso? ¿Puedes verlo?

H: Esa no es mi área. No es mi área.

D: ¿Cuál es tu área?

H: No lo sé. (Risita.) Pero no es eso. Simplemente lo siento por ella. —No soy el subconsciente.

No pensé que lo fuera, pero nos estaba dando algunas respuestas, así que lo dejé hablar. Antes de invocar al subconsciente real quería enfatizar lo que esta parte ya nos había dicho. "¿Quieres que se divierta? Ese era el plan... ¿divertirse?

H: La forma en que sabe contagiar alegría es muy buena. Y eso es lo que queremos que haga. Es muy necesario en este momento.

Intenté obtener respuestas a algunas de las preguntas más específicas de Helen, pero me dijeron nuevamente que esa no era su área y que no podían responder. "Entonces, ¿está bien si llamamos al subconsciente y dejamos que responda más preguntas?"

H: Por favor haz lo que tengas que hacer.

D: Realmente aprecio la información que le has estado brindando. Creo que ella lo escuchará y tal vez marque la diferencia.

H: Están trabajando en ella.

D: ¿Quién está trabajando en ella?

H: Sus guías.

Cuando intenté por primera vez invocar el subconsciente, dijeron que Helen se estaba resistiendo. "Hay miedo al acecho. Es difícil para ella liberarse. Sus expectativas son muy altas". Le expliqué que ella ya había permitido que se respondieran la mayoría de las preguntas y que solo quedaban unas pocas. "Su cerebro no deja de pensar." Le expliqué que ya había dejado de hacerlo durante más de una hora y ella ni siquiera lo sabía. Así que todo lo que tuvo que hacer fue hacerse a un lado y dejarnos terminar. Podría mirar si quisiera. La lógica fue convincente y aparentemente se dio cuenta de que ya se habían hecho muchas cosas sin que ella lo supiera. Entonces acordó permitirnos continuar. La primera pregunta que hice fue por qué eligieron esa vida para que Helen la viera. "Ésta donde los niños murieron y ella se suicidó".

H: ¡Para curarlo… para sanar… (más fuerte) para sanar!
D: ¿Todavía lleva eso con ella?
H: Sí. Fue una liberación revivirlo. Fue para que liberara ese recuerdo.
D: Ni siquiera sabía que lo llevaba, ¿verdad?
H: No. Pero ella tenía una idea.
D: ¿Hubo alguien en esa vida que ella conoce ahora?
H: Sí, su marido... su marido ahora.
D: ¿Por qué volvieron a estar juntos en esta vida?
H: Tener amor. Para terminar... que sea como ella lo imaginó... con amor.
D: Porque él fue muy indiferente en esa vida, ¿no? (Sí) ¿Entonces fue que regresara y resolviera su karma?
H: ¡Ella! No nos gusta que la gente se quite la vida. Fue un verdadero desperdicio y luego... cómo sintió que era un desperdicio en esa vida.
D: Por supuesto que pasó por muchas cosas. Sintió que no podía soportar más.
H: Lo entendemos.
D: ¿Entonces tuvo que volver a esta vida con el mismo marido?
H: Sí. Es un buen hombre. Las cosas están mucho mejor... todavía se preocupa demasiado.
D: ¿De qué se preocupa?
H: Estar provista.
D: Sí, esa fue una de sus preguntas. Está preocupada por el dinero.
H: Todo el mundo lo está. Es una cosa humana. No será la preocupación que ella piensa.

Luego continuaron respondiendo las preguntas que tenía sobre su trabajo y el desarrollo de un centro. Querían que ella se relajara y dejara de preocuparse porque todo se estaba preparando para suceder y su vida iba a florecer.

H: Entendemos que ella se encuentra en una situación de desafío. Ella tiene que estar ahí por ahora. Está aprendiendo a confiar en sí misma y a recibir la guía divina... el verdadero conocimiento requiere estas pruebas. Debe confiar en sí misma. (Ella comenzó a llorar.) Simplemente le estamos liberando energía. Está tan llena de energía. Viajó por América y tiene mucha energía. Ella simplemente lo pone por toda la Tierra. La Tierra lo necesita mucho. Es algo muy bueno. Siempre queremos ser amables con ella. Queremos que ella se quede en esta Tierra. Tiene mucho trabajo que hacer.

Luego quise saber sobre el tumor fibroide que dijo que tenía en el útero. Ésta era la pregunta de salud que los demás no podían responder. En mi trabajo he encontrado una respuesta interesante e inesperada a los tumores fibromas que realmente me sorprendió cuando empezó a llegar a través de mis clientes. ¡Los tumores fibroides son bebés no nacidos! He tenido varios casos en los que las mujeres abortaron. En algunos casos consideraron que estaba justificado: demasiados niños y no podían cuidar más, o embarazos inconvenientes. Dijeron que no les molestaba; sin embargo, sus cuerpos decían lo contrario. Intentaban reemplazar al bebé que habían perdido. Otros casos fueron mujeres que deseaban desesperadamente tener hijos y sentían que su reloj biológico se estaba agotando. Se estaban haciendo mayores y sabían que no tenían muchas más oportunidades. También desarrollaron tumores fibromas. Su cuerpo estaba tratando de producir un bebé. Me han dicho que a menudo, cuando se abre un tumor fibroide, ¡el médico encontró dientes y pelo dentro! ¿No es sorprendente lo que puede hacer el cuerpo humano? En una de mis clases recientes me dieron la información que había descubierto un herbolario chino. Dijo que desde que China promulgó la ley de "un solo hijo", la tasa de tumores fibromas en las mujeres chinas se había triplicado. Esto demostró que estaban tratando de tener bebés.

La mayoría de estos casos que he visto tratan de acontecimientos de sus vidas actuales. Sin embargo, la de Helen parecía ser un remanente de la vida pasada que habíamos examinado. Ella perdió a sus hijos en esa vida y ahora estaba simbólicamente tratando de recuperarlos. En este caso el problema pertenecía al pasado de la otra mujer y no tenía lugar en esta vida, por lo que podríamos dejarlo en el pasado. Todavía quería la verificación del SC. Le pregunté: "¿Qué causó el tumor?"

H: Muchas cosas. Esa vida fue solo una vida en la que tuvo problemas. Estaba dispuesta a vivir cosas dolorosas por amor. (También en otras vidas). Algunas cosas quedaron atrapadas. —Puedo absorberlas y disolverlas.
D: Eso es lo que te he visto hacer antes... disolverlo y absorberlo y luego puede salir del cuerpo de manera segura.
H: Es como una pequeña bomba.
D: ¿Lo vas a disolver lentamente o cómo lo vas a hacer?
H: ¡No, AHORA!
D: Es hora de liberarlo. Y ella también está lista. (Sí) ¿Entonces se lo vas a quitar?
H: La mayor parte. Es realmente complicado. (Ella gimió de dolor.)
D: ¿Pero se puede liberar del cuerpo de forma segura?
H: Oh, sí... oh, sí.
D: ¿Es eso lo más importante que hay que trabajar en su cuerpo?
H: Todo su sistema nervioso y su corazón... (Hizo una mueca).
D: ¿Qué le pasa a su corazón?
H: Nada. Sólo necesitaba ser activado, por así decirlo.
D: Porque ahí es donde se apuñaló. ¿Dejó allí una marca traumática, por así decirlo?
H: Allí no tanto. Acaba de recordar eso. Empezamos a trabajar en ella hace mucho tiempo.
D: ¿Cuándo empezamos esta sesión por primera vez?
H: Antes.
D: ¡Eso es maravilloso! Me alegro de que lo estés haciendo por ella.
H: Soy sólo una persona, una entidad, no una energía. Tiene muchas, muchas energías.

Dijeron que continuarían trabajando con ella durante los próximos días, especialmente cuando estuviera dormida, para que pudiera hacerse de manera suave.

H: Es terriblemente espantoso. Está aprendiendo al mismo tiempo, necesito que esté dormida. Es tan fuerte a veces.

Respondieron algunas de sus preguntas más, pero no son pertinentes para esta historia, así que no las repetiré aquí.

Mensaje de despedida: necesita aguantar. Continuar. Es muy... muy amada, más de lo que puede contener. Ni siquiera puede contener cuánto amor tiene dentro de ella. Y estamos con ella y siempre lo estaremos. —Les agradezco este tiempo y ella está lista para terminar su sesión.

La cuestión del suicidio siempre ha sido cuestionable en mi trabajo. En mi libro Entre la muerte y la vida se decía que el suicidio nunca está justificado. Que nunca tiene un efecto positivo, y que la persona siempre debe volver y revivir las mismas circunstancias con las mismas personas. Las sesiones de esta sección y de algunos de mis otros libros me hicieron preguntarme si eso era cierto. ¿Se justifica alguna vez el suicidio? ¿Siempre conlleva karma negativo? ¿O existen circunstancias atenuantes? He encontrado muchos casos en los que la persona de la otra vida fue puesta en una situación insoportable de la que no había salida. Donde el suicidio era la única forma de acabar con el sufrimiento. ¿Está justificado en esas circunstancias? En estos casos han dicho que era una opción que estaba incorporada en el plan proyectado para esa vida.

En mi investigación parece que las principales circunstancias en las que no se consideraría favorable es cuando se rompen los contratos. Cuando hacemos nuestras evaluaciones de vidas pasadas en el lado espiritual y repasamos (con nuestros consejeros) lo que se necesita resolver durante la próxima vida, hacemos contratos con las almas participantes. Aceptan regresar y ayudarnos a resolver los errores del pasado. Estos compromisos y contratos se toman muy en serio y son parte de nuestro plan. Hay muchos tipos de contratos. Algunas de ellas son a largo plazo, como el matrimonio, el nacimiento y la crianza de los hijos. Algunos son amigos y conocidos a corto plazo que estarán allí para ayudarnos durante un período de tiempo determinado. Un ejemplo de contrato corto sería un encuentro sexual de una noche que resulta en el nacimiento de un niño. El padre ha aceptado estar allí sólo para proporcionarle al niño una manera de entrar al mundo, y entonces el contrato termina. Por eso realizamos diferentes tipos de contratos de distintos grados. Estos contratos se toman en serio porque las otras almas han acordado tomarse un tiempo de su propio desarrollo para ayudarles a avanzar. Por supuesto, tal vez también hayan aceptado avanzar contigo.

Cuando la persona se enfrenta a lo que cree que son obstáculos insuperables en su vida (y recuerda, estos son sólo obstáculos que ha acordado poner allí para aprender) y se suicida como medio de escape, está rompiendo contratos. Esto interrumpe los planes de todas estas otras personas. El suicida todavía tiene que regresar y tomar ese grado o clase. Han reprobado el examen. No "escapan". Tienen que volver a interpretar el papel, las mismas circunstancias, los mismos personajes. Sólo que la próxima vez será aún más difícil. Pero debido a que la persona ha roto todos estos compromisos, todos estos contratos, ¿las almas participantes estarán dispuestas a ayudar nuevamente? Tal vez no. Dicen: "Detuve mi progresión para ayudarte en tus lecciones y me decepcionaste. Te echaste atrás. ¿Por qué debería hacerlo de nuevo por ti? Ahora tendrás que esperar tu turno mientras yo sigo con mi propia evolución. Te di una oportunidad, ahora no sé si podré volver a confiar en ti para cumplir con tus compromisos". En este caso se impide en gran medida el crecimiento del suicida. Lo que debería haberse resuelto en una sola vida ahora requerirá muchas.

Capítulo 19
SUICIDIO PAGA EL KARMA

Cuando Joan entró en escena estaba de pie, pero no en el suelo. Sintió que estaba parada sobre una burbuja. Le pedí que lo describiera.

J: Algo opaco. No está muy claro. Me sujeta con facilidad, pero se siente como una superficie hinchada, por lo que tiene tensión. Parece un material estirado. Siento como si estuviera flotando en algún lugar del espacio. Realmente no veo nada, sólo el cielo y las nubes. Pero creo que me está llevando a alguna parte. Ahora de alguna manera me deslicé dentro de él y simplemente estoy flotando suavemente hacia abajo, dentro de él. Siento como si estuviera bajando por un pozo. Sin ver nada. Simplemente cayendo suavemente en alguna parte.

D: Toma conciencia de ti misma. ¿Cómo es tu cuerpo?

J: (Pausa) Es transparente. Casi como si estuviera adquiriendo el color blanco grisáceo de una nube. No tiene mucha sustancia. Me siento como un observador con solo mirar a mi alrededor. Siento que en realidad estoy esperando que suceda algo... que se muestre. Acaba de aparecer otro ser. Supongo que dirías que apareció frente a mí. Como si me fuera a llevar a alguna parte. De nuevo, más bien una forma. Gris y muy blanco. Siento como si se abriera el fondo de la burbuja. Es más bien un vacío, pero creo que es como un tobogán. Otra parte, supongo, del universo. Ahora se ha abierto y es como si estuviera en el cielo. Flotante.

D: Entonces, ¿estás fuera de la burbuja ahora? (Sí) ¿Tal vez era sólo una forma de llegar a donde se suponía que debías ir?

J: Esa era la sensación que tenía, como si fuera un pasaje.

D: ¿Y ahora este otro ser amorfo te está llevando a alguna parte? (Sí.) ¿Qué ves mientras viajas?

J: Sólo cielo azul y nubes.

D: Deja que te lleve a donde se supone que debes ir. ¿Puedes comunicarte con él?

J: (Pausa larga) ¿Quieres que me comunique con él?

D: Si puedes.

J: Siento que ha venido a guiarme a alguna parte. El mensaje que recibo es que quiere mostrarme algo.

D: Está bien. ¿Quieres ir con eso? (Sí.) Entonces deja que te lleve y te muestre lo que sea que es. Y también podemos hacerlo con bastante rapidez. ¿Qué quiere mostrarte?

J: Muchos ángeles.

D: ¿Dónde están?

J: Como una ciudad en el cielo. Una reunión de todos estos seres.

D: ¿Cómo es su ciudad?

J: No la he visto. Tengo la sensación de que así es. Es como deslizarse, flotar. Y soy cada vez más visible a medida que avanzo en esto.

D: ¿Cómo se siente eso?

J: Muy cariñosa y buena. Muy bonito. Es como decir que me está guiando por los grupos. Me estoy moviendo a través de ellos ahora. (Pausa) Veo la imagen de un libro grande abierto. (De repente se emocionó y comenzó a llorar. No podía entender por qué). Me siento muy emocionada.

D: Está bien. La emoción es buena. Eso significa que es algo importante.

J: (Llorando) Me está mostrando algo del libro. No sé qué es.

D: Pídele que te diga qué es. (Pausa) ¿Qué es lo que quiere que sepas del libro?

J: (Pausa, todavía emocionado) Solo estoy sintiéndolo, pero solo me está mostrando esta vida y los eventos, los dolores por los que he pasado. Y retrocediendo y mirándolo de nuevo.

D: ¿Qué piensas de tu vida si la observas de esa manera?

J: Como si hubiera olvidado lo doloroso que fue y verlo de nuevo lo hace volver a surgir.

D: ¿Es importante volver a recordarlo?

J: Sí. Porque ya se acabó.

D: Pregúntale por qué tuviste que verlo otra vez.

J: Para reconocer lo lejos que he llegado. Era un pasadizo, era una culminación de todo lo que le precedía.

D: Así que era algo por lo que tenías que pasar para completarlo. (Sí) Pregúntale, por todo el dolor y todo lo demás y si, ¿eso tuvo que ver con el karma?

J: El dolor era encontrar el equilibrio. El equilibrio no estaba ahí. El dolor se debía a que no estaba en equilibrio. Y fue a través de eso que seguí buscando el equilibrio. Él sigue diciendo que de eso se trata la vida en la Tierra, de lograr ese equilibrio, y ya lo tengo.

D: (Risas) Fue difícil, ¿no? (Sí) ¿Pero hubo karma involucrado mientras buscabas tu equilibrio? (Sí) ¿Puede decirte de dónde vino para que puedas entenderlo? (Pausa larga) Tal vez él pueda mostrártelo.

J: Sí, me está mostrando. Está mostrándome. Es más, como una visión interna de momentos en los que fui horrible, espantoso y tomé decisiones terribles.

D: ¿En otras vidas? (Sí.) ¿Qué fue lo que hiciste?

J: Tengo la sensación de ser realmente malvado, malo e iracundo.

D: (Pausa) ¿Entonces en otra vida lastimaste a otras personas?

J: Sí. Es casi un modelo de quién era yo. Es raro. Lo veo como una plantilla plana. Es como una pintura, se podría decir, pero es incompleto y el horror es... No tiene muchos detalles. Es como un trozo, por la forma en que me llega. Es casi como una superposición. El poder y la energía que tenía y simplemente la sensación de horror que creó. No tengo ningún detalle... sólo la sensación de horror que creó.

D: Quizás sea mejor no entrar en detalles de todos modos. (Sí) Los detalles no son necesarios, pero ¿has hecho muchas cosas que fueron negativas? (Sí) ¿Había alguien involucrado en esa vida con la que tuviste que regresar en esta vida, para pagar karma? ¿O pueden ver eso?

J: Está encarnado a través de mi padre en esta vida. Él preparó muchos escenarios que me causaron dolor o angustia personal, para que me volviera sensible a lo que sienten otras personas.

D: ¿Entonces ese era su propósito?

J: Sí, pero él también era muy oscuro y nunca entendí eso. El desafío fue que él permaneció en esa negatividad para desarrollar sensibilidad, ir más allá de ella y no quedar atrapado en ella, lo cual logré hacer. No había alegría en él.

D: Pero su trabajo era hacer esto para que pudieras crecer.

J: Sí, como si se plasmara un trozo de la rebanada, si puedo decirlo así. (Ella se estremeció.) Entre otras cosas torturé... y en una vida en la que fui torturada. No pude soportarlo.

D: ¿Quieres decir que también torturaste?

J: Sí, y por eso me torturaron en otra vida.

D: Siempre se regresa, ¿no? (Sí) Pero ¿cómo se relaciona eso con tu vida ahora? ¿No habrías pagado ya en las otras vidas cuando fuiste torturado también?

J: De eso se trataba. Se trataba de venganza y no podía soportarlo. Fue entonces cuando me suicidé. No pude soportar la tortura que me infligieron.

D: ¿Quién fue el que estaba torturando? ¿Fue alguien que Joan conozca en esta vida?

J: Sí. Era el ser que era Richard en esta vida.

Richard fue su marido durante treinta años antes de que ella se divorciara de él.

D: ¿Eso significa que ella lo torturó en otra vida?

J: No lo sé. Era algo así como la porción que representaba todo lo negativo o malvado que había hecho. Como si cositas surgieran de eso y se encarnaran en otras vidas para que pudiera tener la experiencia de lo que había hecho. No sé hasta dónde se conecta, pero no necesito saberlo. Es como un patrón, un "avanzar".

D: ¿Quieres decir que en las otras vidas Joan había torturado mucho y, como era muy negativa, tuvo que ser torturada y tratada cruelmente en otra vida para recibir el pago?

J: Para saber cómo era, lo qué había hecho.

D: ¿Y fue muy difícil para ella y se suicidó? (Sí) ¿Cómo se suicidó en esa vida?

J: Siento un fuego. Empecé una especie de incendio. Es como un granero o algún tipo de edificio, y entramos en él. Quemado.

D: Parece que habría devuelto todo el karma. ¿Por qué tendría que volver otra vez con la misma entidad, Richard?

J: Porque ella se suicidó.

D: Pero tenía muchas cosas que le resultaban muy difíciles de aceptar.

J: Pero no equilibré el karma.

D: ¿Podría haberlo superado si hubiera permanecido así por más tiempo? ¿Es eso lo que quieres decir? (Sí) ¿Fue toda una vida equilibrarlo todo? (Sí) Pero en lugar de eso se suicidó. Explícale lo que pasa entonces porque es como si ella repitiera lo mismo.

J: Ella no lo había transmutado en una comprensión de lo que realmente se trataba, de evolucionar. Por eso se suicidó porque nunca pudo comprender el propósito superior de todo esto: evolucionar de regreso a la Fuente.

D: Ella no entendía que no debía suicidarse. ¿Es eso lo que quieres decir? ¿Ese no era el contrato?

J: Así es. Se suponía que ella obtendría la iluminación a través de la experiencia.

D: Entonces, cuando volvió a esta vida, ¿tuvo que pasar por lo mismo otra vez?

J: Así me dio una oportunidad de superarme a mí misma, al estar en ese nivel... ¿a la vida?

D: ¿Y con la misma persona... la misma entidad?

J: Sí. (Susurró.) Y me dieron un padre que tenía un campo de energía muy similar al de Richard. Realmente se hizo eco de eso, pero fue del padre dominante y controlador del que pude escapar al crecer y mudarme. Pero no había obtenido del todo la comprensión y la fuerza que se obtienen al llevarlo a cabo, hasta el final. Richard me ayudó a comprender mejor a otras personas que atraviesan dificultades. Habría dejado esa parte atrás. En el estado sensible que estuve durante mi propia infancia, pasé por algo más y, por lo tanto, nunca lo sentí porque sabía que tenía una misión.

D: Pero sabías que primero tenías que superar todo esto.

J: Sí, pero también fue vital para mi propio crecimiento y fortaleza con el propósito mayor de guiar a otros más rápidamente porque al final lo entendí. Y darles comprensión y ayudarlos a avanzar incluso más rápido de lo que yo pude porque no tuvieron tanto tiempo como yo para resolverlo.

D: Entonces Joan tuvo que regresar a esta vida con la misma entidad para repetir la misma circunstancia. (Sí) Ahora su trabajo es seguir adelante y ayudar a la gente.

J: No tienen el mismo tiempo que yo. Todo se está acelerando. Hay oportunidades para las que deben prepararse rápidamente.

D: ¿Ya no podemos tomarnos el tiempo para trabajar en todas estas cosas?

J: Así es. No en la Tierra.

D: ¿Tenemos que pagar el karma rápidamente para superarlo? (Correcto. Sí.) ¿Lo qué normalmente habría tomado muchas vidas?

J: Sí. Existe la oportunidad. Ella entiende ahora. Puede abrir muchas puertas a las personas al comprender en qué se encuentran, por lo que están pasando, algo que de otra manera no habría podido hacer.

D: A menos que lo experimentes tú mismo, no podrás entender por lo que están pasando otras personas.

J: Sí, y ni siquiera es la misma experiencia. Es una sensibilidad que siente su angustia, aunque pueden ser diferentes causas. Sintiendo su angustia y sabiendo que puedes superarla.

D: Sí. Mucha gente se siente atrapada, ¿no? (Sí) Sienten que no pueden salir de algo. ¿Es por eso que elegiste mostrárselo en lugar de llevarla a vidas pasadas?

J: Sí, es una plantilla. Creo que por eso es como una rebanada. Es como una pizza, si eso tiene algún sentido, y no está todo cubierto con toda esa confusión y colores asquerosos cuando lo piensas. Pero es como gotas, por lo que la rebanada representa la esencia y hay mucha claridad en ella. Hay más claridad que cualquier otra cosa. Estas gotas son como la suciedad de la pizza y representan las vidas negativas donde había una especie de desequilibrio. Y es como limpiar lo último de esto, lo último de esta vida.

D: ¿Porque no queda tiempo para repasar estas cosas una y otra vez?

J: Así es, sí, y al hacer esto, me aclara un poco lo último, pero también la forma en que elegí hacerlo, en lugar de simplemente superarlo. Soy yo entendiendo lo que otros están soportando. Les ayuda a superarlo rápidamente, para que no tengan que estar angustiados. Si tan sólo pudieran entender lo fácil que es salir de allí. Puedo acelerarles el proceso.

D: ¿Comenzó ella un ciclo de vidas negativas y quedó atrapada en él?

J: No, es como en toda la mezcla de todas las vidas. Ella es como una gran porción y es muy clara y blanca, y hay manchas como pizza con todos estos colores asquerosos. ¿Y piensas en pizza? Con el rojo y el marrón, el naranja y todo salpicado a través de esta, y sacado de eso estaba esta vida en particular donde yo, por las cosas que había hecho, era mi turno de sentir lo que es ser torturado porque lo había hecho. Y no pude soportarlo.

D: Ella estaba en una vida en la que lastimaba a otras personas, así que todo tuvo que cambiar.

J: Tuve que experimentarlo para saber cómo se siente, saberlo y darme cuenta.

D: Por eso Joan pasó tantos años en esa situación hasta estar segura de que era suficiente. ¿Es eso lo que quieres decir?

Joan había experimentado una infancia abusiva y luego se casó con un marido igualmente abusivo. Finalmente descubrió la metafísica después de 25 años de matrimonio y luego tuvo el coraje de divorciarse de él.

J: Sí... que podía superarlo sola. Eso era lo importante. Que lo tenía dentro para pasar por todo.

D: ¿Tuvo que ser su propia decisión?

J: Sí. No culpar, no confiar, sólo profundizar y encontrar la fuerza interior y la comprensión interior.

D: Porque culpar solo crea más karma, ¿no es así?

J: Sí, como renacer.

D: Ahora ha llegado a un punto en el que ha terminado con eso. Se acabó. Está en el pasado. No tenemos que volver a pasarlo. ¿Qué pasa con Richard? ¿Sigue cargando karma por lo que le hizo a Joan? Él está fuera de su vida ahora.

J: Eso era sólo una parte de él, como la cosa esa de la pizza. Él tiene sus propias cosas. Lo de la pizza era como: Empújame o dame la oportunidad de superarlo, pase lo que pase, pero él tiene sus propias cosas.

D: ¿Eso significa que Richard no cargará con karma por lo que hizo?

J: No, no lo hará.

D: ¿Porque lo hizo por una razón?

J: Sí, pero lamentablemente tiene otros temas que no ha abordado. Podría haberlo hecho, pero simplemente no estaba listo. Quedó atrapado en ellos y no podía soltarlos.

D: ¿Crees que es demasiado tarde para cambiar ahora en esta vida?

J: Sí por los hábitos y actitudes. Cerró demasiadas puertas en lugar de atravesarlas.

D: Entonces tendrá que seguir su propio camino, pero no tiene nada que ver con Joan.

J: Así es.

D: Él seguirá su propio camino.

Me di cuenta de que estaba hablando con el subconsciente de Joan. Había llegado en algún momento de la conversación. Siempre es obvio cuando entra en la conversación. Le pregunté si estaba hablando con él y reconoció que sí. Entonces supe que no tenía que invocarlo porque ya estaba ahí. Entonces supe que podía seguir adelante y hacerle preguntas.

D: Siempre pensamos que vamos a ir a vidas pasadas cuando hacemos esto, y tú no la llevaste a una. La llevaste al Libro de los registros. ¿Por qué elegiste eso en lugar de llevarla a una vida pasada?

J: Porque es más que una sola vida. Es la esencia de todo lo que ella es. Sabía que la mayoría de sus vidas eran muy buenas, y por eso le mostraron eso... el color, como manchas en blanco.

El objetivo principal era mostrarle que había estado desequilibrada y que pasar por las experiencias negativas en esta vida le había devuelto al equilibrio. Y Richard ya no tendría parte en su vida porque todo eso se había resuelto (al menos por su parte). Había desempeñado su papel e hizo lo que se suponía que debía hacer. Y ahora había llegado el momento de seguir adelante. Por supuesto, la pregunta principal que quería saber era su propósito. Tenía muchos planes y quería saber sobre su futuro. ¿Qué quería el SC que ella hiciera ahora que es libre?

J: Ayudar a la mayor cantidad posible de personas a mudarse a la nueva Tierra. Tocarlos donde están y hacerlos avanzar con la comprensión que ella ha adquirido. Muchas personas todavía están tropezándose en la oscuridad, pero están cerca de abrirse paso. Necesitan que gente como Joan les ayude. Ese es su papel ahora.

D: ¿Cómo quieres que ella ayude a otras personas?

J: Ser alguien en quien puedan confiar y salir a lo desconocido. Y confiar en la luz que ella brilla y dar ese acto de fe, confiar en que hay integridad en ella que la gente respeta y confía. Y ahora, teniendo el coraje de romper lo que los detiene. Pueden tener la oportunidad de sentir la paz que les espera y la belleza que les permitirá dejarse llevar y avanzar más allá de donde estaban. Es como un pedacito de la nueva Tierra ahí para que lo experimenten y digan: "Esto es lo que quiero". Todo lo que ella ha imaginado sucederá, y aún más. Ella podrá manifestar todo lo que quiera. Está empezando a entender cómo hacerlo.

D: Ella pensó que había cumplido con la mayoría de sus contratos. (Sí) Pensó que le darían un nuevo contrato. ¿Es cierto?

J: Ah, sí. Eso es lo que está haciendo ahora, atrae a la gente porque la intención es muy pura, no contaminada con sus propios problemas. Ha superado todo eso.

D: Sé que cuando llegamos a una vida, hacemos contratos. (Sí) No sabía que se podían hacer o crear nuevos contratos a medida que avanzaba.

J: Ella tampoco lo sabía.

D: Entonces, si has hecho todo lo que se supone que debes hacer y los contratos están terminados, ¿puedes hacer uno nuevo?

J: Ah, sí. Y siguen surgiendo nuevas visiones. Ella pensaba que era muy limitante, pero se está dando cuenta de todo lo contrario.

D: ¿Ustedes (la gente de ese lado) ayudan con la formación en los nuevos contratos? (Sí) Porque puedes ver lo que se supone que la persona debe estar haciendo. (Sí) Lo más importante es deshacerse primero de los contratos antiguos, de las cosas viejas. ¿Entonces podrás seguir adelante? (Sí)

Pasé a sus preguntas físicas. La más importante se refería a problemas de columna. Le pedí al SC que buscara en esa zona. "Se hizo añicos muchas veces en sus otras vidas. Dios mío, el precio que pagó. Y se reconstruyó, pero pasó factura. Ahora que lo entiende, todos pueden arreglarse y ser rectos. — Estoy presionando. Las piezas están desalineadas. Los estoy alineando nuevamente. No tienen la fuerza suficiente por sí solos para mantenerlo estable. No ha estado completamente alineada con todo, y luego da vueltas y vueltas en el camino".

Dejé que actuara en la espina dorsal y luego le pregunté si había terminado. "Casi... necesito un poco más de tiempo". Me quedé en silencio mientras terminaba su trabajo y luego anunció que la alineación estaba hecha. Di sugerencias de que permanecería en condiciones estables. Sabía que una vez que la persona encontrara la causa, el trabajo que se suponía que debía hacer, entonces la condición sería eliminada y la cura permanecería mientras la persona permaneciera en el camino en el que se suponía que debía estar.

J: Esta es la última alineación que quería. Facilitará todo lo demás ahora, esta alineación de propósitos. Esta es una de las cosas que es parte del avance; parte de los desafíos, las traiciones, la destrucción de su propia estima, pero por su acuerdo de volverse sensible, ese era el único camino. Así fue establecido, para que sucediera en esta vida.

Mensaje de despedida: Vuélvete muy fuerte en la confianza y en el conocimiento de que la misión que aceptaste cumplir es parte de todo el universo y que tienes muchos trabajando contigo en todos los reinos.

El tema del asesinato también es un concepto interesante cuando se analiza sin todas las emociones. En mi libro Entre la muerte y la vida, hablamos de varias formas de pagar un asesinato. Nunca es: "¡Tú me mataste, entonces yo te mataré!". Eso simplemente hace que siga la rueda del karma. Existe una forma llamada "forma suave". Por ejemplo: puede que tengas que cuidar de tu víctima en la próxima vida. Tienes que dedicarles toda tu vida y no puedes concentrarte en ti ni en tus deseos. Hay que dejarlos a un lado mientras todo se centra en la otra persona. Puede ser un niño, una persona discapacitada, un padre que necesita cuidados o incluso un jefe exigente. Si se encuentra en una situación como esa, esta puede ser una forma diferente de verlo. Nunca tiene sentido en la vida presente, pero cuando examinas la vida pasada, es claro y justificado. Lo que sigue es una parte de una sesión que tuve con una mujer que es una muy buena sanadora en esta vida, pero que también ha tenido muchas dificultades con las relaciones y el abuso parental en la niñez.

Monique pasó por dos vidas pasadas. En el primero, un ejército invasor la mató cuando era una niña preadolescente. Fue apuñalada en el estómago con una espada. En la segunda vida, ella era un soldado romano que mataba. Murió nuevamente como un guerrero con una espada atravesada en el estómago. Esto explicaba los persistentes problemas estomacales que tenía Monique. Llegó a esa vida como soldado para experimentar el otro lado. "Fue parte del aprendizaje recordar cómo lo mataron antes y cómo se sintió esta vez al estar matando". No quería vivir una vida de violencia, pero eso era lo que hacían en ese momento. Aprendió la lección de que estaba mal asesinar de esa manera, y las personas asesinadas también aprendieron la lección. Sabían que iban a experimentar eso antes de venir. "Más que una lección. Experimentar lo que la otra persona sintió y darte cuenta de que no quieres eso". Acumuló karma por lo que hizo como soldado. "No escuchó su voz interior que le decía que no debería hacerlo. Podría haber dejado su orgullo a un lado y no hacerlo. Podría haber ido a otro lugar, pero ya ves, en ese momento los padres pensaron que era un honor". Ahora tendría que eliminar el karma. Le pregunté: "¿Con la gente que mató?"

M: No, no necesariamente con las personas que mató, sino con las personas que han sido asesinadas de esa manera. Tal vez podría ser un médico, un sanador, para curar a estas personas que han resultado tan horriblemente heridas o han perdido una pierna o un ojo. Para poder ayudarlos de esa manera y ver cómo ha sufrido esta persona.

D: Así que no tiene que ser la misma persona que mató.

M: No, sólo alguien.

D: Una vez que aprendes una lección, puedes convertirla en una ventaja y tomar un camino diferente. ¿Tiene sentido?

M: Así es. Está muy lejos de esa onda de guerra de la que vino.

D: ¿Qué decide hacer cuando regrese? ¿Será alguien que ayude?

M: Será alguien que ayudará, pero también será alguien que tendrá seres queridos que resultarán heridos y asesinados.

D: ¿Cuál es el propósito de tener seres queridos que resultan heridos?

M: Porque experimentará lo que vivieron los seres queridos de aquellos a quienes mató.

D: Siempre hay que ver ambos lados de todo, ¿no? (Sí)

Este era un concepto interesante que ocurriría naturalmente durante tiempos de guerra, cuando muchos, muchos mueren. Sería difícil y llevaría mucho tiempo devolver el asesinato a todas y cada una de las víctimas. Por lo tanto, las circunstancias deben repetirse y la compensación sería ayudar a otros que han estado en estas situaciones como víctimas. También el cambio de que sus seres queridos resulten heridos o asesinados. Esto siempre parece muy injusto cuando se lo ve desde la perspectiva de esta vida presente.

"¿Por qué Dios fue tan injusto? ¿Por qué fue herida o asesinada esa persona, que era tan buena persona?" Ahora tal vez podamos verlo desde la perspectiva de las otras personas involucradas en el escenario. No importa si recordamos las vidas donde ocurrieron estos hechos. ¡Lo que se siembra se cosecha!

Por supuesto, en mi trabajo he descubierto que puedes deshacerte de cualquier karma sobrante perdonando a otros por sus fechorías contra ti. Pero aún más importante es que debes perdonarte a ti mismo. Siempre se necesitan dos. Siempre hay dos lados en cada historia. Ninguna de estas cosas es fácil de hacer, pero si quieres detener la rueda del karma, debes hacerlas.

PARTE DOS

EL UNIVERSO COMPLEJO SE SIGUE EXPANDIENDO

El Comienzo de la Tierra

Capítulo 20
DE VUELTA AL COMIENZO

Naomi Se encontró en un ambiente extraño y alienígena cuando entró en escena. El suelo era negro como carbón u obsidiana, y ella estaba parada en la plataforma superior de una formación rocosa similar al Gran Cañón, mirando las plataformas de roca que descendían hacia un abismo. Cuando miró por encima del profundo abismo, no había vegetación, sólo aire gris como nubes grises. Le pregunté si quería bajar. "No, sólo necesito pararme contra la roca y mirar hacia afuera. La tierra no es tierra, es como obsidiana molida muy fina, pero estoy mirando las nubes grises... es como una niebla gris". Cuando le pedí que se describiera, dijo que no tenía cuerpo.

Esto ha sucedido tantas veces que no me molesta.

"Creo que me parezco más a la nube. Estoy contra la montaña. Estoy frente a la obsidiana. Siento que soy parte de la niebla. Se siente como si mantuviera las cosas frescas. Mantengo las cosas frescas".

D: ¿Ese es tu trabajo?

N: Sí. Lo mantengo fresco. Hay calor en el lado opuesto a mí, así que lo mantengo fresco.

D: ¿De dónde viene el calor?

N: Viniendo del centro donde está este lugar. Se siente como el calor de un volcán. No soy parte de eso. Simplemente soy parte de la niebla.

Quienes estén familiarizados con mis libros comprenderán que no tiene nada de extraordinario que ella no tenga cuerpo y se encuentre en forma aparentemente gaseosa. Descubrí que esto es parte del ciclo de reencarnación por el que debemos pasar antes de entrar en un cuerpo humano. Estos casos han sido relatados en muchos de mis otros libros. Para explicarlo en un sentido lineal (aunque ahora estamos aprendiendo que eso no es exacto porque todo es realmente simultáneo), primero estamos en forma gaseosa, luego somos parte de la tierra y las rocas, luego plantas, animales y espíritus de la naturaleza antes de llegar a estar listos para intentar la más complicada forma humana. Por supuesto, ahora estamos descubriendo que las tres oleadas de voluntarios están eludiendo estos requisitos, pero son un grupo especial que no está sujeto al compromiso con el ciclo de la reencarnación en la Tierra.

D: ¿Eres parte de la niebla que enfría el suelo, el aire o qué?

N: Eso enfría toda la región. Se supone que debo mantenerlo todo tranquilo. Es un trabajo muy grande, pero es fácil.

D: Pensé que sería difícil.

N: No. Hay algo en esto que me pone triste. Mantenerlo fresco cuando hay demasiado calor. Si hay demasiado calor, se destruye.

D: ¿Entonces eso podría ser peligroso si el calor se acumula demasiado?

N: Sí. Este es mi trabajo... sólo la niebla. Porque si no lo mantengo fresco, el planeta explotará.

D: ¿Hay alguien más que te ayude a hacer esto?

N: Sí, son todos los de la niebla. Es un grupo.

D: Así que los llamas "Gente de la Niebla" y lo mantienes fresco para que el planeta no explote.

N: Sí porque el planeta es nuevo. Está recién formado. El núcleo del planeta está caliente y nuestro trabajo es mantener la niebla. Y se enfría para que puedan aparecer otras formas de vida.

D: ¿No pueden venir si hace demasiado calor?

N: Así es.

D: Entonces, ¿tu trabajo es mantenerlo fresco para que eventualmente se forme vida?

N: Sí, eso es correcto.

D: ¿Te gusta lo que estás haciendo?

N: Es lo que elijo hacer. Todos lo mantenemos unido porque es el camino que elegimos.

D: ¿Quieres decir que podrías haber elegido otra cosa?

N: Sí, pero este es el indicado. Esto es más difícil de hacer. La gente de la niebla puede hacer esto. Es sólo que es tedioso seguir manteniendo el calor.

D: ¿Pero este es un planeta nuevo?

N: Sí, recién se está formando.

D: ¿No tiene plantas ni vida en absoluto?

N: No. Solo tiene el calor que se enfría y la obsidiana oscura que se enfría por la niebla.

D: ¿Estabas allí cuando se estaba formando?

N: Sí, acepté ser parte del equipo original.

D: ¿Observaste el planeta mientras se estaba formando? (Sí) ¿Puedes decirme cómo fue eso?

N: La bola de luz llega y luego se vuelve más caliente, y luego lo más caliente se vuelve más caliente. Se convierte en fuego. Alrededor del fuego se forman moléculas de materia que se juntan y forman la obsidiana negra. Se forma obsidiana negra alrededor del fuego. El fuego se queda dentro y sigue construyendo el planeta, pero tiene que tener niebla para enfriar la materia para que la materia forme materia sólida.

D: ¿Si siguiera calentándose, explotaría?

N: Sí, no se formaría. La luz no vendría a formar el calor. El calor no formaría las moléculas para formar la materia. Simplemente habría sido ligero.

D: ¿De dónde vino originalmente la bola de luz?

N: La Fuente. La Fuente envía la bola de luz.

D: ¿Entonces la bola de luz genera el calor y las moléculas por sí sola?

N: Sí, y luego las diferentes personas eligen (no son personas en su terminología), los diferentes seres con diferentes energías se forman en torno a lo que se necesita.

D: ¿Cada uno tiene su trabajo especial?

N: Sí, eso es correcto.

D: ¿Qué eligen hacer algunos de los otros?

N: Algunos de ellos eligieron llegar a ser el punto de luz original. Ser los puntos de calor alrededor de la luz formando cada vez mayor intensidad vibratoria tratando de expandirlo al calor. Dentro del fuego fuera de la materia, sacando la materia. Los seres energéticos que vinieron a ser parte de la materia. Y las personas, los seres energéticos, que vinieron a ser parte de la solidez, de la solidez negra. Y los seres que llegaron a ser parte de la niebla. Y hay otros seres esperando venir a ser parte de las otras formaciones que ocurrirán.

D: ¿Los que vendrán después de que se enfríe?

N: Correcto.

D: Después de que el planeta se forme y se enfríe, ¿los demás seres se van?

N: Algunos se van. Algunos no se van. Algunos se quedan dentro. Algunos se convierten en otras formas de vida. Cada uno tiene opciones sobre lo que puede llegar a ser. Algunos necesitan convertirse en material vegetal. Algunos se convierten en otros aspectos del aire, otros aspectos del agua, otros aspectos de los minerales, otros aspectos de incógnitas que este planeta no tiene.

D: Entonces algunos no se van inmediatamente. ¿Se quedan para ayudar con el desarrollo?

N: Sí, eso es correcto.

D: ¿Y te quedas ahí hasta que se enfríe lo suficiente?

N: Sí, hasta que pueda haber formación de agua en el planeta. Entonces seré libre de tomar otra decisión con mi compromiso.

D: Deben tener agua. ¿No es eso cierto?

N: Algunos planetas sí. Algunos planetas no la tienen. Este planeta elige tener agua.

D: ¿Entonces el agua no siempre es necesaria para la formación de la vida? (No) ¿Algunos lugares viven de otras cosas?

N: Sí, eso es correcto. Muchas variedades.

D: ¿Pero no tienes nada que ver con la formación del agua?

N: No, ni la formación de hacia dónde irá el agua. Podré elegir ser parte del agua que quede y que formará otras formas de vida, si así lo elijo en ese momento.

D: Tienes que esperar hasta ese momento para decidir entonces.

N: Sí, eso es correcto.

D: ¿Siempre has hecho este tipo de trabajo?

N: No. He sido calor. He sido luz. He venido de la Fuente muchas veces en muchas regiones diferentes, en muchas formas diferentes.

D: Cuando terminas el trabajo, ¿vuelves a la Fuente?

N: A veces sí. A veces voy directamente a otros lugares.

D: ¿A seguir progresando? (Correcto.) Todo esto llevaría grandes períodos de tiempo. (Sí) Aunque me han dicho que el tiempo realmente no existe.

N: Es simplemente lo que uno hace. Sin medición.

Era obvio que esto podría haber tomado un tiempo inimaginable, eones, así que le pedí que avanzara hasta que hubiera completado su trabajo de ser parte de la niebla y enfriar el planeta. "¿Qué estás haciendo ahora?"

N: Ahora estoy formando parte de una piscina de agua que está en una parte sombreada y muy pequeña de la roca. Es una formación inicial de la piscina de agua. Esos otros seres pueden venir conmigo y pueden llegar a ser parte de este grupo también. Este grupo crecerá. Sus colectivos comienzan como una gota. Yo no fui la gota originaria. Yo fui parte de la formación del agua.

D: Me preguntaba de dónde viene el agua.

N: Proviene de la niebla que se forma en gotas. Luego se forma una piscina.

D: ¿Al principio empiezan como piscinas pequeñas?

N: Eso es correcto.

D: ¿Crees que crecerá?

N: Sí, y los seres de la niebla están formando cuerpos de agua más grandes. Están trayendo consigo otros seres que formarán parte de la cadena de agua que traerá vida vegetal y animal en este planeta.

D: ¿Entonces el agua tiene que estar allí primero para que las plantas y los animales puedan desarrollarse? (Sí) ¿Te gusta ser parte del agua?

N: Sí, me gusta la sensación del agua. Realmente no es diferente a la niebla. Todo es así, pero es una sensación agradable.

D: Ninguno es más importante que el otro porque todos tienen un papel que desempeñar.

N: Eso es correcto.

D: ¿Alguien te dice qué hacer?

N: No. Es algo que ya sabes. Se nos da la plantilla al venir.

D: ¿Tu plantilla te dice cuál será tu trabajo?

N: Sí. Cuando me convertí en la niebla, al final del período de la niebla, tomé la decisión de convertirme en la gota. La gota cayó a la piscina. Ahora tengo la opción de convertirme en una forma animal, una planta o una forma de aire evaporativo.

D: Avancemos. ¿Qué decides hacer a continuación?

N: Decido convertirme en el aire, el aire evaporativo. Quiero estar alrededor del planeta.

D: Al principio estabas creando el agua; ahora lo estás evaporando. (Sí) ¿Cuál es el propósito de evaporarse?

N: Es para formar una atmósfera alrededor del planeta.

D: Entonces tiene que tener atmósfera además de agua.

N: Este planeta sí, sí. No todos los planetas tienen que tenerla. Hay muchas variaciones diferentes. Cada uno es adecuado para ese lugar.

D: ¿Qué haces cuando te conviertes en parte de la evaporación?

N: Formo un escudo alrededor de este planeta que se expande hacia afuera para el crecimiento del planeta. De modo que sirva como barrera para otros seres aéreos que podrían estar entrando para afectar el aire de este planeta. Otros seres aéreos... diferentes... diferentes... dirías gases... gases diferentes.

D: Ya veo lo que quieres decir. ¿Serían gases que no favorecerían lo que estás intentando crear aquí?

N: Eso es correcto. Lo que necesitaría este planeta para su máximo funcionamiento. Tiene que ser la combinación correcta de materiales evaporativos que provienen del planeta y algunos de fuera del planeta. Entonces se forma la mezcla para la atmósfera del planeta.

D: ¿Y ustedes son los que impiden que entre el tipo de gas equivocado?

N: Sí, eso es correcto. En la barrera exterior entre este y otros tipos de aire. Para mantener protegida la barrera exterior. Blindado es la terminología más apropiada del idioma disponible.

D: El lenguaje siempre es difícil. (Sí) Estos parecen trabajos muy importantes que tenías desde el principio.

N: Estos no son diferentes a los demás.

D: ¿Qué haces después de que se ha formado la atmósfera y tu parte en ella está completa?

N: Esta tarea en particular está completa, así que ahora regreso a un lugar de descanso.

D: ¿No tienes que continuar en otras formas?

N: Puedo... puedo... He elegido ir a un lugar de descanso. El lugar de descanso es donde está la Luz.

D: ¿Puedes hablarme de la Luz?

N: La Luz es sólo una luz donde no tiene que pasar nada. Simplemente somos la Luz. No hay nada más que debas hacer, ser, imprimir o generar desde el Ser. Simplemente eres uno con Todo, por lo que hay una sensación de plenitud.

D: ¿Descansas mucho tiempo? (Sí) Está bien. Avancemos hasta el momento en que decides abandonar el lugar de descanso. ¿Cuál es tu próxima tarea?

N: Estoy en las corrientes que llevan las cosas de un lugar a otro. Soy una corriente. Es similar a una corriente de aire, pero no aire. No tienes una palabra, pero yo diría que es como una corriente de combinación de electricidad, luz, aire y pensamiento. Es una combinación.

D: Estaba pensando en corrientes como el viento.

N: Sí, funciona de manera similar, pero es diferente. Es la ayuda del movimiento de la conciencia, del conocimiento. Es una corriente de evolución, en tu término. Es para ayudar a una galaxia a evolucionar, por lo que la corriente tiene que fluir hacia la galaxia y alrededor de toda su contención.

D: Estaba pensando que estabas hablando del viento en el planeta.

N: No. Esta es la galaxia y el cosmos que requieren ayuda para moverse. Y la corriente ayudó a moverlo en la dirección que desea.

D: ¿Pero dijiste que también es para ayudar al movimiento de conciencia? (Sí) ¿Cuál es la conciencia que se mueve?

N: Es pasar a una conciencia espiritual, a falta de una palabra mejor, una conciencia de armonía, una conciencia de conciencia. Es el amor lo que es la vibración.

D: ¿Entonces todavía se trata de galaxias y cuerpos más grandes en este momento?

N: Sí. Es dar un nivel diferente de experiencia; un nivel más amplio de experiencia a la galaxia.

D: ¿Qué quieres decir con otro nivel de experiencia?

N: Dentro de la galaxia, todos los planetas, todos los seres, todas las formas de pensamiento, toda la conciencia dentro de la galaxia tiene un cierto nivel, de modo que cuando la galaxia esté casi completa con ese nivel, se traerá otro. Se traerá otra corriente para que el movimiento se pueda hacer más allá del borde de donde está el otro movimiento.

D: ¿Todo esto es parte de la creación de otras cosas? (Sí) ¿Qué tipo de cosas se pueden crear de esta manera dentro de la galaxia?

N: Todo lo que las formas de pensamiento producen. Todo lo que importa quiere surgir. Todo lo que es una línea... es una línea ligera que se puede formar. Es como una luz que se puede aprovechar y que se puede formar. Puede formar cualquier cosa que las formas de pensamiento produzcan.

D: ¿Entonces los otros espíritus como tu son los que traen las formas de pensamiento?

N: Sí, eso es correcto.

D: ¿Entonces pueden crear lo que quieran?

N: Eso es correcto. Todo lo que tienen que hacer es acceder a la línea de luz.

D: ¿Nadie les dice qué hacer?

N: No. Ellos elevan la conciencia de la galaxia para que otros puedan saber cómo hacer esto, pero tiene que ser llevada a un nivel superior antes de que puedan tenerla disponible.

D: ¿Qué pasa con la creación de vida en estos planetas? ¿Tienes algo que ver con eso?

N: No. Sólo traigo la corriente. Yo soy sólo la corriente.

D: ¿Te gusta más eso?

N: Sí porque puedo ver más. Puedo ver cómo cabe más en el Todo.

D: ¿Crees que al entrar en el cuerpo físico de una planta o de un animal has restringido tu visión?

N: Es una visión diferente. No lo abarca todo como lo es dentro de la galaxia. Poder ver la vista de galaxias dentro del funcionamiento de los planetas. Ver cómo todo encaja dentro de una galaxia y luego cómo esa galaxia se conecta con el cosmos es más interesante en este momento. Las vistas son diferentes.

D: ¿Con el tiempo dejas de ser esa corriente? (Sí) ¿Qué pasa en ese momento?

N: Puedo elegir otro lugar para estar.

D: Hay mucho para elegir, ¿no?

N: Sí, lo hay.

D: ¿Qué es lo siguiente que eliges hacer?

N: Elijo ir a un lugar de aprendizaje. Es un lugar al que va todo el mundo... al que van todos los seres. Quien lo elija, puede acudir allí cuando necesite aprender más... no tengo la otra fuente.

D: Cuéntame sobre ese lugar.

N: Tiene todo lo que necesitamos saber.

D: ¿Qué tipo de forma tienes cuando vas a un lugar de aprendizaje?

N: Sólo conciencia.

D: ¿De eso se trata? ¿Aprender y crear?

N: Sí, evolucionando. Simplemente pides aprender y te lo dan. Simplemente lo sabes automáticamente.

D: ¿Sin profesores?

N: No. Se te da a tí... se le da a tu conciencia.

D: ¿Qué prefieres aprender en este lugar?

N: Prefiero aprender sobre la inmensidad de lo que la Fuente ha creado. He aprendido partes y pedazos de galaxias, de universos, planetas y formas de vida, pero quiero aprender la inmensidad de la totalidad de la creación, para poder estar más allá de lo que veo ahora. Porque mis niveles actuales del cosmos incluyen galaxias y planetas menores (no menores), pero qué son minucias, y por eso quiero la inmensidad mayor.

D: ¿Has aprendido que hay algo más grande?

N: Sí, nunca se detiene. Toda la creación se expande, ya que la inmensidad que recibo dentro de mi ser en este momento hará que haya una inmensidad mayor para ser reconocida en otro momento.

D: Entonces, ¿hay algún momento en el que puedas aprenderlo todo?

N: Puedes volver a la Fuente para descansar.

D: ¿Y cuando estás allí puedes saberlo todo? (Sí) Esa es una gran cantidad de conocimiento. ¿Pasas mucho tiempo en el lugar de aprendizaje?

N: Sí. Quiero saberlo en este punto en lo de Todo el tiempo.

D: ¿Y estás absorbiendo toda esta información?

N: Eso es correcto.

Esto va de la mano con lo que el SC ha dicho muchas veces, que tenemos todo el conocimiento y todas las respuestas dentro de nosotros. Realmente no necesitas buscar fuera de ti mismo. Puedes aprender a aprovechar esta increíble fuente de información.

D: ¿Qué vas a hacer con toda la información después de haberla absorbido?

N: Lo estaré transmitiendo a otros donde se necesiten otras partes de este en otros lugares. Debe haber voluntad de su parte. Debe haber apertura. También debe haber nivel de recepción de disponibilidad.

D: ¿Así que simplemente lo transmitistes?

N: Sí, aquellos seres que están en los niveles de receptor para actuar, recibir o transmitir más, lo recogen.

D: Es como un faro que lo transmite a todas partes.

N: Eso es correcto.

D: ¿Entonces no tienes ningún deseo de entrar en un cuerpo físico? (No.) Eso sería limitante, ¿no?

N: No sería limitante porque no sabría de la limitación. Pero no sería con la amplitud a la que tengo acceso en este momento.

D: ¿Eres consciente de que estás hablando a través de un ser humano, un cuerpo físico? (Pausa) ¿Eres consciente de que te estás comunicando conmigo?

N: Estoy enviando los rayos al ser para que el ser pueda enviártelos a ti.

D: ¿No estás en este ser a través del cual estás hablando?

N: No. Se parece más a sus torres de transmisión para sus sistemas telefónicos o sus sistemas de radio... sus ondas. Es directamente a este ser.

D: He descubierto que la única forma en que podemos establecer esta comunicación es cuando los pongo en este estado de conciencia. Entonces son receptivos.

N: Sí, eso es correcto. Una fisicalidad no puede mantener el nivel.

D: ¿Por qué elegiste pasar por ella hoy?

N: Ella está dispuesta a recibir la información.

D: Por supuesto, con el volumen de información que tienes no queremos sobrecargar sus sistemas.

N: Correcto. Tiene tendencia a sobrecargarse. No queremos eso.

D: ¿Entonces crees que es hora de que sepa más y tenga más información?

N: Sí, el vehículo está listo. Las líneas de transmisión han sido conectadas. Ella va a ser una transmisora, una transmisora humana. No importará qué haga y en qué forma. La transmisión será a través de ella.

D: ¿Para que pueda seguir con su vida normal?

N: Es correcto. Viene a través de ella como si fuera un vehículo alrededor de la atmósfera. El vehículo es similar al planeta Tierra en que hay vibraciones, matrices, atmósferas y todo tipo de cosas alrededor de la Tierra que alimentan la transmisión.

D: ¿Quieres que ella transmita solo por ser o qué?

N: Sí, eso es correcto. Ella lo transmite simplemente a través de la esencia del yo, la esencia de lo físico, la esencia de la atmósfera alrededor de lo físico.

D: ¿Entonces ella no tiene que escribirlo ni hablar de ello?

N: No es necesario. Puede hacerlo si así lo desea, pero se transmitirá porque el nivel de transmisión es tal que muchos no podrían entender esta palabra hablada o escrita. Este es el camino que ella eligió: ser un faro. Ella es como una torre de sintonía que refina el planeta, quienes están en él, en él y alrededor de él.

D: ¿Hay otros seres en la Tierra haciendo lo mismo? (Sí) ¿Están conscientes de ello?

N: Algunas lo son. Pocos lo son. La mayoría de ellos, no.

D: Ésa es una de las cosas que quería saber. ¿Cuál es su propósito? ¿Qué debe hacer ella aquí en la Tierra?

N: Ella es un dispositivo de sintonización de transmisión. Está haciéndolo como dispositivo. Refina la fisicalidad, la atmósfera alrededor de la fisicalidad. Y los demás cuerpos o las palabras que se usan en este planeta, el físico, el mental, el astral y el espiritual. Fue su elección. Continúa sirviendo como dispositivo mientras esté en el cuerpo. Ha estado en este dispositivo durante toda su vida. La colocaron en varios lugares para que las transmisiones pudieran sintonizarse, la enviaron a varios lugares para que las transmisiones fueran "amplificadas".

Parecía uno de los de la Segunda Ola de voluntarios. Se describen como guías, transmisores, generadores y canales para transmitir energía positiva a los demás. (Consulte mi libro Las tres oleadas de voluntarios para obtener más información).

D: Me has dicho antes que dondequiera que vayamos dejamos algo de nuestra energía.

N: Sí. No es energía per se, en su terminología. Es una combinación de cosas que encienden y producen más de lo que se va a producir. Lo llamas "energía" en la terminología de este planeta. Podría llamarse "energía", pero es más refinado que eso. Es una sintonía más fina, una transmisión más fina que ayuda a que todo lo que lo rodea sea más fino y permite más luz.

D: ¿Cuál es el propósito de hacer esto en este momento de la historia de la Tierra?

N: Para que la Tierra pueda traer un nivel superior en su evolución y eliminar los cuerpos o energías más pesados, más oscuros, más densos, menos luminosos; como quieras llamarlas, las esencias que están frenando al planeta.

D: ¿Entonces esos son los que se van?

N: Sí, eso es correcto.

D: ¿Entonces puedes tener más luz, más conocimiento y más información?

N: Sí, eso es correcto. Más transmisiones que llegan pueden refinarlo a un ritmo mayor... a un ritmo más rápido.

D: ¿Están llegando ahora más personas que están haciendo esto?

N: Sí, eso es correcto, las hay. Lo hacen a través de su risa, a través de su juego, a través de su música, a través de métodos de ser menos estructurados.

D: Pero lo hacen sin darse cuenta.

N: Sí. Hay muchos que lo saben, pero hay muchos que no pueden saberlo por el lugar donde se encuentran. Porque si se conoce, entonces los seres que los rodean intentarían cerrarlo.

D: ¿Sería recomendable que ella no hablara de esto?

N: Ella sabrá cuándo y cuándo no hacerlo. La mayoría de los seres con los que se encuentra en este momento no pueden hablar de esto. No lo entenderían. Están los seres más oscuros y densos que harían intentos significativos de detener las transmisiones.

D: ¿Es por eso que la mayoría de la gente lo hace en secreto?

N: Sí, lo son. Parecen solitarios, en la terminología de este planeta, y de hecho, son luz. Provienen de la Fuente en transmisión directa y, en tu terminología, serían "alto voltaje".

D: Pero todos originan de la Fuente, ¿no es así?

N: Sí. Sin embargo, hay aquellos que por libre albedrío no tienen voluntad dentro del Ser para generar más luz.

D: ¿Entonces todo depende del libre albedrío del individuo?

N: Sí, en este planeta.

D: Y algunos de ellos han declinado. (Sí) Me sorprendió volver a la vida en la creación del mundo. Pensamos que volveríamos a vidas pasadas normales. (Risas)

N: Esto es normal para este ser.

D: Sucede cada vez más cuando trabajo con gente. Vuelven a lo inesperado. (Sí) Supongo que este es el momento del mundo en este momento.

N: Sí, y es parte de tu evolución.

D: ¿Mi evolución?

N: Sí, eso es exacto porque eres un transmisor de la Fuente.

D: Un tipo diferente al que ella es.

N: Sí, eso es exacto.

D: Sé que la información que he estado recibiendo es muy, muy diferente a la que tenía cuando comencé.

N: Sí, eso es exacto y así continuará.

D: Aunque siempre digo que no nos darás más de lo que podemos manejar.

N: Eso es correcto.

D: ¿Y debo seguir dándolo al mundo?

N: Sí, has dado mucha importancia al inicio, encendido, activación, evolución de las almas, así como a la esencia planetaria.

D: ¿Seguirá creciendo el trabajo?

N: Sí. Así que les dejamos con una transmisión para ambas para ser más ligeras y esencia de la gracia.

Mensaje de despedida: Ella debe mantener el Ser para que el Ser sea consciente de sí mismo en todo momento. Y no permitir que el Ser sea monitoreado, superado, manipulado o utilizado de ninguna otra manera que no sea para un ser que caminará a su lado. Y estamos con ella siempre.

D: Yo te llamo subconsciente. Dijiste que no te importa cómo te llame. (Risas)

N: Eso es correcto. Sabemos que el yo necesita los nombres para conectarse.

D: Pero no tuve que llamarte hoy porque ya estabas aquí.

N: Eso es correcto. Siempre estamos aquí.

Capítulo 21
"AJUSTES"

Ella estaba tan ansiosa por entrar en escena que ni siquiera esperó hasta que terminé la inducción. Inmediatamente se encontró caminando por extraordinarios jardines llenos de hermosas flores. Había pájaros de colores en los árboles. Luego vio un edificio de tipo romano que sabía que era una biblioteca enorme. "Parte de ella es una biblioteca y, oh, puedes hacer todo tipo de cosas allí". El lugar le parecía muy familiar y supo que había estado allí antes. Estaba ansiosa por subir las escaleras y entrar al edificio. "Un amigo mío está abriendo la puerta. Alguien a quien conozco desde siempre. Él está muy bien informado".

D: ¿Sabe él por qué has venido?

E: Él siempre parece saber todo sobre mí. Es muy amable y cortés. Creo que me ha estado esperando.

D: ¿Hay algo ahí que hayas venido a ver?

E: Vengo a discutir. Parece como si el fondo ahora hubiera cambiado. Estoy en presencia de "mis doce". Mis consejos. Hay tres abajo, siete en el medio y dos arriba. Se sientan y yo estoy frente a ellos. Mi amigo está a mi izquierda y me anima a hablar con el consejo.

D: ¿Hay doce incluyendo a tu amigo o está separado?

E: Está separado.

D: ¿Te está animando a hablar con el consejo? (Sí) ¿De qué quieres hablar?

E: Oh, hay tantas cosas. Muchas cosas. ¿Con quién tengo la oportunidad de trabajar? Siento que lo estaré trabajando con aquellos que no nacieron aquí en este planeta. Estoy desarrollando relaciones y vínculos con diferentes... buscando más conocimiento de eso. —Hay tres a continuación. Hay siete en el medio y dos arriba. Mientras miro el consejo, el de la izquierda en la parte superior simplemente abrió la boca y salió una chispa de luz. Algo está pasando.

D: ¿Pero les preguntas con quién estás trabajando o con quién se supone que debes trabajar?

E: Creo que es con quién tengo la oportunidad de trabajar. Creo en mi vida actual. Cuando abren la boca, es como si sucedieran cosas. Como si se abriera una puerta.

D: ¿Quieres decir que no tienen que comunicarse contigo?

E: Los de abajo los puedo entender. Los que están en el medio, realmente no puedo entender lo que dicen. Y los de arriba se comunican de diferentes maneras que no entiendo. Los tres siguientes están conmigo la mayor parte del tiempo. Me presento ante el consejo para... es como si pidiera permiso para hacer cosas diferentes. Y lo discuten y lo piensan o lo aconsejan, pero ellos son mi consejo.

D: Dijiste que los tres de abajo están contigo la mayor parte del tiempo. ¿Qué quieres decir con guías o qué?

E: No lo sé. Sólo sé que son energía. No puedo decir cuáles son, pero el que está en el medio al final de los tres se comunica conmigo de la mejor manera que puedo entender. Es como eléctrico.

D: ¿Cuándo se comunica? ¿Mientras duermes o qué?

E: Creo que en cualquier momento.

D: ¿Dijiste que querías saber con quién vas a trabajar?

E: Correcto. Aquellos con los que se ha abierto y con los que puedo trabajar. Ya tengo el permiso. Es sólo que no me doy cuenta ni confío en mí mismo para saberlo.

D: Bueno, cuando estás en un cuerpo humano percibes las cosas de una manera diferente.

E: Correcto. Y esto ya lo sé y ellos sonríen. (Risas) Están comunicando amor. Ahora me están llevando a alguna parte.

D: ¿Quién te lleva?

E: No lo sé. Es como si me empujaran un poco hacia atrás y hacia la derecha.

D: Veamos adónde te lleva.

E: Estoy en un lugar, pero no sé en qué estoy parado. Ni siquiera sé si estoy de pie, pero estoy mirando dónde estaré trabajando. —Estoy viendo varios planetas. Estoy viendo varios sistemas estelares. Es bastante vasto. —Me lo muestran para que pueda recordarlo, pero esto ya lo sé. Son varios planetas diferentes. Es un sistema de dos estrellas... una estrella binaria y planetas a su alrededor. Ese no es el único lugar, pero es en lo que me concentro principalmente. Interesante. Oh, hay muchas criaturas diferentes. Algunos apenas están naciendo.

D: ¿Naciendo? ¿Te refieres a que recién se están formando o qué?

E: Correcto. Recién comenzando... apenas comenzando. Estoy viendo las diferentes formas de vida chicas y pequeñas.

D: ¿Dónde están estas formas de vida?

E: En los distintos planetas. Diferentes planetas tienen diferentes formas de vida. Hay muchos a los que seguir la pista. Hay muchos para ayudar. Hay muchos para ver y luego les presentamos diferentes lugares. Hacemos experimentos. Miramos y vemos qué puede funcionar, y luego lo introducimos en la atmósfera y lo introducimos en ese cuerpo planetario en particular... con el permiso del cuerpo. El cuerpo planetario es parte del proceso. Es una dinámica total.

D: ¿Entonces quiere decir que el planeta mismo tiene que dar permiso para que las diferentes formas de vida que acepta vivan en él?

E: Sí, y los sistemas solares también forman parte de ellos.

D: ¿Tienen que dar permiso los sistemas solares o sólo el planeta?

E: Todos tienen que estar de acuerdo.

D: ¿Pero dijiste que hay muchas formas de vida diferentes?

E: Sí, y estoy trabajando con muchos tipos diferentes para hacer este trabajo. Hay algunas que parecen arañas muy raras, que son muy buenas en matemáticas. Hay algunos que… oh, casi parece la escena del bar de Star Wars. (Risas)

D: Pero todo está vivo. No tiene por qué tener las mismas formas, ¿verdad?

E: Oh, no, no es así.

D: ¿Cualquiera que se adapte a esa atmósfera?

E: Correcto. Pero los que están trabajando en eso era en una artesanía o en muchas artesanías. Pero hay uno en particular al que vamos, miramos, calculamos y experimentamos con lo que funcionaría en ese planeta. Y qué diversas formas pueden evolucionar y evolucionarán en función de nuestros experimentos en otros planetas. Y todos nosotros en la nave conferenciamos. Intentamos cosas diferentes. Tenemos muchos enfoques diferentes porque tenemos diferentes orígenes.

D: ¿Todo esto se hace en esta nave espacial?

E: Sí, tenemos muchas naves espaciales diferentes, pero ésta en particular nos gusta. Hay uno en el medio y luego hay siete alrededor. Este es de bastante buen tamaño. Podemos hacer casi de todo en él, aunque a veces cuando bajamos al planeta vamos en naves más pequeñas. O a veces simplemente llevamos una parte de nuestra comprensión o de nuestro ser ahí abajo... sólo una parte de nuestra conciencia.

D: ¿Entonces no tienes que llevar toda la conciencia?

E: No, sólo una porción de la conciencia para bajar al planeta y verlo. Puedes viajar de esa manera sólo con tu conciencia, o puedes llevarlo todo contigo. Tus instrumentos o lo que tengas a bordo de la nave. Puedes hacerlo de cualquier manera o puedes hacerlo de ambas maneras. Realmente no importa. Lo que sea necesario. Hay muchos de nosotros. Es toda una brigada nuestra. Tenemos muchos diferentes de diferentes orígenes y estamos aquí para expandir la luz. Eso es lo que estamos haciendo. Estamos ampliando la luz. Nos adentramos en lugares desconocidos, pero basándonos en nuestro origen y nuestra experiencia... todos juntos nos ayudamos unos a otros y añadimos vida de diversas y variadas formas en estos diversos planetas.

D: ¿Pero no vives en estos planetas? ¿Vives en las naves espaciales?

E: Correcto. No vengo de ahí, pero este es mi trabajo y lo que disfruto hacer. Y disfruto de la camaradería con todos ellos. Hay uno que parece... el más parecido sería una mantis religiosa. Simplemente muy majestuoso, muy viejo, muy bien informado. Simplemente una increíble fuente de conocimiento e información.

D: ¿Estos seres son todos diferentes y tienen trabajos diferentes?

E: Sí, pero todos consultamos. Todos trabajamos juntos.

Le pregunté cómo percibía su cuerpo. “Puedo ser lo que quiera”.

D: ¿Tienes esa capacidad de cambiar de forma? (Sí) ¿Y los otros?

E: No lo sé. Cada uno es diferente, pero sí, puedo ser lo que quiero. Hay una cosa que disfruto especialmente. Supongo que lo llamarías vestido largo; tiene muchos colores brillantes diferentes, pero esas son energías. Hay una razón y un propósito detrás de esto. Son energías diferentes. No es necesario tener un cuerpo. Puedes ser simplemente una conciencia si quieres.

D: ¿Cómo te percibes a ti mismo en tu forma normal si no te transformas en algo?

E: Soy relativamente alto, delgado, nada parecido a mi cuerpo terrestre. Quería experimentar eso y ver la diferencia. —Muy alto. Puedes ser lo que quieras ser.

D: ¿Entonces esta no es tu casa, pero aquí es donde está tu trabajo?

E: Sí porque me da alegría. Pero visito mi casa. Eso está en una dimensión diferente. Es bastante diferente. Pasas a través de un portal hacia... oh, ¿cómo dirías?... diferentes autopistas energéticas. Puedes hacerlo de esa manera o simplemente puedes pensarlo y estar aquí.

D: Me pregunto si tardarías mucho en llegar a tu planeta de origen.

E: Instantáneo. De hecho, puedes estar en ambos lugares al mismo tiempo. Puedes estar en varios lugares. Y te conoces a ti mismo y vas entre tus diferentes yos, sea lo que sea que te traiga alegría. Pero puedes ser llamado a diferentes lugares por diferentes personas. La energía te llama de regreso. Pero aún puedes estar donde estás y una parte de tu energía vuelve a abordar lo que sea, a comunicarte, a ser parte de esa vida. Hay tantas posibilidades, pero eso me trae alegría. El compañerismo, somos muchos, pero los hay más adeptos, avanzados. Mayores, —no mayores, —más experimentados. Hay unos que son más aventureros que otros. Algunos han estado haciendo esto durante eones. Soy relativamente nuevo en esto.

D: ¿Incluso aquellos que han estado allí durante eones todavía disfrutan de lo que están haciendo?

E: Sí, disfrutan. Si no, estarían en otro lugar. Pueden ir a donde quieran.

D: ¿Es este el trabajo principal que estás haciendo ahora?

E: Según mis antecedentes, según los lugares en los que he estado. Aporto experiencia, emociones, y luego, cuando las formas de vida llegan a un punto en el que pueden incorporarlas, supongo que esa es mi experiencia, inculcar emociones. Tanto como lo tenemos aquí en la Tierra. Todos somos combinaciones de muchísimas variaciones diferentes. Y entonces, basándome en mis antecedentes, tomaría ese conocimiento y lo discutiría con mis colegas porque quieren tener formas de vida que experimenten más emociones de las que ellos han experimentado. Y ven que es un dualismo. Puede ser muy difícil, pero puede resultar muy gratificante.

D: ¿Entonces algunos de los seres en la nave no experimentan emociones?

E: No en la misma medida que nosotros... no las emociones plenas, no.

D: ¿Por qué tienes ese trasfondo, el sentimiento de emociones?
E: Porque he estado en la Tierra. He experimentado la Tierra.
D: ¿De ahí vienen las emociones?
E: Bueno, esta parte de mi cadena de ADN... es parte de mi comprensión. Eso es parte de mi codificación y decodificación. Eso es parte de cómo he cambiado. Mi codificación ha cambiado e incorporamos nuestra codificación diferente en diferentes formas de vida. Tomamos hilos de los distintos grupos de mis colegas. Tomamos hebras de nuestro... la forma más fácil de explicarlo es codificando. Lo entiendo como algo más que ADN: —un proceso de codificación. Y tomamos parte de eso y mezclamos variaciones y luego las inculcamos en formas de vida en varios planetas que han alcanzado una determinada etapa.
D: ¿Entonces quieres decir que no tenías emociones antes de tomar cuerpos terrestres?
E: Tuve emociones, pero no tanto. —Veo un ventilador. Y abres todo el abanico, y en cada pequeño pliegue del abanico tienes una emoción diferente. Y en algunos planetas el ventilador está abierto sólo un poquito, y en otros planetas el ventilador está abierto un cuarto, la mitad o tres cuartos. Pero aquí en la Tierra está abierto —no del todo el ancho del abanico, pero sí bastante abierto— y tenemos diferentes emociones que, mientras vivimos aquí, superamos. Aprendemos esas energías y aprendemos cómo aprovecharlas y aprendemos cómo controlarlas. Y no es hasta que aprendemos a aprovechar o controlar que nos habremos graduado más o menos para seguir adelante.

Se ha dicho que las principales cosas que venimos a aprender a la escuela de la Tierra son emociones y limitaciones. Eso es lo que hace de este el planeta más desafiante de nuestro universo.

D: Porque las emociones son muy complejas en la Tierra, ¿no?
E: Oh, increíblemente... increíblemente.—De donde vienen mis compañeros hay lugares donde tienen algunas emociones, pero no es toda la gama... no es del todo una comprensión. Hay desconcierto. Ven todo lo que ha pasado aquí. Ven todo lo que sucede en todas partes. Simplemente enfoca tu atención y podrás verlo. Puedes sentirlo. Puedes saberlo.

D: Dijiste que no tienen toda la gama de emociones, pero ¿cuáles son las básicas que tendría la mayoría de la gente?

E: Entenderían el amor y la ira... el amor por los demás seres, el amor por la familia y la ira en... Estoy pensando en un "reptiliano"... una comprensión del amor y muy rápido para enojarse. Puede ser ambas cosas, pero no tiene las degradaciones de formas superiores de compasión, formas superiores de múltiples emociones al mismo tiempo. Nosotros en la Tierra podemos estar enojados, tristes, felices, encantados, alegres y venenosos, todo al mismo tiempo. Y eso les resulta extraño porque viven principalmente en una emoción y no en varias simultáneamente.

D: Porque los humanos son criaturas muy complicadas.

E: Sí, y puede ser muy difícil, pero también puede ser estimulante... absolutamente estimulante estar aquí.

D: Si esos seres tienen esas dos emociones básicas, esas son emociones muy fuertes.

E: Tienen emociones como los celos, aunque lo ven como una enfermedad mental. También comprenden mejor la unidad en el sentido de que todos somos uno y experimentan esa unidad. Aquí en la Tierra hemos pasado por una larga etapa de sentirnos separados. Y hemos aprendido mucho durante este período al ver la vida de esa manera.

D: ¿Eso significa que el ser que eres, allí en esa nave, existe al mismo tiempo que esta persona en la Tierra con la que estoy hablando? ¿Entiendes de lo que estoy hablando? (Sí) Porque sabes que estás hablando a través de un ser humano. (Sí) ¿Están ambos existiendo al mismo tiempo o qué? (Sí) Entonces estás existiendo en la nave espacial al mismo tiempo que hablas a través de Ella? (Sí) ¿Puedes explicar cómo sucede eso?

E: Diferentes partes de la conciencia.

D: ¿Entonces esto significa que Ella ha tenido otras vidas pasadas en la Tierra? (Sí, sí.) ¿La emoción que experimentó en esas vidas se te transfiere? (Sí) ¿Entonces en realidad no tienes que vivir la vida? (Correcto.) Eso es lo que estoy tratando de entender. ¿Estás recibiendo la emoción de ella por ósmosis o algo así?

E: Correcto. Esa es una de las razones por las que está a bordo de la nave. Ella está, como dices, "modificada", por lo que su codificación se descarga y se transmite simultáneamente a otros.

D: ¿Todo esto se hace en un laboratorio o algo así?

E: Hay diferentes maneras de hacerlo.

D: ¿Y más o menos se pone en una base de datos o algo así? Estoy intentando utilizar nuestros términos.

E: Como una computadora, si pensaras en un gran banco de computadoras accesible a todos en el universo. Si quieren tener esa información, pueden tener esa información. Está todo compartido. Es todo uno.

D: ¿Entonces esa parte emocional se descarga en otros seres en otros planetas?

E: Si así lo desean, sí.

D: Los humanos tienen libre albedrío, ¿entonces estos otros tienen libre albedrío de esa manera?

E: Sí, por supuesto.

Una de las preguntas de la lista de Ella tenía que ver con una experiencia que ocurrió cuando era pequeña. Estaba en el auto que conducía su madre y vio una enorme nave espacial. Les pregunté si podían contarle sobre esa experiencia.

E:(Divertido.) En realidad, era una nave más pequeña. Ella piensa que era grande.

D: Era una niña pequeña, quizás por eso las cosas le parecían más grandes.

E: Es cierto.—Era pequeña en comparación con otras que tenemos. Hay otros que parecerían inmensos según los estándares humanos.

D: He oído que algunas son tan grandes como una ciudad.

E: Oh, más grande... más grande.

D: ¿Realmente vio esto cuando estaba en el auto con su madre?

E: Sí, la vio.

D: Su madre también lo vio. (Sí.) ¿Pasó algo más ese día? (Sí.) ¿Puedes contárselo?

E: Estoy tratando de mostrarle lo que quiere ver. Un momento. Ha visto el interior de la nave. Hay varios compartimentos (habitaciones, diríamos), diferentes funciones para diferentes partes y variedades de científicos a bordo. Ella conoce a estas personas.

D: ¿Por ti o por ella misma?

E: Por ella misma. Ella sabe. Ella estaba desconcertada cuando era pequeña y no queríamos hacerle daño. Tiene mucho que hacer en esta vida.

D: ¿Cómo llegó a esa nave?

E: Era sólo parte de su ser consciente.

D: ¿Entonces no fue necesario sacarla físicamente del auto?

E: Puedes hacerlo de cualquier manera. Ha estado físicamente a bordo y consciente de sí misma. Divides un segundo, como dices, porque el tiempo no es lo que crees que es. En esencia, puedes dividir un segundo y, a medida que divides un segundo, lo desarmas y te congelas donde está ella. Entonces será libre de estar en otra dimensión.

D: ¿Entonces sucede muy rápido? (Oh, sí.) En realidad, casi simultáneamente. ¿Es eso lo que quieres decir?

E: Sí, pero eso se hizo más adelante en la vida. Esta vez se le permitió ver porque despertaría un recuerdo que la ayudaría a despertar. Necesitaba ver eso.

D: ¿También se llevaron a su madre?

E: No. La madre no es necesaria.

D: ¿Esto no es parte de la experiencia de su madre? (No.) Pero su madre lo vio.

E: Sí, para validarle más adelante en su vida que no se lo estaba inventando. Tuvo la validación y con eso le dio más crédito y más comprensión a ese pensamiento.

D: ¿Dijiste que esta no fue la única vez que le pasó esto? (No.) ¿Sucedió antes o después de eso?

E: Antes y después… muchas veces después.

D: ¿Dijiste hace un tiempo que se la llevaron y la "modificaron"?

E: Modificada, como lo entenderías. Significa que la conciencia cambia. No está reformulada. Se agrega para que ella pueda lidiar con la vida aquí en la Tierra, para que pueda lograr lo que vino a hacer aquí.

D: También dijiste algo sobre el ADN.

E: Como los humanos entenderían, cuando observan los componentes de lo que son, ven principalmente su ADN. Pero no entienden que hay mucho más detrás de eso. Es como si fuera un proceso de codificación matemática. Tienes magnetismo a tu alrededor y esa interacción. Hay magnetismo terrestre. Hay magnetismo humano. Para que la chispa de la vida se adhiera al cuerpo y funcione, todas esas cosas deben estar alineadas. Y a veces es necesario alterar y cambiar la alineación. "Retocado", como dirían muchos. Alinearse porque a veces los cuerpos humanos se desalinean. No es que sea mejor o peor. Simplemente es el alineamiento, y mantener esa entidad, esa persona, esa unidad, en alineamiento, es... Supongo que sería como un chequeo. Vas a un médico en la Tierra que te revisa y se asegura de que estás funcionando correctamente. Y si no es así, intentan alinearlo con un cuerpo que funciona, ya sea mediante cosas que hacen, cosas que sugieren o medicamentos. Tienen varias formas. Tienen muchos medicamentos aquí en la Tierra en lugar de hierbas y la forma natural de hacer lo mismo. Pero no hacemos eso. Nos realineamos para que sea una entidad equilibrada más capaz de afrontar lo que necesita hacer.

D: Parece que probablemente también uses energía.

E: Sí, energías, cristales. Muchas modalidades diferentes, como bien dices.

D: Porque si el cuerpo se desalinea, es cuando aparece la enfermedad, ¿no es así?

E: Éste no tiene que preocuparse por la enfermedad.

D: Sí, parece estar bastante sana. Pero ¿Cuándo la persona promedio se desalinea es cuando ocurren las dolencias?

E: Sí. Pero también están sucediendo cosas más elevadas que ellos, —al llegar a esta vida, —tal vez hayan elegido superar.

Ella quería saber si hizo un contrato cuando llegó a esta vida. Dijeron: "Fue un acuerdo". Sin embargo, cuando les pregunté cuál era el acuerdo, dijeron que no podían decírselo en ese momento.

D: Está bien. ¿Está cumpliendo su acuerdo?

E: Su vida cambiará de maneras que ni siquiera puede imaginar. Ella quería muchos cambios.

D: ¿Cambios positivos?

E: No es una cuestión de positivo o negativo. Estos son cambios a los que ha aceptado. Todas las cosas son buenas... todas las cosas. Estará contenta.

D: ¿Pero no quieres contarle nada más en este momento? (No.) Está bien. Guardémoslo para una sorpresa.

E: Ella lo entenderá a medida que se desarrolle. Aún no es el momento. Conocerá el envolvimiento cuando sea el momento adecuado.

Luego llegamos a la pregunta "eterna", la que todo cliente quiere saber. "¿Cuál es mi propósito? ¿Por qué estoy aquí? ¿Qué se supone que debo hacer? La respuesta fue la misma que he escuchado muchas veces: "Ella está aquí para ayudar". Nunca dicen que estamos aquí para divertirnos, tener sexo, beber y ganar mucho dinero. ¡Ay, caramba! Siempre dicen que estamos aquí para ayudar a la gente, para ayudarnos unos a otros.

D: Dijiste que cuando ella regresó a la nave, fue para ajustarle ADN y hacer mejoras en el cuerpo. ¿Es eso correcto?

E: Ajustar la codificación. Lo interpretarías como ADN, pero nosotros lo consideramos más bien como codificación. También suceden otras cosas.

D: Me han dicho que el ADN está cambiando en todos en este momento.

E: Sí, sí. Es por las energías. Las energías están cambiando.

D: Las vibraciones y las frecuencias están cambiando, ¿no es así? (Sí.) Me han dicho que el ADN o la codificación deben cambiarse para que coincidan. (Sí.) Porque la Tierra misma está evolucionando. (Sí.)

Estaba intentando repasar la extensa lista de preguntas de Ella. La mayoría trataban de una posible asociación con extraterrestres. Recordaba conscientemente pequeños fragmentos de posibles experiencias. "¿Por qué tendría que ir a diferentes oficios?"

E: Diferentes razones... diferentes entidades con las que interactúa... diferentes propósitos. Ella ha ampliado su propósito.

D: Tenía la sensación de que conocía desde hacía mucho tiempo a las personas que conocía en esas naves. (Sí.) Casi como si fueran amigos o familiares.

E: Lo son.

D: Estoy tratando de establecer la diferencia entre tú y ella. ¿Ha tenido otras vidas en otros planetas?

E: Ah, sí. Muchas formas de vida. Muchos planetas diferentes, sí. Todas las vidas son iguales. No es lineal. Esto está sucediendo ahora.

D: ¿Por qué eligió venir a la Tierra? El cuerpo humano es bastante diferente.

E: Para ayudar a traer luz a este planeta, para ayudar a su gente... para ayudar.

D: Vienen muchos, ¿no?

E: Sí. Vienen a ayudar... cada uno de una manera diferente.

D: ¿Y cuando Ella termine su trabajo aquí volverá al lado espiritual?

E: Está más allá de lo que considerarías el lado espiritual. Es más bien la luz yendo hacia la luz.

D: ¿Volver a la Fuente?

E: Si ella así lo desea, pero esto es casi como si estuviera más allá de la Fuente. Pasas por la Fuente para ir a esta otra dimensión.

D: ¿Es esta la enorme luz brillante que algunas personas dicen haber visto?

E: Creador, sí. Ir más allá para expandirse.

D: Entonces hay más de lo que podemos entender, ¿no es así?

E: Oh, sí, mucho más de lo que el cerebro lineal puede centralizar.

En mi trabajo me han dicho que eventualmente habremos aprendido todas nuestras lecciones en la escuela de la Tierra y nos graduaremos, por así decirlo. Nos graduamos de todas las escuelas (en la Tierra y en otros lugares) y regresamos a la Fuente. Pensé que ese era el destino final.

E: Entiende que hay varios niveles del Creador. Están los Creadores y luego están, como dices, las madres y los padres de esos Creadores. Y hay madres y padres de esos Creadores. Hay tantos niveles diferentes que es difícil conceptualizarlos para el cerebro humano. En la capacidad que elige utilizar en el presente, es difícil de conceptualizar. Hay más allá del Creador, y esto es ir más allá del Creador para la creación del otro lado.

D: Esta es una de las preguntas que la gente me hace cuando hablo de Dios o la Fuente. Preguntan: "¿Quién lo creó?" ¿Es de eso de lo que estás hablando? (Sí.) De esa manera continuaría hasta el infinito, ¿no es así? (Sí.) Entonces realmente no había un "comienzo" más atrás. (Risas) Estoy tratando de entender.

E: Sí, pero el comienzo es también el final, que también es el medio. También lo es ahora.

Esto estaba empezando a confundir mi mente. "Me dijeron que todas nuestras preguntas nunca tendrían respuesta porque la mente humana, no el cerebro, no tiene conceptos para entenderlas".

E: Los conceptos en los que basar que esto es cierto, pero también entender que en esta forma humana sólo usas una pequeña parte conscientemente de lo que llevas contigo. Y lo llevas contigo en todas y cada una de las células de tu cuerpo. Lo llevas todo contigo en todas y cada una de las células.

D: Me dijeron que no hay conceptos que realmente lo expliquen y que podamos entender.

E: Claro, pero lo entenderás en algún momento.

D: Me dijeron que cierta información es como un veneno en lugar de una medicina porque no la entenderíamos y llegaríamos a conclusiones equivocadas.

E: Esto es cierto.

D: También dijeron que tenían que tener mucho cuidado al redactar las cosas porque podían malinterpretarse.

E: Esto es cierto. Esto es cierto.

Es hora de dejar de filosofar y volver al tema de la sesión. "Pero si estás en la nave espacial, ¿vives tanto como quieres?" (Sí.) "¿No tienes limitaciones como las que tienen los humanos?" (No.) "Y dijiste que eras como una conciencia que podía crear cualquier forma que quisiera". (Sí.) "De esa manera no habría ninguna manera de que pudieras morir, por así decirlo".

E: Ninguno de nosotros muere.

D: Sé que no lo hacemos. Simplemente cambiamos. Pasamos a una forma espiritual cuando dejamos el cuerpo. Entonces en realidad no está muriendo. Simplemente está cambiando de forma de esa manera. Pero no tienes un cuerpo físico. Un cuerpo físico tiene sus limitaciones.

E: Correcto. La caja en la que te pones, la conciencia, tiene sus limitaciones. Y eso es con lo que estamos trabajando, esas limitaciones, para convertirla en una caja mejor para que dure más.

D: Tenemos que tener un vehículo para vivir.

E: En realidad, no. Puedes vivir sin el vehículo si eso es lo que eliges experimentar. Esa es tu elección.

D: Estoy pensando que en la Tierra tenemos que tener un vehículo.

E: Hay muchas conciencias. Algunos son vistos como "orbes". Esas son las conciencias. A veces, lo que consideras un orbe individual, también es una civilización completa dentro del mismo orbe. La forma de un círculo por una esfera es el vehículo perfecto, la forma perfecta mediante la cual puedes entrar en esta atmósfera, entrar en esta densidad y no quedarte estancado. La forma es perfecta para esta densidad particular de poder ver, mirar, viajar, experimentar, sin quedarse estancado. Porque la mayoría no quiere quedarse atrapada en la atmósfera y las energías pesadas y letárgicas que existen en este planeta. Sólo los más fuertes se atreven a avanzar. Sólo los más fuertes pueden estar aquí.

D: Porque cuando se atascan tienen que volver una y otra vez, ¿no?

E: Es su elección. Eso está llegando a su fin, pero es su elección.

D: Eso es lo que estoy encontrando, que ya no mucha gente tiene karma.

E: Intenta ver una forma grande, digamos la forma de un diamante, con muchas, muchas, muchas facetas. Cada vida es similar a una faceta diferente de ese diamante, y una vez que hayas completado esa faceta, ya no tendrás que abordarla. Pero algunas superficies, algunas facetas, requieren muchas vidas para lograrlo. Trabajas en muchas facetas al mismo tiempo. Es más expedito hacerlo así, y además las almas están bastante ansiosas por experimentar muchas cosas diferentes simultáneamente. Pero una vez que hayas completado lo que está en una faceta, ya no tendrás que abordar eso. Puedes regresar y ayudar a otros con esa misma faceta, pero no es algo a lo que estés obligado o atado kármicamente. Piensa en ello también como un círculo y esto es lo que mucha gente en este planeta piensa en términos kármicos, como un círculo kármico. Y ven en un lado del círculo experiencias difíciles en la vida que son desafiantes. Y luego, al otro lado del círculo kármico, ven experiencias que les resultan más gratificantes o placenteras. A medida que los humanos aprenden, la manera de salir de ese círculo es entrar. Entonces, si tienes un círculo dando vueltas y vueltas, percibido como bueno por un lado y percibido como difícil por el otro, ve hacia adentro, donde eres neutral. No eres ni bueno ni malo. No juzgas nada de lo que sucede en tu vida. Eres neutral. Cuando eres neutral, comprendes que tanto las percepciones buenas como las malas te llegarán en un estado neutral. Pero continúa manteniéndote neutral en cualquier cosa que te suceda en la vida, entonces saldrás de ese círculo kármico.

D: Yo lo llamo la "rueda kármica", pero es lo mismo.

E: Rueda, sí, pero podría ser una esfera. Podría ser una pelota. Podías verlo en dos dimensiones, unidimensionalmente, tridimensionalmente. Pero a medida que vas hacia adentro, eso también es simbólicamente ir dentro de ti mismo, ya que eres el universo. Así que ve dentro de ti mismo y sé neutral. Y como eres neutral, estás alejado de ese ciclo kármico, y sólo siendo neutral puedes continuar.

D: Tengo muchos clientes que vienen a verme y que están tan atascados en el karma de las cosas que perciben que la gente les ha hecho a lo largo de sus vidas, que no saldrán. No lo dejarán pasar. Simplemente están atrapados allí.

E: Se pueden despegar en cuestión de segundos, pero tiene que ver con el cambio de percepción de que ya no son víctimas. Si se perciben a sí mismos como víctimas de algo que perciben en el pasado, se aferran a ello por una razón. Están aprendiendo de ello. Se están alimentando de esa energía. Están experimentando lo que quieren experimentar y lo harán hasta que vean que hay una manera diferente, y luego irán y experimentarán la otra manera. Es sólo una cuestión de percepción y puedes cambiar la percepción en cuestión de segundos.

D: Mi trabajo es hacerles ver que se han enfermado al aferrarse a cosas viejas que les han hecho.

E: Y requiere gran parte de tu energía. ¿Por qué desperdiciar tu energía de esa manera?

D: Intento que lo vean y lo miren, para que lo publiquen.

E: Correcto, pero a medida que tomen conciencia lo soltarán y tomarán una perspectiva diferente. Todos hemos estado allí. Todos lo hemos hecho. Todos lo hemos experimentado.

Mensaje de despedida: Mucho amor. Ella va a ayudar a mucha gente. Hablaremos con ella más tarde. Siempre estamos aquí. Nos comunicamos con ella con bastante frecuencia cuando duerme. Ella está en el proceso donde su sueño es la realidad y la realidad es el sueño. Cambiará.

Capítulo 22
LA CREACIÓN DE HUMANOS

Tim era un joven trabajador de la construcción que decía nunca sentirse seguro, siempre la víctima. Tenía muchos miedos irracionales y esto naturalmente atrajo eventos negativos e indeseables a su vida. La explicación que proporcionó el SC fue algo que nunca podría haber anticipado o imaginado.

Cuando Tim salió de la nube parecía estar en algún lugar del espacio. "Veo luz... el universo. Es como una nebulosa de nubes. Es hermoso, muchos colores. Veo muchas luces, estrellas y espacio. No puedo decir si realmente estoy en el espacio o en una nave. Tal vez solo soy un punto en el espacio. Hay un lugar aquí al que deseo ir. Ahora bajé a un lugar que es muy verde. No sé exactamente cómo llegué aquí. Seguro que me gustaron las luces. Estoy bajando a través de la niebla y las nubes... neblina... es difícil ver más allá. Ahora que estoy abajo es difícil ver mucho de algo. Es verde con una espesa niebla".

D: ¿Sobre qué se siente que estás parado?

T: Suave y húmedo, algo cubierto de musgo. También hay agujas de pino, algo crujiente también... tal vez ramas. Hay algo muy pacífico en este lugar... muy familiar. Aquí parece que siempre hay niebla.

Cuando le pedí que mirara su cuerpo, nos llevamos una sorpresa. Su cuerpo estaba cubierto de pelo y era grande y poderoso. "Es grande, como un gorila. No creo que sea un gorila, pero en realidad no es algo que reconozca. Yo diría que parece un gorila... tal vez tan grande como un Sasquatch o un Pie grande. Pero por primitivo que sea este ser, también está muy en sintonía con su propio entorno mucho más que otros cuerpos. Tiene una unidad con este lugar. Otras formas que he conocido no están tan en sintonía con su entorno como ésta. Siente la vibración de la tierra. Es muy divertido. Es muy pacífico y está muy en armonía con la vibración de este lugar".

D: ¿Realmente no puedes ver mucho de tu entorno?

T: No, este es un lugar brumoso. Es interesante. Hay mucho misterio aquí, pero este caparazón, este cuerpo, parece conocer estos misterios. Y no estoy lo suficientemente en contacto para entender lo que sabe.

D: ¿Qué quieres decir con que hay misterios ahí?

T: Soy una persona bastante visual, pero aquí es bastante difícil de ver. La vista no es necesariamente el mejor de los sentidos a utilizar. Y este cuerpo no depende tanto de la visión. Se basa en aspectos más intuitivos.

D: ¿Crees que siempre hay niebla y bruma en este lugar?

T: Yo, predominantemente, creo que sí. En este cuerpo, en este lugar, interactúan muy bien y, sin embargo, no puedo entender lo que este cuerpo siente. —Esta tierra está viva. La vibración aquí está viva y este cuerpo sabe lo que significa. Tengo dificultad para entender qué significan estas vibraciones. Me siento tan cómodo aquí, hasta el punto de que no persigo ninguno de estos misterios. Estoy cómodo y no necesito profundizar en eso.

Su alimentación consistía principalmente en frutas que encontraba en el bosque. "Eso es principalmente lo que es este lugar. Es un bosque montañoso y denso, y en su mayor parte está envuelto por una extraña niebla. Y en el bosque hay cosas para comer que se parecen a las frutas".

D: ¿Y puedes encontrar estas cosas más por instinto que por vista?

T: Sí. Es como si me llamaran y yo sólo sé que están ahí, pero no los veo per se. Quiero decir que podría, pero ese no es el sentido principal.

D: ¿Tienes un lugar en donde vives?

T: En realidad hay varios. Una es como una casa en un árbol bastante natural, por así decirlo, y otra se parece más a una cueva. Ambos tienen dos propósitos dependiendo de las estaciones o el clima. Si es más templado, estaré en el árbol. Y si hay más inclemencias, pasaré tiempo en la cueva.

D: ¿Entonces tienes climas allí?

T: Parece que es más que nada lluvia o niebla.

No tenía a nadie que viviera con él. Estaba prácticamente solo. Había otros como él en este lugar. "Son raros, pero existen. Es un gran territorio físico". Entonces no necesitaba a nadie. "Encuentro que este lugar en lo físico es muy pacífico y me da tiempo para contemplar mi ser interior. Mi tiempo pasado en la luz. Este cuerpo difícil es muy intuitivo. Es muy poderoso y también está muy en sintonía con la energía superior".

D: Dijiste que te gusta estar en sintonía con la luz. (Sí) ¿Qué quieres decir con eso?

T: Es fácil simplemente tranquilizarme, ir hacia adentro y estar alineado con mi yo superior.

D: Yo pensaría que un animal realmente no pensaría en cosas así.

T: Ésa es una respuesta humana típica. Los humanos también son animales, y la mayor parte del tiempo no son muy iluminados. A menudo, demasiados conflictos para realmente estar en sintonía con lo que realmente son. Y entonces este ser es mucho más contemplativo y tiene menos necesidad de nutrirse y protegerse o valerse por sí mismo físicamente en este lugar. Tiene todo lo que necesita.

D: Parece que hay otros tipos de seres allí también, ¿no es así?

T: Hay otros en este lugar. Hay otros seres como yo, pero repito, somos bastante solitarios y no nos juntamos a menudo. Una vez más, este ser y la forma en que interactúa con su entorno me resultan totalmente ajenos y no estoy acostumbrado a ello. Interactúa de forma totalmente intuitiva y no como lo conocemos normalmente, por lo que me resulta difícil describir este ser. Sabe dónde están los demás seres y sabe cómo interactuar con ellos si así lo desean, pero generalmente elige la luz. Necesita estar solo.

D: ¿Cómo son el otro tipo de seres, los que no se parecen a ti?

T: Realmente no los veo. Los intuyo. Los siento, pero no sé qué son. No tengo mucho que ver con ellos en absoluto. Hay criaturas que tal vez parezcan pájaros, pero en términos de describirlas, no trabajan de esa manera. No los veo, por decir.

D: Porque la vista no es el sentido primario. (Sí) Me preguntaba si necesitabas un compañero de algún tipo.

T: Eso ocurrió, y nuevamente eso es intuitivo y es algo que cuando es necesario, se soluciona solo.

D: ¿Pero no tienen que permanecer juntos? (No)—Pero esa luz de la que hablabas, ¿cómo la percibes?

T: Está en todas partes. Es como si mi cuerpo físico supiera lo que necesita y cuándo lo necesita, y se encarga de eso, pero esta luz es realmente lo que soy. Es mi conexión con el universo, por así decirlo. Puedo ver a través de todo. No tengo que concentrarme en una sola cosa. Puedo ver todo.

D: ¿Esto sucede cada vez que trabajas con la luz? (Sí) Supongo que dirías que abre tu capacidad intuitiva.

T: Sí, y lo estoy estudiando ahora mismo. ¡Lo estoy mirando y es hermoso! Es como si estuviera en algún lugar de un cuerpo físico y también fuera el universo.

D: Entonces, cada vez que piensas en la luz, ¿te conviertes en el universo?

T: Sí. Puedo centrar mi atención en cualquier lugar y estoy allí. Tengo este cuerpo físico, este ser silencioso en los sudarios y, sin embargo, soy del universo. No sólo el universo físico, sino también los que están más allá del universo físico. Es sólo una cuestión de dónde elijo dirigir mi atención. Puedo enfocarlo allí, pero eso es lo que estaba haciendo alusión a lo anterior. Hay muchos misterios aquí. Hay muchas cosas en las que puedo centrar mi atención y, sin embargo, no parece que me interese mucho más que la luz misma. Absorberlo y beberlo y ser uno con él.

D: ¿Puedes describir cómo se ve la luz?

T: Lo abarca todo. Se enfoca y supongo que a falta de una mejor manera de ponerlo en mi cabeza. Supongo que describírselo sería como en su tercer ojo y, sin embargo, está en todas partes. Si estuvieras mirando el espacio profundo con un gran telescopio, hay muchas cosas en las que podrías enfocarte y, sin embargo, no hay nada en lo que puedas enfocarte. Depende de cómo quieras verlo.

D: También dijiste que podías ver más allá del universo físico. ¿Qué quieres decir con eso?

T: El universo físico, por muy vasto que pueda parecerles a quienes tienen cuerpos físicos, en realidad es bastante pequeño. No hay mucho que hacer. Hay muchos que son mucho más vastos que lo físico. Y también tenemos esencias de cada uno de estos universos dentro de nosotros. Tenemos emociones, capacidades mentales y capacidad etérica, que son todas parte de estos otros universos y también son parte de nuestro ser. De hecho, esa es realmente la parte principal de nuestra existencia. Estamos tan atrapados en el modo de supervivencia y eso es lo que es agradable de estar aquí. La supervivencia es un hecho en este lugar.

D: No hay necesidad de hacer nada ni ser nada. (Correcto.) Eso es raro, ¿no?

T: Lo es. Y este cuerpo físico prácticamente se cuida a sí mismo. Sabe exactamente cómo y dónde conseguir su sustento sin esfuerzo.

D: Y estás muy cerca de los otros sentidos.

T: Correcto, y es muy reconfortante ser uno con estas otras partes, por así decirlo.

Era una criatura interesante, pero me preguntaba cómo hacer avanzar la historia. En un lugar así un día sería muy parecido al siguiente. Sin embargo, todavía decidí moverlo. Esperamos que llegue un día importante. No sabía si podría encontrar uno donde sucediera algo diferente. Pero me sorprendió cuando le pregunté qué podía ver. "Estoy siendo transportado. Parece que es en contra de mi voluntad, como si hubiera aceptado ser transportado".

D: ¿Qué quieres decir con transportado?

T: No lo sé, en una nave con destino a la Tierra.

D: ¿Llegó la nave al lugar donde vivías?

T: Parecía ser parte de la civilización que había allí; parte de la tecnología que fue nuestra raza.

D: ¿Pero tú no estabas involucrado en eso en la zona donde vivías?

T: Correcto.

D: ¿Entonces había otras partes del planeta que estaban más evolucionadas?

T: Sí, y de una manera u otra, acepté ser transportado a otro lugar.

D: ¿Los que te están llevando saben lo inteligente que eres?

T: Todos somos iguales en ese sentido. Todos somos muy inteligentes. Altamente en sintonía con el universo. Y es parte de una misión. Lo que disfruté de este cuerpo fue lo intuitivo y libre que era en su propio lugar. Pero tenemos la capacidad de cambiar de forma. El cuerpo puede adoptar cualquier forma física que desee. En su propio entorno no hay necesidad, pero fuera de casa, hay necesidad de convertirse en formas diferentes. Y también tenemos la capacidad de hacerlo.

D: ¿Sobrevivir y adaptarse? (Sí) ¿Alguien vino y te llevó?

T: Sí. Es parte del acuerdo que teníamos y fue más bien una llamada. No vinieron a buscarme por así decirlo, ya que acordamos mutuamente emprender una misión y nos dirigimos a alguna parte. Es parte de lo que hacemos con nuestros creadores. También ayudamos a generar nuevos lugares y nuevas formas de vida.

D: ¿Pero no recuerdas el acuerdo hasta que vas con ellos?

T: No, porque no es necesariamente un tiempo lineal. Es simplemente una especie de tratamiento facial holístico; —y esto es lo que hacemos; —y tuviste tiempo para contemplar y ahora necesitas manifestar tu contemplación y nos ayudamos mutuamente a hacerlo. Pero creo que parte de ello fue regresar a la cueva o a la vivienda para aclararse y obtener claridad. Y así tuve mi momento de claridad y ahora es mi momento de ir y realizar mi misión con los demás.

D: Estabas muy feliz allí porque era muy cómodo y perfecto. ¿Te importaría dejarlo?

T: Sí, me importa. Estas misiones son muy divertidas y fructíferas, pero a menudo también están plagadas de peligros.

D: ¿De qué manera?

T: Simplemente el hecho de que hay energía y formas de vida que no están tan evolucionadas y están programadas para tener miedo. Y hacemos gran parte de la programación. De hecho, programamos algunas de las capas físicas que adoptan otras esencias. Programamos algo de esto para que las otras esencias puedan obtener la experiencia con estos otros tipos de energías, pero no siempre es lo más deseable que se puede hacer.

D: ¿Es esto parte del proceso de creación del que estás hablando? (Sí) Pero ahora que estás en la nave, ¿tienes que cambiar de forma o permaneces en la misma forma?

T: Te mantienes en la misma forma, en su mayor parte. La forma peluda grande, a falta de una mejor forma de decirlo. No creo que sea realmente un gorila peludo, pero esa es mi descripción.

D: ¿Cómo son los otros seres en la nave?

T: Son muy parecidos a mí. Vamos a lugares y cambiamos nuestra apariencia física para no alterar la programación de los demás seres con los que nos encontramos. La mayoría de las veces así es como se hace.

D: ¿Entonces ellos también se ven peludos como tú?

T: No es exactamente peludo … esa es mi descripción. Ahora es más como una luz brillante, muchos fragmentos de luz. No es pelaje.

D: ¿Sabes cuál es tu misión en la Tierra?

T: Es parte de un colectivo. Todos tenemos cosas que hemos resuelto individualmente en nuestra propia clase de visión, por así decirlo. De regreso a casa, en nuestra contemplación de lo que el universo necesita a continuación para desarrollarse, todos tenemos nuestras propias misiones y destinos individuales. Pero también tenemos una misión colectiva que también ha sido decidida.

D: ¿Sabes qué vas a hacer cuando llegues a la Tierra?

T: Sí, la vamos a colonizar.

D: ¿Esta es la misión más grande o la parte más pequeña?

T: Esta sería la parte más grande de esta misión, pero también una parte más pequeña.

Decidí adelantarlo hasta el momento en que la nave llegó al planeta Tierra y le pregunté por qué eligió ese planeta.

T: Alguien más, otra forma de vida, lo armó de tal manera que fuera más fácil para nosotros. Para que no tuviéramos que hacer todo desde cero. Ya existe un proceso que sustentaría formas de vida: un planeta y una atmósfera. No tenemos que hacer eso, aunque somos capaces de hacerlo. Normalmente no nos metemos en eso.

Esto coincide con partes de mis otros libros. Un tipo de seres creadores crearon las galaxias, los planetas y, finalmente, otras cosas esenciales que se necesitaban en la Tierra al principio. Hubo otros seres que llegaron al planeta cuando se había enfriado lo suficiente como para comenzar el proceso de sembrar vida (en cualquier forma). Algunos debían estabilizar la atmósfera y desarrollar los mares. Luego comenzar el proceso de organismos unicelulares simples y vida vegetal. Tenían que estar preparadas muchas cosas antes de que pudiera introducirse la vida animal.

T: El planeta mismo está vivo por derecho propio. Es una entidad viviente y trabajamos con ella para crear vibraciones que funcionarán en este lugar. Deducimos qué tipo de radiación y vibración tiene esta entidad (La Tierra) y luego creamos capas físicas que protegerán las esencias de la radiación de este lugar, entre otras cosas. No sólo la radiación, sino muchas otras vibraciones que existirán aquí y se perpetuarán aquí.

D: ¿Hay otras formas de vida allí?

T: La vibración desde arriba... desde más allá de lo físico está viva. Pero estamos aquí principalmente para colonizar con la forma humana. Podríamos hacer todo. Lo hemos hecho en ocasiones, pero no aquí en la Tierra. Estamos aquí para trabajar con otras especies para crear la forma humana.

D: Me preguntaba acerca de las plantas, una fuente de alimento establecida.

T: Sí, la hay. Ha estado poblado de formas de vida inferiores como células y bacterias, hasta llegar a formas vegetales, así como algunos peces y algunos seres de tipo oceánico. Pero principalmente trabajamos con otras especies para crear capas físicas superiores para esencias más allá. Principalmente trabajamos con humanos.

D: ¿Ya han sido traídos al planeta?

T: En este momento, no. Sucede bastante rápido. Una vez que se ha establecido la base del planeta para su capacidad de sustentar vida, podremos poblarlo bastante rápidamente con lo que sea necesario.

D: Entonces los animales los traen de otro lado, ¿o cómo pasó eso?

T: Algunas especies se crean y otras se traen de otros lugares, y algunos también están hibridados. Son un tipo de cosa familiar que puedes ver de un lugar a otro. Simplemente depende de la especie.

Toda esta historia ha sido contada en mis libros Guardianes del Jardín y Los Custodios. Siempre me resulta interesante contar la misma historia una y otra vez a través de varios clientes. Esta es la validación de que debe haber verdad en esta historia de nuestro comienzo.

D: Parece que has estado haciendo esto durante mucho tiempo. ¿Hay alguien que te diga dónde ir y qué hacer?

T: No específicamente a nadie. Es como un colectivo. Tenemos una conexión bastante estrecha entre nosotros. No estamos tan aislados como lo están los humanos en sus caparazones.

D: Creen que están completamente solos. (Sí) ¿Y para ti es diferente?

T: Eso es correcto. Hay un sentido de uno mismo y un sentido de identidad, pero no está tan aislado como la existencia humana.

D: Entonces, cuando vienes a la Tierra y trabajas en la creación de los caparazones humanos, ¿te quedas allí por mucho tiempo? (Sí) ¿Puedes ver muchos cambios, animales, plantas, todo? (Sí) Entonces, una vez que hayan establecido a los humanos, ¿hay algún plan para eso?

T: Sí, se ha hecho mucha programación. Se les da una enorme capacidad de conocimiento interior, pero es algo así como por diseño que no pueden acceder a ella tanto como saben que podrían hacerlo. Y es otro (no sé cómo decirlo cortésmente) experimento cósmico. Siempre estamos trabajando con la creación. Siempre estamos probando cosas nuevas en todas partes. Eso es el universo: siempre en expansión.

D: Una vez creadas las formas humanas, no pueden vivir sin alma. ¿Es eso correcto?

T: Eso es correcto.

D: ¿Qué piensas hacer al respecto? ¿Tienes planes?

T: ¿Cómo es que un caparazón adquiere un alma? (Sí) Eso depende de esa esencia individual, lo que llamamos "alma", y a menudo ella determinará cómo se despliega un caparazón y también cómo se forma. Ayudan a crear la vibración del caparazón individual.

D: Bueno, después de hacer todo esto, ¿te quedas en la Tierra o decides regresar?

T: La mayoría de las veces volvemos. Hacemos esto todo el tiempo, y algunos son "observadores" y simplemente pasan el rato y se quedan atrás. Pero generalmente por un acuerdo sin saberlo hacen tal cosa. En mi caso, no sabía que me iba a quedar atrás. No lo vi venir. Hubo un ataque y los que escaparon pudieron escapar, pero no pudieron regresar a buscar a los que quedaron atrás. Creo que eso es lo que pasó.

D: Cuéntame ¿qué pasó?

T: Había algunos primitivos, humanos programados, por así decirlo, humanoides, y su programación se desfragmentó y atacaron. Y no sabían cómo utilizar la tecnología que quedó. Muchos de nosotros escapamos, pero yo no.

Esto me sonó familiar. Creo que es el mismo evento que Bartolomé contó sobre los primeros humanos en mi libro El Universo complejo, libro uno. Querían las máquinas y la tecnología milagrosas para ellos mismos. Pero después de matar a los seres creadores, descubrieron que no tenían el conocimiento de cómo usar los dispositivos. Entonces su progreso se detuvo y comenzó a retroceder.

D: ¿Entonces te quedaste atrás?

T: Sí. En la rotación de la Tierra, en el tiempo terrestre, en el tiempo lineal, me quedé atrás por mucho tiempo. Sería casi eterno en años terrestres.

D: ¿No había manera de que pudieras regresar? (No) ¿Cómo te sentiste al respecto?

T: No me gustó nada. Pasé mucho tiempo contemplando la luz y pudiendo crear. Pasando más tiempo defendiéndome de los primitivos. Y luego no sólo defenderme de ellos, sino intentar enseñarles. Intentar reprogramarlos para que su programación no fuera tan abrumadora. Y que básicamente podría darles algunos de los dones que tengo. Pero no siempre fue fácil. No confiaban debido a su programación. Su falta de confianza generó ataques. —Hizo que fuera más fácil no pensar de dónde vengo.

Era hora de devolverle la sesión a Tim, el ser humano en la cama por el que estaba pasando todo esto. "¿Te das cuenta de que estás hablando a través de un cuerpo humano ahora y que estás hablando conmigo?" (Sí) "¿El cuerpo que llamamos Tim?" (Sí) "¿Es ésta una de las formas que adoptó cuando se quedó?"

T: No. Mi forma física finalmente desapareció hace mucho tiempo, pero en años terrestres sería inimaginable cuánto tiempo permaneció.

D: Te quedaste en la Tierra y pasaste por muchas otras formas físicas durante otras vidas. ¿Sería eso correcto?

T: He regresado desde esa primera vida aquí, sí.

D: Entonces tu esencia finalmente entró en Tim.

T: Eso es correcto.

D: *¿Por qué decidiste entrar al cuerpo físico de Tim? ¿Tenías contrato o qué?*

T: Hay muchas cosas que quedaron sin hacer, cosas que había que terminar, no sólo completar, sino también comenzar.

D: *¿Entonces decidiste venir al cuerpo de Tim cuando eras un bebé?*

T: Sí. En realidad, antes de la formación de su cuerpo. Elegí su situación y este cuerpo porque sabía que sería fuerte, y así fue.

D: *¿Es un cuerpo que podrías utilizar para cumplir tus propósitos? (Sí) ¿Este cuerpo ha acumulado karma? Esa es una de las cosas sobre las que nos preguntábamos: si tenía karma que no habría pagado.*

T: No, no necesariamente. Creo que los humanos están tratando de entender, pero la programación original es bastante limitante. Una de las cosas que podría hacer si así lo quisiera es simplemente reescribir la programación, y eso es todo el karma. No es, para usar la lengua vernácula, tan intenso como los humanos quieren que sea. Y creo que eso sería algo que debería saber porque, por alguna razón, ha aceptado la intensidad de las creencias de otra persona, creencias religiosas, por así decirlo.

D: *Entonces él tiene el poder de crear. Puede crear lo que quiera en su vida. Sabes que eso es posible, ¿no?*

T: Absolutamente.

D: *Pero ha olvidado que puede hacerlo.*

T: Sí, parte del viaje hacia el ser humano es aceptar la amnesia.

D: *Supongo que de lo contrario sería demasiado complicado. (Risas)*

T: No necesariamente. Es sólo programación y podríamos arreglar lo contrario. Pero lo hace más sencillo para el diseño original.

D: *¿Pero sería posible despertar esta capacidad de crear?*

T: ¡Oh, absolutamente!

D: *Porque hay muchas cosas que quiere hacer con su vida.*

T: Sí. Hay una sensación de peligro que él ha aceptado, en parte debido a algunas de las lecciones por las que tuve que pasar.

D: *¿En las otras vidas?*

T: Sí. Pero es parte del presente y sólo los valientes y aventureros pueden hacer avanzar el proceso. Es valiente y aventurero, pero definitivamente tiene miedo en su corazón por algo de esto.

D: *¿No es ahora el momento de despertar estas habilidades?*

T: Sí. El momento es maravilloso, pero tiene algunas cosas que van mucho más allá de lo que su historia registrada entendería. Y algunas de estas cosas podrían concebirse como amenazas.

D: Pero quiere crearse una buena vida. Una buena carrera y no hay ninguna amenaza en eso. Sólo para tener una vida feliz.

T: Sin embargo, parte de su contrato iba a ser más que eso. Creo que necesita superar sus miedos. Es lo más grande que se interpone en el camino de un ser humano. Estará a salvo. Siempre está preocupado por el peligro. Siempre está preocupado por descubrir algunas de estas verdades y lo que podría significar sacarlas a la luz, pero eso no es necesariamente algo de lo que deba preocuparse. Podemos encargarnos de eso.—Si él pasara más tiempo contemplando la luz, contactaría con ella. En realidad, lo llamaría, pero le cuesta confiar en que se establecerá este contacto. Y no me corresponde a mí decírselo. Necesita descubrirlo él mismo.

Había llegado el momento de hacer la inevitable pregunta: "¿Cuál es mi propósito?" Tim tenía una carrera, pero sentía que debería hacer otra cosa. Quería consejo. Le hablaron de muchas posibilidades que podía aprovechar. "Si se dedicara a lo que sabe en su corazón, podrá abrirse camino en tu espacio y tiempo en tu cultura. Si simplemente decidiera y tomara la decisión de que esto es lo que iba a hacer, y que lo iba a hacer sin importar nada, estas otras cosas simplemente desaparecerían".

D: Ahora se dará cuenta de que ésta es otra parte de sí mismo y que él ha creado en el pasado. Puede crear lo que quiera. Sólo necesita confianza, ¿no?

T: Sí, hay un aspecto en el que tuve problemas para superar mi etapa como creador, en el que creí que me habían traicionado para quedarme aquí. Pero, de hecho, era algo que había aceptado desde una perspectiva superior y que de alguna manera no recordaba. Pensé que lo sabía todo. Pensé que lo sabía todo. Eso fue algo que, de alguna manera, se me pasó por alto. Y cuando estuve aquí, en realidad fui el último de mi especie aquí y pasé muchos años terrestres aquí solo. Y me concentré mucho en lo que consideraba una traición por haber sido dejado aquí. Y me tomó muchos, muchos años superar la traición y darme cuenta de que en realidad era algo que había aceptado. Creé mi propia realidad y Tim todavía recuerda esa traición y ha atraído alguna traición en su vida actual. Creo que sólo necesita centrarse en lo que necesita crear en lugar de centrarse en el miedo o en lo que no quiere crear. En lugar de centrarse en la traición, concentrarse en el hecho de que él la creó para las lecciones que necesita aprender. Luego podrá seguir centrándose en lo que realmente quiere en lugar de en lo que no quiere. Porque, como ambos sabemos, si te concentras en algo, lo atraerás, lo quieras o no.

D: ¿Es esto parte del miedo que siente en la boca del estómago?

T: Sí. De alguna manera cree que no debería usar lo que aprendió en la antigüedad, que de alguna manera no es apropiado. En algún momento del camino, llegó a un acuerdo de no utilizar habilidades que le llevó toda una vida aprender. Como si la necesidad de atarle el brazo a la espalda fuera una especie de insignia de honor. Sólo necesita desatar sus brazos y utilizar todos los recursos disponibles. No le gusta tomar decisiones. Pero si decide que puede hacer que algo funcione, puede hacerlo funcionar. No hay mucho drama al respecto, pero a él le gusta generar mucho drama con respecto a algunas de estas decisiones. Y le gusta esperar mucho tiempo. Supongo que él sabe que es eterno en cierto sentido, cuando no está en su cuerpo físico. Pero está en otro y por eso tiende a esperar muchísimo tiempo antes de tomar decisiones. A veces le beneficia, pero otras no.

Le pedí al SC que mirara dentro del cuerpo de Tim para ver si había algo de que preocuparnos. No tenía ninguna queja física, pero pensé que nunca estaría de más comprobarlo. Sin embargo, no pudieron encontrar nada malo. "Es un buen ejemplar. Un buen caparazón también. Estas cosas no fueron diseñadas para una duración prolongada. Eso era parte del diseño original. Se pueden programar para que duren mucho más de lo que la mayoría imagina en la era actual. Puedes crear el cuerpo que deseas habitar".

Mensaje de despedida para Tim: Él sabe mucho, pero cuanto más sabes, más no sabes. Y hay ciertas cosas que sabrá si simplemente las persigue y, a veces, el mayor fracaso es no hacer algo en absoluto. Y sólo necesita seguir adelante.

Capítulo 23
SEPARANDOSE DE LA FUENTE

Cuando Brenda salió de la nube y estaba notablemente emocionada, así que quería saber qué estaba viendo que podría causar esto. Dijo que era como una ciudad, pero que nunca había visto antes. Muy bonito, de un blanco puro, con edificios muy lisos. Casi brillaban, como el mármol. Luego se centró en un edificio que estaba más alto que los demás: "Hermoso. Aspecto muy fluido, sin bordes afilados, muy suave". No había vegetación, sólo este edificio muy blanco, casi nacarado. "Es muy grande. Ahora lo veo desde un punto de vista diferente. Hay dos enormes columnas blancas en el frente. Y miro hacia adentro y es un espacio grande y abierto. —Tiene la forma de, casi una hoja, puntiaguda en ambos extremos, ¡un óvalo! Precioso, de aspecto muy fluido. El techo es una cúpula abierta en la parte superior, lo cual no tiene sentido. Arquitectónicamente, no sé cómo quedaría". Luego estuvo dentro de la habitación y vio luces por toda la habitación, casi como orbes.

Luego le pedí que se percibiera a sí misma. Suspiró: "Es interesante. No tengo una sensación de arriba o abajo cuando dices eso. No tengo un sentido de mí mismo. Siento que estoy en una esfera. No entiendo." La animé a hablar de ello porque cuando el cliente habla se vuelve más claro. "Estoy en una esfera de color; es muy —arremolinado. Hay muchos azules y verdes; algunos amarillos. Y siento como pequeños impulsos eléctricos que recorren mi cuerpo. No se siente desagradable, pero siento que no hay arriba ni abajo, por lo que es un poquito desorientador. (Pausa) Voy a algún lado. —Este es un lugar al que vas para ir a otro lugar. Es una estación de transporte. Vas allí y luego te vas a otro lado". Luego se emocionó y comenzó a llorar suavemente. Le pregunté qué estaba causando la emoción.

B: No estoy seguro. No estoy enojado; No tengo miedo ni estoy triste, es sólo... La emoción se siente muy grande. Este lugar es un poco abrumador. Todo está en esferas; son todas esferas. La habitación en la que estoy no es redonda perfecta, es ovalada. Ahora estoy mirando más a mi alrededor. En los laterales hay muchas de estas esferas. Casi parecen bolas de cristal, pero son muy fluidas. Las esferas probablemente miden dos pies, tal vez tres pies de ancho. Están por toda la habitación, dentro del mismo plano. Sigue cambiando, así que no tiene sentido para mí, pero estas esferas son como amplificadores. Es una fuente de poder o una fuente de energía. Interesante, están tratando de ser muy gentiles, como, "Está bien, solo mira las esferas". Ahora este lugar se siente diferente. Tiene la misma forma, pero el techo no está abierto. Ya no es blanco; es una habitación más oscura. No es que sea malo, es sólo que no está tan iluminado. Entonces se siente más cerrado. Y hay estas esferas brillantes por toda la habitación, dondequiera que mire. Están al mismo nivel. Y todos se dirigen a los demás y tú estás en el medio. (Respira hondo.) Definitivamente es una estación de transporte.

Estaba tratando de averiguar si había alguien a cargo. ¿Había alguna forma de diferenciar entre todas estas esferas? ¿Cómo sabrías adónde ir? Dijo que no podía distinguir a nadie. Luego un grito ahogado cuando tuvo una revelación. En un susurro dijo: "¡Dios, es como si lo supieras! Es como cuando vas aquí y te quedas aquí y sientes que ya está programado". Su cuerpo comenzó a temblar: "Cuando me haces la pregunta, tengo una respuesta en mi cabeza, pero no puedo verla en esta habitación. Entonces, cuando preguntaste qué se supone que debías hacer, escuché: 'Te llevaremos allí'".

D: Pregúntales ¿adónde se supone que te deben llevar?

B: (En voz alta) ¿Adónde vamos? (Pausa y luego se emociona.) ¡Hacia el sol! El Sol no es exactamente lo que pensamos que es. De hecho, entras en el medio y luego sales por el otro lado, y no es nuestro Sol. Es el Sol de todos los soles. Es el Sol central de todos los soles. (Sollozando suavemente) De ahí venimos todos. (Sollozando) ¡Es el hogar!

D: Bueno, si ese es tu hogar, ¿qué haces en este lugar?

B: Son como estaciones exteriores, así las llaman. Vas a la estación exterior.

D: ¿Y habías venido desde algún otro lugar?

B: Sí, del Sol. Es como cuando estás al sol, es una piscina. Tienes que venir a la estación exterior para tomar forma.

D: Entonces, cuando dejas el Sol y vas a la estación exterior, ¿eres sólo estas esferas?

B: (Susurro) ¡Oh, Dios mío! Sí, eso es todo porque no tienes forma. Lo estaba viendo en otra dirección. Pero sí, sí, eso es. Cuando estás bajo el sol no tienes forma. Es como por etapas; Cuando sales no tienes forma, así que hay ciertas cosas que tienes que hacer. Es casi como si se unieran; te unes. (Todo lo dijo con sensación de sorpresa, al descubrir algo.) Las piezas se unen para hacer la forma que eres ahora. Y no puedes hacerlo todo a la vez. Es como si fuera en etapas. Primero tienes que ir al lugar y luego se fusiona. Y luego te vas.

D: Entonces, cuando estás con esta luz, este Sol, ¿no tienes ninguna forma en absoluto?

B: No, es como el mar. Es curioso porque es muy brillante, pero no hace calor. Pero se está moviendo. Pensarías que sería caótico, pero no lo es.

D: Dijiste que no es el Sol de nuestro sistema solar.

B: No. Es el Sol de todos los Soles.

Así es como muchos de mis clientes han descrito la Fuente o Dios.

D: Entonces ¿por qué dejas eso para ir a estas estaciones exteriores?

B: Porque queremos. (Risas) Es muy divertido; porque queremos. Es casi como si fuéramos niños pequeños o algo así. Es muy ligero y muy feliz. Sí, es casi como cuando eres un niño pequeño y quieres explorar. Y hay mucho entusiasmo a tu alrededor. Simplemente hace que tu corazón baile como un niño pequeño. Está jugando, así que quieres ir a jugar.

D: ¿Y te dejaron hacer esto? ¿Te dejaron ir?

B: Ni siquiera es "dejar". Es muy interesante porque cuando dices "te dejan", es como si todos decidiéramos y nos vamos. (Risas)

D: ¿Y luego vas a la estación exterior y te conviertes en esta esfera como tu primera forma?

B: En realidad, empiezas a tomar forma incluso antes de llegar a la estación exterior. ¡Es tan interesante! Veo el Sol y salen estos hermosos dedos de luz. ¡Y son simplemente hermosos! Es como si estos dedos de luz salieran y luego comenzaran a unirse en esta asombrosa forma de color en movimiento. Y luego llegan a estos orbes de luz.

D: Entonces finalmente se convierte en un orbe.

B: ¡Exactamente! Sí.

D: ¿Y luego estás allí en la estación exterior y te dicen que es hora de ir a otro lugar?

B: Exacto. Y ahí es cuando la energía empieza a...

Parecía estar viendo algo y lo encontró interesante. El problema sería su capacidad para describirlo.

B: La primera vez que empiezas a sentirte separado. Un sentido de ti mismo. Es tan interesante. Es raro. Es casi como si tuvieras una sensación de límite, mientras que antes no sentías ningún límite: todo era extensión. Y luego te sientes casi como los bordes exteriores de ti mismo.

D: ¿Empezaste a sentirte separado?

B: Bueno porque te sientes más pequeño. (Risas) Es muy interesante porque no tengo un sentido de nosotros, ni de ti, ni de yo. Pero es cuando el sentido del yo comienza a sentir su propia identidad. Lo cual en realidad no lo es; es una ilusión. Es cuando comienza la ilusión, pero es como una herramienta necesaria que hay que tener. Nunca me sentí de esta manera antes. Cuando estás al sol, te sientes como un niño. Es sabio: es lo más sabio que jamás hayas sentido en tu vida, pero también lo más alegre e inocente. Es una combinación de sabiduría e inocencia, por lo que es casi como una forma de protección. Es casi como: "A medida que avancen, niños, deben tener alguna protección". Y para hacer eso debes tener algún sentido de ti mismo. Y no tengo idea de cuánto tiempo lleva esto, pero es un proceso. Entonces vas y empiezas a tener un sentido de ti mismo. La verdad es que para mí es como la primera vez.

D: Entonces esto es parte del proceso antes de que puedas salir de la estación de transporte.

B: Exacto.

D: Entonces irás a explorar.

B: Puedes ir a cualquier parte.

D: ¿Sabes adónde vas a ir?

B: ¿Dónde estoy? ¿Ahora mismo? Fui a la Tierra. Elegí la Tierra. ¡Oh! ¡Pero no lo elegí yo primero! —Fui a un lugar azul. ¿Azul? ¡Oh Dios mío! No veo la ubicación. Dicen que primero fuiste al lugar azul para adquirir conocimientos. ¡Oh, es tan interesante! Hay todos estos niveles diferentes en todos estos lugares diferentes. Y realmente no hay niveles, pero el lugar que elegí era muy físico. Pero para llegar allí, había ciertas cosas que debías saber. Son como herramientas. Es como si fueras a la escuela. Y lo único que veo cuando pregunto es azul, como el planeta azul. Es un lugar físico, pero no se refieren a la Tierra. Es el planeta azul. Se siente como el océano.

Muchos otros clientes han descrito haber venido de un hermoso planeta acuático, donde experimentaban vidas como diferentes tipos de criaturas marinas. No tenían ninguna responsabilidad y tanta libertad que no querían irse.

B: Estoy observando como si estuviera viendo una película. No siento que esté allí, siento que estoy viendo algo. No siento ninguna emoción asociada a ello, pero veo océanos, veo ballenas y veo delfines. Estoy respirando bajo el agua. No se siente como agua, se siente más espesa que el agua. Se siente como una especie de medio. Es muy fluido, más pesado que el aire, pero no tanto como el agua. No hace frío, se siente suave, sedoso y, cuando miras a tu alrededor, brilla un poco. Me siento fluido y no siento mi forma. No me siento ni un delfín ni una ballena. Veo delfines y ballenas. Es extraño, pero es casi como si tuvieras un paño de seda y lo atravesaras en el agua, ese sería yo. Tengo algo de sustancia. Soy un poco más denso que lo que me rodea, pero me cuesta describirlo. No puedo verme, pero me siento muy fluido. Y todo está nadando. No hay nada que camine sobre dos piernas.

D: ¿No ves nada de tierra? (No) Entonces, ¿qué tienes que hacer en ese lugar azul?

B: Lo que dijeron es: "Estás codificado". Usaron la palabra "código". ¿Codificado con qué? Y escuché: "Todo es un paso para crear la forma". Debe estar codificado y debe estar codificado en un lugar fluido. Y todo es a través de la vibración. No dijeron "vibración", dijeron que todo es "energía".

Comenzó a tener dificultades para encontrar las palabras correctas para describirlo. Esto es algo común. Le dije que hiciera lo mejor que pudiera.

B: Te codifican, dijeron. Y luego todo se construye a partir del fluido. A medida que avanzas vas pasando por el lugar fluido. Y este lugar fluido es muy azul. Y puedo ver formas que parecen ballenas; pero en realidad no es una ballena, más o menos se parece a eso. Y puedo escuchar tonos como la tonificación de delfines. Muy bien, uno se me acerca ahora mismo y están haciendo rebotar los tonos de un lado a otro. Y estoy siendo construido. Esa es una palabra interesante para nosotros: construido. Se siente muy clínico cuando digo eso y no estoy apegado a la palabra. Es muy interesante, es como si mi cuerpo estuviera siendo construido.

D: ¿Eso es parte de la codificación de la que hablabas? (Exactamente.) Entonces, en otras palabras ¿tienen que tomar la esencia que tú eras, y luego convertirla en algo más sólido?

B: ¡Exactamente! Y ahí es donde se hace por mí. Ahí es donde soy construido, o donde fui construido. Es muy interesante la forma en que lo veo porque es una cuestión de hecho, como si así fuera. Todo se hace a través de la tonificación, como si estos tonos se transmitieran.

Tuvo dificultades para explicar lo que estaba viendo. Dijo: "Es tan extraño que parece una película de ciencia ficción". Al parecer estaban construyendo una forma humana, y lo hicieron con tonos. Se vio a sí misma junto con los demás saliendo del agua como personas de tamaño normal, no como bebés. Salían del agua como personas completamente desarrolladas, y eran muchos. La excepción fue que aún no tenían todos los "detalles". Todos parecían iguales, piernas, brazos, cuerpos, pero sin características definidas. "Ahora lo estoy viendo madurar ante mis propios ojos. Ahora la gente tiene pelo y ojos. Están siendo creados... —Sin embargo, no veo a nadie haciéndolo".

D: Entonces, ¿qué vas a hacer con la forma ahora, una vez creada?

B: Ahora tenemos el conocimiento. Ahora entramos en esto: se siente más como una estructura, ya no se siente como si estuviera en la naturaleza. Hay gente allí, un edificio, aunque no lo reconozco. Se siente muy natural y sí, así es como se hace. Entras aquí y... —parece que está sucediendo muy rápido, pero no tengo sentido del tiempo.

D: Déjame hacerte una pregunta antes de continuar. ¿Por qué hicieron que tu forma pareciera humana? Podría parecerse a cualquier cosa, ¿no?

B: Porque elegí la Tierra. Sí, podría haber sido cualquier cosa.

D: ¿Pero en este caso todos parecían humanos?

B: Esa es una muy buena pregunta. Déjame mirar de verdad. Inmediatamente dije "humano" porque tiene el mismo tamaño y altura: —brazos, piernas, cabeza, torso. Pero no, no lo somos. Parece que podría ser humano, pero no adquieren forma como lo hace un humano. Así es como están hechos. Entonces están hechos de manera diferente como vimos. No nacen como un humano, por lo que no es un humano. Es interesante; es casi como si esa fuera la mejor forma que puedes adoptar para lo que estás haciendo, —lo que ellos están haciendo.

D: Está bien. Ahora estás dentro de este edificio y dijiste que allí obtienes conocimiento.

B: Sí. Hay una mesa y hay papeles sobre la mesa y gente sentada alrededor de la mesa. Es como si hubiera planes o algo sobre la mesa, los papeles. Y la mesa está iluminada desde abajo. Y las personas que estoy mirando parecen... ¡Todos tipos diferentes de seres! ¡Oh, vaya! Es interesante porque la forma básica es humana — brazos, piernas, torso, cabeza, ojos —, es decir, la misma. Pero hay ciertas cosas que son diferentes, por lo que sabes que no son una forma humana. Como una persona, sus ojos son diferentes; no hay párpados ni pestañas. Hay varias personas sentadas alrededor de esta mesa; usan ropa. Es como si estuviera observando, me lo están mostrando.

D: ¿Cuál es su propósito con los papeles?

B: Es muy gracioso porque cuando pregunto esto, ¡bueno, por supuesto! ¡Sabes! Aquí es donde se hace el plan. El plan de hacia dónde irás a continuación. Somos siete los que acabamos de entrar en la habitación.

D: ¿Hay siete en tu grupo?

B: ¡Exactamente! Somos siete los que salimos juntos del agua. Y ahora pasamos al siguiente lugar. Lo peor es que no veo hacia dónde vamos. (Suspira) Aquí es donde vas y hablas de ello. Es como si las decisiones ya estuvieran tomadas y aquí es donde te lo dicen.

D: ¿Qué te dijeron?

B: Dijeron que iba a la Tierra.

D: ¿Sabías qué era la Tierra?

B: No. Me siento muy raro porque... En este lugar no se puede ir lógicamente de un lugar a otro. Lo estoy mirando desde una dirección y me doy cuenta de que están siendo muy amables conmigo. Es como si dijeran: "Según tu comprensión, tenemos que mostrártelo de esta manera, para que puedas tener una idea de lo que está sucediendo". Bien, entonces estoy en forma. Y entonces, de repente, me quedo sin forma y no estoy seguro de dónde estoy.

D: ¿Puedes preguntarles por qué tienes que ir a la Tierra? ¿Por qué ese lugar?

B: Están tratando de mostrármelo de una manera que pueda entender. Es casi como si todo vibrara en armonía y de ahí surgieran los colores. Es como si estuviera viendo las cosas desde lejos. Estoy viendo muchos planetas. Y lo raro es que ni siquiera reconozco el nuestro. Como si no reconociera a Mercurio, Venus o el Sol. Pero veo todos estos planetas y es como una orquesta: —todos vibran en armonía. Y es muy fluido, se mueve. Entonces me están mostrando que todo va en armonía. Luego, cuando miro y me muestran la Tierra, —la Tierra en este momento está desafinada. Es como un piano que necesita ser afinado. La Tierra no está en sintonía, se ha vuelto plana.

D: Está desafinada, fuera de armonía con el resto. (¡Sí!) Se nota mucho entonces.

B: ¡Mucho! Cuando lo veo desde lejos es como si todo estuviera en armonía. Aunque no lo escucho, se siente casi musical. ¡Lo hace! Se siente como si vibrara, aunque no todo vibra exactamente igual. Pero están en armonía como una orquesta, todos los instrumentos diferentes tocando. Todos tocan la misma melodía o la misma canción y todos están en armonía. Cuando me hicieron girar para mirar la Tierra, —sería como la orquesta más hermosa que jamás hayas escuchado en toda tu vida. Y si alguien entrara allí y tocara un piano desafinado, lo oirías. Entonces se destaca. Se nota en la orquesta de todas las galaxias de todo lo que alguna vez existió: —hay un punto plano. Ahora vi, es gracioso porque sigo yendo más y más y más y más y más atrás en mi perspectiva, así que, como veo, en nuestro rincón de esta enorme cantidad de espacio, la Tierra es plana. No somos el único lugar plano (hay otros muy lejanos), pero ahora me estoy acercando. En todos los universos cercanos a nosotros, la Tierra es notablemente...

D: *La que está causando un problema principalmente.*

B: ¡Exactamente! Está desafinada. Fuera de armonía. Se siente tan plana. Así que vamos a ayudar a reajustarlo.

D: *¿Cómo te sientes al hacer eso?*

B: Emocionado. Y lo otro es que el resultado no es seguro. No sabemos si podemos. Otros lugares a los que habíamos ido antes, estábamos muy seguros. Podrías entrar, solo necesitas hacer esto y esto y esto y esto, y volverá a aparecer. Acabo de recibir un destello del que no estamos exactamente seguros.

D: *¿Entonces has tenido otras vidas en las que has hecho cosas así?*

B: Sí. Sintonizamos.

D: *¿Sabes cómo vas a hacer esto?*

B: Veo color. Todo está en el color, está en la vibración del color. —Hay más, no soy el único. Es un "nosotros". ¡Oh Dios mío! Ha habido varios antes que yo, varios después de mí: —es un "nosotros". Ahora estoy viendo la red. Es una manta, es una red alrededor de la Tierra. Y es como si hubiera muchas herramientas. Todo está en la vibración. Hay belleza en su simplicidad. No es tan fácil, pero es como si todos pudieran cantar. Estos tonos, estas vibraciones de colores hermosos y altos tonos de vibración. Algunos lugares se sienten como si estuvieran bajo alquitrán, como un lodo espeso. —No se trata de limpiar el alquitrán; están tratando de mostrarme una imagen, un ejemplo. Algunas personas se quedan atrapadas en el intento de limpiarlo tratando de quitarle el alquitrán; no es así como se hace. Lo que haces es entrar en el interior y cambiar la vibración, y luego el alquitrán se transforma. No se trata de limpiar o limpiar; lo está cambiando de una cosa a otra.

D: *Entonces vas a la Tierra. ¿Entras en un cuerpo o cómo vas a realizar estos cambios?*

B: Dios, no estaba en un cuerpo primero. —Estoy viendo la Tierra y alrededor de la Tierra, —es diferente de lo que pensaba. Se siente casi como si tuvieras algo de tela o una manta. Pero no pesa tanto como una manta. Sin embargo, está tejido porque puedo ver que hay orden en él. Parece una cuadrícula o un papel cuadriculado, pero es fluido y gira alrededor de la Tierra. Y hay más de una: —hay muchas capas de este tejido, o de esta sustancia, que se encuentran alrededor de la Tierra. Y donde me veo primero es dentro de ellos. Y dentro de ellos es casi como si de allí salieran embudos. Es como si hubiera un gran tejido sobre la parte superior de la Tierra, y hay un embudo que desciende hasta un punto debajo de la Tierra. Y cuando está sano y feliz de forma natural, simplemente aparecen por toda la Tierra en diferentes momentos, en diferentes lugares. Y se siente muy orgánico y muy fluido. Y parecen peines. Baja y existen estos puntos. Entra en la Tierra y se recicla nuevamente. Y todo se está moviendo. Y la superficie de la Tierra se siente permeable. Entonces, hay ciertos lugares en la Tierra que se han vuelto difíciles. Casi se siente muerto; se siente asfixiado.

D: ¿Es difícil de penetrar?

B: ¡Sí! Esa es exactamente la palabra. Es difícil de penetrar. Y como es difícil penetrar, ahora tenemos que bajar bajo la Tierra, bajo la superficie, y hacerlo en la superficie. Ya no podemos hacerlo desde arriba. Y son muchos, son muchos.

D: ¿Cómo lo vas a hacer en la superficie?

B: Tú traes esa energía. —Está bien, ahora puedo verlo. Cuando estábamos sobre la Tierra, éramos como puntos de luz como amplificadores o activadores. La energía entra y llega a estos puntos de luz, y luego se amplifica y se dirige a la Tierra. Ahora ha sido necesario acercar esa amplificación a la Tierra, para que sea más fuerte. Entonces esos puntos de luz ahora se han movido hacia el planeta, por lo que ahora se volverá más fuerte porque debe penetrar más adentro. Así que está entrando en la Tierra, profundamente debajo de la superficie de la Tierra. Antes funcionaba desde arriba. Ya no se puede hacer de esa manera, es demasiado espeso. —Todavía existe la isla de las personas, los seres que están ahí afuera en la red, pero algunos estamos aquí en el planeta.

Quería saber si ella era consciente de que estaba hablando a través de un cuerpo humano físico y, de mala gana, reconoció que a veces lo estaba. Entonces le pregunté cuándo decidió entrar en un cuerpo físico. Si estaba haciendo un trabajo tan importante sin cuerpo, ¿por qué era necesario?

B: Se llegó a un acuerdo. Estaba mirando el cuerpo humano en el que estoy. Y preguntaba: "¿Siempre he estado en este cuerpo humano?" Y el "yo" que habla no siempre ha estado en este cuerpo humano. Entré más tarde. Fue un acuerdo. Eso es un poco confuso para mí.

D: A ver si podemos explicarlo. ¿Quieres decir que el "yo" que habla no es el que nació en el cuerpo?

B: No. Entré más tarde. (Pausa) El lenguaje humano no está preparado para esto.

D: Lo sé. Me han dicho muchas veces que el idioma no es suficiente.

B: Me preguntaste si nací en este cuerpo humano y siento que no. Pero tengo recuerdos de ello. Tengo recuerdos del principio. No es que no hubiera recuerdos. Pero es como si no fuera necesario para mí estar aquí en el comienzo de este cuerpo humano. Entré más tarde. Entré cuando la conciencia... es muy interesante de ver porque no es como si estuviéramos separados, sino como una parte de ti que no está tan desarrollada. Luego me pregunté por qué no bajé al principio, pero estaba ocupado en otro lugar. Entonces es casi como si enviaras una parte de ti hacia abajo. Porque "yo" no era necesaria cuando yo era niña, ni cuando este cuerpo era niña. Necesitaba el cuerpo cuando el cuerpo estaba más desarrollado.

D: ¿La otra parte estuvo allí cuando era niña?

B: Exacto. Entonces es como si una parte de ti baja, y no quiero tomarlo a la ligera. No quiero que suene como un robot. Pero la parte más subdesarrollada de ti desciende y aprende todas las lecciones desde el principio y tiene todas esas experiencias. Es como cuando vas al médico: primero vas al médico habitual y luego al especialista. ¿sabes lo que quiero decir? Entonces entra tu parte especialista. Y entonces la parte especialista es la persona que está hablando ahora, a quien llamaron para entrar porque la parte especialista tiene las habilidades. Entonces "yo" el que habla no nací en este cuerpo, pero sí una parte de mí. Entonces existe este acuerdo en el que te fusionas y luego te conviertes. No es que haya dos seres en este cuerpo. Eso no es en absoluto.

D: Es una fusión de los dos.

B: Correcto. Fusión es una buena palabra.

D: ¿Aproximadamente qué edad tenía el cuerpo cuando sucedió?

B: Doce.

D: Entonces la fusión se produjo a los doce años. (Sí) ¿Pasó algún incidente o algo en ese momento?

Brenda comenzó a emocionarse. Cuando eso sucede, sé que hemos tocado algo importante. Así que la animé gentilmente a hablar sobre ello y a decirme qué era lo que le molestaba. Con un profundo suspiro, continuó:

B: Lo tenía al revés. Es un poco confuso en mi cabeza porque lo veo desde dos perspectivas diferentes. Lo estoy viendo desde la niña que nació. No entiendo esa parte. Es muy interesante porque estoy tratando de encontrar el yo, y no hay un yo. Es como si simplemente estuviera observando de dónde vino la emoción. Y es que me cuesta definirme y no puedo. Luego retrocedí un poco y simplemente observé. Y observé a Brenda cuando era niña, y luego con el ser que realmente era tipo custodio—no sé si realmente esa es la palabra—pero una persona que vino….

D: ¿Era ese al que ella veía como una amiga imaginaria?

Brenda había hablado de esto en la entrevista. Cuando era niña tenía una amiga imaginaria que para ella era muy real. Esto no es raro. Muchos niños los tienen y, aunque son invisibles para los demás, interactúan con ellos. Mi hija mayor tenía uno e incluso insistió en que le preparara un lugar en la mesa y me pidió que la tomara de la mano cuando cruzáramos la calle. No lo animé ni lo desalenté. Sabía que era real para ella. La llamó "Julia", así que cuando nació mi segunda hija, la llamé Julia porque estaba muy acostumbrada a escuchar ese nombre. La "amiga" desapareció en ese momento. Algunos padres me han dicho que pensaban que sus hijos se estaban volviendo locos cuando hablaban de (y con) un amigo invisible. Les digo que no se preocupen, lo que está ocurriendo es perfectamente natural y el "amigo" eventualmente desaparecerá. Cuando la de Brenda se fue, se sintió muy sola y abandonada. Esta fue una de sus preguntas. Quería una explicación de lo que le pasaba cuando era niña.

B: Cuando era pequeña. Sí, yo era uno de ellos. Los seres de luz.

D: ¿Entonces es como un pequeño cuidador?

B: ¡Exactamente! Aunque fue más que eso. Estaba tonificando el cuerpo. Muchas de las formas humanas, cuando el alma entra, no están calibradas a un ritmo que realmente pueda resistir a un ser de vibración más alta que está llegando. Entonces, cuando nació la bebé, fue calibrada desde el principio. Es casi como si estuviera viendo golpeteos con los pies, lo cual es muy extraño. Es como si desde el principio estos patrones vibratorios estuvieran impresos en todo el cuerpo y en los huesos, y el sistema celular. Así que es una calibración. Y los cuerpos se eligen con mucho cuidado para adquirir las herramientas que sean necesarias para realizar el trabajo posteriormente. Entonces, cuando el alma entra (lo veo claro), es cuando baja el custodio. Hay algo de conciencia allí, pero no es la conciencia plena. El ser de luz aún no ha nacido dentro de ese cuerpo. Hay un alma ahí, sí, pero es sólo un poco del alma. El alma es una enorme superalma, y una pequeña parte entra y se está preparando. Está siendo moldeado. Y todo es parte de ello. Así que en realidad ese no era yo. Era parte de mí, pero no era toda mía. Entonces el custodio bajó—no un custodio, sino un cuidador—un cuidador bajó y ayudó a preparar el cuerpo. El cuerpo tiene que estar preparado para las vibraciones superiores porque muchas veces en el pasado, cuando hemos hecho esto, cuando el ser de vibraciones superiores entra en un cuerpo, el cuerpo no puede soportarlo y sufre un cortocircuito.

D: He oído eso antes, que a veces el cuerpo, el bebé, muere.

B: ¡Eso ha pasado! Así que tenemos mucho cuidado al calibrarlo y luego colocar el cuerpo en un lugar, es casi como si estuviera anidado. Regresamos, lo comprobamos y nos aseguramos de que el cuerpo esté progresando ahora como debería. Y tiene que haber un cierto tipo de mente. Los impulsos eléctricos en el cerebro son diferentes. Hay más áreas. He visto la parte posterior del cerebro, allí es diferente. Hay más actividad allí al principio. Es como si se pusieran impulsos eléctricos allí. Luego se observa y luego se progresa. Y luego, poco a poco, comenzamos a traer más luz. Lo veo como una luz azul muy, muy clara que entra desde diferentes lugares del cuerpo. El pie. Parece la clavícula. La parte posterior del cuello, la parte superior de la cabeza, el área del tercer ojo, debajo de la nariz, ¡interesante! Lugares cerca de las orejas. Y así, la luz llega gradualmente, lentamente, con el tiempo. Se utilizan impulsos y también hay diferentes secuencias de símbolos.

D: ¿Como si se estuviera produciendo una activación?

B: Sí, dentro del cuerpo. Luego llega un punto en el que todo está decidido y se contacta a esta alma y se le pregunta. No es algo separado cuando digo que se contacta, pero se llega a un acuerdo para seguir adelante. Y luego entramos.

D: ¿Cuál es el acuerdo? ¿Para permitir que la otra parte entre?

B: Como, "¿Estás listo? ¿Se siente bien? Cuando el alma entra por primera vez y cuando llegamos a un acuerdo por primera vez, todo está alineado. Cuando un alma comienza a desarrollarse en la Tierra, las cosas cambian. El alma podría haber elegido otro camino. Quizás el alma quiera ir a otro lugar. Puede que el alma ya no quiera ir allí, así que tenemos que volver a preguntar. A veces esos contratos se rompen; A veces sucede algo en la vida que no está previsto. La Tierra es el comodín: nunca se sabe lo que sucederá cuando llegues aquí.

D: Y tienen libre albedrío.

B: Tienen libre albedrío, por lo que puede pasar cualquier cosa. Así que volvemos, hablamos y preguntamos si todavía es apropiado; si todavía están de acuerdo.

Gran parte de esto se explicó en mi libro Las tres oleadas de voluntarios. Parte de la salvación de la raza humana de sí misma fue la entrada de almas nuevas y puras en los cuerpos humanos. Almas que nunca habían conocido ni acumulado karma y, por lo tanto, no estaban estancadas. Esto puede estar relacionado con las experiencias extraterrestres que muchas personas consideran negativas. El alma nueva tiene una energía que es totalmente ajena a la experiencia humana, por lo que no puede entrar toda a la vez. Cuando esto se intentó en el pasado resultó en el aborto del bebé. Por eso había que hacerlo más lentamente, de forma de intervalos graduales, para que el cuerpo pudiera adaptarse antes de que llegara toda la energía más tarde. Esto explicaría las repetidas visitas de los extraterrestres, extraterrestres porque su trabajo es seguir monitoreando los cuerpos y comprobando si todo funciona correctamente. Así, los implantes o monitores se colocaban en el cuerpo para realizar un seguimiento de la persona. Esto también explica la disminución de las denuncias de secuestro porque el trabajo ya está terminado. Las almas entraron (las 3 ondas que descubrí), y ahora hay suficientes en la Tierra para realizar el trabajo, así que no hay necesidad de más. La mayoría de los casos de secuestro de los que oímos ocurrieron hace varios años. O son chequeos que se realizan de forma rutinaria para asegurarse de que el cuerpo esté funcionando correctamente en este ambiente extraño y a menudo hostil.

Esto también explicaría el programa de hibridación que muchos han calificado de negativo. La producción de cuerpos o vehículos que serían receptivos a la alta energía de las almas entrantes sin sufrir daños. Una combinación de genes, pero más importante aún, una combinación de energías para que el alma pueda vivir en el cuerpo. Es sorprendente que muchas de las personas con las que trabajo digan que no sienten que pertenecen aquí, que este no es su hogar. Luego, mientras están en trance, se revela que son un novato que ha venido directamente de la Fuente, o una energía alienígena o un ser de luz que nunca antes ha estado en un cuerpo humano.

(Continuando)

D: ¿Es esto lo que pasó cuando tuvo esa experiencia cuando tenía unos 10 o 12 años? (Tuvo visitas en su habitación por la noche que pensó que estaban relacionadas con ETs). En el momento en que sucedió, pensó que era una experiencia negativa.

B: En ese momento la mente humana no lo sabe. La mente humana no es plenamente consciente de ello en ese momento. En esa etapa de su vida no estaba lista para recibir esa información. Trajimos todo lo que pudimos ahora para que se sintiera cómoda. Y trajimos a su amiga que conoció cuando era más joven.

D: Durante la experiencia dijo que recordaba no poder moverse.

B: Sí, es interesante. Lo hacemos con la mayor suavidad posible y muchas veces lo hacemos cuando la persona está dormida. Estaba despierta, que es como se suponía que debía estar. Estaba lo suficientemente desarrollada como para poder manejar tanto. Sucedió como se suponía que debía suceder. Es casi como una anestesia en la que sacas a la persona para que no pueda moverse. Pero es un lugar agradable y salen de él sin recordarlo realmente. O recuerdas un buen sueño o lo que sea. No pretende ser un lugar aterrador. Tenía una voluntad muy fuerte, una mente muy fuerte, y por eso, cuando empezó a suceder, decidió estar despierta.

D: A veces la gente lo percibe como negativo.

B: Sí, porque desde el punto de vista de un niño no podía moverse y se sentía invasivo. Pero no fue así.

D: Ella dijo que sentía como si le estuvieran haciendo cosas al cuerpo físico.

B: Bueno, lo fue. El ser de luz se estaba acercando. Es como la calibración final. No el último, sino el que se debe hacer antes de que entre la otra energía. Hay ciertas cosas que se deben hacer para prepararse.

D: Lo que ella percibía como entidades a su alrededor, ¿son ellas las que ayudaron con esto?

B: Sí. Y fueron puestos en una forma que ella pudiera entender en ese momento.

D: Porque sabes que en la Tierra hablamos de extraterrestres. La gente no entiende lo que son.

B: No, y lo veo ahora.

D: ¿Es parte de su trabajo ayudar con todo este proceso?

B: Sí. Uno de ellos es muy bueno en lo que hace, puede sentir el cuerpo. Él siente el cuerpo y lo calibra y alinea perfectamente con el ser de luz que se está moviendo. El ser de luz entra en el cuerpo humano, de modo que cuando el cuerpo humano se despierta por la mañana, ni siquiera notará ninguna diferencia. Es una fusión armónica perfecta.

D: Excepto que sienten que hay algo que se supone que deben hacer.

B: Sí, porque es entonces cuando empieza a hacer efecto.

D: Hay mucha gente que recuerda experiencias como ésta y las percibe como negativas. No entienden lo que está pasando.

B: La Tierra es un lugar muy negativo. No siempre, no tiene por qué ser así. Pero es más difícil permanecer en lo positivo, especialmente para los muy (no quiero usar la palabra "poderosos"), sino para los que son sensibles. Si hay un lugar de confusión y buscan una corriente de energía, dado que hay tantas corrientes negativas que son tan poderosas, es fácil alinearse con esa corriente de pensamiento. Tenemos que alcanzar conscientemente la corriente de luz, la del amor, porque aquí en la Tierra la automática es el miedo.

D: Entonces, lo que perciben como negativo en realidad no lo es.

B: Correcto. Exactamente.

D: Algo más está sucediendo y es un acuerdo que la persona hace antes de entrar.

B: Todo es parte de ello y todo es muy bueno.

D: Hay muchas personas con las que he trabajado que dijeron que se sienten violadas. Sienten que les hicieron algo sin su permiso.

B: No, no es eso en absoluto. Se les dio permiso. Es un dispositivo de protección para un niño. No mostrarías a los niños una película horrible porque no la entenderían: no saben que no es real. Tú los proteges. Les muestras películas de Disney. Y luego, cuando tengan 16 o 17 años, podrán verlo porque se les podría explicar: que no es real. Y entonces hay ciertas cosas que se implementan como protección.

D: Está bien. Pero ahora la fusión ha tenido lugar y este ser de luz está dentro de ella, ¿no es así? (Sí)

Brenda había notado que sus habilidades psíquicas estaban volviendo a despertarse. Empezaba a ver quién es ella. Era de las cosas que quería saber. "Ha tomado mucho tiempo, ¿no?"

B: Sí. Había muchas cosas que había que hacer primero.

Por supuesto, otra de sus preguntas fue sobre su propósito. ¿Qué se suponía que debía hacer con su vida? ¿Cuál era el plan?

B: Es la Tierra. Debe traer la vibración más elevada y anclarla en la Tierra. Está codificada para hacer eso. Lo tiene en ella.

D: ¿Es por eso que le dieron mentalmente la información sobre los cristales?

B: Sí, la ayudan. Los cristales lo amplifican y lo hacen más fácil. Los cristales son uno con ella; los cristales la escuchan y ella escucha los cristales. Los cristales están vivos; los cristales son otra fuerza. Es un mundo completamente diferente. Es un campo de fuerza completamente diferente que debe utilizarse. Ha estado aquí desde siempre en este planeta. Los cristales son una fuerza energética que está más allá de tu imaginación más vivida. No sabes cómo usarlos; Lo has olvidado. En realidad, le han quitado el poder. Otras civilizaciones abusaron del poder, por lo que se lo quitaron.

D: Ahora tenemos que recuperar el conocimiento.

B: Muchos de los cristales están durmiendo. Algunos de los cristales de este planeta todavía están activos. Pero pueden volver a despertarse, y están destinados a hacerlo. Y vuelves a despertar a través de la vibración. La vibración se puede realizar de muchas formas diferentes. Se puede lograr centrándose en la intención, y ella sabe cómo hacerlo. Al llegar a esas líneas de la red, hay muchos niveles, no hay solo uno. Ella sólo ha visto uno. Hay muchísimas capas de estos campos de energía alrededor de la Tierra. El que debe alcanzar es el más lejano: es el morado. Ella necesita recordar trabajar con el morado. Ha estado trabajando con el verde. Por supuesto, el blanco siempre está ahí, pero el morado es el de la transformación. Y luego lo introduces y resuena también con los huesos de tu cuerpo. Y luego comienza un patrón vibratorio que luego se dirige a la Tierra y despierta las piedras dormidas.

D: En mi trabajo me dijeron que el cuerpo también es en parte cristalino.

B: Tus maestros aquí dirían que el corazón es cristalino, lo cual es cierto. Pero todo el cuerpo es cristalino.

D: ¿Por eso vibra, como dijiste antes?

B: Exacto. Por eso se le debe dar más.

D: Pero su camino es trabajar con piedras que ayudan con las vibraciones de la Tierra.

B: Correcto. Y habrá otros que la ayudarán. Mientras trabaja con la Tierra, ésta comenzará a cambiar la vibración y la gente se desorientará. Es interesante, si le das a la gente un trabajo, si les dices que ayuden a elevar la vibración de la Tierra, al ser dirigidos a hacerlo, no pueden evitar elevar la vibración dentro de ellos mismos. Por eso es importante saber que algunas personas no lo harán por sí mismas. En lugar de decir: "Puedo ayudarte a elevar tus vibraciones", podrías reunir a la gente y decir: "Realmente necesitamos ir a sanar el planeta aquí". Y luego, al hacer eso, la gente ayuda a elevar sus vibraciones.

D: ¿Dijiste que esto puede causar desorientación?

B: No con la gente que está haciendo este trabajo. A medida que la vibración de la Tierra comienza a aumentar, todo comienza a cambiar. Entonces, para las personas que están desorientadas y no saben qué hacer, y no están en resonancia, o no están en el mismo plano cuando les dices que necesitas elevar su vibración dentro de ellos, pídeles que ayuden a otros. Porque si ayudan a otros de alguna manera, si ayudan a un animal, si curan una planta, si sienten que están ayudando a otros o al planeta, entonces su vibración aumenta. Es bastante simple. Su objetivo principal es reunir a las personas para dirigir la vibración hacia la Tierra que ya no podía atravesar.

D: Ella estaba trabajando con la curación.

B: Eso es un recuadro. Cuando reúne grupos más grandes para traer esa energía a la Tierra, es mucho más que una sola persona. Si una o dos personas como núcleo atraen a otras, se amplifica aún más.

D: Y pueden ayudar con la energía combinada.

B: Sí. Todo el mundo tiene algo que compartir y la energía de cada uno es un poco diferente. Entonces, cuando se junta, es como una orquesta. Y es simplemente hermoso. Y entonces, en la orquesta, todas las piezas se unen porque cada uno añade su propia parte única. Así que cuanto más, mejor.

D: Y queremos que la Tierra vuelva a estar en armonía.

B: Debe estarlo. Va en ambas direcciones. Y cuando lo haces en ti mismo, dentro de tu familia inmediata o dentro de tu grupo, y luego lo haces para la Tierra, entonces sale al Universo. Todo es parte de esto.

D: Todo afecta a todo lo demás. Las cosas realmente se están acelerando. Cada vez más personas están despertando a sus habilidades, ¿no es así?

B: No hay otra manera. Ellos deben; ahora es el momento. Ya no hay período de gracia. Cuando había, nos daban algo de tiempo. El tiempo es ahora.

D: He trabajado mucho con lo que llamamos ovnis y extraterrestres, pero se está volviendo más complicado de lo que la gente piensa.

B: Oh, es mucho más. Han existido desde siempre. Siempre han sido parte de la evolución de este planeta.

D: Entonces, cuando estas personas tienen estas experiencias, en realidad están siendo activadas.

B: Sí, exactamente. El cuerpo tiene que calibrarse a un nivel vibratorio más alto para que las otras energías puedan entrar y trabajar a través de él.

D: También me han dicho que aquellos que se sientan demasiado incómodos con esto, simplemente los liberen del programa.

B: Ah, exactamente. Gracias al libre albedrío en este planeta, pueden tomar decisiones en sus jóvenes vidas y seguir un camino totalmente diferente. Y eso es perfectamente aceptable. Y luego quedan liberados del contrato. Y está bien.

D: Porque algunos de ellos dicen que piensan que es demasiado negativo y quieren salir.

B: Se sumergen en esa corriente de pensamiento de negatividad o miedo, y a veces eso es parte de su camino.

D: Eso es lo que me dijeron. De todos modos, no quieres ese tipo de personas en el programa y puedes liberarlas si quieren que las dejen salir.

B: Exacto. En cualquier momento, sí.

Capítulo 24
MUCHÍSIMO DEMASIADO RÁPIDO

Cuando Tonya entró en la escena sintió que estaba en el espacio exterior porque no había nada más que vacío. No era incómodo, pero no podía ver nada. Decidió moverse hacia abajo en lugar de adentrarse más en el espacio. Nada pareció cambiar hasta que de repente sintió que no podía moverse en absoluto. "Quiero decir que estoy en una especie de cápsula. No sé dónde estoy, pero estoy encerrada en algo. No tengo cuerpo. Parece que no puedo avanzar, ni arriba ni abajo. Son todas estas partículas oscuras. Siento como si no hubiera nacido. Eso no tiene ningún sentido. No he decidido qué quiero ser. Siento que estoy dentro de algo, pero es algo de lo que soy parte, o que hice y yo... no sé lo que quiero ser, así que no tengo dirección".

D: ¿Quieres decir que nadie te ha dicho lo que se supone que debes hacer o adónde ir o algo así?

T: Te escucho, pero no escucho a nadie más hablarme ni decirme nada. Depende de mí.

D: ¿Entonces tienes otra opción? ¿Puedes hacer lo que quieras? ¿Es eso lo que quieres decir? (Sí) Eso es importante. Mucha gente no tiene otra opción. Tienen que hacer lo que les dicen.

T: He hecho todo eso. He pagado mis deudas. Ahora tengo opciones que puedo tomar yo misma. Ahora no sé qué voy a hacer.

D: ¿Cómo te percibes?

T: Soy una mancha de algún tipo de energía o algún tipo de proceso de pensamiento... porque estoy pensando. No tengo ningún rasgo físico. Simplemente estoy rodeado de esta masa de cosas con las que trabajar... pero estoy estancado. No sé lo que quiero hacer. No sé qué dirección tomar. (Frustrado)

D: ¿Quieres hacer algo diferente o algo que no hayas hecho antes?

T: Sí. Algo más de lo que he hecho antes... algo que signifique más. La otra vez fue algo que tuve que hacer. Ahora quiero hacer algo fuera de mí. (Llorando) No sé cómo explicarlo.

D: ¿Las otras eran como tareas que tenías que hacer?

T: Sí. Terminar materiales o terminar trabajos que no había completado. Hice la mayor parte, sí, supongo que tengo todo lo básico hecho. He estado aquí por mucho tiempo... mucho tiempo. (Susurrando y llorando.) Sin embargo, aún quedan cosas por hacer. —Simplemente no sé qué quiero hacer.

D: ¿Tienes alguna idea, alguna opción en la que puedas pensar?

T: Sí, pero afecta a mucha gente si hago lo que quiero hacer. Se está volviendo más claro. Ya no está tan oscuro.

D: ¿Qué es lo que quieres hacer que afectaría a tanta gente?

T: Quiero ser parte del cambio. Parte de la influencia... el cambio para mejorar. Quiero volver por eso.... Tiene que ver con un ciclo. Quiero estar allí para el comienzo del nuevo ciclo y ser parte de él.

D: ¿Alguien te dijo que vendría o simplemente lo sabes?

T: Ambos. Me lo han dicho y ahora lo siento. El fin del ciclo... el comienzo de un nuevo ciclo... un tipo de vida completamente nuevo.

D: Eso suena realmente asombroso... realmente grande. ¿Dijeron por qué tenía que terminar el ciclo?

T: Como todas las cosas tienen que llegar a su fin. Cuando las cosas se viven, se viven. Está a punto de terminar y comenzará un nuevo ciclo. Las cosas nunca son iguales. Están siempre cambiando, pero este es un gran cambio. Se trata de ciclos dentro de ciclos dentro de ciclos.

D: ¿Diferentes a los demás?

T: Diferente para este lugar.

D: ¿De qué lugar estamos hablando?

T: De la Tierra.

D: Entonces, se han producido ciclos en otros lugares, pero ¿este es un gran paso para esta área?

T: Sí. Han pasado tantas cosas aquí. He vivido algo de eso. Ayudé. He pasado por diferentes fases. Ya conoces las fases... y, sin embargo, tengo miedo de cómo podría terminar. Aún no está listo para terminar, pero ya casi está ahí. El ciclo no está completo y no ha terminado con lo que debe hacer, y mucho depende de ello. La gente tiene que cambiar y quiero ser parte de eso. Quiero ayudar con el cambio y me da miedo.

D: ¿Por qué te asusta?

T: Porque, ¿y si no soy bueno en eso?

D: Creo que, si deseas algo con tanta fuerza, serás bueno en ello. Tienes ganas, ¿no? (Tonya llorando, Sí.) ¿Dijiste que habías pasado por otras fases?

T: Sí, y los jodí… disculpa mi lenguaje.

D: ¿Qué pasó? Cuéntame sobre eso.

T: El ciclo de este planeta. Fui agresivo en mis deseos de cambiar las cosas demasiado rápido y ahí es donde estoy ahora. Tengo miedo de ser demasiado agresivo y, aun así, me siento frustrada.

D: ¿Qué hiciste en ese momento?

T: Presenté las cosas demasiado rápido. Se introdujeron cambios en el pensamiento... cambios biológicos.

D: ¿Qué épocas fueron esas?

T: Cuando la vida era joven. Era diferente de lo que es ahora. Hay tantos momentos diferentes que no puedo recordarlos todos. — Pensamientos... porque podrías influir en el pensamiento en ese período de tiempo. Yo era diferente a ahora. Quiero decir que era una sustancia lechosa. Un pensamiento era como una sustancia lechosa. Era más fácil influir. Estaba unido... era una sustancia lechosa. ¿Me estoy dando a entender? (Irritada consigo misma.) Verás, visualmente las cosas no eran como son ahora. Hoy en día hay ángulos, puntas afiladas y puntos negros y los procesos de pensamiento son sencillamente horribles. Hace tantas cosas malas. No es puro como antes.

D: ¿Fluía más suave por sustancias lechosas?

T: Sí, más completo en sí. No era individualizado por sí mismo. Procesos de pensamiento... individuales. Eran individuales como individuos. Te miras a ti mismo como un individuo, no tanto como un jugador de un equipo. Tú eras tú.

D: ¿Aún no estaban preparados para entenderlo?

T: No. Ira. Había ira entre ellos. Emociones que no formaban parte de lo que originalmente tenían. El cambio fue demasiado abrupto.

D: ¿Quieres decir que introdujiste una nueva forma de pensar para la que no estaban preparados?

T: Sí. Tampoco fui solo yo. Estaba con un grupo, pero seguía siendo yo porque era parte del grupo. Les hizo tomar conciencia de cosas de las que antes no eran conscientes. Algo así como Adán y Eva. De repente se dieron cuenta de las diferencias. Quería que estuvieran listos. Quería seguir adelante. Quería decir que ayudé, pero era demasiado pronto. La ira no era algo que tuvieran antes.

Hubo abuso. No se disipó. Se convirtió en algo peor. Comenzaron a lastimarse unos a otros. Deberíamos haber sabido que no estaban listos.

D: ¿Cómo pudiste saberlo?

T: Porque estábamos mucho más avanzados que ellos. Al menos así nos veíamos a nosotros mismos.

D: No sabías cómo reaccionarían las personas y la naturaleza humana. Entraste en esto con buenas intenciones.

T: Sí, pero todavía había maldad involucrada, ahora lo veo. Esto era lo que queríamos hacer. Esto no fue lo suficientemente pensado. No fuimos lo suficientemente considerados.

D: ¿Eras físico entonces?

T: No bajamos en ese momento. Estábamos en un estado mental. Éramos físicos, pero no bajamos. Era influenciado por nuestro estado mental. Bajamos más tarde.

D: ¿Entonces decidiste detenerlo porque se estaba saliendo de las manos?

T: Sí, pero ya era demasiado tarde. No pudimos cambiarlo y con el tiempo se intensificó.

D: ¿Entonces nadie te castigó ni te dijo que no deberías hacer esto?

T: En cierto modo estás castigado. Quiero decir, cuando sabes que causas algo, todavía está ahí. Nadie tenía que señalarte con el dedo y decir: "Mira lo que has hecho". Sabes lo que has hecho. Pero aún tienes que compensar tus errores. Si sumaste dos más dos y tienes cinco, tendrás que corregirlo.

D: ¿Dijiste que en otro momento sí bajaste?

T: Más tarde. Fue más tarde. Supongo que, en años terrestres, pasó bastante tiempo después, pero volvimos a bajar.

D: ¿Tú y el mismo grupo?

T: Sí. Esa vez nos mezclamos con ellos como éramos. Físico, sí. Ya era hora de que aceptaran y podían aceptar, así que llegamos a ese estado. La vida era diferente cuando había nubes lechosas. No fue lo mismo. Fue físico, pero no tanto. Era un estado ligeramente alterado. No puedo explicarlo. Puedo sentir la diferencia, pero no puedo explicarla. Cuando bajé, era diferente que la otra vez. Esta vez el mundo también era más físico, no es que antes no lo fueran. (Frustrado.)

Creo que quiso decir que era más sólido.

D: ¿Cometiste errores otra vez?

T: Sí. Me involucré de manera física.—Sexo.

D: ¿Por qué lo hiciste?

T: ¿Por qué haces algo? No piensas correctamente.

D: ¿Querías hacer algo que no habías experimentado antes?

T: Sí, pero no fue lo correcto. No era el momento. No fue apropiado. No estuvo bien.

D: ¿El resto del grupo hizo lo mismo?

T: Algunos, pero no todos, no. La mayoría de ellos no lo hicieron. Creo que éramos tres los que teníamos que quedarnos. No sé dónde están los otros dos.

D: ¿Por qué te hicieron quedarte?

T: Porque no podía volver atrás. Cambié mi propia vibración al hacerlo... al involucrarme. Debido a que interactué con la gente, ahora son parte de mi vibración.

D: Oh, ahora lo entiendo. ¿Bajaron tu vibración porque eran más densos? (Sí) Se suponía que debías ayudarlos de una manera diferente.

T: Sí. Demostrando, mostrándoles cosas, enseñándoles. Estaba haciendo eso, pero luego me involucré demasiado.

D: Entonces, ¿qué pasó en esa vida? ¿Te quedaste allí?

T: Me quedé allí y finalmente me mataron. Alguien se puso celoso. No lo sé exactamente. Realmente no lo recuerdo, pero alguien se puso celoso y me mató. Pero eso estuvo bien. Ya era hora de irme.

D: Pero todo el mundo comete errores. Nadie es perfecto. Así es como aprendemos. ¿Dijiste que querías ayudar a la gente?

T: Este cambio que se avecina. Va a haber un cambio. Mucho depende de cuánto haya cambiado la gente dentro de sí misma. Podría ser un gran cambio para muchas, muchas personas, o podría ser un cambio para sólo unas pocas personas. Y los demás no sabrán que esto ha sucedido porque no son conscientes de ello. Por eso es tan importante que más personas sean conscientes.

D: Todos tienen su libre albedrío, ¿por eso puede afectar a todos de una manera diferente?

T: Correcto. Supongo que simplemente tengo miedo de no saber la manera correcta de hacerlo. Quiero que alguien me ayude. En realidad, hay muchas cosas que podría hacer, o eso creo de todos modos. Sólo desearía tener alguien con quien hacerlo.

D: ¿Has vivido otras vidas como humano?

T: Oh, muchos.

D: Estas otras vidas, ¿viviste vidas normales?

T: Básicamente normal. Algunas vidas son muy buenas. Algunas vidas son muy protegidas. Algunas vidas simplemente fueron introvertidas y no quería hablar con nadie.

D: Entonces tuviste que experimentar muchas cosas. No siempre estuviste en una posición en la que pudieras afectar dramáticamente a las personas. (No) Entonces, cuando cometiste ese error, tuviste que seguir regresando a la Tierra en cuerpos físicos.

T: Lo hice... bastante a menudo en diferentes períodos de tiempo.

D: Pero ahora se está preparando para algo muy importante. ¿Crees que estás listo para hacer algo como esto?

T: Quiero estar listo. Siempre quise hacerlo solo hasta hace poco. Ahora no lo sé. Siento que necesito a alguien con quien debatir algo. Alguien con quien pueda trabajar para saber si cree que tiene sentido o funciona en un momento determinado, y que lo haga conmigo.

D: ¿Puedes preguntarle a alguien si puede venir a hablar contigo antes de tomar una decisión?

T: Le he preguntado a alguien. No sé su nombre. Ha estado conmigo mucho tiempo. Lo conozco, pero no lo conozco. No veo una cara en él, pero siento una presencia.

D: ¿Qué preguntas?

T: Para que se vuelva físico... que baje. He pasado toda mi vida hablando mentalmente... hablando y sin obtener respuestas de esa manera. Quiero alguien con quien pueda identificarme. ¿Bajará? No me importa cómo lo haga, sólo que baje, a hablar y estar conmigo.

D: Entonces no estarás solo. (Sí) ¿Te dijeron cómo se suponía que debías influir en las personas o ayudar con este cambio?

T: Sólo ser yo mismo. Supongo que pensé que iba a ser más complicado. Creen que puedo hacerlo.

D: ¿Entonces lo principal es estar en la Tierra cuando todo esto esté sucediendo? (Sí) Dijiste que habría mucha gente yendo en una dirección diferente.

T: Depende de dónde estés sintonizado. ¿Qué deseas? ¿A dónde estás sintonizado? ¿Quién crees que eres? Todas esas cosas son preguntas que te llevarán a donde vas. Si comprendes todas las cosas que existen y todas las cosas que eres. Pero la gente todavía no parece entenderlo. Todavía están cerrados. No puedes hacerles ver. No importa lo que hagas, no puedes hacer que la gente lo vea.

D: Si tuvieras que hablar con ellos, ¿qué les dirías que necesitan ver?

T: Que no son físicos. No son quienes creen que son cuando se miran al espejo. Que son cualquier cosa que puedan imaginar. Que son parte de una vida completamente diferente a la que la Tierra les presenta. Tan individualizados, tan separados, tan divididos. Tienes que ir allí, pero tienes que regresar. No van a volver a donde deberían estar. Se mantienen individualizados. Piensan que son un individuo cuando vuelven a estar juntos. No puedo explicarlo.

D: Se ven a sí mismos como un individuo.

T: Apartados. Así es como me siento yo también, porque me siento aislado de lo que se supone que debo hacer. Así que todavía tengo esa parte en mí también.

D: ¿Entonces se supone que debes mostrarle a la gente que no son individuos?

T: Eso es lo que quiero hacer. Que todos son parte de un todo. No sé cómo hacer eso.

D: Entonces, ¿cómo viniste a la Tierra para realizar este cambio?

T: Recuerdo haber venido como una entrada sin cita previa durante un período de tiempo muy corto. Creo que estuve en el cuerpo de un hombre en Inglaterra. Trabajo mucho en el otro lado cuando pasan, pero tienen ideas tan fijas que a veces les lleva mucho tiempo darse cuenta de dónde están. Fue en tiempos de guerra... muchos murieron. La confusión te hace tener más miedo cuando pasas. Hace que el yo sea más difícil de encontrar. El caparazón está apagado y está tan espeso y pesado por el miedo que les resulta difícil descubrir quiénes son. Y en el otro lado se necesita mucho tiempo para superarlo. Pensé que tal vez podría ayudar en este lado, así que lo hice. Me hice cargo del cuerpo durante, no sé, tres meses. El alma original decidió dejarlo y no soportarlo más. No pudo soportar la muerte. No le gustó ver la muerte. Eso es lo que quería hacer. Quería ver si podía hacer una diferencia en este lado antes de que pasaran. Y algunos sí, otros no, así que volví otra vez. Regresé y vine aquí como una persona física para continuar. Quería ser algún tipo de luz o algún tipo de ayuda o algún tipo de intérprete. No sabía exactamente cómo lo iba a hacer, pero quería estar aquí para los cambios.

D: ¿Fue entonces cuando decidiste entrar en el cuerpo que se convirtió en Tonya? (Sí) Esa vez viniste siendo bebé.

T: Sí. Mis padres eran buenas personas. Eran gente amable. Me darían el espacio que necesitaba. La oportunidad estaba disponible en ese momento y tenía prisa. Empezarían a suceder cosas. Más gente estaba consciente de los ovnis, al menos. Pensé que esto sería una apuesta segura, pero no lo fue.

D: (Risas) Nunca lo es, ¿verdad?

Tonya era una de esas pocas personas que recuerda todo, desde su nacimiento y su infancia. Por lo general, esos primeros recuerdos del otro lado y del nacimiento, etc., se olvidan cuando uno entra al cuerpo del bebé. Sus padres no desalentaron los recuerdos e incluso la animaron a recordarlos y hablar de ellos.

T: Olvidé algunas de las vidas, pero las que recuerdo normalmente tienen que ver con personas que conozco en esta vida. Durante un par de mis vidas, he tenido amigos que tengo en esta vida. He podido identificarlos. No lo olvidé porque no quería que me aislaran. Quería las lecciones. Quería permanecer conectado tanto como pudiera y parecía que podía hacerlo.

D: ¿Crees que estás ayudando a influir en las personas?

T: A veces ni siquiera me doy cuenta de cuánto. A veces pienso que no, pero supongo que sí.

D: ¿Ahora que estás aquí, te das cuenta que algo le está sucediendo a la Tierra en este tiempo?

T: Sí. Puedo sentir los cambios. Y mucha gente también. No soy el único. Mucha gente sabe que están pasando cosas. Muchas cosas están cambiando. De eso quiero ser parte. Siento que me falta algo.

D: ¿Qué quieres decir?

T: Me siento tan encerrada. No lo sé exactamente. Me siento apretada y encerrada. (Se sintió incómoda). Sé que hay otros aquí. ¿Dónde están? (Llorando) ¿Dónde están? ¿Por qué estoy cerrado? Por eso me siento cerrado. No sé dónde están.

Decidí llamar al SC y le pregunté por qué decidió presentar esta información para que Tonya la viera.

T: Ahí es donde siente que está. Si ahí es donde sientes que estás, eso es lo que ves. Para no perder el tiempo. Condensa y termina de una vez.

Le pregunté sobre su propósito en esta vida y el SC indicó que no era el momento adecuado para saberlo. Ella lo sabría más tarde. "Está impaciente. Por eso su vida ha sido tan dura. Está impaciente por hacer las cosas. Está haciendo cosas. Más de lo que ella sabe. A veces pensamos que no somos nada". No quisieron darle ningún consejo en este momento. "Continúa con lo que estás haciendo. Vendrán. Las respuestas que necesita. Las respuestas que está buscando. Vendrán a ella. Los libros que necesita y los lugares a los que necesita ir. Vendrán si ella necesita hacerlo. Se avecinan cambios. Ella será feliz. Estará satisfecha con los cambios, pero aún queda un poco de tiempo. En años terrestres, su tiempo parece una eternidad, pero falta muy poco tiempo. Todo va a cambiar en el mundo... cambios rápidos.—Hay cambios vibratorios que cambiarán las actitudes y la mente de las personas. Eso depende de cuáles son sus debilidades. Desafortunadamente, esas debilidades se fortalecerán y sus fortalezas también se fortalecerán. Porque vibrará a la velocidad a la que les afectará y cómo ellos están afectando la vibración. La forma en que vibran será exagerada. Regocijado. Entonces hay muchos... es muy parecido a la muerte. Desde donde vibras es la muerte, o la muerte del cuerpo es hacia donde vas".

Cuando las personas mueren y pasan al lado espiritual, sólo pueden ir a aquellos lugares que coincidan con su vibración. Hay diferentes niveles de aprendizaje, y cada uno es más avanzado según tu desarrollo. Siempre esperas que al menos vuelvas a la misma vibración que dejaste. No querrás tener que ir a una frecuencia más baja y luego volver a subir. Pero nunca podrás subir más hasta que tu vibración sea igual a ese nivel. Supuse que el SC estaba haciendo una comparación entre ese estado y pasando a la vibración equivalente cuando se producen los cambios. Esta es una de las razones por las que las personas muy negativas no podrán trasladarse a la Nueva Tierra. No pueden cambiar su vibración tan rápidamente. Tiene que ser un proceso gradual.

D: Hay muchos lugares a los que puedes ir del otro lado, ¿no?

T: Sí, los hay. Algunos van solos, si eso es lo que ven; algunos en grupos.

D: Nunca puedes ir a un lugar donde no estés vibrando en la misma frecuencia. ¿Es correcto?

T: Sí, y eso es lo que pasará en esta parte. En este tiempo de la Tierra también hay vibraciones y dónde estás, quién eres y en qué vibras afectará lo que te suceda y adónde irás.

D: ¿Dijiste que algunas personas vibran a una frecuencia más baja?

T: Tienen tiempos difíciles.

D: ¿Más de la frecuencia negativa?

T: Sí, y eso es triste porque es muy innecesario.

D: Ni siquiera sabrán lo que está pasando.

T: No. (Suspiro profundo y angustia por ello.)

D: ¿Afectará esto a la Tierra física?

T: Sí. Cuanto más negativamente responderá la Tierra... los cambios... los cambios violentos... tan innecesarios.

D: ¿Qué tipo de cambios físicos? Me han dicho que van a continuar muchas catástrofes. ¿Es eso cierto?

T: Sí… poco a poco, pero seguirán. La Tierra también se limpiará a sí misma. Tú lo sabes. Tiene que. También tiene vida propia. Es real. Está asumiendo todos estos cambios en sí misma, así como con cada persona que cambia, que vive en su Tierra y vive en su sistema. Reaccionará ante ese sistema... cada sistema... a su manera.

D: Los que están vibrando en un nivel positivo, ¿cómo les cambia la vida?

T: Si hay muerte del cuerpo, será una sensación de alivio. Una luz... el velo será más fino. No será algo aterrador ni aterrador para ellos. Se encontrarán del otro lado con facilidad. Algunos serán llevados a otros lugares. Tantas situaciones diferentes... algunas permanecerán en la Tierra. Algunos sobrevivirán... aunque no muchos, pero los que no lo hacen y siguen siendo negativos... (Suspiro profundo)... se encuentran en otro lugar, o se encuentran en el lado negativo de la Tierra.— Es un cambio, como dije; cambiará en muchos aspectos diferentes. Habrá un lado más oscuro. Habrá un lado más ligero. Habrá uno fuera de este lado de la Tierra. Habrá un lado dimensional. Hay tantos cambios diferentes que sucederán. Es como un estallido de estrellas. Todavía hay materia. Está toda esa energía. Hay una energía ardiente y algo de energía fría. Tantos niveles diferentes.

D: *¿Pueden suceder tantas cosas en tu vibración diferente? (Sí) ¿He oído que la parte negativa será para aquellos que han creado esa parte? (Sí) ¿Entonces otros de nosotros iremos a otro lado?*

T: Ya sea físico; otros en espíritu. El cuerpo puede morir.

D: *(Sabía que había estado hablando de la Nueva Tierra). Me han dicho muchas cosas y todavía es confuso.*

T: Es confuso. También es confuso para nosotros porque hay muchas posibilidades diferentes. Depende de cuántas personas estén conscientes en el momento de la transición. Eso puede determinar qué tipo de vida es más frecuente.

D: *Me han dicho que hay muchas personas, como Tonya, que han venido para ayudar con esto. (Sí) Y con solo estar aquí ya está haciendo mucho, ¿no?*

T: Sí, y todos lo son. Todos los jóvenes son mucho más diferentes que los mayores. Desafortunadamente, los viejos son los que todavía están en posiciones que están dañando no sólo la Tierra, sino también las almas de las personas.

Pasando a sus preguntas. Algunos se han omitido porque no eran relevantes para este libro. "Ella sintió que había tenido contacto con extraterrestres. ¿Puedes decirle algo sobre eso?

T: Ella ha sido una de las llamadas ET. Ella ha sido gris, aunque no de los más pequeños... uno de los grises más grandes.

D: *Conozco la diferencia entre los dos. (Sí) Ella supo desde temprana edad que tenía contacto con ellos.*

T: Sí. Muchas veces se han puesto en contacto con ella y ella con ellos.

D: *¿Por qué seguían contactándola?*

T: Había cosas que hacer.

D: *¿Qué tipo de cosas?*

T: No podemos decirlo en este momento. (Ella estaba sonriendo, así que supe que no podía ser algo malo.) Experiencias que tienen que ver con el futuro.

D: *¿Sigue teniendo contacto con ellos?*

T: Oh, sí... no tanto fuera del cuerpo, pero ella puede pensar con ellos y ellos pueden hablar con ella. Ella seguirá teniendo contacto. Le han dicho: "Al final volveremos por ti".

D: ¿Qué significa eso?

T: Al final volveremos por ella. (Risas)

D: ¿Quieres ayudarla cuando esté lista para cruzar?

T: No podemos decirlo en este momento. (Sonriente.)

D: En mi trabajo con los extraterrestres he descubierto que son buenas personas y positivas.

T: Ah, sí.

Por mucho que intentara reformular las preguntas, no me proporcionarían más información, sólo que ella lo sabría a tiempo.

Físico: A veces un problema con el azúcar en la sangre porque no come cuando debería o come demasiado cuando lo hace. No le hará daño, pero debe ser consciente de ello.

D: ¿Qué pasa cuando no comemos a las horas que se supone que debemos hacerlo?

T: Pone estrés en el cuerpo... te cansa más, te desconecta más... o sale demasiado y no entra lo suficiente.

D: ¿Qué quieres decir con salir demasiado y no entrar lo suficiente?

T: A veces tiene una tendencia a no regresar tanto como debería.

D: ¿Quieres decir que hace esto constantemente durante el día?

T: No, generalmente por la noche y luego cuando se despierta. No comer cuando se supone que debe hacerlo... hay una tensión en el cuerpo, especialmente cuando se está haciendo ciertos tipos de trabajo: trabajo físico o trabajo mental espiritual. Ambos ejercen presión sobre el cuerpo. Afecta el nivel de azúcar. Ella come de manera irregular. El cuerpo está un poco confundido porque su mente está un poco confundida. Como digo, ella está expuesta más que la mayoría de la gente. Ella todavía está funcionando, pero tiene que tener cuidado y prestar atención.

Mensaje: Ella sabe que nunca está sola, siempre es aceptada y básicamente sabe quién es... solo hay que tener paciencia. Esa no es su virtud. Eso es algo que le ha faltado en muchas vidas: paciencia. La paciencia es muy necesaria cuando las cosas no dependen sólo de una entidad, y ella lo sabe, pero quiere acelerar las cosas. No puede apresurar las cosas. Puede ayudar a cambiarlos, pero no puede apresurarlos.

Energía

Capítulo 25
LA ENERGÍA ROSA DEL PLANETA DE CRISTAL

Cuando Anna entró en escena y flotó hacia lo que llamó una "estrella". Cuando llegó a la superficie era bastante rocosa, pero con grandes formaciones de cristales. Eran cristales enormes, claros y hermosos, que casi formaban una montaña. "Son grandes... más grandes que yo. La atmósfera es azul y el suelo parece azul como el cielo. Los cristales parecen montañas y hay unos grandes como un grupo de cristales con otros más pequeños mezclados. Estoy sobre una superficie plana y azul. Todo parece tener un tinte azul. Es como si fuera una cadena montañosa de cristal y frente a mí hay una tierra plana y azul en el suelo". Le pregunté cómo percibía su cuerpo y dijo que era transparente. "Es un transparente muy hermoso, claro, no blanco. Y hay algo rosado a mi alrededor. Mi interior es una estructura rosada que está rodeada por una piel transparente, brillante y de color suave. Puedo ver el rosa en mis manos y hay una línea rosa que sube por mi brazo y sube hasta mi pecho, donde es más grande, y luego baja por mis piernas. Sé que tengo brazos y piernas, pero me cuesta verlos".

D: ¿El rosa que recorre tu cuerpo es como un sistema circulatorio?

A: Esa es la idea que parece, sí. La piel, el exterior, lo transparente, es como transparente, pero ligero.

D: ¿Cómo es tu cara? ¿Cómo la percibes?

A: Siento como si no tuviera pelo. (Risas) Puedo sentir mi cara y se siente un poco diferente. Mis ojos son diferentes. Se mueven más hacia los lados de mi cabeza. Mi nariz es diferente y creo que no tengo oídos.

Aunque el cuerpo parece extraño, se sentía cómoda con él y el lugar de cristal le parecía muy familiar. "Siento el azul. Es casi una sensación arenosa y sedosa en el suelo azul. Y mientras estoy de pie, puedo sentir que algo en el suelo sube a través de mis pies y se conecta con lo que sea que sea este rosa que hay dentro. Energía que pasa a través de mis pies donde tocan el suelo. Se siente maravilloso. Se siente bien. Es familiar. Siento que probablemente debería moverme. Quiero ver más de dónde estoy. Todo lo que estoy viendo ahora es esta zona central envolvente de este azul. No es arena. Es más sedoso, más parecido a una seda. Está más conectado que un trozo de seda. Pero no es una pieza sólida de nada. Se mueve cuando muevo mis pies y mis pies son transparentes".

Mientras miraba a su alrededor se dio cuenta de algo. "Hay otros a mi izquierda, alrededor de las montañas, alrededor de estos cristales. Otros que me están mirando".

D: ¿Otros seres como tú? (Sí) Entonces no estás solo ahí, ¿verdad?

A: No, no estoy solo. Están un poco atrás pero me miran. Parece que tal vez ocho.

D: ¿Reconoces a estos seres?

A: Sí, son como yo.

D: ¿Entonces estos son seres que conoces?

A: Sí. Veo uno que se fija en mí y parece... ¡Oh! El rosa se está iluminando. Creo que es un saludo. Un "Hola" dentro de este. Sentí que es un... él. Y siento que también me estoy iluminando. Es un sentimiento feliz. Él está caminando hacia mí. Quiere llevarme hacia los demás. Estamos caminando y el suelo es todo azul. No tenemos nada en los pies ni en la ropa, pero se siente normal. Él se agarra de mi brazo izquierdo y caminamos felices. No puedo decir que esté sonriendo, pero sé que está feliz porque tiene un color rosa brillante por dentro. Estoy feliz. (Risas) Vamos con los demás y hay un edificio cuadrado frente al cual están parados. Parece una casa con dos pilares blancos justo en el centro... no, son dos grandes cristales en el centro. Ahora miro a los demás y todos se encienden. Y siento que me estoy volviendo más brillante que cualquiera de ellos. (Risas) ¡Me siento como en casa! ¡Es un sentimiento maravilloso! Siento que me he ido, pero me están dando la bienvenida. Y hay otros que puedo ver venir desde más a la izquierda. Están los ocho y los conozco muy de cerca.

D: ¿Quieren llevarte al interior del edificio?

A: Creo que eso es lo que quieren hacer. No están hablando. El rosa que nos recorre nos ilumina unos a otros, y de esa manera nos damos la bienvenida.

D: ¿Se comunican de esa manera en lugar de con palabras?

A: Sí. Lo siento muy, muy fuertemente, y todo aquí (la parte media de su cuerpo) es simplemente brillante. Entro y miro estos pilares, estos cristales a cada lado de la entrada. No sé qué tan altas son, pero probablemente quince pies de altura... simplemente rectas, no agrupadas como las montañas.

Cuando entró en el edificio, el terreno parecía descender en una profunda pendiente. "Parece como si estuviera dentro de una peonza... una pendiente. Estoy parado al borde de esta pendiente y él está conmigo tomándome del brazo. Y los demás están ahí. No estoy seguro de si debo deslizarme por esta pendiente. (Risas) Parece como si fuera plateado y marrón que llega a un punto y no hay mucha área para maniobrar. Me está instando a deslizarme. Está bien, Me quiero asegurar que venga conmigo. Sí, ya viene. ¡Guau! Fuimos y me resbalé. Pensé que nos quedaríamos atrapados, pero había un agujero en el medio por el que deslizarnos. Y yo caí y él cayó detrás de mí. (Risas) Entonces ambos estamos aquí.

D: ¿Dónde es aquí?

A: Es azul otra vez. Siento que me está hablando, en lugar de escucharlo. "Ven… ven conmigo. Todo está bien. Te damos la bienvenida."

D: Pregúntale dónde estamos.

A: ¿Un salón? No sé qué tipo de salón. Él me está acogiendo. Hay muchos otros aquí. Debemos estar debajo del edificio. En el que caí. Hay muchos otros aquí. Todos nos vemos iguales. Ahora también están empezando a encenderse. Es un grupo grande. Siento que estoy siendo bienvenido. (Comenzó a sollozar suavemente.) Son demasiados para contarlos. Es una especie de habitación amplia y redonda.

D: Pregúntale: "¿Qué es este lugar?"

A: Creo que necesito preguntarle a alguien más. Sigue diciendo que he regresado. Parece muy emocionado. Creo que necesito preguntarle a alguien más. Hay muchos aquí, así que lo haré. Ahora me están tomando ambas manos. Oh, todos nos estamos uniendo. Les estoy compartiendo a través de mis manos y ellos están compartiendo con los que están tomados de la mano y demás.

D: ¿Qué estás compartiendo?

A: Todo... todo... tienen acceso a todas mis entrañas rosadas, a mi energía que me hace quien soy. Puedo dárselo a través de mis manos. Pero también mis pensamientos y mis sentimientos. Puedo verlos pulsando en un gran círculo. Estamos tomados de la mano y se lo extiendo al que está a mi lado, y se extiende una y otra vez.

D: ¿También comparten contigo?

A: Ahora no lo están.

D: ¿Principalmente te comparten?

A: Sí, estamos compartiendo. Me hace sentir bien hacer esto. Mi energía tiene información que les estoy dando.

D: ¿Qué van a hacer con la información?

A: La están usando. La van a conservar para... oh, están aprendiendo. Quieren saber los errores. Quieren saber el tipo de errores que podrían evitar cometer con esta información... que no han hecho que pudieran evitar.

D: ¿Errores que has cometido?

A: Los errores que he visto en otras personas.

D: Entonces, ¿no necesariamente lo que hayas hecho, sino lo que has visto?

A: Sí. Están buscando algo a mayor escala. No sólo mis errores personales... errores del planeta. No quieren cometer los mismos errores que yo he visto. No quieren cometer errores que dañen este lugar.

D: ¿Dónde están? ¿Quieres decir que es un lugar diferente?

A: Estoy en una estrella y observaba errores, como errores catastróficos. Grandes errores. Quieren saber todo lo que puedan para evitar estos errores. Este es un lugar azul, muy tranquilo, hermoso y lleno de luz.

D: ¿Se refieren a errores que han ocurrido en la Tierra? (Sí) Entonces saben que has venido de la Tierra, por lo que has visto muchas cosas.

A: Sí, y muchas veces he estado en la Tierra por mucho tiempo.

D: Pero dijiste que este lugar era tu hogar.

A: (Lamentablemente) Lo es y puedo sentirlo.

D: ¿Por qué te fuiste si era un lugar tan hermoso?

A: Quería ayudar. Siento que somos muchos, pero siento que todos somos uno y estamos conectados. Y la energía rosa que hay dentro de nosotros está toda conectada. Todos lo compartimos unos a través de otros mientras nos tomamos de la mano.

D: ¿Pero decidiste dejar ese hermoso lugar y venir a la Tierra?

A: Sí. Yo quería ayudar. Nadie quiere cometer aquí los mismos errores que han ocurrido en la Tierra, para alterar esta paz. Tiene que seguir así.

D: Suena como un lugar hermoso donde no habría ningún error.

A: Lo es. Es muy bonito y nadie siente que vaya a pasar algo. Creo que fue idea mía ir a la Tierra. Esto es lo que quería darles.

D: ¿Alguien te dijo que fueras?

A: No, me apoyaron. Lo compartimos por esta zona (señalando su abdomen). Compartimos un apoyo.

D: ¿Cómo supiste que la Tierra necesitaba ayuda?

A: Los cristales pueden transmitir señales.

D: ¿Entonces estaban captando señales de la Tierra?

A: No. Los cristales pueden transmitir señales, pero no, no desde la Tierra. Han transmitido una señal desde algún otro lugar.

D: Pero decidiste ir. ¿Los demás también querían ir?

A: No... no. (Risas) Y eso me cuesta mucho. Sé que todo estará bien y todo será igual. Son solidarios. No me están haciendo pasar un mal rato. Hay uno con quien soy muy cercano y será muy difícil.

D: ¿Pero dijiste que cuando empezaste este viaje a la Tierra, viviste muchas vidas?

A: (Lamentablemente) He estado en la Tierra durante mucho tiempo.

D: ¿No podrías simplemente ir y vivir una vida e informar sobre ello?

A: No, está demasiado lejos. La forma en que llegué a la Tierra fue a través de la ayuda con los cristales.

D: ¿Qué quieres decir?

A: Los cristales pudieron cambiar el rosa de donde yo era, a una luz blanca brillante continua. Y mi energía empezó a cambiar. Los cristales me ayudaron a hacerlo.

D: ¿Entonces se fue toda la energía?

A: No. La tierra azul en realidad energiza, pero también puede extraerla. La energía rosa me está llenando y me deja turbio pero traslúcido... pero brillante cuando el rosa se va.

D: ¿Entonces, sólo una parte, una parte de ti fue a la Tierra? ¿Es eso lo que quieres decir?

A: Sí. Dejé allí mi energía interior para llenarme de algo diferente.

D: ¿Y decidiste que cuando llegaste a la Tierra tenías que vivir muchas, muchas vidas diferentes?

A: Sí, lo necesitaba. Quería asegurarme de que no fuéramos tan complicados, que nunca sería así. Pero ahora veo que esa no pudo ser la razón por la que fui porque aquí no podría pasar así.

D: Explica.

A: Fui a ayudar. Comencé a recopilar información de la Tierra y comencé a creer que estaba almacenando esta información para ayudar a salvar mi hogar para que no se convirtiera en un desastre como lo ha sido la Tierra, pero no necesitaba hacerlo. Ese no era el propósito. No sabía que estaba haciendo eso, pero lo he estado haciendo. El propósito era ayudar.

D: ¿El verdadero propósito era ayudar a la gente?

A: Para ayudar al planeta... No lo siento necesariamente, a la gente. El planeta.

D: ¿Dijiste que dejaste la mayor parte de tu energía allí? (Sí) ¿Tienes acceso a extraer esa energía si la necesitas? ¿Existe todavía una conexión con eso?

A: Sí, todavía está ahí. Me convertí en un caparazón de luz que viajó y vino aquí, pero sí, sigue ahí. Todavía lo invoco. Lo invoco. Siempre estará ahí si lo necesito.

D: Cuando viniste a la Tierra y tuviste tantas vidas, ¿se suponía que todas ellas ayudarían al planeta?

A: Se supone que debo estar ayudando. Esa es la razón por la que vine a la Tierra... para ayudar. Empecé a recopilar eventos negativos para recordarlos por alguna razón. En algún momento comencé a acumular eventos catastróficos, cosas que no quiero que sucedan en casa. He estado recopilando esta información internamente, pero no necesito devolvérsela.

D: ¿Quieres decir que, por alguna razón, empezaste a recopilar los eventos negativos en lugar de los positivos?

A: No sólo negativos. Sin saberlo, estaba tratando de reunir esta información para traerla de regreso porque había visto las cosas terribles que habían sucedido aquí y no quiero que eso suceda nunca en casa. Entonces comencé a coleccionar cosas que pensé que ayudarían, para que nunca fuera así. Pero no necesitamos nada de eso. Todos somos uno. Hace mucho que me fui. Conozco muchos acontecimientos traumáticos y esto me da miedo de que esto pueda pasar en casa. Y casi pensaría a nivel celular porque no me doy cuenta. Y el miedo de que eso pasara allí se sabía que había visto tantas muertes.

D: ¿Pero también has tenido muchas experiencias positivas? (Sí) No todo han sido cosas negativas.

A: No, y eso está todo dentro de mí. Estaba compartiendo todo eso con ellos. Todo.

Pensé que era hora de devolverle la sesión al cliente. "¿Sabes que ahora estás hablando a través de un cuerpo humano cuando me hablas a mí?"

A: Sí, pero me veo en esta otra forma.

D: Has pasado por muchas otras vidas, ¿por qué decidiste venir al cuerpo de Anna?

A: Fue el momento oportuno y tuve que aprovechar la oportunidad para regresar. Fue bastante rápido, pero era el momento adecuado.

D: ¿Por qué es tan importante el momento?

A: Sabía que tenía que nacer justo en ese momento exacto. La hora tiene que ser exacta cuando regreses a la Tierra. El momento exacto, y mi momento exacto, fue muy rápidamente después de que dejé la última vida.

D: ¿Entonces dejaste una vida y entraste en otra? ¿Estaban muy cercanas?

A: Sí. No me tomé tiempo para descansar.

D: Suele ser bueno descansar entre vidas, ¿no?

A: Sí, especialmente si tienes algo traumático. Quería volver. Tenía que captar el momento adecuado, que quería ser yo, y tenía que suceder en ese momento. Y quería ayudar a la gente en este momento.

D: ¿Fue sólo un cambio rápido?

A: Sabía lo que quería y estaba lista.

D: Pero Anna ha pasado por momentos difíciles en esta vida, ¿no?

A: Sí. Lecciones aprendidas. Diferente. Entré en esta vida para centrarme en las personas, no en el planeta.

Anna había trabajado en hospitales como enfermera de cuidados paliativos atendiendo a personas moribundas. Pero dejó de hacerlo. "¿Fue demasiado, demasiado difícil o qué?"

A: Ya no podía atenderlos. Ya no podía tocarlos ni cuidarlos cuando fallecían. No es lo que ella quería.

Estaba confundida porque no sabía lo que se suponía que debía hacer. Esto estaba causando problemas físicos. Sabía que el SC había llegado sin que le llamaran, así que le pedí que aconsejara a Anna. "Ella necesita sanar... moverse. Pasar de ella misma y luego a su familia, luego a los demás. Primero, debe curarse antes de poder curar a los demás. Debe curarse a sí misma primero. Necesita dejar de sentirse atraída por los acontecimientos negativos. No hay ningún problema con su estrella. No hay ningún problema con su casa. Estarán bien. Necesita dejar de lado el miedo de que algo ande mal allí. Ella viene del hermoso lugar de los cristales. Necesita aprender cómo acceder a la energía de estos cristales. Ella podrá hacer esto si así lo desea". Anna vivía en la casa de su madre con sus hijos. Le dijeron que permaneciera allí por el momento. "Está en un lugar donde puede aprender estas habilidades sin que la negatividad del mundo se alimente de ella".

Como el SC dijo que primero debía curarse a sí misma, le pedí que mirara dentro del cuerpo y viera qué podía encontrar. Los médicos habían encontrado muchas cosas mal. Primero se concentró en el corazón de Anna. "Hay un área importante en el medio del corazón que tiene dificultades con el flujo sanguíneo. Perdió el corazón cuando dejó de ayudar a la gente a fallecer. Necesita ser consciente de esto. Necesita recordar esto". El SC dijo que podía repararlo y empezó a trabajar en ello. "Estamos concentrando energía en el centro. Se siente como si estuviéramos presionando hacia abajo. Hay una válvula. El centro del corazón está abierto. La sangre fluye de un lado a otro. La válvula permite que la sangre fluya libremente y no está destinada a hacerlo. Estamos usando energía para empujar hacia abajo, sanarlo y cerrarlo. No puede cerrarse por sí solo". Anna empezó a respirar profundamente. "Había sangre fluyendo adelante y atrás desde el corazón haciendo que la parte inferior se vuelva más grande que la superior. Ahora que se está cerrando, la sangre ya no fluirá de un lado a otro. Está reparado. No está demasiado agrandado como para que no pueda volver a tener un tamaño normal".

Le pregunté sobre su cerebro. Los médicos dijeron que algo andaba mal allí. El SC miró hacia adentro y vio que había áreas que parecían como si se hubiera formado tejido cicatricial. Esto había sido causado por el flujo de sangre en su corazón. "Estos no afectan a ninguna parte importante del cerebro. Ella estará bien con este tejido cicatricial aquí. No creará ningún problema con ningún plan futuro".

D: ¿Puedes eliminar el tejido cicatricial? Te he visto hacerlo antes.

A: Lo estamos intentando. En conjunto, a veces el tejido cicatricial se desprende. Eso es lo que estamos intentando. El centro de su cerebro, el tejido cicatricial, debe disolverse. No se ha producido ningún daño que pueda interferir con nada. Tiene buen cerebro. Todo es funcional. No necesita preocuparse por el cerebro. Sintió la necesidad de sanar y no utilizó sus recursos naturales para hacerlo. Eso es lo que debería hacer; Usa sus piedras y cristales. Puede preguntar directamente. Tiene acceso a todo el conocimiento sobre esto. Viene de donde ella es. Toda esta información ya está ahí. Ella puede preguntar y saber al instante. Cuando ella sostenga los cristales lo sabrá.

Anna había venido con una larga lista de quejas físicas. También había tenido dolores en las caderas y las piernas. Sabía lo que diría el SC, pero quería que se lo dijera.

A: Está tomando demasiados medicamentos. Ella continúa sanando. Ya no tendrá este malestar. Lo único que necesita hacer es dar un paso adelante. No debería necesitar ningún analgésico siempre que vaya en la dirección que debe y utilice las piedras y cristales. Ha estado cerrada desde hace bastante tiempo. Sus náuseas son porque está enferma de si misma. Está enferma de quién se ha convertido. Las náuseas, los dolores y otras cosas son empujones nuestros. Ella realmente se ha perdido y necesita desesperadamente ayuda para encontrarlo. El resto de su cuerpo está bien. (Quistes en sus ovarios.) Ahora que ha dado a luz a su nuevo propósito sabrá que puede contactar con la energía que dejó en casa y eso le dará las respuestas. La depresión que está experimentando es causada por ella misma. Necesita dejar el medicamento para la depresión más lentamente porque estará lista para correr tras una nueva misión. Y mientras lo hace, las pastillas se irán. La pastilla para la depresión es la única que se debe tomar lentamente. Estará bien suspender los otros medicamentos. La tiroides no es un problema. Ella está bien. Está lista para hablar y escuchar para poder dejar de tomar esta pastilla.

D: *Siempre dudo en decirle a la gente que deje de tomar medicamentos.*

A: Si quiere, puede dejarlos más lento, pero puede detenerse. No necesita volver a los médicos. Lo empeoran para ella. Le traen negatividad. La hacen hablar más negatividades. Necesita hablar en positivo.

D: *Cuando empezamos la sesión, ¿por qué no la llevaste a una vida pasada?*

A: Ella fue a la estrella. Necesitaba centrarse. Necesitaba ver su hogar. Necesitaba saber que su hogar está seguro. Su regreso a su casa le ha creado una sensación de seguridad que necesitaba desde hacía mucho tiempo. Ella empieza a dudar y empieza a preguntarse, y se lo hacemos saber.

Anna tenía una pregunta sobre una experiencia inusual que pensaba que tenía que ver con extraterrestres o algún tipo de seres inusuales. Ella y algunos amigos habían visto a los seres acercarse a ellos a través de un campo por la noche.

A: Ella estaba en un lugar que algunos de nosotros visitamos con frecuencia. Es un lugar de curación. Es un lugar donde tomamos muestras. Vinimos aquí, nos referimos a ellos. No soy uno de ellos. Vinimos aquí para tomar muestras. Ella y sus amigos estaban allí. Entonces cambiamos de forma y esperamos a que se fueran.

D: *Eso pensé porque ella dijo que primero vislumbró un tipo diferente de ser, y cambiaron de forma para ser algo que no fuera aterrador. (Sí) ¿Pero se suponía que ella y sus amigos no debían estar allí?*

A: No. Simplemente estaban allí al mismo tiempo.

D: *¿Qué tipo de muestreos estaban tomando?*

A: Estaban tomando muestras de agua. Los manantiales en los que estaban, el agua en la que estaban desemboca en la tierra por millas. Estaban tomando muestras de estas rocas que se encuentran en las partes profundas de la tierra. Y esta era una forma muy accesible de conseguirlos. El calor... están buscando nuevos lugares para encontrar cosas que todos usamos. Es un paraje natural al que acudimos. Hay muchas cosas diferentes que se encuentran en la tierra en esa área.

D: Sé que en el pasado tomaron muestras de humanos para ver cómo funciona el cuerpo. ¿Es eso correcto?

A: Sí. Nunca hay ningún daño o intención. Es sólo el miedo. No hay nadie aquí a quien lastimar. No hay manera. No está permitido. No podemos hacer daño. Los únicos seres que verás son para vigilar que estés bien. Cuando entras en un estado de trance, podemos curarte sin dolor, pero muchas veces necesitamos llevar personas para curarlas. Ya que tienen un trabajo importante y no se están dando cuenta de eso. Pero todavía no estamos preparados para dejarlos morir de esta vida.

D: Eso es lo que siempre digo: "Lo único que hacen es cuidar de los suyos". (Sí) Para asegurarse de que estén seguros aquí porque quedan atrapados en estas cosas de la Tierra. Tal como lo hizo Anna.

A: Sí, es fácil de hacer. Hay muchos, muchos que han venido de diferentes hogares, que también han quedado atrapados y perdidos. Tiene que recordar quién es y dónde está su hogar. Eso la mantendrá firme y positiva.

Mensaje de despedida: Solo recuerda recordar. Recuerda tu hogar. Recuerda que todos están apoyándote. Todos estamos aquí. Sientes que pides y no recibes, pero no siempre es así. Sí escuchamos. Sólo necesitas escuchar, ser positivo y abrirte para poder recibir las respuestas.

D: ¿Puedo hacerte una pregunta? (Sí) Estamos teniendo una serie de terribles tormentas y tornados sucediendo aquí, uno tras otro. Un fenómeno meteorológico de la naturaleza.

Habíamos experimentado la mayor cantidad de tornados jamás registrados en un mes, y los más mortíferos. En mayo de 2011, Joplin, Missouri, quedó devastada. "¿Hay alguna razón por la que esto esté aumentando en este momento? (junio de 2011)"

A: Sí. La Tierra se está reparando a sí misma. Ahora estás viendo pequeñas señales. La Tierra entrará en modo de reparación total. La Tierra física se reparará a sí misma después de que su energía se vaya.

D: ¿Qué quieres decir con "después de que la energía se vaya"?

A: Es como si fueras un cuerpo y no quisieras estar en tu cuerpo cuando mueras. Tienes la opción de abandonar tu cuerpo antes de que suceda. La energía de la Tierra no quiere estar aquí cuando cambie, después de haber pasado por toda su curación. Va a haber cambios tremendos, desarraigo y dolor para la Tierra. La energía de la Tierra irá a otro plano antes de que empiece a sufrir daños. No quiere. Ya ha tenido suficiente.

D: ¿Esto concuerda con lo que me has contado sobre la Nueva Tierra?

A: Esta es la Nueva Tierra.

D: ¿Entonces se va? Siempre le digo a la gente que está evolucionando. Está entrando en su próxima encarnación. (Sí) ¿Se reparará solo entonces?

A: Sí. Habrá tornados. Habrá terremotos. Estará completamente reorganizado cuando termine y la Tierra haya tenido suficiente. La Tierra no quiere quedarse en eso. Todavía existirá. Simplemente no quiere quedarse, como no te quedarías con un cuerpo que sufre mientras muere.

D: Pero si va a permanecer, ¿no tendrá que haber allí una energía para mantener viva la vieja Tierra, si estoy usando las palabras correctas?

A: La energía que sale no planea regresar a esa vieja Tierra. Será un lugar habitable, pero no será como de esa Tierra. Esa Tierra será una zona más inactiva. Ya no estará vivo.

D: ¿Esa parte de la Tierra está muriendo? (Sí) ¿Qué pasa con los que quedaron atrás en esa parte?

A: Estarán sufriendo lo que la Tierra ha decidido que no quiere sufrir. Se quedarán. No serán castigados. No serán juzgados. Continuarán adelante cuando pasen.

D: Porque me han dicho que no pueden cambiar lo suficientemente rápido como para ir con la Nueva Tierra.

A: No, no pueden.

D: Todo esto es muy complicado.

A: Lo es. Es un proceso que la Tierra ha estado esperando durante mucho tiempo. Está cansada de que la molesten. Entonces, aquellos de ustedes que van a habitar la Nueva Tierra, deben ser amables y deben tener cuidado y lo harán porque no habrá otra manera. Eso es lo que llevarás contigo.

D: Por eso hemos tenido todas estas tormentas y daños.

A: Esto es sólo el comienzo. Va a empeorar mucho y, cuando lo haga, la energía de la Tierra se irá. Y en ese momento, aquellos que estén listos para partir, se irán con él. Quienes estén conscientes, van a poder moverse con la energía de la Tierra. Podrán ir. No tendrán que quedarse atrás mientras no empiecen creando dudas y miedo. Eso es lo que los mantendrá rezagados. Estás sintiendo los cambios de la energía de la Tierra. La energía de la Tierra se acelera y trata de salir. No quiere sufrir más. Somos parte de esa Tierra. Estamos preparados para esta Tierra y también seguimos acelerando para ir con ella.

D: Cuando esto suceda, cuando la energía de la Tierra se mueva al Nuevo plano, ¿notaremos una diferencia cuando avancemos con ella?

A: Sí, notaremos una diferencia. Será una energía más espiritual. Será una energía más luminosa. Sentirás más ingravidez, no más negatividad. No habrá más terremotos ni más tornados. Será muy evidente que ha habido un cambio.

D: Pero supongo que mucha gente ni siquiera se dará cuenta de lo que está sucediendo.

A: No, los que están detrás no lo harán. Estarán sufriendo con el cuerpo de la Tierra.

D: Me has dicho antes: "Nadie sabe realmente lo que va a pasar porque nunca ha sucedido antes".

A: No, no es así. La Tierra ha tenido tantas formas de vida y ha sido un planeta que fue capaz de sustentar tantas formas de vida que ha sufrido tantos abusos. Es un ser vivo como nosotros, un ser vivo, y está cansado. Está lista para trascender. Seguirá existiendo, como siempre lo ha hecho, pero no existirá como algo físico. Todos están emocionados. Todo el mundo siente algo por esta Tierra. Todos los que han observado, han visto el dolor por el que ha pasado esta Tierra. Todo el mundo quiere que la Tierra tenga éxito, pero también, por supuesto, las personas. Todo el mundo querría que el mejor escenario fuera así, pero aquellos que se sienten así Los cambios están en sintonía con la Tierra. Están sintiendo que la Tierra está cambiando. Podrán irse cuando la Tierra se vaya.

D: Me dijeron que será un lugar hermoso.

A: Sí. No habrá más dolor en la Tierra... no más dolor para nosotros.

D: Supongo que continuaremos nuestro trabajo.

A: Sí, lo haremos, pero será desde un punto de vista completamente diferente. La negatividad no existirá. Hay muchos que se preguntan, muchos quieren saber "cuándo". Se está acelerando. Estamos viendo esas cosas, esas tormentas, viendo los efectos de éstas y de los océanos en la Tierra, en el suelo. Estas son señales de que la Tierra va a empeorar continuamente.

D: ¿No nos afectará de todos modos?

A: No. No lo hará.

D: Entonces no hay razón para temer.

A: No, en absoluto. El miedo es lo que les impedirá transferirse con la Tierra.

He escrito mucho sobre la Nueva Tierra en mi libro Las tres oleadas de voluntarios y la Nueva Tierra.

Capítulo 26
CREANDO ENERGÍA

Esta sesión se realizó en mi habitación de hotel en Laughlin, Nevada, cuando estuve presentando en la Conferencia OVNI en 2008.

Connie no esperó toda la inducción. Llegó allí inmediatamente. Comenzó a describir un gran edificio con cúpula y hermosos diseños dentro de la cúpula.

C: Estoy parada en el suelo mirando al techo. Hay formas de estrellas y patrones dorados en el techo que atraviesan el vidrio verde. Ahora está cambiando y moviéndose. Estoy en algún lugar del espacio, donde todos estos patrones siguen entrando y saliendo. Diseños y ondas de movimientos y colores y luces. Es como si yo fuera parte de ello. ¡Oh, se siente maravilloso! Es hermoso.

D: ¿Eres parte de los diseños o parte del espacio o qué?

C: Es como si estuviera creando todos estos diferentes colores, diseños, patrones y ondas que fluyen hacia adentro y hacia afuera. Pero siento que también es mi cuerpo.

D: ¿Qué significa?

C: Es como si fuera parte de mi cuerpo lo que soy. Mi cuerpo es luz y ondas, y entra y sale. Pero siempre hay un color de cielo azul claro en el centro. Es como si el pulso se acelerara y yo estuviera creando los patrones. Soy el patrón y el creador al mismo tiempo. ¡Oh, es un sentimiento maravilloso! Incluso aparecen arcoíris. Es espectacular.

D: ¿Tienes algún deseo de ir y hacer algo?

C: No. Sólo quiero jugar con él.

Estaba intentando que ella fuera a algún lugar y viera una vida pasada. Pero ella estaba disfrutando esto.

C: Mira cuán brillantes puedo hacer que los colores azules bajen. Es espectacular. Y de vez en cuando hay pequeños destellos. Luz blanca clara que entra. Parece una linterna. Soy yo. Estoy enviando estas ondas y luces.

D: ¿Tienes la sensación de que estás solo o hay otros contigo?

C: Me siento solo y, sin embargo, no estoy solo. Pero realmente no hay sensación de... No hay voces ni sonidos... aunque podría haberlos. Tengo la sensación de que otras energías pueden crear lo mismo. Es un sentimiento maravilloso. Pacífico. Tranquilo. Como si fueras parte de ello y estuvieras rodeado de ello. Sin pensar. Es simplemente dejarlo ir y venir cuando quiera.

D: ¿Podrías dirigirlo si quisieras?

C: Creo que puedo. Pero no tengo ganas de hacer eso. Simplemente dejándolo ser. Como olas del océano que te cubren o el viento.

D: Sólo una parte de todo. (Sí) ¿Sientes que llevas mucho tiempo ahí o qué?

C: Sí, siento que siempre ha sido algo así. Siempre ha sido algo que puedes tocar y sentir.

Sabía que tenía que mover esto de alguna manera porque ella estaba bastante contenta de quedarse allí.

D: Pero no tienes ningún deseo de ir y hacer nada más. (No) Entonces no tienes ningún tipo de cuerpo, ¿verdad?

C: No. No hay ningún cuerpo. Es como si los colores, las ondas y los patrones fueran lo que eres. Sabes lo que es. Sabes lo que eres. Sabes que no hay límite para ello. Sin restricciones. Es como si estuvieras suspendido, pero no estás suspendido. Es muy difícil de explicar.

D: Pero lo principal es que es una buena sensación y puedes usarla si quieres. De lo contrario, es simplemente un buen lugar para estar. (Pausa) ¿Llegas a un momento en el que quieres salir de ese lugar?

C: Supongo que si empezara a pensar en algo. No soy yo. Quiere cambiar. (Pausa) Es casi como si estuviera en constante movimiento y, sin embargo, estás quieto.

D: ¿Como ser una quietud dentro del movimiento o qué?

C: Sí. Como si estuvieras en movimiento y aún así no estuvieras en movimiento. Estás estable.

D: ¿Pero dijiste que es posible que quiera cambiar?

C: Bueno, si empiezas a recibirlo y a enviarlo de vuelta, es diferente.

D: Pero dijiste que quiere cambiar. Me preguntaba por qué usaste esa palabra.

C: Bueno, porque no hay nada en ello. No hay mucha masa. Simplemente es. No hay identidad.

D: ¿Por eso lo llamas "eso"? (Sí.) Pero dijiste que ¿si envías algo en una dirección, decidiría seguirla? (Correcto) ¿Qué quieres decir con eso?

C: Porque entonces podrá empezar a usarlo y crear algo con él.

D: De lo contrario, simplemente fluye y no tiene dirección.

C: Es como una idea y empiezas a construir sobre esa idea.

D: ¿De dónde surge la idea?

C: Ya está ahí. Simplemente captarlo.

D: Entonces, ¿existen todas las posibilidades? ¿Sería esa una buena manera de decirlo?

C: Creo que sí.

D: Entonces dijiste, si algo comienza a ir en una dirección diferente, ¿puedes seguirlo?

C: Sí, porque puedes ir en la dirección que quieras. Puedes ir en círculo. No hay límite. Supongo que se podría decir que es algo que simplemente es y puedes seguirlo. Y cuando hayas terminado, puedes volver atrás y hacer otra cosa.

D: Entonces regresas a ese lugar.

C: Donde sea. O crear un nuevo lugar.

D: Pero si sientes curiosidad, ¿qué creas?

C: Bueno, tomas algo y es como arcilla. Y empiezas a darle forma y ves en qué se convierte. Pero si es un color lo que encuentras, se convierte en ese color. Y puedes simplemente darle forma.

D: Hagamos eso y veamos qué pasa. (Pausa) ¿Se te ocurre algún color o qué?

C: Sí. Tengo un color amarillo, algo así como un amarillo pálido. Y lo estoy convirtiendo en un abanico. Le estoy dando forma... como un abanico de plumas. Y es ligero. Y tiene pequeñas rayas blancas. Y ahora simplemente se apaga. Y ahora lo estoy usando para causar sensación. Como si lo estuvieras abanicando de un lado a otro. Y ahora quiero transformarlo en alas de mariposa. Ahora hay algo de naranja.

D: Suena divertido simplemente poder crear cosas. (Sí.) Cuando creas estas cosas, ¿permanecen?

C: Mientras yo quiera.

D: ¿Se vuelve sólido?

C: Mmm, un poco. Se lo di a la luz.

D: ¿Permanece ahí todo el tiempo que quieras? (Sí). Entonces, ¿qué pasa?

C: Entonces simplemente lo dejo salir a donde quiera.

D: Entonces permanece sólido de esa manera.

C: No es sólido como lo sería un objeto sólido y pesado, pero entra en una dimensión donde otros podrían verlo.

D: ¿Entonces no se disipa simplemente?

C: No, porque lo creé yo y quiero enviarlo como regalo. Quiero enviarlo para que otros puedan ver que lo creé. Es hermoso. Amarillo. Un hermoso abanico de plumas. Y ahora se va y se va. Y no estoy triste por eso porque puedo hacerlo de nuevo.

D: Estaba pensando que si lo crearas, si le quitaras la atención, se disiparía.

C: Bueno, eso es lo que haces cuando lo dejas ir. Simplemente dices: "Eso es todo".

D: Y no vuelve a disolverse en la nada.

C: Podría hacer que se disuelva. Pero desde que lo creé, quiero que otros lo vean.

D: Entonces te hace feliz de hacer eso. (Sí.) ¿Lo piensas y se vuelve real a partir de toda esta energía?

C: Lo que estoy sintiendo es que hay una parte de la ola... tú eres la ola. Y ves la ola. Montas la ola de todos los colores, patrones y movimientos. Y cuando decides que quieres tocar algo, simplemente das un paseo con este algo y creas algo a partir de el. Pero no lo conservas porque es algo compartido. Lo envías. Y dejas que se alargue tanto como quieras.

D: ¿Y estas olas son las energías?

C: Sí. Las olas están en constante movimiento. Y son colores y son luces. ¡Oh! ¡Y ahora estoy creando una galaxia! ¡Oh, vaya! Es una rueda. Y tiene unos brazos que se extienden como pequeños riachuelos. Y está haciendo círculo y se apaga como luz. Y luego, a medida que se mueve en un movimiento circular, recoge otros colores de las ondas que lo rodean.

D: ¿Acabas de decidir que sería algo interesante de crear?

C: Oh, siempre estuvo ahí. Vi este movimiento y decidí hacer algo más con él. Y eso se convirtió en una galaxia.

D: Ah. Una galaxia es difícil, ¿no?

C: No, no cuando lo estás creando. Puedes empezar y lo que sea... no se trata de tamaño. Sólo se trata de pensar cómo quieres que se vea. Y luego simplemente lo dejas ir. Y si quieres que crezca grande o pequeño, simplemente... no se trata del tamaño.

D: Pero cuando creas la galaxia, ¿creas todas las pequeñas partes que hay en ella?

C: No, puede crecer como quiera.

D: Oh, ¿se hace cargo por sí solo?

C: Sí. Se convierte en luz propia.

D: Porque estaba pensando que una galaxia tiene planetas y estrellas.

C: Bueno, los hay de diferentes tamaños. Pero no se determina el tamaño cuando se crean estas galaxias. Toma luz propia y es como ellos quieren ser.

D: Pensé que tal vez había que crear todos los pequeños planetas y las estrellas.

C: No, hay alguien más haciendo eso.

D: ¿Quieres decir que empiezas con la galaxia y alguien más se hace cargo? (Sí) Y dijiste que cobra vida y que puede hacer lo que quiera.

C: Así es porque se convierte en su propio pensamiento. Y su propia forma de aprender lo que quiere hacer. Es como si fueras el iniciador y crea su propio diseño. Le das la idea y luego se expresará y cuánto quiere ser. Lo que quiere contener.

D: ¿Cobra vida propia? (Correcto.) ¿Entonces ya no lo controlas en absoluto?

C: No. No se trata de controlar nada. Se trata simplemente de salir y divertirse. Y simplemente cabalgando las olas. Y eso es todo lo que hay por ahí. Veo su programa. Puedes ir a cualquier lugar, en cualquier momento y hacer lo que quieras. Es maravilloso.

D: ¿Entonces dijiste que alguien más, o alguna otra energía como tú, se encarga de la otra parte?

C: Bueno, cuando se trata de galaxias, porque hay muchas cosas, cada uno tiene un papel diferente. Así que empiezas y luego dejas que alguien más haga lo que quiera hacer.

D: Oh, entonces ellos también pueden intervenir y jugar.

C: Sí. Cuando creas pequeñas bocanadas de cosas, es una cosa. Pero cuando estás creando algo que va a involucrar otra vida... otras energías... otras... oh, es difícil de explicar. Es como si estuvieras creando una comunidad y no fueras el único que se suma a esa comunidad. Así que la galaxia es en realidad una comunidad y otros deben contribuir a ella. Las galaxias no siempre se forman.

Pero cuando lo haces, es una responsabilidad agregar... Son como los colores del arco iris. Cada uno tiene una energía diferente.

D: Pero una vez que creas algo así, entonces tienes la responsabilidad de ello.

C: Oh, claro, tienes la responsabilidad de asegurarte de que hagas lo que hagas con él, lo estás enviando. Pero siempre lo envías como un amor, como un regalo porque vino de ti, pero no le pones ninguna necesidad.

D: Entonces otros piensan: "Bueno, ésta es una buena idea. Haré algo más con eso".

C: Sí porque eso es lo que haces. Lo dejas ir. Y no es tu responsabilidad saber quién, qué o cómo fue recibido dondequiera que vaya. Porque no hay límites. Y alguien más puede remodelarlo, una vez que lo hayas dejado ir.

D: Pero las galaxias terminan con planetas y eventualmente...

C: Bueno, estaba hablando del grupo que ha hecho de todo. No estaba hablando de las galaxias. La galaxia, nuevamente, es un esfuerzo enorme de las otras mentes que están ahí fuera. Y así, cuando una galaxia de repente queda disponible para que otros la creen, entonces todos tienen un papel importante para crear en ella.

D: Porque estaba pensando, una vez que empiezas a tener planetas dentro de las galaxias, entonces hay formas de vida separadas, ¿no es así?

C: Eso es cierto. Pero no todas las galaxias tienen planetas. Algunas galaxias son simplemente enormes entidades espirales que giran y giran y giran. No es necesario que tengan planetas.

D: ¿Son una entidad en sí mismos? (Sí.) ¿Cuál sería el propósito entonces? ¿O tienen un propósito si simplemente están girando?

C: El propósito puede ser mostrar lo que pueden hacer las galaxias. No es necesario que tenga vida. Puede ser simplemente como un patrón de estrella. Como un cometa que surca el cielo. Puede ser una galaxia. No tiene por qué contener vida. Puede contener otras cosas.

D: ¿Qué otras cosas podría contener?

C: Bueno, puede contener otros inicios de ondas, de movimiento, que pueden salir y crearse nuevamente como un universo en algún otro lugar.

D: Pero parece que está vivo.

C: Está vivo, pero no la vida tal como la conoces.

D: Entonces, cuando creas esto, en realidad estás creando algo que está vivo. ¿Tiene sentido?

C: Sí, tiene sentido para lo que estamos haciendo. (Risas)

D: Entonces, cuando lo creas, cobra vida y lo dejas ir.

C: Me convierto en la fuerza. Una fuerza. Dije "galaxia", porque gira en espiral como se reconocen las galaxias. Pero es una fuerza en sí misma. Y tiene mente propia, pero no necesita tener vida. Hay galaxias que contienen formas de vida que quieren continuar porque ahora se están desarrollando y redesarrollando todo el tiempo. Pero una galaxia que tiene su propia mente puede simplemente quedarse sin hacer nada. No tiene por qué tener vida porque es vida misma.

D: Ya veo. ¿Eso significa que eres parte de la fuerza creadora? ¿Sería esa una buena forma de decirlo? (Sí) Pero hay todo tipo de fuerzas ahí fuera.

C: Ah, cualquier cosa. Todo lo que puedas imaginar, eso es lo que le das.

D: Pero algunas personas, cuando crean cosas como esta, a veces pueden usarlas de manera incorrecta, ¿no es así?

C: No hay nada bueno o malo. Se trata simplemente de crear y disfrutar jugando con energía. Pero la energía es como las olas, como las olas del océano. Corrientes que te llevan de aquí y de allá. Se mueven y viajan constantemente. Pero siempre estás en el hogar porque nunca te vas.

D: ¿Qué consideras "hogar"?

C: La Fuente.

D: ¿Cómo ves esa Fuente? (Pausa) ¿Cómo lo comprendes?

C: La Fuente es como... tú eres la suma y sustancia de esa Fuente. Eres parte de la Fuente. Y cuando estás navegando en olas del movimiento de las ideas, siempre estás conectado con la Fuente. Entonces sabes que siempre estás en tu hogar, cuando quieras, pero también siempre estás saliendo y surfeando las olas de la vida. Y no es vida, es movimiento. Está vivo, pero no es vida como en tu vida. Él no tiene fin. Puede seguir y seguir y seguir y seguir para siempre.

D: ¿Entonces eso es lo que consideras que es la Fuente? (Sí) ¿Y de ahí sales cuando quieres crear?

C: Sí. Sales y creas algo para ti. Creas un lugar en el que quieres quedarte. O no puedes crear nada. Puedes hacer lo que quieras donde quieras.

D: ¿Alguien te dice cuándo es el momento de dejar la Fuente?

C: No. Eres la suma y sustancia de todo lo que es. Por tanto, tú eliges cómo quieres que sea, o no eliges nada. Haciendo estas cosas que quieras hacer. Pero no es necesario crear. No existe el "tener que hacer" nada.

D: Entonces dijiste que cuando creas, no hay bien ni mal. (No) ¿Es sólo la forma en que se usa o qué? Estoy tratando de entender. (Pausa) Porque sabes que estoy hablando desde una perspectiva humana. Lo sabes, ¿no?

C: Sí. Pero no estoy presente en una humanidad. (Risas)

D: Lo sé. Eso es lo que estoy tratando de entender.

C: (Risa fuerte) Bueno, todos somos suma y sustancia unos de otros. Y no existe el bien o el mal. Simplemente existe. Sólo hay ser. Puedes elegir no serlo, pero eso no está mal. Puedes elegir crear. Eso no está mal. (Enfático) No hay bien ni mal. Sólo hay una constante para siempre. (Tuve dificultades para explicarlo.) Hay una constante para siempre, que permite a quien o lo que sea que esté en esa constante, hacer lo que quiera. Pero aún no hay... No quiero decir "juicio". Quiero decir que todo está en perfecto orden.

D: Pero sabes que cuando las personas se vuelven humanas, usan la energía de maneras que no son tan buenas, ¿no es así?

C: Correcto. Pero eso es porque todo tiene derecho a ser lo que quiere ser. Todo tiene un propósito. Todo lo que está ahí, cada ola de creación. Cada creación de energía dice: "Esto es lo que quiero ver, lo que quiero ser". Pero todo es energía. Y por lo tanto nunca puede estar bien o mal porque toda energía es la suma y sustancia de todo. Es sólo el juicio de los seres humanos lo que hace que algo sea correcto o incorrecto. Le pusieron una etiqueta. Y no existen las etiquetas en el Todo, en el universo, en la creación, en el lugar. En el lugar donde todos están en casa.

D: Pero ¿qué pasa cuando los humanos se lastiman entre sí? ¿Cuando están en cuerpos físicos?

C: Eso es lo que habían decidido crear.

D: ¿Tienen que devolver algo cada vez que lastiman a otras personas? ¿Hay alguna regla sobre cosas como esa?

C: Si están estableciendo reglas así para darle creación, sí. Cuando estás creando, si creas reglas, entonces, por supuesto, tienes que seguirlas.

D: Entonces tienes que seguir esas reglas.

C: Sí. Es por eso que no todas las galaxias que se crean contienen formas de vida o planetas porque la galaxia quiere ser pura luz, pura energía. Expresarse hacia lo humano es la forma más baja de expresión en muchos sentidos.

D: ¿Es una forma muy baja?

C: Sí, es una forma baja. Y, sin embargo, es una imagen perfecta de regreso a casa. La Fuente siempre quiere ver cómo se ve. Y por eso lo da todo, para salir y ser lo que quiera ser. Cuando configuras formas de vida con reglas, ahí es donde entran los problemas. Se crea el problema al crear condiciones y reglas.

D: Pero los humanos piensan que tiene que haber reglas y regulaciones, ¿no es así?

C: Así es, porque así es como crean la situación de su alma.

D: Pero si ser humano es lo más denso, lo más bajo, ¿por qué energías como la tuya deciden ser humanos?

C: Supongo que podrías decir simplemente porque queremos ver cómo se ve. (Nos reímos)

D: Porque ustedes entran en cuerpos y se vuelven humanos, ¿no es así?

Estaba tratando de regresar la sesión a Connie, la humana.

C: Sí, y esto es parte de lo que creaste. Cuando le das forma a la arcilla, puedes darle forma (gran suspiro) en lo que llamas "alienígenas", pero no son alienígenas ni extraterrestres. Son sólo una forma de pensamiento que quiere ser vista. Es una idea.

D: Entonces no es necesario que todos se parezcan.

C: No, no. Las flores no se parecen. Los árboles no se parecen. Es simplemente una onda de patrón de energía diferente que creó alguna onda de energía. Las ondas de energía se crean entre sí.

D: Pero trabajan juntos para hacer eso, ¿no?

C: Correcto. Especialmente cuando quieres crear algo tan grande como una galaxia con planetas.

D: Sin cooperación, supongo que sería un caos, ¿no?

C: Bueno, también tiene que haber caos.

D: ¿Qué quieres decir?

C: Cuando estás creando algo y lo envías, y otra idea decide desarmarlo y realmente agregarle cosas, esto es una especie de caos.

D: Entonces está en la etapa formativa. ¿Es correcto?

C: Correcto. Y luego, cuando termine con el caos, alguna otra onda de luz puede tomarlo y transformarlo en algo más. No es sólido, pero sí más contenido. Tiene su propia forma. ¿Sabes que estoy diciendo?

D: Sí, creo que lo entiendo.

C: Muy a menudo, debido a que es una mezcla de tantas cosas, no sabe qué forma quiere tener en última instancia en esa vida.

D: Todavía está intentando decidir.

C: Correcto, correcto. Quiere simplemente existir desde la Fuente, para que tú puedas ser y hacer. ¡Es tan excitante! (Risas) Y es por eso que no hay juicio sobre el bien o el mal. La fuente dice: "Simplemente crea y déjame ver todo lo que jamás nunca haya sido imaginado. Que alguna y otra vez haya sido diseñado".

D: No hay limitaciones a nada.

C: No. No existen límites para esto. Es el círculo ininterrumpido.

D: Bueno, he oído la expresión: "El soñador sueña el sueño". ¿Esto va de acuerdo con lo que estás diciendo? (Sí, sí.) Porque me han dicho que toda la Tierra y todas las personas que la habitan son sólo un sueño.

Esto se trata en mis otros libros sobre el Universo complejo.

C: (Con aire de suficiencia) ¡Así es! Así es.

D: Estoy tratando de entender eso más. (Pausa) Siempre quise saber: "¿Quién es el soñador?"

C: (Risas) Bueno, puedes ser el sueño o el soñador. Puedes ser ambas cosas. Al mismo tiempo.

D: Por eso es más complicado.

C: Así es, porque el ser humano, la forma más densa de comprensión, no puede comprender. Eso es porque se le ha permitido no entender. Pero a todo se le permite ser cualquier cosa que pueda ser. Verás, por eso no existe el aprendizaje porque todo es todo. Todo es todo. Todo existe dentro y fuera. Y por eso todo lo que alguna vez se ha mostrado, alguna vez se ha conocido, siempre gusta y se aprecia. No importa lo que es.

D: Porque cada vez que me decían que el soñador sueña el sueño, yo estaba tratando de descubrir: "¿Quién era el soñador?" (Risas) Entonces ambos lo somos.

C: Somos la suma y sustancia de toda expresión.

D: Una pregunta que siempre les hice y que nunca respondieron fue: "¿Qué pasaría si el soñador se despertara?"

C: Esa es una buena pregunta.

D: Si solo somos todos un sueño. ¿Qué opinas?

C: Porque el sueño no es un sueño en el sentido en que percibes, un sueño. (Pausa) Nosotros nuevamente somos la suma y sustancia del Todo. Digamos que una onda sale de la Fuente porque así es como la Fuente envía sus pensamientos. Una ola. Y esa ola dice: "Deseo crear cierta cosa". Y esa ola dice: "Quiero ser un soñador. Y quiero ser un soñador mientras desee soñar". Podrías haber establecido un patrón de límite. No tiempo, sino un límite.

D: En ese sentido el soñador es como un creador.

C: Así es. Y cuando esa ola haya terminado de ser soñadora, entonces en cierto sentido despertará.

D: Entonces ¿qué pasa con el sueño que creó, si despierta?

C: Bueno, el soñador se despierta y luego comienza de nuevo. Todo tiene un comienzo, en el sentido de que la ola se apaga. Ese es el comienzo de la ola de la Fuente. Y podría seguir para siempre, mientras quiera soñar. Hasta que quiera volver atrás y empezar de nuevo. Pero siempre es un círculo. Y entonces los símbolos en el círculo te muestran que puedes quedarte, entonces deseas comenzar como una nueva ola. Y te apagas y te limitas a una cosa. Ese es el sueño del soñador.

D: ¿Pero entonces el sueño continúa existiendo, o se disipa y se disuelve, cuando el soñador tiene sus límites y despierta?

C: Depende de cómo el soñador quisiera terminarlo. Y renovarse. No tiene por qué ser un sueño.

D: Pero todas las partes, los componentes del sueño simplemente regresan a otro tipo de energía. (Correcto) Entonces nada se destruye nunca. (No, no.) Creo que eso es lo que preocupa a la gente. ¿Simplemente dejan de existir?

C: No. Nunca nada... Lo que significa la creación... comienzas como una ola, otra vez. Y luego decides que esto es una limitación.

Nuevamente, es la mente universal. Y cada pequeña ola que sale... y digo "pequeña", porque en realidad comienza como una pequeña ola de "idea". Supongo que puedo decirlo de esa manera. Luego tomas colores y cualquier cosa que estés creando, a medida que sales. En cierto sentido, eres realmente el soñador. Tu pones un límite a hasta dónde quieres llegar con esa idea en particular. Cuando decidas poner fin a esa idea, también puedes decir: "Quiero empezar de nuevo aquí mismo". Y partir de allí en una dirección diferente.

D: Entonces puedes irte y hacer otra cosa.

C: Correcto. Cada ola es un soñador. Y dice que está diseñando. Soñar y diseñar son casi lo mismo. Digamos que salen diez ondas. Cada uno tiene su propia idea de cómo quiere soñar el sueño. Y dónde quiere parar. Porque para recrear tienes que tener una especie de conclusión para esa ola en particular. Pero luego se refuerza a sí mismo y lo pones en movimiento de otra manera.

D: Eso es lo que estaba tratando de entender. Supongo que estaba pensando que si un soñador estuviera soñando y nosotros fuéramos parte de su sueño y de su existencia, tendría control sobre nosotros. Supongo que es un sentimiento de vulnerabilidad.

C: Correcto. En cierto sentido, se podría decir eso. Pero entonces tal vez como ese soñador te está soñando, tú ya habías decidido ser parte de ese sueño, antes de que él lo soñara.

Me reí. Decidí que nos habíamos adentrado todo lo que pudimos en este pantano sin redoblar más mi pobre mente. Así que decidí centrarme en Connie, la cliente, y, con suerte, traernos de vuelta a un terreno familiar.

D: ¿Pero eres consciente de que estás hablando a través de un cuerpo físico en este momento?

C: Sí, en cierto modo porque siento el escalofrío.

D: ¿Pero por qué decidiste bajar y entrar en un cuerpo físico? Si tuvieras todo este poder, ¿esa sería la palabra correcta?

C: (Suspiro) Porque es un decidir... hacer momento. Verás, en la fuente de Todo, en la onda de toda energía, en la verdadera matriz de la verdadera luz de todo, — no sé si podré explicar esto.— Se trata nuevamente de "¿Cómo se sentiría eso?" Porque la Fuente, en su infinidad, dice: "Quiero que esta ola salga y me muestre algo diferente". Te da la idea: "Ve a crear y crea lo que se te ocurra". Y cuando creas lo que llega a ti, la Fuente dice: "¡Ah!" En realidad, nunca vuelves a repetir, ni siquiera en el más mínimo detalle, lo mismo. De eso se trata la creación. Está creando. Es como en el mundo humano, donde nos encontramos en este momento. Podrías sentarte en el mismo lugar todos los días mirando la misma montaña y nunca, nunca la verías de la misma manera todos los días durante el resto de tu vida.

D: Mmm. Aunque creamos que sí.

C: ¡Así es! Pero eso es porque estás en esta densidad que te limita a pensar que ese es tu límite. Y tu límite no es ese. Es ilimitado. ¡¡Eres para siempre!!

D: (Risas) Pero en este caso, ¿decidiste entrar al cuerpo que llamamos "Connie"? (Sí.) ¿Y experimentar algo a través de ella? (Sí.) ¿Y también has experimentado otros cuerpos humanos?

C: ¡Ah, sí! Muchas veces.

D: Todo para diferentes lecciones. ¿Es correcto?

C: Bueno, verás... sucede. Pero en realidad no son lecciones. Son expresiones de todo. Es posible que esté ahí. Son expresiones en la forma más densa, más densa. Y es por eso que a este cuerpo, Connie, le gustan las miniaturas porque ve en la escala miniatura la realidad de la Fuente. Porque eso es lo que somos los seres humanos. Hubo un tiempo en que la Tierra tenía gigantes porque eso es lo que los gigantes querían ser. Y podrías caminar sobre un planeta más grande. La Tierra es un planeta muy pequeño.

D: He oído eso.

C: Ah, sí, sí, sí. Y para los humanos, debido a que la Tierra es pequeña, la Tierra lo es todo. La Tierra es densidad. En cierto modo, es una lucha para ti. Pero eso se debe a que, repito, todos ustedes lo diseñaron para eso. Rara vez una persona o una onda —yo preferiría decir "onda" porque eso es lo que somos— diseña esta Tierra para que la experimente una sola persona. Es una comunidad.

D: Una comunidad de seres o energías.

C: Así es. Y entonces, cuando hay galaxias que no tienen planetas, es porque hay una comunidad que está de acuerdo en que esta debería ser una galaxia que no tenga seres humanos. De lo contrario, debería ser pura luz dando vueltas y vueltas. Hasta que alguien decide hacer una galaxia con planetas. Le damos forma.

¿Has jugado alguna vez en una caja de arena? (Sí) Tomas una gran caja de arena y creas todo tipo de cosas. Lo que te apetezca hacer. Sales de la caja de arena y alguien más llega y le da nueva forma. Lo dejaste porque lo disfrutaste y ahora ya lo terminaste. Y cuando te vas, alguien más viene y lo remodela según lo que quiere disfrutar. Eso es algo así como los patrones del universo. Por eso puede salir una ola y decir: "Esto es lo que estoy creando por un tiempo". Y enviarlo y dejar que alguien, otra ola, se haga cargo de él y le dé nueva forma.

D: Con nuestras mentes limitadas tratamos de entender estas cosas.

C: Y no puedes pensar con la mente.

D: ¿Pero dijiste que por eso a Connie le gusta trabajar con miniaturas?

C: Correcto, porque ella ve el mundo como puede ser, cuando en otros lugares es a pequeña escala. (Risas) Hay seres que viven en un mundo más pequeño que este humano.

D: He oído eso. Se dice que no hay limitaciones. Simplemente va del macrocosmos al microcosmos y viceversa.

C: Correcto. Pero tu planeta Tierra es único porque te muestra, por ejemplo, el reino de las hadas, los devas. Son muy pequeños, pero viven en un mundo como el de los humanos. Excepto que viven diferente porque son más livianos, pero más pequeños, ¿no es así?

D: Sí, lo son.

C: Ella cree en los devas y el reino de los ángeles. Todo el mundo sabe que realmente existen y que están empezando a aceptarlos ahora. Y le mostrará a la gente que es seguro creer eso porque ella siempre ha creído en ellos desde que era niña. Así, el planeta Tierra, en su forma más densa, da pistas de todo lo que hay aquí, de cómo es realmente. Y es por eso que siempre te han enseñado a prestar atención a la naturaleza porque la naturaleza tiene las pistas para tus respuestas.

D: No estoy segura de si debería llamarte subconsciente. ¿Está bien si me refiero a ti así?

C: Está bien. No tengo un nombre.

D: Pero siempre tengo que etiquetar algo.

C: Está bien. Sabemos. Dolores, entendemos muy bien cómo trabajas. Y estás trabajando perfectamente en tu expresión. Y eres expresión de una hermosa luz. Y estarás por mucho tiempo porque no sólo estás haciendo lo necesario en todo el mundo, sino que dondequiera que vayas dejas un depósito de tu esencia.

D: Ya me lo han dicho antes. Dijeron que por eso es importante para mí viajar a ciertos lugares.

C: Siempre debes continuar por tu esencia. Llevas lo que llamaríamos "una persona de luz blanca". Dondequiera que vayas, a quien toques, con quien trabajes en las sesiones, les estás dando más de lo que crees. Más de lo que creen. Estás transmitiendo un sueño. Eres el soñador que sueña. Y estás completamente despierto. Y cuando les das tu presencia a ellos, a todos los que tocas, cuando los abrazas o les das la mano, les estás transmitiendo algo especial.

D: Estoy haciendo mi trabajo.

C: Estás... no es un trabajo. Es tu amor y estás plantando semillas. ¿Sabes qué es una semilla?

D: Bueno, sigo diciendo que tal vez plante algunas semillas.

C: Estás plantando semillas. Cuando diste tu conferencia ayer, o cuando fue (en la Conferencia OVNI), y dudaste. El universo (lo llamamos universo) te estaba diciendo: "Adelante". Y había una cierta cantidad de personas sentadas allí que dijeron: "Sí." Había una voz de conciencia que te devolvía el pensamiento: "Adelante. Es seguro ahora que lo digas".

D: Es hora de que la gente sepa estas cosas.

C: Correcto. Y fue correcto. Estabas haciendo lo que te decían que hicieras. Eres una hermosa luz para el mundo. Y vas por ahí plantando tus semillas. ¿Y adivina qué? Eres el indicador del camino de aquellos que vendrán inmediatamente después de ti y continuarán con un método diferente. Un día de trabajo que te ayudará porque estás plantando semillas. Podrían cosecharlos por ti.

D: Por eso intento enseñar el método.

C: Eso es exactamente correcto.

D: No todos lo entenderán, pero algunos sí.

C: Correcto. Y no es sólo lo que estás enseñando. Son otros los que vendrán y se darán cuenta... que te estás haciendo un nombre que está siendo reconocido, no sólo por el tipo de trabajo que estás haciendo, sino también por permitir que otros hagan su tipo de trabajo. No es tu camino, pero es el de ellos. Y cosecharán tus semillas. ¿Entiendes eso? (Sí) ¡Oh, bien! ¡Estoy tan feliz! Pero hemos terminado.

Había pasado suficiente tiempo y tenía la intención de traer a Connie de regreso de todos modos. Pero el SC me informó que el cuerpo estaba incómodo. Pero primero quería agradecerle por la ayuda y la información.

C: No hay que agradecer, eres bendecida. Por favor continúa siempre con tu trabajo. Sabemos que tienes una agenda muy ocupada, pero te estamos cuidando. Y mantendremos su cuerpo sano por ti, mientras sea el momento de continuar con este trabajo. Pero es bueno que compartas tus lecciones y enseñes a la gente porque el trabajo debe continuar.

Capítulo 27
UN SER DE ENERGÍA

Cuando Luanna salió de la nube y vio un paisaje extraño. El terreno estaba formado simplemente por picos irregulares, algunos muy altos y otros pequeños. Todo el terreno estaba cubierto con estos, nada más. "Su color es marrón claro con destellos, como si fueran cristales. Todo irregular y afilado". Me preguntaba cómo alguien sería capaz de moverse y caminar sobre una superficie así. Ella dijo que no estaba parada, que estaba volando, flotando, mirando hacia abajo. "Los picos son demasiado agudos. Todo es demasiado agudo. Es como si los cristales fueran picos en otros picos, y tuvieran la misma forma que los picos irregulares. Son largos, brillantes y puntiagudos. Los hay pequeños y otros más grandes. Y hay muchos reflejos de luz rebotando por todas partes. Algunos de los picos son tan altos que la mayor parte están entre las nubes".

Le pedí que tomara conciencia de su cuerpo o de cómo se percibía a sí misma. "Supongo que debo tener cuerpo porque no quiero pisar esos picos afilados. Puedo notar sensación. Noto puntos cálidos y puntos fríos, y puedo notar la brisa y puedo notar la vista. Ahora estoy prestando atención para mirar entre los picos y los cristales. Si miro más de cerca a la superficie, no es estática... hay cosas que se mueven. Es algo así como pedazos de una nube excepto que no son blancos ni grises. Y luego, cuando brillan más y se mueven, se deslizan y cambian de forma, pero no son una nube".

D: ¿Qué crees que son?

L: Cuando aterricé aquí por primera vez pensé que estaba vacío, pero veo que no lo está. Son casi como manchas que brillan. No son definidos y pueden rodar entre cosas, pero también pueden flotar. Son como masas, pero algunas son pequeñas y otras más grandes, y no tienen una forma definida. Son algo así como una nube, excepto que una nube es más tenue.

D: ¿Son esas las únicas formas de vida que puedes detectar?

L: No. En realidad, hay cosas pequeñas que se arrastran por las superficies. Son algo así como las burbujas, pero son mucho más pequeñas. Hay movimiento por todas partes.

D: ¿Crees que puedes comunicarte con estas burbujas? ¿Crees que son seres sintientes que podrían saber cosas?

L: Sí, saben cosas. Hay como un recuerdo de burbujas de jabón internas. Excepto que todos son de diferentes formas y tamaños... integrados.

D: Bueno, ¿y tú? ¿Crees que te pareces a uno de ellos?

L: (Risas) Eso es lo que me pregunto. Ciertamente puedo flotar y ciertamente puedo cambiar de posición. No tengo idea de cómo me veo. Siento cosas como cálidas y frías. Puedo cambiar de forma... puedo cambiar de tamaño fácilmente. Estos otros están flotando o arrastrándose. Algunos de ellos están tan cerca de la superficie que están sobre ella. No sé si soy como ellos o no.

D: Puedes averiguarlo. La información está ahí. ¿Eres como los demás? (No) ¿En qué te diferencias?

L: Son como una forma de vida más simple... es como una transición. No es como un cuerpo. Tampoco es luz pura. Y simplemente me detuve aquí, y no soy así exactamente. (Una revelación repentina.) ¡Estoy en una misión! Esto es como un lugar de descanso. Es un lugar intermedio. Estoy de camino a casa y este es sólo un lugar de descanso.

D: ¿Estás más evolucionado y son más simples? (Sí) ¿Y crees que estás de camino a casa? (Sí) ¿Qué quieres decir?

L: (Susurrando) Es donde vivo.

D: ¿Has estado en otro lugar? (Sí) Cuéntamelo. ¿Dónde estabas?

L: En la Tierra. No voy a volver allí. Por eso estoy en este lugar de descanso antes de ir a casa a purificarme. Todo está hecho en la Tierra.

D: ¿Estás contento de alejarte de allí?

L: No, extraño la belleza, pero no quiero volver allí. Extraño mi hogar. En casa... no hay nada irregular. No hay nada duro. Todos sabemos. Todos amamos. Extraño mi hogar, pero está bien estar en este lugar. Este es sólo un lugar para detenerse. No sé exactamente por qué me detuve aquí excepto para atender una curiosidad. No conocía lugares como este. Ya sabes que en la Tierra las llaman "ameba". Excepto que algunos de ellos son muy pequeños y otros son enormes y son inteligentes. Pueden fusionarse entre sí. Pueden cambiar de forma. Pueden crecer. Pueden encogerse. Es agradable ser así. Quizás por eso en la Tierra me gusta tanto el agua.

D: Pero es bueno no ser nada por un tiempo, ¿no?

L: Sí. Definitivamente es agradable.

Decidí condensar el tiempo y adelantarla hasta que llegara a casa. Le pregunté cómo era. "Es realmente hermoso y brillante, y muchas cosas son azules, verdes y doradas".

D: ¿Objetos o sólo colores?

L: Bueno, los objetos son colores. Es como si cualquier cosa pudiera tocarse y sentirse, así que no hay diferencia. Es sólido, pero también puedes atravesarlo, por lo que tiene todo tipo de espacios. Puede crear una nave que pueda viajar muy lejos y que esté hecho de una luz particular. Y pueden hacer cosas hermosas si tenemos recuerdos de dónde hemos estado y creamos.

D: ¿Tienes que tener recuerdos antes de poder crear algo? (Sí)

Estaba maravillada y asombrada por las cosas magníficas que veía que se estaban creando. Ella suspiró profundamente. "Es tan seguro y tan hermoso aquí. Me lo perdí." Empezó a llorar.

D: Pero fuiste a la Tierra por una razón, ¿no?

L: Queríamos eso y todos fuimos a ese hermoso, hermoso lugar. Nos gustaría que supieran lo que sabemos y sintieran lo que sentimos.

D: Pero sabes que cuando la gente viene a la Tierra, se olvida, ¿no?

L: Algunos lo olvidan. Algunos de ellos no olvidan.

D: ¿Es más fácil cuando se olvidan?

L: No, es más difícil porque quedan absorbidos por todo. Sufren y se quedan estancados. No, es más fácil de recordar. Si son lo suficientemente valientes para decírselo a la gente... pero algunos se asustan. Algunos de ellos saben que no les van a creer, y otros simplemente lo olvidan. Pero es tan hermoso allí, y también vamos a la Tierra y disfrutamos de esos lugares, para poder coleccionar recuerdos, para poder ser más creativos, para poder hacer más por los demás.

D: ¿Entonces tienes que ir y experimentar en lo físico para tener los recuerdos? (Sí) ¿Sin eso no podrías crear? ¿Es eso lo que quieres decir?

L: Podemos crear. Eso es lo que somos. Somos creadores de luz y, sin embargo, también podemos enriquecer la mayor parte del planeta en su conjunto. Mira, hay conexión con todas partes allí. No es como la gente piensa. En la Tierra la gente lo acepta, pero hay diferentes planetas que no son iguales. En ellos, todo el mundo sabe que es fácil enviar mensajes. Es fácil de conectar. Es fácil seguir adelante. Es fácil viajar. Es fácil.

D: Porque no han olvidado lo que se supone que deben olvidar. (Sí) ¿Pero no es eso parte de la prueba, olvidar cuando vengas a la Tierra?

L: No. En realidad, creo que cuando elevamos cada vez más y más y más y más su conciencia en la Tierra, van a recordar. Eso es lo que todos queremos hacer por ellos allí. Así se tratarán mejor unos a otros, para no tener que sufrir para aprender la lección. No es necesario, pero eso es lo que se ha hecho. No tiene por qué ser así.

D: Es más fácil simplemente recordar sin sufrir. ¿Es eso lo que quieres decir? (Sí) Pero los humanos no escuchan, ¿verdad?

L: No, no siempre.

Decidí que era hora de moverla. El único otro lugar para explorar sería el lado espiritual, pero quería continuar con la terapia que exploro con el SC. "¿Sabes que estás hablando a través de un cuerpo que ahora vive como Luanna?"

L: Sí. Pero este es mi hogar en esta vida.

D: Me preguntaba si esto fue antes de que ella entrara en el cuerpo de Luanna.

L: Esto también es antes y también después.

D: ¿Entonces después de que termine aquí volverá al mismo lugar? (Sí) Pero si ella era tan feliz allí y es tan hermoso allí, ¿por qué decidió regresar como Luanna?

L: Antes de ser Luanna fue voluntaria a ir a la Tierra.

D: Entonces ella ha regresado una y otra vez.

L: Sí, pero Luanna es la última. Yo se esto. Porque todo termina después de Luanna y ella puede volver a casa, tal como yo estoy en casa.

D: ¿Entonces crees que para entonces habrá terminado todas sus lecciones?

L: En la Tierra, sí... no todas las lecciones.

D: ¿Sabía ella al entrar que esta sería su última vez? (Sí) Ha sido difícil, ¿no? (Sí) ¿Ella creó esas dificultades por alguna razón?

L: Querer ser lo más completa posible.

D: ¿Qué quieres decir? ¿Cómo podemos estar completos?

L: Cuando salimos de este lugar de luz y dejamos esta galaxia, como la llamamos, y vamos a otras civilizaciones, como podrían llamarse, entonces asumimos parte de su karma. Y luego completamos todo nuestro karma humano en este viaje.

D: Entonces, Luanna también ha estado en otros lugares además de la Tierra, ¿y estás diciendo que adquieres karma de otros lugares?

L: El karma que Luanna está completando proviene sólo de su vida humana.

D: ¿Entonces es hora de cerrar ese capítulo? (Sí) Ha aprendido todo lo que puede aprender en esas vidas.

L: No sólo aprender, sino también contribuir. El motivo del viaje era contribuir.

D: ¿Qué se suponía que debía contribuir?

L: Enseñar a la gente a pensar... enseñar a la gente a amar... enseñar a la gente a cuidar unos de otros... enseñar a la gente a tener fe... enseñar a la gente a crear paz... enseñar a la gente a para superar la enfermedad... enseñar a la gente a estar conectada con la naturaleza... enseñar a la gente que la esencia de la desesperación es la conexión... enseñar a la gente que pueden estar unos con otros en armonía... enseñarle a la gente que la guerra es algo que podría acabar con una vida.

D: Todas esas son cosas maravillosas, pero cuando venimos a la Tierra se vuelve difícil, ¿no?

L: Correcto. Pero hay muchos otros. Mira, algunos lo olvidamos, pero los otros no éramos nosotros. Esos son nuevos. Recién están aprendiendo. Niveles diferentes. Diferentes cosas que aportar... diferentes lecciones que aprender. Y también algunos de distintos ámbitos... algunos han tenido vidas más humanas. Y de hecho también han llegado otros de otras galaxias.

D: ¿También hay quienes han vuelto una y otra vez y otra vez? (Sí) ¿Son ellos los que están más atrapados en la rueda del karma?

L: Sí. Y es por eso que los "de afuera" vienen a ayudarlos. Mucha gente quiere que la ayuden, pero se meten en sus propias casillas. Saben que quieren que los ayuden; es sólo que se quedan tan estancados en su punto de vista. Se quedan tan atrapados en las limitaciones de ese momento y de sus cuerpos, que no creen que tienen nada más. Quieren recibir ayuda sin hacer nada diferente. Piensan que eso es todo lo que hay, el cuerpo o esa comida o ese lugar o esa vista. Luanna a veces se queda atascada. Tuvo otras vidas que también recordaba. Esta vez vino a recordar quién era y qué puede hacer. Está haciendo un buen trabajo, pero no tan bien como le hubiera gustado.

Parecía que algunos de los voluntarios son almas realmente viejas que decidieron venir aquí para ayudar también. También parecían ser nuevos en las vibraciones de la Tierra, y esto les causó problemas. Una de las principales cosas que los distinguiría de los principiantes sería que tienen más experiencia. Sin embargo, Luanna reconoció que todos tenían que trabajar juntos para ayudar a aquellos en la Tierra que estaban "atorados".

Capítulo 28
ENERGÍA DESCONOCIDA

Joyce dudaba en salir de la nube. Después de mucha persuasión lo hizo, pero lo que continuó durante varios largos minutos fue una serie de formas, colores, estructuras, vibraciones, etc. que no tenían ningún sentido para ella. No tuvo continuidad. Tan pronto como se concentraba en un objeto, forma o color, cambiaba a otra cosa que era igualmente inidentificable. Me costó mucho seguir esto porque estaba tratando de que ella se ciñera a una cosa para que pudiéramos progresar. De lo único que estaba segura era de que no estaba en la Tierra, tal vez incluso en un universo diferente.

"No estoy en un lugar. Estoy en medio de una especie de vibración flotante. Más bien una frecuencia vibratoria". Siguió moviéndose hacia adelante y hacia atrás como si intentara formar algo, pero nunca lo lograba. Cuando finalmente le pedí que percibiera su cuerpo, dijo que no creía tener cuerpo. "Siento que tengo presencia. Siento que tengo una entidad de alma, pero no puedo ver un cuerpo. Soy una Fuente de energía". Estaba tratando de sentir o encontrar vida de alguna forma, pero todo lo que podía sentir era movimiento, aunque movimiento en una forma de energía con la que no estaba familiarizada. "Veo movimiento... algún tipo de cosa que se mueve. Tiene algún tipo de forma de energía. Va a alguna parte. Va a hacer algo. Está en el proceso. Ahora estoy viendo el final de esto, y es una especie de campo de energía. Parece el extremo cortado de la base de un árbol que tiene todos estos anillos alrededor. Y ahora estoy en medio de esta enorme formación que parece la base de un árbol y está llena de energía y anillos. Y no sé por qué estoy aquí. Está abarcando todo mi campo visual. Es un campo de energía y estoy tratando de conectarme con este nuevo y extraño diseño, esta cosa que está aquí. ¿Qué eres? ¿Por qué te estoy mirando? No sé por qué me muestras esto. ¿Tengo alguna conexión contigo? ¿Por qué estoy aquí?"

Cuando el sujeto empieza a hacer preguntas, las respuestas suelen llegar. A veces también hago preguntas sobre "eso", pero normalmente dejo que se desarrolle por sí solo.

D: ¿Qué escuchas?

J: Me muestran campos de energía y me cuentan cosas. Es como si me estuvieran lanzando olas de estos diferentes colores. Y estos colores son cosas que entiendo. Se ha convertido en otro diseño una vez más.

D: ¿Por qué te muestran todo esto?

J: Estoy recibiendo el "pegamento" de la Tierra. Cómo se mantiene unido. Está mostrando sus sistemas y su respuesta.

D: ¿Qué significa eso?

J: ¡Guau! Parece una vasta área donde hay aire azul que se adhiere a esta área. ¿Por qué me muestras esto? "Estás viendo el campo de energía como nadie más lo ha visto".

D: ¿Es eso lo que significa? ¿El pegamento que mantiene todo unido?

J: Sí. Un campo energético que aún no se conoce. ¿Cómo deberíamos llamarlo?

D: ¿Pídeles que te lo expliquen para que podamos entenderlo?

J:(Respiró hondo.) Los campos aleatorios de sustancia aún desconocida que generan la física cuántica.

D: ¿Entonces podremos comprender mejor la física cuántica?

J: Sí. Un tipo de energía.—¡Dime!

D: ¿El tipo de energía que mantiene unida a la Tierra y todo lo que hay aquí?

J: Sí. Me están mostrando en forma visual. Me pregunto... ¿alguien sabe esto?

D: ¿Quieres decir que la gente nunca ha visto cómo se ve?

J: Esto es diferente, dicen. Los campos de energía que emanan frente a mí son muy diminutos. Se deben a estructuras microscópicas tan pequeñas. Dicen que aquí es donde necesitas saber... ¿qué? ¿Qué necesito saber? (Una respiración profunda como si estuviera frustrado.) Ciclos de energía en este punto. Las frecuencias están en un punto aún desconocido. ¡Bueno Cuéntame!

D: No se lo mostrarías si no quisieras que ella lo entendiera.

J: Realmente están mostrando que es sólo una sinfonía de tejidos superpuestos de energías, campos y vibraciones. Son solo minuto, minuto y minuto. (Preguntando a alguien.) ¿Pero qué pasa con esto? Me están mostrando un cono. Los conos alcanzan su punto máximo y yo estoy en su interior y me mueven a su alrededor. Me están mostrando el interior de este campo de energía y ahora las estructuras están interconectadas como si mis dedos estuvieran aquí a los lados. (Mociones de mano.)

D: ¿Entrelazándose?

J: Sí, entrelazándose.

D: ¿Qué representa eso?

Lo que siguió fue una serie de simbolismos complejos que eran difíciles de entender. Decidí que era hora de convocar al SC para obtener más respuestas. Con suerte, no respondería con simbolismo, sino con palabras que pudiéramos entender. Le pregunté por qué eligió esas escenas para que ella las viera.

J: Monopolio de esfuerzos.

D: ¿Qué quieres decir? No fuimos a otras vidas. Simplemente entramos en los campos de energía. ¿Qué tiene que ver con Joyce?

J: Dice aquí, no lo entiendes.

D: Estamos tratando de entender. Ese es el objetivo de hacer estas preguntas. ¿Hay algo que Joyce tenga que ver con las energías?

J: Son su fuente para usar.

D: ¿Ese es el propósito de mostrarle cómo son los campos de energía?

J: Están más allá de la comprensión en este momento. Llegará el momento. Tendrán sentido.

D: ¿Quieres que aprenda a utilizar estas energías?

J: Lo suyo es dejar que otras personas lo entiendan primero. El factor secreto debe ser descubierto. Evade la mayoría de las inquisiciones en este momento.

D: Pero era como si le estuvieran mostrando diferentes campos de energía.

J: Ese fue un magnífico ejemplo de la Fuente.

D: Hay otros que han estado en la Fuente y la describieron como una luz brillante. ¿Es la misma cosa?

J: La Fuente evade la comparación.

D: ¿Es éste un tipo diferente de Fuente o una que conozco?

J: Están unificados. Son la misma.

D: ¿Pero quieres que ella sepa sobre esta energía y sobre la Fuente?

J: Son las bendiciones de su vida. Las formaciones se le escapan. Son infinitos. Pronto les entenderá. La fuente de información es increíble, aún está por descubrirse. Ella usará esto de una manera desconocida hasta el día de hoy.

No se le mostró ninguna vida pasada porque el SC consideró que era historia antigua y ella debía concentrarse en su nuevo trabajo.

Cuando llegamos a las preguntas físicas, le pedí al SC que le hiciera un escaneo corporal porque tenía muchas quejas. Lo primero en lo que se centró fue en su sangre. Era demasiado espesa. Esto fue causado por la infelicidad en esta vida. Había que diluir la sangre. Entonces el SC pasó por el sistema. "Estoy viajando a través de las células... a través de todos los ligamentos, haciendo círculos por todas partes. Estoy recorriendo todos los círculos capilares posibles, capturando lo incorrecto y sacándolo. Eliminando todo aquello que cause discordia. Estoy repasando todos los órganos y todas las células. Debe moverse rápido. (Ya la habían operado y le habían extraído partes). Se podría haber solucionado. El corazón está siendo sobrecargado. Se estropeó.—Los capilares... órganos que necesitan apoyo. Arreglando todo. Limpia esas cosas. (Había estado teniendo problemas con su pierna desde que se la rompió. Quería saber por qué sucedió). La velocidad a la que avanza debe reducirse. No se debe mantener la velocidad máxima. La ralentizamos. (Trabajaron en la pierna). Estoy pasando por los huesos porosos. Necesitan ayuda. Los haré como un árbol. Estructuralmente fuerte".

También trabajaron en su cadera y columna. El corazón fue reparado. La razón del daño al corazón fue la "falta de alegría". Esta era una de las razones por las que estaba trabajando tan duro para encubrirlo. Para mantenerse ocupada.

Capítulo 29
EL SOL

Terry tenía varias quejas físicas porque descuidaba su cuerpo mientras cuidaba a los demás. Le dijeron que necesitaba amar a su cuerpo. "En el fondo ella aceptó venir, pero aún no está completamente completa. Todavía quiere irse".

D: ¿Es un trabajo demasiado grande? ¿Es por eso que quiere ir?
T: A veces.
D: Porque dijo que nunca se sintió como en casa aquí. Ella realmente no quiere estar aquí.
T: Eso siente, pero a veces le encanta este lugar. A veces ama su trabajo.
D: Vino por una razón, ¿no?
T: Lo entiende, pero para tener éxito necesita estar 100% en la luz y en la felicidad.

Querían que continuara con su práctica curativa. Dijeron que a veces trabajaba con una energía universal muy poderosa. Produjo resultados muy poderosos; sin embargo, "su cuerpo no es lo suficientemente fuerte en este momento. Puede destruirla. Ella misma tiene que fortalecerse. Es demasiada energía. Lo usará eventualmente y muy pronto. Pero puede destruir porque es demasiado fuerte". Luego le dieron consejos sobre cómo poner su cuerpo en mejor forma. Hablaba de su dieta. "Ella tiene que estar más afuera en la naturaleza. Ahí es cuando gana energía. Tiene que dejar de comer carne. No es bueno para su cuerpo. Y seguir con líquidos. Todos los alimentos crudos. Líquidos". Este es el mismo consejo que el SC da a todos cuando preguntamos sobre la dieta.

D: Ella dijo que quería llegar al punto en el que no tuviera que comer nada.
T: Eso será bueno para ella. Le enviaremos orientación que le enseñará cómo hacerlo. No todo el mundo puede hacer eso. Para algunas personas, puede destruir, pero para ella será bueno. Líquidos.

D: ¿Su cuerpo podrá mantenerse de esa manera? (Sí) No queremos hacer nada que pueda dañarla en absoluto. Pero luego perderá peso, ¿no? (Terry tenía sobrepeso).

T: No se trata del peso. Se trata de energía. Cómo sentirá vibrar el cuerpo. Porque la comida que está tomando ahora puede hacer que su vibración baje. Es por eso que ahora no puede manejar la energía curativa superior.

D: Ella dijo que cuando nació, durante todo el primer año, tuvo problemas con su sistema digestivo. ¿Por qué pasó eso?

T: Porque en algún momento de su vida ella estuvo con la luz. Sabe cómo tomar energía del universo.

D: Entonces, cuando ella vino a esta vida, ¿pensó que podía hacer lo mismo?

T: Sí. (Risas) Cuando ella vino, sus padres no entendieron eso. El primer año fue difícil y fue cuando estuvo enferma, y luego tuvimos que adaptarnos a su cuerpo. Entendemos totalmente que puede vivir sin comida, pero su madre... había mucha preocupación por ella.

D: Eso es natural. Los humanos saben que hay que tener comida. No querrían que el bebé muriera de hambre. Entonces, ¿ahora cree que puede pasar sin comer?

T: Irá, pero tiene que empezar de nuevo. Primero tiene que ajustar su cuerpo. Hacer dieta, hacer ejercicio.

D: ¿Es lento?

T: Sí, tiene que hacerlo despacio. No puede hacerlo rápido. Tiene que llevar la frecuencia del todo a órganos de diferentes niveles donde puedan absorber todo lo que el cuerpo necesita de fuentes externas.

D: Gradualmente irá equilibrando el cuerpo. Dijo que le gusta estar afuera para obtener energía del sol.

T: Sí, el sol está muy bien. De hecho, ella solía vivir en el Sol.

D: ¿Es eso lo que me han dicho que es la Fuente, o es diferente?

T: Éste es la Fuente. Esa también es energía universal. Simplemente proviene de la Fuente.

D: Cuando ella vivía en el Sol, ¿era algo diferente?

T: Sí. Cuando vivía en el Sol, no tenía comida. No lo entendió.

El volumen de esta cinta era errático y difícil de transcribir.

D: ¿Tenía ella un cuerpo físico cuando fue eso? (Sí) ¿Es posible vivir del Sol?

T: Sí. Es muy bueno allí. Está dentro como en la Tierra. Dentro del planeta.

D: ¿Ah? No está en la superficie.

T: No, no.

D: ¿Por eso la gente podía vivir allí sin ser quemada?

T: Sí. No hace calor. Es muy cómodo.

D: Creemos que hace calor todo el tiempo.

T: No, eso está todo en la mente. Toda la mente... ilusiones cuando pensamos que hace calor. La frecuencia es muy alta en la superficie y tenemos una frecuencia diferente en nuestro cuerpo. Por eso no sentimos su calor. No vivimos en la superficie. Vivimos dentro y eso es muy bueno.

D: No necesitan comida porque viven de la energía. (Sí) ¿Y tienen cuerpos físicos que pueden hacerlo?

T: Sí, tenemos el mismo cuerpo que en la Tierra.

D: ¿Pero es simplemente una frecuencia diferente?

T: Muy alta.

D: ¿Hay ciudades debajo?

T: Las hay. Civilizaciones, pero no son los edificios altos. Es lo pequeño... cercano a Dios. Tienen luz y el cielo es violeta. Es hermoso. No tenemos que comer porque vivimos de la energía del exterior. Es muy bueno allí. Hay mucho amor ahí.

D: ¿Entonces ella podrá recordar la forma en que el cuerpo podía existir en ese momento?

T: Eso es lo que quiero decir.

D: Siempre y cuando no le haga daño. No queremos hacer nada que haga daño a este cuerpo.—¿Será por eso que ella no quería estar aquí?

T: Sí. Podemos volar allí. Puedo volar si quiero. Si quiero, puedo caminar.

D: ¿Cómo es que hay un cielo ahí abajo?

T: Adentro no es de día ni de noche.

D: Pensamos que el cielo tiene una atmósfera.

T: Es violeta y no puedo ver las estrellas. Me encanta mirar las estrellas.

D: ¿Sería como si fuera de día todo el tiempo? (Sí) Entonces, cuando vino a la Tierra, extrañaba ese lugar. (Sí) Pero ella ahora tiene que vivir aquí y terminar su tarea, ¿no?

T: Eso es lo que ella aceptó. Tiene que hacerlo. Si no tenemos la Tierra, el Sol también la destruirá. El Sol es la estrella que orbita la Tierra. El Sol también destruirá.

D: ¿Qué pasa con los otros planetas de nuestro sistema solar?

T: Se verán afectados.

D: ¿Lo que sucede en la Tierra afecta todo?

T: Eso destruirá el equilibrio entre los planetas. Pero ella aceptó venir a la Tierra para salvar su planeta.

D: Entonces, cuando termine este trabajo, ¿no tendrá que volver?

T: Eso dependerá de ella.

Trabajaron en su cuerpo. Los médicos querían operarle la rodilla y "ellos" dijeron que sanaría antes de que pudiera realizarse cualquier cirugía.

Mensaje de despedida: Ama tu cuerpo y cree en ti mismo. Conéctate a la Fuente. Y escúchate más a ti mismo cuando le enseñes a la gente porque también hay un mensaje para ti. Siempre estamos aquí. Nunca está sola. Tiene que meditar. Tiene que recordar cada vez que atraviesa la oscuridad. En cualquier momento ella puede venir a nosotros. Tiene que encontrar el tiempo para detenerse... para conectarse con nosotros y entonces estará bien.

He tenido varios casos en los que los clientes dijeron que no amamantarían cuando nacieran. Por supuesto, los médicos tuvieron que alimentarlos por vía intravenosa hasta que lograron que el bebé cooperara. En estos casos el SC siempre dice que venían de un planeta o dimensión donde no necesitaban comida, por lo que no estaban acostumbrados a consumir nada para poder sobrevivir. Así viven muchos extraterrestres. No necesitan consumir nada, por lo que sus órganos se han atrofiado por la falta de uso. Viven de la luz y dicen que esta luz proviene directamente de la Fuente. En Legado de las estrellas había una historia de algunos que tenían que tomar "baños de luz" con regularidad. Se recuestan en un recipiente similar a un sarcófago, y la intensidad y el color de la luz indican cuánta energía necesitan sus cuerpos. Este método también se utiliza en naves espaciales mientras se viaja por el espacio y la luz se almacena en cristales. Entonces es fácil comprender cómo un alma proveniente de tal ambiente se confunde al entrar en un cuerpo terrenal que necesita consumir alimentos sólidos.

Algunos de mis clientes (incluida ésta) han oído hablar de personas que no tienen que comer. Viven de su respiración. Creo que se les llama "respiracionista". Estoy seguro de que los yoguis y las personas acostumbradas a meditar y vivir una vida austera han aprendido a existir sin comida, pero no pensé que eso fuera posible para el ser humano promedio. Durante esta sesión, a Terry le dijeron que es posible pero que requiere mucha disciplina y que ella aún no estaba preparada para eso. Sin embargo, después de terminar de dar una conferencia en Irlanda, en septiembre de 2011, una joven se acercó a hablar conmigo. Era bonita y delgada y no se veía diferente a los demás. Sin embargo, hubo una excepción. Dijo que nunca había consumido comida ni agua en toda su vida, ni siquiera cuando era bebé o niña. Ella no tenía ninguna necesidad de ello. Me hubiera gustado dedicar más tiempo a hacerle preguntas, pero había demasiadas personas que querían contarme sus propias experiencias.

"Por favor firma mi libro. Por favor, sólo una foto". Entonces se perdió la oportunidad. Parece que cuando tengo una pregunta el universo me da la respuesta. Me preguntaba si este tipo de personas existen y me enviaron una. Estoy seguro de que si hubo uno debe haber más. El SC dijo en esta sesión que sí existen. Uno de nuestros amigos en la conferencia dijo después que eso sin duda haría la vida más fácil (y más barata) si no tuvieras que preocuparte por comprar y preparar la comida. De repente pensé que también haría innecesaria a la eliminación de alimentos: orinar y defecar. Me pregunto si sus órganos se han atrofiado por falta de uso como los extraterrestres. La mujer me había dicho que nunca se había enfermado por lo que no había motivo para ir al médico. Entonces, aparentemente sería difícil para el personal médico siquiera saber acerca de este tipo de personas. Estoy segura de que si quiero saber más sobre esto, se me proporcionará más información en el futuro.

Inmediatamente después de terminar mi gira de conferencias y clases por Europa, fui a la India para hablar en una conferencia en Valle de la pirámide en las afueras de Bangalore. Uno de los oradores dijo que pudo dejar de comer en la década de 1990, pero que para lograrlo fue necesaria una meditación profunda. Dijo que hay al menos 30.000 personas en la Tierra que tampoco tienen que consumir alimentos. Sin embargo, no recomiendo esto a la persona promedio porque creo que deben darse circunstancias especiales para que el cuerpo físico sobreviva.

Capítulo 30
ACTIVACIÓN DE LA NUEVA ENERGÍA DE LUZ

Cuando Sherri salió de la nube y comenzó a describir una escena que se estaba volviendo cada vez más familiar para mí. Muchos de mis clientes ya no irían a vidas pasadas cuando tenemos la sesión. Van hacia una hermosa luz que parece ser también una energía poderosa. Para mí, creo que añade validez si muchas personas describen las mismas cosas mientras están en trance profundo porque no tienen idea de lo que estoy descubriendo.

S: Veo una luz muy hermosa. Es oro amarillento, pero a medida que se derrama y me baña, se vuelve más como una luz violeta lavanda. Impregna mi cuerpo... mi corazón. (Se estaba poniendo sentimental.) Se siente muy bien.

D: ¿Dónde parece estar la luz?

S: En mis ojos... frente a mi cara y más arriba. Está en todas partes. Todo lo que puedo ver es la luz de las estrellas. Mientras te lo describía, me sentí tan bien que quise llorar. Ahora estoy totalmente en la luz. Simplemente me impregnó y ahora está sobre mí. Se siente muy tranquilo y suave, y todo mi cuerpo simplemente brilla.

D: ¿Cómo percibes tu cuerpo?

S: El cuerpo es como una pequeña concha en la superficie como la piel, pero no hay nada más. Es realmente interesante porque todo se desvanece, así que cuando miro dentro de mi cuerpo solo hay luz. Y, sin embargo, sé que tengo un cuerpo, pero es la luz de las estrellas... es la gran luz del sol. En este punto son muchos colores, ya no un solo color. Es solo la luz, pero sé que hay seres aquí, pero no puedo ver nada más que luz o sentir cualquier cosa menos luz. Sería interesante ver a otros. Sé que están ahí.

D: Si pudieras verlos, ¿cómo serían?

S: Parecerían seres de luz. Se parecerían a mí. Habría pequeñas conchas con luz dentro y alrededor de ellas. (Ella se emocionó y comenzó a llorar.) ¡OH, la luz es muy poderosa! (Asombrada) Oh, es hermoso. Es tan puro. Simplemente atraviesa todo. Nada puede resistirse a esto.

Dijo que también le parecía familiar, como si lo hubiera experimentado antes.

S: Estoy como navegando aquí porque siento que esta energía vertida dura para siempre. Pero en términos de este cuerpo, sigue yendo más allá del cuerpo. Así que simplemente soy consciente de la luz en mi cuerpo, pero hay otros allí y simplemente estoy empapándome de esta luz. Siento que me atraviesa y se dirige a algún lugar como la Tierra o algo así. Se derrama a través de mí. (Sollozando)

D: ¿Por qué eso te emociona?

S: Porque lo único que hago es que la energía fluya y pensé que era diferente. (Llorando) Ya había estado aquí antes, pero no lo veía como yo. Esto es mucho más grande. Esto está en todas partes. Puedo sentirlo. Siento que se hunde en la tierra.

D: ¿Sientes que esta es una energía que utilizas?

S: Eso es lo que soy. (Susurros) Soy ligero. Soy energía. No lo sabía antes. Podía sentirlo antes, pero yo soy esta energía. Conocía esta luz, pero parecía que estaba más "allá afuera" y que venía a través de mí, pero esto es diferente. Esto es pura luz. Es para siempre.

D: ¿Crees que podrías usarlo?

S: Podría usarlo de cualquier manera. Me confían esta luz.

D: Pregúntales qué significa eso.

S: Me aman mucho y confían en mí para usar esta luz. (Sollozando y asombrada.) Son puro amor. Es maravilloso verlos.

D: ¿Cómo son?

S: Son columnas de luz, pero se sienten muy, muy grandes, poderosas y erguidas. Y saben todo sobre nosotros. (Llorando) Estoy muy agradecida de poder estar con ellos. Dicen: "Queremos ayudarte y te estamos ayudando". Y puedo sentir a uno de ellos con una voz mucho más baja queriendo hablar a través de mí.

Le aseguré que estaría bien permitirles hacerlo, si ella estaba dispuesta, porque siempre es más fácil comunicarse directamente. La voz se hizo más fuerte cuando empezó a hablar.

S: Estamos pulsando luz a través de ti.

D: ¿Cuál es el propósito de hacer pasar la luz a través de Sherri?

S: Puede fluir libremente y dar esta luz libremente. Es todo perfecto. Tenemos un grupo de estrellas, pero parece una sola luz. Y hemos aprovechado esa luz en formas que fluirán a través de las personas, y Sherri es una de ellas. La energía hace que su cuerpo hormiguee. Tuvimos que prepararla. Teníamos que hacerla sentir bien para que pudiéramos superar esa forma como somos ahora. Lo siente y es una sensación maravillosa. Es muy extraño hablar y sentir el cuerpo. Somos de gran corazón. Hablamos a través del corazón. Lo siente como paz en el corazón. Sin preparación nunca podría soportar tanta luz... nunca... no, nunca. (Pausa) Estoy viendo el planeta y no sólo veo luz entrando a la Tierra. Soy uno de los individuos que habla a través de ella ahora y estoy particularmente interesado en la atmósfera y esta luz entrará en la atmósfera. Hay muchas cosas en la atmósfera que necesitan corrección y ajuste y especialmente la luz violeta que ella ve y la luz azul y la luz blanca. Y todos los colores que ya están en la Tierra se ajustarán con esta luz. Estoy ayudando a ajustar las frecuencias de luz atmosférica para que el trabajo que ella está haciendo tenga mucha más conciencia. Pero yo quería mostrarle estas cosas más importantes que esta luz está haciendo más allá del mundo personal con el que cree que está trabajando.

D: Porque estamos involucrados con los individuos. (Sí) ¿Pero estás involucrado con el panorama más amplio? (Sí) ¿Qué hay de malo en la atmósfera que necesita corrección?

S: Es mucho más que todo tipo de contaminaciones y pensamientos y cosas así. Es mucho más una perturbación. Estas perturbaciones estuvieron vigentes durante mucho tiempo para mantener las cosas con una cierta frecuencia para que la gente pudiera aprender cosas. Pero esas cosas están siendo eliminadas y la luz literalmente disuelve la densidad y la contaminación, la congestión y la negatividad. Y así es capaz de liberar por completo los sonidos de disidencia en el planeta que llevan aquí mucho tiempo.

D: ¿Entonces es más que contaminación provocada por el hombre? ¿Los pensamientos y otras cosas también están contaminados?

S: Sí. Están siendo aclarados. Utilizamos frecuencias de sonido y luz. Le hablamos a través del sonido y ella entiende el sonido mejor que otras modalidades. Puede utilizar el sonido más libremente para ayudar a los demás.

D: Porque su trabajo no es trabajar en la atmósfera. ¿Su trabajo es ayudar a las personas?

S: Sí. Teníamos que aclarar algo en la atmósfera para ayudarla a usar estas energías y por eso entré ahora. Esto hará que sea mucho, mucho más fácil trabajar con las energías. Fue un ajuste atmosférico que debía realizarse a través de ti, Dolores.

D: Oh, ¿no podría haberlo hecho sola?

S: No. Habría tardado más.

Luego procedieron a dar instrucciones sobre cómo Sherri debía usar la energía para curarse. "Ella puede colocar sus manos sobre o encima del cuerpo y hacer los sonidos, y nosotros le ayudaremos". Sabrá instintivamente los sonidos que debía emitir. Será muy natural para ella y luego trabajarán a través de ella y la usarán como instrumento. Noté que el cuerpo de Sherri se había estado sacudiendo y saltando. Dijeron que lo habían estado limpiando y ajustando para que su cuerpo pudiera manejar y dirigir la energía. Enviaron energía luminosa pura "a todas las células y a todo el tejido óseo, y se está llenando de luz y eso es justo lo que necesitaba". Sherri había estado teniendo algunos problemas con sus órganos internos, especialmente con la vejiga, así que le pregunté sobre la causa.

S: Tuvo una entrada dura y entró en pedazos. Y tenía un aspecto de nave espacial de metal incrustado en ella que nos gustaría eliminar. Era como un peso, una presión que la oprimía.

D: ¿Te refieres a cuando ella vino a esta vida? ¿Le pasó algo a la nave espacial?

S: Sí... antes de que ella viniera a este cuerpo. Ella nació y... vino en pedazos y cuando hay un problema para pasar, esto creó una presión en su vejiga, se registró físicamente en su cuerpo como metal presionando contra ella.

D: ¿Qué quieres decir con que entró en pedazos?

S: En tu tiempo y espacio ella fue entregada en pedazos, en cajas, en cubos, en cubos de luz. Instalaciones, como dirías, y hubo un problema en una de las instalaciones.

D: Estoy tratando de comprender información nueva que no he escuchado antes. ¿No entra el alma entera?

S: Eso es cierto. El alma sí entra de una sola pieza. El alma es... Estoy tratando de transmitir esto en términos lingüísticos.

D: El idioma siempre es un problema.

S: Es como esa luz que está experimentando. Está fluyendo por todas partes. Es radiante. No tiene límites. Pero esto de lo que estoy hablando es el recipiente humano. No puede soportar tanta luz y por eso se lo dimos a plazos. Y algunas de las energías físicas del planeta, del que ella formaba parte, tuvieron que adaptarse a estas nuevas energías. Y había un problema en la región pélvica y no podía aceptar completamente tanta luz, y eso le causó problemas físicos en toda esa área.

D: ¿Es esa una de las razones por las que no pudo tener hijos? (Sí) ¿Dijiste que estás trabajando ahora para quitar el metal de allí?

S: Las condiciones. El metal era el contenedor de esta luz. Eso desapareció, pero la impresión del metal en el recipiente físico quedó impresa con esta experiencia.

D: La pesadez que era la presión.

S: Sí. Es sólo un recuerdo.

D: ¿Puedes quitárselo?

S: Sí, por supuesto que podemos.

D: Creo que ahora entiendo de qué estás hablando. Me lo han explicado otros seres como tú, aunque usaban términos diferentes. Dicen que a veces la energía no ha estado antes en el cuerpo físico, el cuerpo humano. ¿Es eso correcto? (Sí) ¿Y entonces es una energía demasiado fuerte?

S: Entregamos esto a muchos seres al mismo tiempo. Esta no era una energía única.

D: He oído explicar antes que el cuerpo no puede manejar la energía, por lo que tenía que hacerse gradualmente.

S: Así fue, y luego, a veces, no salió como esperábamos. Tuvo que ser refinado y rehecho, pero era un problema para su ser físico.

D: He oído que a veces, cuando se intenta esto, el bebé se aborta porque hay demasiada energía.

S: Sí. En realidad, eso también fue parte de su experiencia, pero ella no decidió irse. Entró con una luz muy brillante y pudo permanecer en el cuerpo, pero fue demasiado. También tiene que haber un ajuste con el cuerpo de la madre. Esperamos manejar la energía que está llegando.

D: En otros casos que me contaste hubo que ajustarlo para que la próxima vez el bebé no se abortara. Podría nacer, pero no podría tener toda la energía al mismo tiempo. ¿Tiene sentido? (Sí) Lo he escuchado en diferentes términos. Nunca había oído hablar de ello en pedazos o en plazos.

S: Hablas de walk-ins, y los walk-ins son plazos.

D: Pero ahora he descubierto que hay muchos tipos diferentes de personas walk-ins. (Sí.) Nada es tan simple como la gente cree. ¿Pero significa esto que Sherri no ha tenido vida en cuerpos físicos en la Tierra antes?

S: Ella no ha tenido vidas antes en la Tierra. Ha tenido otras experiencias. Ha tenido muchas experiencias y tiene un recuerdo muy, muy vasto de lugares hermosos y diferentes. Ha conocido el planeta agua, ha experimentado otros sistemas estelares y ha pasado por sistemas solares. Ella entiende la luz y otros reinos y conoce más allá de la creación física de los orígenes arremolinados de lo que es indescriptible.

D: Eso suena como si ella estuviera muy avanzada. Realmente no necesitaba tener la experiencia de la Tierra.

S: Llegó en un momento difícil para este tipo de energía, pero quería hacer esto con mucha, mucha fuerza. Deseaba profundamente hacerlo y vino con otros. Hay otros como ella aquí en la Tierra.

D: He hablado con muchos. Creo que los entiendo mejor que la mayoría de la gente.

S: (Susurrando) Sí.

D: ¿Decidió ella sola u otros la ayudaron con la decisión?

S: No, vinieron en grupo. Se unieron y se juntaron, aunque fue a lo largo de un período de años. Eran un grupo y ahora vienen muchos grupos.

D: Pero están todos dispersos donde no se conocen entre sí.

S: No, se volverán a conocer muy pronto.

D: Por eso tenían dificultades porque se sentían solos.

S: Sí, eso es cierto.

D: ¿Pero por qué eligió la Tierra? ¿Qué la hizo decidir venir aquí?

S: Fue una tarea. Fue algo acordado. Somos un consejo y esta energía estaba más allá de la galaxia. Era un reino de conciencia que deseaba generarse para que latiera en etapas en las muchas galaxias. Y como vino a través de él, se unió a algo existente que estaba en su lugar, y tenía una historia que no había sido contada. Tenía información que aún no se había experimentado. Era nuevo y tenía información que ayudaría a cambiar lo que todos ustedes entienden ahora sobre lo que está sucediendo en la Tierra. Pero es un cambio mucho mayor que está ocurriendo en muchas, muchas galaxias y en muchos lugares. Este es un gran cambio.

D: ¿Entonces no es sólo aquí en la Tierra?

S: Correcto.

D: ¿Cuál es este cambio que está ocurriendo? Dijiste que es nuevo y que no había sucedido antes.

S: Sí. No puedo describirlo. Simplemente no está disponible.

D: Sé que siempre es difícil encontrar las palabras. Simplemente haz lo mejor que puedas con lo que tienes.

S: Correcto. Bien. Lo que se está creando nunca antes se ha experimentado y hay seres de comprensión que serán colocados con cada ser en la Tierra. Y luego escucharán esta amplificación increíble que conocen profundamente a través de sus propios sistemas, y estamos haciendo esto ahora mientras hablamos. Esta es una gran implantación... si existe tal palabra. Estamos implantando e incrustando. Esta luz en realidad va hacia el plexo solar y el chacra raíz de cada ser y está formando una voz. Por eso tiene forma de V en el cuerpo. Vean esto como algo bueno porque podemos ver cómo se está extendiendo y todos los seres tendrán esta nueva facilidad para experimentar la luz a través de su sistema de eseidad del cuerpo, y pueden hablar con todas las cosas a través de esta nueva energía. Tiene forma de cono y se coloca en la parte inferior del cuerpo; el área con la que Sherri tiene tantos problemas. Lo que ella sentía era la anticipación de esta colocación.

D: ¿Está en esa zona?

S: Sí, a través de los chacras. Es una gran colocación de una comunicación completamente nueva y es como un cono de luz que se coloca en el cuerpo de cada ser del planeta. Ese fue el propósito de hoy, permitirnos ser conscientemente percibidos como una de las cosas que la gente está ayudando a lograr. Es luz, pero también tiene forma. Básicamente es un vórtice.

D: ¿Se lo están poniendo a todos?

Definitivamente ésta era información nueva. Quería entenderlo para no percibirlo como negativo.

S: Sí... todos... los animales también.
D: ¿Cuál es el propósito de poner eso en todos?
S: Es un nuevo sistema de comunicación. Es una forma mucho más avanzada de utilizar la luz.
D: En el pasado ha habido sistemas de comunicación que eran como instintos.
S: Sí. Intuiciones. Estas viejas formas ya no son tan efectivas. Esto es tan nuevo que ni siquiera... sí, los viejos sistemas serán útiles, pero no serán tan efectivos como este.
D: ¿Entonces era hora de cambiar?
S: Sí. Instalación instalada de un sistema completamente nuevo.
D: ¿Cómo percibirá esto el individuo?
S: Hemos observado muchas alteraciones en esa parte del cuerpo de muchas personas. Esto fue una preparación para esto y ahora que se está adaptando e implementando, pueden suceder muchas cosas que la gente puede hacer más fácilmente. Y no sentir ni malestar físico ni inseguridad ni siquiera económica. Está aliviando el viejo sistema de la acumulación de presión que se ha acumulado en el sistema. Esta es una forma mucho más avanzada de encarnación humana en el uso de esta información que se envía.
D: Estoy tratando de entender cómo funciona y si la persona promedio notará alguna diferencia.
S: Sí. Se activa.
D: ¿Entonces está ahí, pero no está activado en todas las personas?
S: No, viene activado. Es sólo que todo ha sido una preparación y ahora ya está implementado.
D: ¿Pero la persona no supo cuando pasó esto?
S: Simplemente sucedió. Los preparativos han tardado mucho, pero el evento real recién se celebrará en los últimos días. (Esta sesión se celebró el 11 de julio de 2009.)

Esto fue una sorpresa. Sabía que no me sentía diferente. Al menos no pensé que lo hiciera.

D: ¿Pasó algo que provocó que se activara ahora en el planeta?

S: Ya era hora de que esto sucediera. Hemos estado trabajando durante mucho tiempo... para este tiempo.

D: Eso ha sido muy reciente. Por eso me preguntaba si algo provocó esto.

S: Estaba planeado.

D: Dijiste que todos tendrán uno. ¿Todos sabrán que está ahí? ¿Reaccionarán ante ello?

S: Ya veo. Veo. Lo veo así, pero desde el punto de vista humano, llevará algún tiempo.

D: ¿La gente notará algo diferente?

S: Se sentirá muy diferente. No se enojarán y serán muy capaces de estar aquí en la energía del planeta. No es que no les guste estar aquí ahora. No será tan difícil porque tendrán como pequeñas estrellas y pequeños planetas dentro de ellos que se sentirán como en casa. Y, sin embargo, pueden estar aquí y estar plenamente en esta luz... esta energía. Todos tendrán esto.

D: ¿Entonces no sentirán que este es un lugar diferente? ¿Ya no tendrán esa sensación de querer volver a casa?

S: Correcto. Están en casa.

D: Es más fácil de adaptarse.

S: Sí, esto se sentirá maravilloso.

Por supuesto, mi curiosidad me hizo preguntar si a mí también me lo habían hecho. Ella sonrió y respondió: "Por supuesto". Luego me preguntaron si podía sentirlo. Lo único de lo que había sido consciente era de una sensación de energía moviéndose a través de mí mientras estaban poniéndolo a través de ella. No sabía si eso era lo que querían decir. Le pregunté: "¿Vamos a ser conscientes de la energía?"

S: Lo sentirás. Lo sentirás más plenamente. Lo sentirás como ella sintió la energía del sol estelar, pero lo sentirás a tu manera única, como lo hará cada persona. Pero te sentirás como en casa. Es como su propia experiencia de estas energías.

D: Dijiste que llena las células de todos, o es solo para ella.

S: La luz estaba llenando cada célula, pero el cono es un dispositivo de conexión del alma.

D: ¿Es una forma de comunicarse?

S: Correcto. No habrá más separación de la Fuerza o de Dios.

D: ¿Se puede usar esto para curar o es una cosa de tipo diferente?

S: La energía es la misma, pero cómo la usa cada persona puede ser muy diferente. Se puede utilizar de muchas maneras.

D: Eso es lo que estoy tratando de entender. ¿Qué pasa con la gente negativa que hay?

S: Estamos trabajando en eso. (Pausa) ¿Qué estamos haciendo con la gente negativa? Para aquellos, inicialmente podría percibirse como disruptivo, pero lo que se puede hacer es fusionar la negatividad. No pueden controlarlo. Ese es un aspecto de Dios y por eso son transformados por el giro de este cono en su sistema hasta que liberan esa energía que ya no puede estar en esta luz.

D: ¿Porque la negatividad no puede existir bajo esta luz?

S: No puede existir.

D: ¿Pero dijiste al principio que les parecería un poco extraño, perturbador?

S: A ellos les parecería, pero es mucho más fuerte que sus voluntades. Serían incapaces y comenzarían a sentir que todo lo que podían hacer es seguir adelante. No pudieron luchar contra eso. No pudieron controlarlo.

D: ¿Esto va en contra del libre albedrío del individuo?

S: Aquí es donde la negatividad se desecha y se dispersa. Aquí es donde la luz lo evapora y el libre albedrío es esta luz. (Pausa) Oh, ya veo lo que estás diciendo. El libre albedrío. Esto se acordó mucho antes de que alguien tomara forma, de que algo se manifestara. Les interesó experimentar esto (el libre albedrío), y lo llevaron muy lejos, a muchos lugares y a muchas posibilidades. Pero es un momento... ¿sabes cómo gira una peonza y parece que está quieta, pero gira muy rápido? (Sí) Así es como se siente esto en el sistema. Y este sentimiento es tan poderoso que permanecerá equilibrado, y la conciencia acumulada de esta negatividad no puede desequilibrarlo. Entonces, el libre albedrío para explorar es una cosa, pero la capacidad de todo para recordar y retener esta energía es mucho más fuerte que el libre albedrío para explorar y desarrollar lo que llamas "karma, negatividad". Esto se acordó mucho antes, en una época en la que se había creado tal desequilibrio, que pusimos en marcha algo que lo equilibraría nuevamente.

D: ¿Entonces crees que ahora es el momento debido a toda la negatividad que el mundo ha creado? (Sí) Definitivamente está fuera de equilibrio. ¿Ahora es el momento de hacerlo para restablecer el equilibrio? (Sí) El mundo fue creado con libre albedrío para ver qué podía hacer, pero sólo puede llegar hasta cierto punto. Bueno, ¿significa esto que el karma ya no existirá?

S: Correcto. Ya no existirá. No puede seguir creándose una y otra vez sin cesar. Fue sólo una exploración.

D: ¿Qué pasa con el karma que tienen las personas y que aún no han pagado?

S: Eso es lo que quise decir con la evaporación. Se dispersa y se evapora. No existe.

D: En mi trabajo, siempre les digo que perdonen y que lo dejen pasar.

S: Eso es muy bueno.

D: ¿Ya no es necesario decirles eso?

S: Vengo desde una perspectiva en la que veo cómo esto cambia todo, pero a nivel individual, eso aún puede afectar la forma en que puedes ayudar a las personas. Puedes recordar que esto ha sido puesto en todos, y tal vez así sea activado que encontrarás nuevas formas de... No creo que veas tanto de la forma antigua. Está cayendo. Lo que harás es ayudar a la gente a adoptar la nueva forma, y no podrán aferrarse a la antigua por mucho más tiempo.

D: ¿Significa esto que este será el fin de las guerras y de todas las cosas negativas que han plagado al mundo?

S: Absolutamente. Es un plan muy grande y está en marcha y este gran cambio, veamos, está ocurriendo en todas partes. Esa es la cosa. No es sólo la Tierra. Esto es tan grande. Está transformando todo. Este es el cambio más grande... jamás visto. Esto es mucho más grande que la Tierra, pero la Tierra es una parte muy grande de ella.

Pregunté sobre la información que me habían dado sobre la Nueva Tierra y la Vieja Tierra. Y la división y el nuevo mundo avanzando hacia una nueva dimensión. Y que algunas personas querrían seguir con las viejas costumbres y no cambiar.

S: No veo eso. Quizás alguien más necesite venir a hablar contigo sobre eso. Hay muchos de nosotros aquí. Esta energía está en todas partes. No puedo ver nada capaz de existir de forma destructiva, violenta y negativa. No puede sostenerse. Ahora bien, tal vez esa sea la Nueva Tierra a la que te refieres, pero una Tierra vieja... simplemente no la veo.

Pensé que era hora de volver a las preguntas de Sherri, y muchas de ellas se referían a dolencias físicas. El SC pasó por el organismo corrigiendo todos los problemas, pero tenía consejos para Sherri. "Ella necesita dejar ir la tristeza". Quería una explicación.

S: Tristeza. Ahora mismo su corazón está triste. Ella no entendió su experiencia y se la tomó en serio.

D: ¿Qué experiencia?

S: Que ella era un ser de luz en una experiencia humana. Y ella no podía entender la experiencia humana, y fue muy duro con su corazón emocional. Ella no podía entender esto en absoluto. Se trata más bien de que ella comprenda la luz, ya que tiene la luz disponible y de que pueda usar la luz en todas las formas que pueda imaginar, y trabajaremos con ella de manera muy completa. Siempre lo hemos sido y ella ha estado muy dispuesta a ayudarnos, pero ahora, en particular gracias a esta sesión, podrá ser más abierta. Muchas puertas se abrirán y podremos derramar esta luz a través de muchas de las interacciones que ella tiene a lo largo del día y con la gente. Ella está aquí para ayudar. Tiene que dejar de lado la tristeza y aceptar su papel. Ella nunca debería perder la esperanza. Siempre hay nuevas posibilidades.

Tiempo y dimensiones

Capítulo 31
LA ESTACIÓN

Cuando Chandra salió por primera vez de la nube y vio un bosque de árboles muy, muy altos en el borde de un prado. Notó un duende vivaz corriendo entre los árboles. Pero en lugar de bajar allí, sintió la necesidad de volar desde la Tierra hacia el espacio. Allí vio oscuridad y estrellas mientras flotaba ingrávida. Se sentía parte del espacio y se identificaba totalmente con él. "Se siente bien. Voy a alguna parte. Veo algo, pero no puedo distinguirlo. Está oscuro. Veo estrellas. Veo algo flotando en el medio. La forma... una galaxia de algún tipo, pero parece partículas de color marrón anaranjado, y la estoy mirando desde lejos. Están girando. Me acerqué a las partículas. Ahora me siento parte de las partículas en el espacio".

D: ¿Qué se siente ser parte de esto?

C: Simplemente parecen moverse en la misma dirección. Son muy pequeños, como arena. Siento que podría estar sentado encima de ellos y las partículas me mueven como si estuviera en un tiovivo. Se mueve en círculo. Veo algo en él. Veo un bebé o un niño con cabello oscuro que de alguna manera es parte de las partículas de polvo que vuelan. Tiene el pelo muy largo y oscuro, como el pelo de una persona mayor... pero parece un bebé. Simplemente está sentado sobre las partículas de arena luciendo feliz. Me conoce. Dice: "¡Hola! Soy tu guía espiritual. Estoy aquí para ti como realmente quieres".

D: ¿Quiere que lo veas como un bebé?

C: Quiere que lo vea de esa manera.

D: Tu guía puede aparecer como quiera. De la forma que te resulte más cómoda.

C: Sí, supongo que es el menos amenazador. Dice que lo sigamos. Estoy agarrando su mano, pero parece tan tonto seguir a un bebé.

D: No hace ninguna diferencia. Ésa es una forma segura de verlo. ¿Puedes ver algo mientras viajas?

C: Luces. Es cegador en este momento. Muy brillante. Y estamos avanzando a través de ello. Mi guía va conmigo, justo delante de mí. Me siento feliz. Siento que voy muy rápido.—Bueno, dice que estamos aquí.

D: ¿Dónde es aquí?

C: Estoy en el espacio otra vez y apunta a un planeta. Me pregunto si puedo acercarme más para que sea más claro. Parece verde, un planeta con manchas verdes y blancas. Y ahora nos estamos acercando y parece una bola de luz verde grisácea. Mi guía quiere que vaya allí. Hay algo que puedo ver. Ahora hay arena gris y oscura y puede que haya otros seres. Camina conmigo sobre la arena gris negra hacia un lugar allí. No hay mucho que ver aquí. Incluso el cielo está un poco oscuro... no hay sol. No es que sea de noche....

Había algunos edificios grises hechos de granito y entró. El suelo era como de mármol y mucho cristal y algunos espejos. Aunque parecía vacía, sabía que había gente allí que no podía ver. Le pedí que tomara conciencia de su cuerpo. "Veo un cuerpo. Es carne, pero es color melocotón y tiene brazos largos, piernas largas... no soy yo. Parece humano, pero tiene un aspecto algo extraño. Parece estirado. Mis manos son muy grandes... grandes como salchichas... como manos muy hinchadas, grandes".

D: ¿Llevas algo puesto? (No) ¿Tienes pelo?

C: Eso es lo raro. Realmente no puedo ver mi cabeza. Es como este cuerpo desnudo, largo y estirado, y desde el cuello no puedo ver. Manos grandes... pies pequeños... No creo que tenga dedos en los pies. Y no hay partes femeninas ni masculinas.

D: ¿Sientes que perteneces a ese edificio?

C: Sí, como si supiera que debería estar allí. Yo trabajo ahí.

Cuando le pregunté qué tipo de trabajo hacía, respondió: "No lo sé. La habitación es muy alta y hay unas consolas a lo largo de la pared. Es una habitación circular y hay algo así como computadoras. Una especie de máquinas. Me siento como si fuera un guía turístico. Simplemente hago entrar y salir gente de ese lugar. Ese es mi trabajo. Ayudándolos a llegar a donde se supone que deben ir. Es como una estación de tren. Vas allí antes de ir a otro lugar.

D: ¿Estas personas se parecen a ti?

C: Todos lucen diferentes. Es como un lugar intergaláctico para los viajeros.

D: ¿Y sabes a dónde se supone que deben ir?

C: La mayor parte del tiempo. No decido adónde van, pero los ayudo a llegar a donde se supone que deben ir. Entonces entran y están desorientados, los saludo y de alguna manera sé adónde se supone que deben ir a continuación. Siento algo acerca de su energía y los llevo a cualquier habitación a la que tengan que ir para obtener alguna tarea o si se supone que deben conocer a alguien más... otras personas, amigos, supongo que serían mejores. Todos ellos se ven diferente. Algunos de ellos parecen seres de luz. Esos están en el consejo. Como si estuvieran a cargo. Y luego algunas de ellas son todas diferentes... como una escena de ciencia ficción. Pero a veces hay mucha gente allí. Hay muchos seres que entran y salen, pero de alguna manera está organizado.

D: ¿Entonces tienes que procesarlos y decirles adónde ir?

C: Sí, pero no es mi decisión adónde van... no es mi decisión. Simplemente los ayudo a llegar a donde se supone que deben ir.

D: ¿Lo sabes? ¿Lo sientes? ¿Es eso lo que quieres decir? (Sí) ¿Tiene algo que ver con su frecuencia o su vibración?

C: Sí, en cierto modo. Es todo diferente. Y simplemente los saludas y los ayudas a dar el siguiente paso.

D: ¿Entonces alguien más se hace cargo allí? (Sí) ¿Hace mucho que trabajas allí?

C: Oh, un tiempo... por un tiempo.

D: Parece que es un puesto de responsabilidad.

C: Sí. (Indeciso) A veces prefiero ser yo quien viaje.

D: ¿Tienes alguna opción al respecto?

C: No pregunto. No me atrevo a preguntar. Esta es mi tarea y este es mi trabajo y no me importa. Estoy en un punto intermedio. Como una parada, como una estación de tren.

D: Y todos entran y salen a otro lado. (Sí) ¿Y te preguntas qué más hay? (Sí) ¿Hay alguna manera de que puedas averiguarlo?

C: Tengo que preguntarle a uno de los seres de luz.

D: ¿Está bien si hablamos con ellos? (Sí) No hay nada malo en tener curiosidad, ¿verdad? (No) Está bien, pregúntales lo que quieras saber.

C: Me gustaría saber si hay gente por ahí. Dijeron: "Sí". Dijeron que hago un buen trabajo ayudando a la gente. Me importa y soy un buen trabajador. Y tendré una oportunidad, pero todavía no.

D: Entonces, ¿tendrás la oportunidad de descubrir qué hay ahí fuera?

C: Eso es lo que dijeron. Estoy muy feliz.

D: ¿Eso significa que podrás descubrir cómo es viajar?

C: Sí. Pero más que viajar... existir de manera diferente. Sólo sé que cuando vas a diferentes dimensiones o a una existencia diferente estás... ¿cómo se dice? Como por ejemplo, podrías tener una forma diferente o nada. Y otras dimensiones tienen sus diferentes maneras de percibirlas y conocerlas. Así que no se trata sólo de viajar, sino de existir de manera diferente con diferentes parámetros. Depende de dónde vayas, y a mí me gustaría mucho ir.

D: ¿Has estado alguna vez en algún lugar?

C: (Susurrando) ¿He estado alguna vez en algún lugar? (En voz alta) ¿Además de aquí? ¿Además de la estación? Él dice: "Sí". En lugares... pero en tiempos diferentes.

D: ¿Qué quieren decir?

C: Explican... que ya existo en tiempos diferentes. Simultáneamente.

D: ¿Pero no eres consciente de estas cosas?

C: Ahora lo soy, o el ser carnoso y color melocotón que soy... ahora lo sabe... (Confundido) Esto es difícil de explicar.

D: ¿Está bien si lo sabe?

C: Sí, está bien que sepa... eleva su vibración al saber.

D: Porque no queremos hacer nada que interfiera con nada.

C: Dijeron que ahora está bien. El ser de luz lo está contando sobre mí. (Un poco confundido.) Que soy yo... que una de sus existencias en este momento soy yo... Chandra.

D: ¿Por qué dice eso?

C: Chandra está tratando de acercarse a ellos... al ser de luz y a la cosa carnosa. Y puede sentirlo y por eso se están comunicando. No hablan... comparten ideas.

D: ¿Está bien si Chandra sabe estas cosas ahora?

C: Sí. Creo que necesita saber que está en todas partes.

D: Porque nunca queremos hacer nada que pueda causar problemas, pero pensaba que la información no se da a menos que sea el momento.

C: Sí, eso es cierto.

D: ¿Por qué es importante que ella lo sepa ahora?

C: Siempre hay un deseo de saber todo lo que hay ahí fuera y eso la distrae de lo que está haciendo en ese momento. La curiosidad innata que tiene la hace desear muchas cosas al mismo tiempo. Sólo necesita saber que todo lo que desea experimentar ya lo es, y que el deseo de experimentarlo todo se está cumpliendo. Aunque ella no sea consciente de ello. Al igual que su existencia en lo que ella llama una "estación", y la sensación de estar atrapada allí, no es la única realidad o existencia que tiene. Hay otras partes de ella, se podría decir, que viven vidas diferentes.

D: Ella quería saber una cosa: ¿alguna vez ha sido parte de la naturaleza?

C: Sí. La loma cubierta de hierba que vio antes era ella. (Al principio, cuando comenzamos la sesión). Ella era la energía que formaba parte de esa. Un pequeño ser. Un cuidador en cierto modo, pero también esa loma en sí. Separados, pero también de la misma energía. Una energía de la naturaleza.

D: Porque dijo que se siente muy cerca de la naturaleza. (Sí) Pensábamos que íbamos a ir a una vida pasada y experimentarla. ¿Por qué no sucedió eso?

C: Ella pudo ver lo que quería ver antes y todavía tiene una imagen muy clara de ello. Puede volver a él cuando quiera, cuando necesite consuelo. Y ella necesita saber que, aunque esa fue una existencia muy agradable, ya era hora de que terminara. Para poder evolucionar tuvo que dejar eso o existir como algo más. Lo experimentó y también lo deseó. Lo deseó y obtuvo lo que quería. Entonces quiso ser humana. Hay una parte de ella que tenía mucha curiosidad por ver cómo sería ser humano.

D: Estoy tratando de descubrir cómo expresarlo. ¿Tuvo varias vidas siendo parte de la naturaleza antes de convertirse en humana? (Sí) Por supuesto, me pregunto si mueren o no. (Risas) ¿Entiendes lo que quiero decir?

C: Bueno, ese duende todavía existe y sigue siendo ella. Nunca muere. Todavía está ahí. (La pequeña criatura que vio corriendo entre los árboles.)

D: ¿Sólo existe en esa forma?

C: Sí. Es difícil de explicar.

D: Haz lo mejor que puedas.

C: Están todos ahí. El duende sigue ahí, que es ella. Y ahí sigue el ser de la estación, que sigue siendo ella. Ella está en todos los lugares donde quiere estar, que es en muchísimos lugares, en ciertos niveles o lo que sea. Existencias que ella elige. A veces ella es consciente de ello y otras no.

Tuve dificultades para formular las preguntas para tratar de entender esto mejor. "¿Ella sólo es consciente de ellos cuando se concentra en ellos?"

C: Depende de la existencia. Por ejemplo, el duende... como duende ella eligió ser humana. Y el duende es consciente de ese deseo, y al ser un espíritu de la naturaleza, digamos que sabe que ha ocurrido.

D: ¿Él es más consciente que Chandra?

C: Sí. Hay diferentes niveles de conciencia y depende de la existencia. Es el mismo ser, pero a cada uno se le permite saber lo que necesita saber.

D: Pero no pueden ser conscientes de todo el asunto, del panorama completo. ¿Es eso lo que quieres decir? (Sí) ¿Sería demasiado difícil de manejar?

C: Sí. Por ejemplo, al ser en la estación se le dijo esta información de que existe en diferentes dimensiones debido a su deseo de experimentar en otros niveles. Entonces se le dijo que ya lo es. Si no hubiera preguntado, no lo sabría.

D: ¿Eso es poder entender?

C: Era más para apaciguar o consolar al ser. Fue para plantear su existencia. Su frecuencia ahora es un poco más ligera o más alta por saber eso, pero no puedes forzar... sólo puedes responder las preguntas cuando te las hacen. Si no hubiera preguntado, no habría sabido que ya existía en otros lugares.

D: Así que sería mejor saber que no quedó atrapada allí mismo. (Sí) Para que pudiera continuar con su trabajo sabiendo que también podía experimentar otras cosas. (Sí) Así que un poco de conocimiento ayuda a que cada uno continúe con su propia vida. Así que no es apropiado conocer lo que llamamos "otras vidas pasadas".

C: No siempre es así.

D: ¿Porque no están en ese nivel de desarrollo?

C: Exacto. Se diría que estar en la estación era la frecuencia más baja.

D: ¿Interferí con su desarrollo por...?

C: No. De hecho, se ha ayudado.

D: Porque no quiero interferir con la evolución de nadie.

C: No. Uno de los propósitos o metas de todos los seres es elevar sus vibraciones para acercarse a la Fuente. Y en el conocimiento que se le ha dado a ese ser, la vibración ha cambiado.

D: ¿Entonces ha ayudado en su evolución? (Sí) Entonces, ¿estoy en lo cierto al pensar que eventualmente, para regresar a la Fuente, todas estas partes tienen que unirse en algún momento? (Sí) Entonces todos tendrían que eventualmente elevar sus vibraciones, ¿no es así?

C: Sí, igual que el duende. La suya era una vibración diferente... una frecuencia diferente. Pero solicitó la experiencia de ser humano porque sabía que ayudaría a su evolución.

D: Sabes, en mi trabajo estoy acostumbrado a llevar a las personas a la vida pasada adecuada y encontrar respuestas a sus preguntas. Esto es lo que pensábamos que íbamos a vivir y no sucedió. (Risas) Al menos no una vida pasada "normal".

C: Es muy importante saber que es necesario elevar todas las frecuencias de todos los seres, no sólo del humano, sino de todo lo que es Todo.

D: ¿En este momento?

C: Particularmente.

D: ¿Por qué es importante para Chandra tener esta información hoy?

C: Su vibración se está elevando.

D: ¿Entonces sus respuestas no se pueden encontrar volviendo atrás y reviviendo una vida pasada?

C: No, por el momento no. Quiere saber qué hacer. Ella pregunta sobre su situación laboral.

D: Esa fue una de sus principales preguntas. No está contenta con el trabajo que tiene.

C: Bueno, sabes que tuvo una muy buena vida como duende. Es muy diferente ser humano. A veces es más difícil, en cierto modo. Era mucho más fácil ser un duende. Tiene nostalgia por la naturaleza y se conecta con la naturaleza porque sabe que es originaria de ella. Y añora, no sólo la reconexión, sino su tipo de vida que era mucho más fácil. Mucho más sencillo. Es menos complicado y los duendes no tienen que trabajar como lo hacen los humanos.

El SC pensó en qué consejo darle a Chandra y finalmente decidió aconsejarle que se curara. “Puede trabajar con la naturaleza, pero eventualmente la veo como una sanadora. Se resiste, pero en última instancia es una sanadora. Ella lo sabe. Cuando simplemente habla con la gente, se sienten mejor. Puede decirles a todos dónde pasa algo. Hay energía alrededor de una persona que ella puede leer. Necesita desarrollar esa habilidad. Si puede desarrollar la habilidad de ver el aura de una persona, podrá ayudarla en mayor medida. Si desarrolla esta habilidad será una gran sanadora. Ayudará a mucha gente. También podría trabajar con la Tierra. Sería muy fácil que lo haga. Ya es parte de la tierra y sus amigos y otros espíritus de la naturaleza trabajarían con ella. Sería muy fácil hacerlo.

D: ¿Tiene algún contrato para tener hijos? (Una de sus preguntas.)

C: No, y ella debe dejar de preocuparse por eso. Esta vez tiene otro camino.

Chandra quería saber acerca de un incidente inusual que había experimentado. Estaba conduciendo por la autopista y miró por el espejo retrovisor y vio un coche chocar detrás de ella. Cuando miró a su alrededor no había nada allí. Pregunté si “ellos” podían explicar el incidente.

C: Ella vivía temporalmente en una existencia paralela diferente. El tiempo se había superpuesto en ese cierto punto, y vio algo que sucedió en otro plano que se había... digamos simplemente “cruzado”. Las dos partes de la existencia se cruzaron en ese punto. Y el auto se movió de un punto de existencia al otro punto donde ella estaba, pero luego se disolvió; no es la palabra correcta.

D: ¿Se disipó?

C: Sí. ¡Gracias!

D: ¿Porque no pertenecía a esta dimensión? (Sí) Eso suena a cosas que otras personas me han contado en las que otras dimensiones a veces se superponen.

C: Sí, todos creen que se lo están inventando.

D: Pero no había ninguna conexión con ella. ¿Ella simplemente estaba en el lugar correcto?

C: Eso es correcto.

Físico: "Cuando nació tenía un problema en la piel en todo el cuerpo. (Algo así como eccema o psoriasis). Y persistió toda su vida, pero ahora solo tiene unos pocos lugares pequeños en su cuerpo. ¿Qué causó eso? ¿Por qué nació con esto en todo el cuerpo?

C: Ella tiene una matriz de ese cuerpo plagada de… ya veo… es una especie de energía y eso afecta su cuerpo físico. Se adhiere a la matriz y eso hace que la psoriasis aparezca... casi como un sarpullido.

D: Aunque es mucho peor que un sarpullido.

C: Piensa en un sarpullido como una forma de energía y en la matriz que crea su cuerpo físico...

D: ¿Puedes explicar qué quieres decir con matriz?

C: La matriz es una red de líneas de energía que se unen y forman el cuerpo humano. Se extiende fuera de su cuerpo y no puedes verlo... bueno, algunas personas pueden verlo, pero tiene alrededor de seis o siete pies alrededor del cuerpo físico, como un sistema de rejilla que forma el cuerpo. Y en este sistema de rejilla ella tiene lo que sería... una energía que llega como una especie de erupción que ha crecido en esta matriz o esta rejilla. Un sistema que forma su cuerpo y se manifiesta como psoriasis. Casi como una coraza... en términos energéticos es como la matriz. Es muy difícil de explicar. Si lo vieras, parecería un sistema de cuadrícula.

D: ¿Es así como realmente se ve el cuerpo físico?

C: Bueno, a nivel energético. El cuerpo físico es el cuerpo físico, pero hay muchos (me cuesta explicarlo)... hay una razón por la cual el cuerpo físico se ve como se ve debido a la red o matriz en la que todos nacemos. Y la matriz es la que determina el cuerpo físico tal como aparece en su dimensión. Ahora mismo estamos limpiando la matriz de esto... Sólo puedo describírselo como un sarpullido.

D: Cuando dijiste que esta matriz se extiende fuera del cuerpo, ¿sería eso lo que la gente ve como el aura?

C: No. Es separado. La matriz existe únicamente con el propósito de crear el cuerpo físico. El aura es energía del cuerpo. Piensa en ello como un sistema multitarea. Tienes un molde y cuando llenas el molde, en este caso tienes energía en una determinada frecuencia que crea una forma humana. En esta naturaleza, una rejilla es como el molde.

D: ¿Entonces no cobra vida hasta que el alma entra?

C: No. Comienza una vez que ocurre la concepción y siempre está cambiando, lo cual es evidente porque el cuerpo humano cambia constantemente. Y no se ve afectado por otras energías del ser humano, como el aura. Todos ellos están en un juego unos con otros. El objetivo principal de la matriz es crear un edificio... es como el caparazón.

D: Entonces, ¿cada vez que el alma abandona el cuerpo, la matriz comienza a disolverse?

C: Sí, porque ya no hay necesidad del cuerpo físico.

D: ¿Podemos ayudarla con esta psoriasis?

C: Sí. Lo que les he descrito como un sarpullido es en realidad más bien una energía que ha decidido aferrarse a su matriz. Es casi como ir de viaje gratis. Descubrió que su matriz era muy hospitalaria, decidió quedarse y se manifestó como psoriasis.

D: Aunque esté causando problemas, no lo sabe. (Sí) A mí me suena a lo que yo llamo una energía "elemental".

C: Eso es correcto.

D: No tienen emociones ni sentimientos.

C: Eso es correcto. Pero por alguna razón les gusta quedarse en su matriz.

D: Se sienten atraídos por eso. (Sí) El mismo tipo de energía es atraída por edificios y lugares.

C: Sí, y es muy beneficioso que ella sepa esto, para que comience a comprender la forma en que funciona o existe el cuerpo físico, para que pueda ser una mejor sanadora.

Luego, el SC limpió rápidamente la energía para que la psoriasis pudiera curarse. "Se lo hemos quitado con una bendición, para que no vuelva la energía. El cuerpo ahora está libre y limpio".

El cuerpo energético o etérico, que proporciona el patrón formativo y sustentador del cuerpo físico, se experimenta como luz. ¿Es esta la matriz?

En el libro de Robert Winterhalter, "El Cristo Sanador", (publicado por Ozark Mountain Publishing) da una explicación muy plausible cuando habla de los milagros de Jesús en la Biblia:

Pedro, Santiago y Juan presenciaron la transfiguración de Jesús como un acontecimiento real. (Marcos 9:2-3 (pasajes paralelos: Mateo 17:1-2; Lucas 9:28-29. Esto se conoce comúnmente como "La Transfiguración de Cristo"). No pudieron explicarlo. Sin embargo, el evento es consistente Con los descubrimientos de los científicos modernos de que todo lo visible se puede convertir en energía y que el universo está inundado de energía, también concuerda con la experiencia de muchos de nosotros en el campo de la curación, que hemos visto la luz rodeando a las personas.

Creemos que Moisés y Jesús fueron los únicos en estar envueltos en luz blanca. Estos fueron fenómenos naturales y no sobrenaturales. Sin embargo, con el avance del conocimiento, hemos ganado más de lo que hemos perdido. De hecho, el cuerpo energético o etérico, que proporciona el patrón formativo y sustentador del cuerpo físico, se experimenta como luz. Esto es lo que vieron los apóstoles, y encaja estrechamente con el significado del término griego para "transfigurado".

James Eden, en su libro "Sanación Energética", ofrece evidencia que corrobora la realidad del cuerpo energético. Además, Kendall Johnson, que trabajó con Thelma Moss en UCLA, escribe:

"Nuestros experimentos con fotografías de campos de radiación y el efecto Kirlian nos han llevado a la conclusión de que en cada organismo vivo hay una matriz o plantilla de energía que proporciona una estructura subyacente para su cuerpo material. El efecto corona o de borde que hemos observado es la evidencia reveladora de esa matriz".

La luz, entonces, siempre ha estado presente en todos nosotros, aunque hasta ahora sea desconocida y no reconocida. Sabiendo esto, algunas de las declaraciones de Jesús adquieren un nuevo significado. No sólo declaró: "Yo soy la luz del mundo" (Juan 8:12; 9:5), sino también: “Vosotros sois la luz del mundo”. (Mateo 5:14.) Tanto en sentido literal como figurado, sabía cómo “dejar que la luz brille”.

Capítulo 32
LA ALDEA QUE ESTÁ FUERA DEL TIEMPO

Lo primero que Lucy vio fueron altas montañas cubiertas de árboles y un pueblo enclavado en un valle. Anunció: "Estoy bajando entre los árboles hasta el fondo del valle, hasta el camino que lleva al pueblo. Hay un camino, pero hay que saber dónde está. El pueblo está escondido. No puedes verlo a menos que sepas dónde está. Está protegido por todos lados por altas montañas. Los árboles bajan de las montañas y, en el valle, la copa de los árboles cubre el pueblo. Tienes que saber dónde está. Voy y vengo allí. Hablo con la gente que se queda allí. No me quedo ahí. Descubro lo que han estado haciendo, sus informes, sus investigaciones, sus estudios. Doy consejos. Señalo nuevas direcciones. No viajan hacia arriba. No sé por qué. No soy el único que hace esto, pero viajo hacia arriba".

D: ¿Qué quieres decir con arriba?

L: Cuando llego al pueblo, bajo como de una nube. Cuando vuelvo a subir, vuelvo a subir como a una nube, pero no es una nube. Tampoco es una nave. Simplemente está ahí.

D: Pensé que querías decir que era desde la cima de la montaña, pero no es así.

L: No. Es como si llegara a una nave que no es una nave. No sé qué es.

D: ¿Cómo se ve?

L: Por fuera tiene un aspecto grisáceo y poroso, pero por dentro es otro espacio... una dimensión. El exterior es sólo un camuflaje del interior. Una aproximación de hacia dónde voy desde fuera hacia dentro. no se ve fácilmente desde abajo, pero si se viera, supongo que parecería lo que algunos llamarían una "nave", pero no es una nave. Es un camuflaje. Parece una forma de algo, pero cuando lo atraviesas, ya no estás en esa dimensión. Estás en este espacio.

A veces lo que la gente piensa que son ovnis son en realidad portales o puertas a otras dimensiones. Simplemente están disfrazados para parecerse a otra cosa.

D: ¿Entonces puedes pasar sin abrir una puerta ni nada?
L: Sí, es como una membrana y simplemente la atraviesas.
D: ¿Es de aquí de donde eres?
L: Ahora... sí.
D: ¿Cómo percibes tu cuerpo?
L: Abajo, humano, pero es como camuflaje.
D: Otro tipo de camuflaje.
L: Correcto. Arriba, dentro, hay una luz. Puedo sentir el contorno de un cuerpo, pero no tiene forma... luz. Un cuerpo de luz. Conciencia contenida dentro de la energía.
D: ¿Entonces no es una luz fija? ¿Es eso lo que quieres decir?
L: Muchas luces de colores.
D: Entonces, cuando vas al pueblo, ¿tomas forma humana?
L: Sí. Cubierto con una forma humana. Es una cubierta muy delgada para que sea más fácil caminar y hablar. La mayoría de los demás también son como yo. Están aquí. Algunos son de allí y no lo entenderían.
D: ¿Qué quieres decir? ¿Son estas las personas del pueblo de las que estás hablando?
L: La gente del pueblo es como yo, pero la gente que no es como yo no lo sabe porque nos parecemos a ellos. Por eso, cuando vengo de visita, tengo que parecerme a ellos para que nadie tenga miedo.
D: ¿Pero los demás viven allí entre ellos?
L: Sí, y no lo saben.
D: ¿Es su trabajo quedarse allí con ellos?
L: Quedarnos ahí, capacitándolos, aprendiendo y enseñándoles.
D: ¿Cómo son las otras personas?
L: Parecen humanos. Las mujeres y los hombres visten el mismo tipo de ropa. Camisa larga como cosas de tela tejida con tallos naturales, pastos. Pero una camisa suave y larga hasta las rodillas y pantalones finos debajo, sandalias.
D: ¿Estas personas son nativas de ese pueblo?
L: No, este pueblo no es un pueblo donde la gente se asentó. Es como un lugar que vienen a compartir entre pueblos... entre grupos de personas, entre lugares... un lugar de encuentro.

D: ¿No viven allí todo el tiempo?

L: Siempre hay alguien ahí, pero la gente va y viene. Nos hace más fácil movernos entre ellos y ser sus maestros. Tienen recuerdos de que fuimos sus maestros durante mucho tiempo.

D: ¿Vienen allí para quedarse por un corto período de tiempo?

L: Algunas cortas... otras largas, dependiendo de lo que estén aprendiendo. Aquellos que aprenden cómo cultivar cosas, cómo curarlas, cómo hacerlas, cada uno toma una cantidad de tiempo diferente.

D: ¿Cada miembro de tu grupo enseña algo diferente?

L: Todos sabemos lo que todos saben, pero algunos enseñan mejor ciertas cosas que otros. Podemos visualizar mejor lo que intentamos enseñar a los demás porque ellos aprenden tanto mostrándolo como contándolo.

D: Entonces, cuando estas personas aprenden, ¿regresan a sus aldeas? (Sí) ¿Tienen algún recuerdo de lo sucedido?

L: Sí, lo tienen.

D: ¿Saben a dónde han ido?

L: Sí. Han sido seleccionados por su pueblo para venir aquí. A veces los pueblos envían a la misma gente. A veces envían diferentes personas para las diferentes épocas del año, pero hay un ida y vuelta constante. Diferentes personas en el pueblo vienen por diferentes cosas. Es muy parecido a una biblioteca viviente.

D: Esa sería una buena manera de describirlo. Entonces, cuando estas personas van a sus casas, ¿la gente allí entiende lo que está pasando?

L: Sí. Saben que han ido a este lugar como a una escuela. Sólo que a veces ellos realmente fabrican las cosas que traen, así que tal vez puedan hacerlo en sus ciudades y pueblos. A veces son dibujos lo que traen... cosas diferentes.

D: ¿Entonces se vuelven como los maestros de esos pueblos?

L: Inventores, maestros, ayudantes, médicos, curanderos.

D: ¿Alguien intentaría venir allí si no se suponía que debía hacerlo?

L: No. Nadie lo ha intentado nunca. Saben que, si quieren venir, lo único que tienen que hacer es preguntar.

D: Estaba pensando si alguien intentara seguir a uno de ellos.

L: A veces los niños intentan seguirlos, pero no están preparados para ello. Estos son adultos... algunas personas mayores, que están aprendiendo las técnicas de la mente para poder transmitir lo aprendido. Mente a mente no lo describe muy bien. A veces los niños intentan seguirlos, pero hay protección alrededor de este lugar del valle y sólo aquellos que deberían estar allí pueden atravesar la puerta. No pueden encontrarlo de otra manera. Está protegido. Incluso si estuvieran parados justo frente a él, no lo sabrían a menos que pudieran atravesarlo. Es un lugar especial. Está fuera del tiempo.

D: ¿Qué quieres decir?

L: Existe en el valle, pero no está en el tiempo. Está en el espacio, pero no en el tiempo.

D: Pero este valle es un lugar real, ¿no?

L: El valle sí, pero el pueblo está fuera de tiempo. Está en ese espacio y es parte de ese espacio, pero no en ese tiempo. Los que vienen al pueblo, cuando cruzan la puerta, se mueven fuera del tiempo. Y cuando regresan, están de regreso en su tiempo.

D: No se dan cuenta de esto, ¿verdad?

L: No, sólo aquellos como nosotros sabemos que están fuera del tiempo. No hay ninguna razón para que sepan esto. ¿Y cómo lo explicarías?

D: Para la persona promedio no tendría ningún sentido.

L: Para algunas personas, las mayores que viven en lo que ellos llaman "tiempos modernos". Todos los tiempos diferentes vienen aquí. Los que vienen en los tiempos modernos entienden el concepto de espacio y tiempo. Otros... es demasiado difícil.

D: Estaba pensando que esto era sólo un período de tiempo. (No) Entonces, cuando dijiste que iban y venían, ¿te refieres a que vienen de otros períodos de tiempo?

L: Sí. Cuando están en el pueblo, parece como si todos vivieran en la misma época, aunque en realidad provienen de épocas diferentes. Todos están vestidos igual, pero todos son de diferentes épocas, diferentes estaciones. Existen juntos en ese espacio y en algún nivel todos entienden esto incluso si no entienden por qué. "¿Qué es este lugar?" No es amenazante. No es aterrador. Es natural. Vienen a aprender y cuando terminan de aprender, se van a casa y hacen lo que han aprendido a hacer.

D: ¿Se olvidan de estar ahí?

L: No, pero no se lo pueden describir a nadie que pregunte. Simplemente dirían: "Sabes, es como una escuela. Me reuní con estas personas. Aprendimos estas cosas. Fuimos al campo y me enseñaron cómo sembrarlo. Fuimos a un laboratorio y me mostraron cómo usar esto".

D: Algunas personas, si vinieran del pasado, serían muy primitivas, ¿no? (Sí.) Entonces solo se les enseña lo que pueden manejar. (Sí) ¿Y otras personas que vinieron de épocas más avanzadas?

L: Vuelven con dibujos. Regresan con muestras de lo que quieren crear en su tiempo.

D: Pero los de los tiempos modernos tendrían más conocimientos y serían más inteligentes.

L: La inteligencia es algo interesante. Los pueblos primitivos no son necesariamente menos inteligentes. A lo que nos referimos como primitivo no es realmente primitivo. Son mucho más conscientes del contexto espiritual, conscientes del mundo que los rodea. Entienden que "Todo es uno". No, aquellos que no estén preparados para este aprendizaje ni siquiera conocerán este lugar.

D: Pero incluso los más avanzados en el tiempo....

L: Creen que están teniendo un sueño muy vívido. Es algo gracioso... el sueño dentro del sueño.

D: ¿Se despiertan y hacen dibujos?

L: Sí, regresan con los dibujos o la música en la mente, o una imagen en la cabeza.

D: ¡Ajá! ¿Para que puedan reproducir los dibujos e inventar lo que sea?

L: Sí. ¡Muy inteligente!

D: Suena como un muy buen lugar. (Nos reímos.) ¿Pero eres uno de los que van allí y enseñan? (Pausa) ¿O qué haces ahí?

L: Observo. Escucho. Camino entre ellos, y si hay una pregunta que necesita una respuesta, la asimilo y ellos obtienen lo que necesitan saber. Pero sobre todo simplemente observo y siento cómo se siente, si está en equilibrio. Aprender es más difícil de lograr cuando estás fuera de equilibrio. Así que la gente de allí ya sea parte de nosotros o de allí, todavía tiene que estar equilibrada. Todavía tienen que ser suaves, tranquilos y claros.

D: ¿Alguna vez fuiste uno de los profesores?

L: Lo he sido... sobre todo porque es divertido hacerlo, pero sólo para ciertas cosas.

D: ¿Tenías alguna especialidad?

L: Las diversas artes curativas que tenían que ver con la conexión entre mente y cuerpo. Hundirse en las capas más profundas de la conciencia y luego tejer esas capas de conciencia de ida y vuelta, internas versus externas. A veces hay obstáculos, bultos donde la energía se acumula en lugar de moverse libre y suavemente. Y el sonido es discordante en lugar de armonioso, y hay que saber suavizarlo para que el cuerpo físico y el cuerpo mental puedan trabajar juntos. Observé a otros trabajando con las energías y si se quedaban atascados (especialmente si estaban en medio de algo) y se quedaban atascados en suavizar las energías, entonces les mostraba cómo suavizarlo.

D: ¿Solías enseñarlo y ahora sólo lo estás observando?

L: Correcto. En algún momento puedes dejar que tus alumnos se conviertan en profesores. Por eso se sienten más seguros cuando les dejo hacer su trabajo, pero saben que estoy allí si me necesitan.

D: ¿Dijiste que a veces se atoran porque hay enredos entre las energías de la mente y el cuerpo?

L: Sí, a veces la mente interfiere con el cuerpo y crean marañas de energía que son demasiado difíciles de desenredar. Están tan enredados que no se pueden cortar. Hay que alisarlos, ayudarlos a desenredarse.

D: ¿Qué les dices que hagan cuando se topan con cosas así?

L: No les digo. Yo se los muestro. Lo muevo con mi mente.

D: ¿Puedes explicarlo?

L: No lo sé. Lo muevo con mi energía. Mi energía se acerca a su energía, se mezcla con ella, baila con ella y dulcemente la desenreda hacia donde busca su especie similar y luego la energía se retira de ella.

D: Entonces, cuando tu energía se retira de él, ¿permanece? ¿Ya no está enredado? ¿No tienes que estar ahí constantemente?

L: No, no. Cuando Se quedan estancados trabajando con quienquiera que haya venido en busca de curación.

D: ¿Entonces lo suavizas y das un paso atrás? (Sí) ¿Pero permanece?

L: Sí, todo sigue igual cuando termino y a veces el profesor se une a mí. A veces no... a veces simplemente observan para ver cómo lo hago y luego lo tocan cuando está terminado para ver cómo se siente.—Es la combinación de la energía y la mente y el cuerpo donde los dos se mezclan... muy complicado. La mente tiene un tipo diferente de energía que el cuerpo. Combinar los dos en armonía es importante para la longevidad. Mantener vivo el cuerpo todo el tiempo que uno quiera estar vivo y mantenerlo sano. Y a veces le pasan cosas al cuerpo. A veces le suceden cosas a la mente. Algo daña, traumatiza, inflige energía discordante en la mente. Y debido a que la mente está conectada al cuerpo, la mente y el cuerpo se enredan, se enredan en estos nudos que tienen que ser suavizados.

D: Y por supuesto, la persona no se da cuenta de que nada de esto ha sucedido.

L: No, tienes que saber cómo ver esta energía... un nivel profundo de visión.

D: ¿Cómo se vería si lo vieras?

L: Hilos de energía, de diferentes colores, de diferentes espesores, gruesos, finos, diminutos, grandes, pero todos revueltos formando ovillos, como hilos enredados. Sin embargo, cada uno tiene un propósito y, cuando está enredado, su energía no va a donde se supone que debe ir.

D: Entonces, ¿tu trabajo es más o menos asegurarte de que lo estén haciendo correctamente? (Correcto.) Y luego usas la energía de tu mente si no funciona como se supone que debe hacerlo.

L: Correcto, y entrar, desenredar, suavizar y luego retirar suavemente sin traumatismo ni para la mente ni para el cuerpo. Es complicado, muy complicado establecer ese equilibrio.

D: ¿Dijiste que estás observando, pero también aplicas la energía?

L: Ambos. Aplico la energía a las personas que vienen si los profesores que trabajan con ellos no pueden. Si se quedan atascados. Voy directamente a la fuente de donde viene.

D: ¿Trabajas con ellos desde hace bastante tiempo?

L: Entro y salgo. A veces estoy allí y siento que el tiempo no funciona en ese lugar de la misma manera que lo hace fuera de él. Así que pueden ser sólo unos minutos, y cuando sales de ese lugar, pueden haber sido días, semanas y meses.

D: Dijiste que estaba fuera de tiempo porque la gente viene de diferentes períodos de tiempo, tal como los percibimos.

L: Tampoco sé el tiempo. El tiempo es diferente para mí. El tiempo existe en ese espacio particular, pero no para mí. El lugar de donde vengo no tiene tiempo. Sé en qué hora estoy cuando salgo de allí, pero cuando vuelvo no hay tiempo.

D: ¿Pero sabes que el tiempo existe en otros lugares?

L: El tiempo transcurre de manera diferente en algunos lugares. Algunos lentos, otros rápidos, otros pesados, otros ligeros. El tiempo es como un río. A veces se mueve rápidamente. A veces es lento y no consistente. —Hay muchos lugares fuera del tiempo.

D: *(Eso fue una sorpresa.) ¿Los hay? (Sí.) ¿En la Tierra o simplemente en otros lugares?*

L: En todas partes. En todas partes del Universo. Hay lugares fuera del tiempo. ¿De qué otra manera llegaríamos allí instantáneamente?

D: *Bueno, sé que dicen que la gente viaja mediante el pensamiento. (Especialmente extraterrestres). ¿Es eso lo que quieres decir?*

L: Sí, parecido. El pensamiento es energía. Todo viaja con energía como energía. Todo es energía. Es el ajuste fino de la energía, la densidad de la energía, diferentes tiempos, diferentes espacios en todo el Universo. Como ventanas al tiempo y al espacio, como puertas.

D: *¿Dijiste que hay lugares en toda la Tierra que están fuera del tiempo?*

L: Sí. La gente muy rara vez... la gente se topa con ellos, pero como se les acaba el tiempo, por lo general están protegidos. Es muy duro. Podrías caminar por algunos de estos lugares y no saber que están allí porque no estás a tiempo con ellos.

D: *¿No vibras a la misma frecuencia?*

L: Correcto, como una vibración, si no estás vibrando en ese momento. Hay una montaña en una isla. No estoy seguro de la geografía, pero caminas entre las rocas, una pequeña porción de espacio en estas enormes rocas. Tienes que saber justo donde está esa astilla. Lo atraviesas y entras en esta abertura en la montaña, y se te acaba el tiempo.

D: *Me pregunto si sentirían o verían algo.*

L: Oh, sí, a veces ven y sienten, dependiendo de con qué están en sintonía. Hay lugares que pueden llevarlos a otros lugares. No se quedan allí en la montaña. Van a otros lugares, pero si su vibración, su energía, no coincide, no pueden ir a ningún lado. Ni siquiera lo ven. Ni siquiera saben que está ahí.

D: *¿Sabrían que algo estaba pasando?*

L: Saben que algo ha sucedido. No siempre lo entienden. Algunos que sí lo recuerdan realmente no quieren hablar de ello. Les resulta extraño.

D: *Es casi como si hubieran viajado a otra dimensión.*

L: Sí. El Universo está lleno de estos lugares.

D: Pero si el Universo está lleno de estos "charcos", en realidad no es un charco, una ventana. ¿Existe algún peligro de que entren y no puedan encontrar el camino de regreso?

L: Nunca. Tu energía siempre está sintonizada con el punto donde empezaste, por lo que siempre regresas en el momento adecuado. La energía siempre sabe de dónde viene.

D: Entonces no puedes ir allí y perderte.

L: No, no puedes ir allí y perderte. Si entras en pánico y tienes miedo (y a veces la gente lo tiene), todo lo que tiene que hacer, es decir: "Llévame a casa". Y en el momento en que dices casa, piensas en casa o visualizas tu casa, estás donde empezaste. Y tal vez haya pasado el tiempo, tal vez no. Depende del "grupo" en el que te encuentres.

D: ¿Qué grupo?

L: Qué lugar.

D: Pero pueden ir a algún lugar que se vea totalmente diferente al que tenían cuando empezaron.

L: Sí, y algunos de ellos lo hacen.

D: Eso podría asustar a alguien.

L: Deben haber estado preparados para ello o no habrían podido vibrar con ello. No igualarían la energía. No pueden ir a donde la energía no coincide. E incluso si les resulta sorprendente, confuso o difícil de entender, en algún nivel sí lo entienden. Y cualquier malestar, pánico, lo que sea, desaparece casi de inmediato.

Esto sonaba muy similar a los portales a través del tiempo y las dimensiones que se han descrito en mis otros libros del Universo confuso.

D: Entonces, ¿en algún nivel pidieron esa experiencia?

L: Sí. A veces piensan que han tenido un sueño extraño porque es más fácil pensar en ello como un sueño.

D: No habría ninguna estabilidad si pudieran hacer esto todo el tiempo.

L: Claro, pero no, nadie puede hacer esto todo el tiempo. Cuando necesites hacerlo, tal vez cuando quieras hacerlo, si tu deseo coincide con tu energía. Puedes hacerlo por curiosidad. La curiosidad es lo que te lleva a avanzar.

D: La curiosidad es una emoción muy buena y fuerte.

L: Muy fuerte, pero la curiosidad es una emoción muy ligera. Es luz. Explorar.—Si la persona ha pedido a otro nivel y está preparada para ello, puede suceder. Hay un acuerdo entre los demás y también dentro de ellos de que esto sería algo bueno. Entonces ves que es imposible abusar o hacer un mal uso de este don, esta habilidad natural, que todos tenemos. Si intentan pervertirlo, la energía se disipa en ellos y no pueden recuperarla hasta que hayan creado el espacio libre. Hay todo tipo de salvaguardias integradas en esto. La energía se protege a sí misma.

D: He oído que puedes ir a algún lugar y perderte.

L: No, no creo que sea posible perderse. Incluso aquellos que piensan que sí, creo que eso es pánico más que cualquier otra cosa. En el momento en que se calman y piensan de dónde vinieron, están de regreso. El pensamiento, la imagen visual, los trae de vuelta.

D: No se quedan mucho tiempo en estos lugares, ¿verdad?

L: Bueno, estas fuera del tiempo, así que pueden ser minutos y pueden ser meses, y en su propio tiempo pueden ser minutos. Es muy parecido, a veces puedes tener el sueño de toda tu vida en una noche, pero cuando te despiertas a la mañana siguiente, solo ha sido de la noche a la mañana. Te has salido del tiempo. El tiempo funciona diferente aquí afuera.

D: Pero ese lugar de donde vienes, dijiste que estaba camuflado para que pareciera una nave. (Sí.) ¿Dijiste que entraste en una dimensión diferente? (Correcto.) ¿Simplemente atravesando la pared de la nave o qué?

L: Sí, es sólo camuflaje. En el momento en que lo atraviesas, estás en otro espacio.

D: Esto es muy similar a lo que estás hablando. (Sí) ¿Es correcto que cuando regreses a esa dimensión, ese sería tu "hogar"?

L: Sí, supongo que sería como donde me quedo. Viajo mucho. El hogar está dondequiera que esté. Nunca "no estoy en casa". Viajo por el espacio, a través del tiempo. Dependiendo de la energía que tomo, ahí es donde vuelvo. Esa otra dimensión es un hogar temporal, pero el hogar es aún más profundo que eso. El hogar es un espacio más grande... Oh, ¿cómo describir el espacio y el tiempo? (Frustrado.) Está fuera del espacio/tiempo. Entro y salgo y cuando vuelvo a través de ese camuflaje y al espacio, es un buen lugar para estar. Es un espacio real. Es hermoso. Se siente bien. Es un momento en el que podemos estar juntos en un cuerpo un poco más consciente, menos físico, más ligero, pero más allá. El cuerpo de luz no es el final de eso. Hay más, pero más allá de eso abarca más que las limitaciones de un cuerpo físico, ya sea un cuerpo físico ligero o un cuerpo físico normal. ¿Tiene sentido?

D: Sí, eso tiene sentido para mí, pero investigo más sobre esto que la persona promedio. (Ella se rió.) ¿Pero estos lugares serían lo mismo que "portales"?

L: Sí. Portales, puertas, ventanas... el agujero de gusano no es apropiado.

D: Eso es algo diferente. (Sí) ¿Cómo se define un agujero de gusano?

L: No. Yo no voy allí. ¡Los agujeros de gusano son un desastre! No me gusta meterme con ellos. Son difíciles. Son pesados. Son para aficionados.

D: Está bien. (Risas) Pero los portales son muy similares a lo que estás hablando.

L: Muy parecido. La gente lo atravesaba y no sabía que estaba allí, y atravesaba una puerta, un portal o una ventana. No saben que está ahí porque no están alineados con él, no están en sintonía con él, no son conscientes de ello. Parecería nada. No sabrían que estaba allí.

D: También me han dicho que la diferencia entre un portal y una ventana es que puedes mirar a través de una ventana, pero no puedes viajar a través de ella. (Sí, sí.) ¿Ver otra dimensión, otro tiempo, pero en realidad no viajar allí?

L: Sí. Depende de cuál sea tu intención, ya sea una ventana o un portal. Puede ser un portal. Si tu intención es observar, es una ventana; si tu intención es viajar, es un portal. Como si hubiera una puerta.

D: Y cuando estás dentro, es como estar en un lugar físico. (Sí) Pero también me dijeron que no puedes traer ningún objeto físico contigo.

L: No, por eso tienes que regresar en la mente o como un sueño. Por eso la mayoría de la gente piensa que es un sueño, una inspiración. Aunque hayan hecho una representación física, como si hubieran hecho un nuevo instrumento o una pintura nueva. No pueden sacarlo de allí. Pero lo recrean cuando regresan a casa.

D: Entonces lo que me han dicho es exacto. (Sí) ¿Pero es esto lo que haces principalmente, viajar para observar y enseñar?

L: Sí, y luego tengo mis momentos en los que me uno a otros grupos, donde aprendo cosas nuevas de los lugares en los que han estado. Compartimos lo que aprendimos cuando viajamos.

D: ¿Entonces nunca lo sabes todo?

L: (Enfatizada.) ¡No! Todos seguimos aprendiendo. Es muy interesante. Todos estamos aprendiendo juntos y compartiendo juntos y, a veces, alguien quiere ir a los lugares en los que he estado porque quiere verlos por sí mismo. Y eso también está bien. Por eso digo: "Cuando bajamos, nos mezclamos". Dondequiera que vayamos, nos mezclaremos. Ni siquiera necesito entrar en estas cosas extraterrestres. ¡Algunas de las cosas extraterrestres son ridículas!

D: Está bien porque he trabajado con ello y creo que entiendo más que la persona promedio.

L: Apuesto a que sí. Estoy seguro que sí. Entiendes lo que hay detrás de la eseidad. Entiendes a los seres. ¿Y entiendes a veces los espejos que reflejan a las personas que los ven?

D: Yo lo llamo superposiciones, ¿cuál es otra palabra?

L: Máscaras.

D: Algo que les haga pensar que han visto algo que en realidad no existe.

L: Sí, memorias de pantalla.

D: Esa es la palabra. Los recuerdos de pantalla son superposiciones. ¿Es eso lo que quieres decir?

L: Sí. Se hace para proteger. También se hace porque a veces la visión es amplia... y a veces hay gente que... eso es demasiada amplitud.

D: No pueden soportarlo. (No) Su mente no está equipada para manejarlo.

L: Los conceptos, el contexto, las construcciones, incluso las imágenes, hay que construirlos como si estuvieras tejiendo un tapiz. Y cuanto más trabajas en un tapiz, más pasa de dos dimensiones a tres dimensiones y luego a cuatro dimensiones. Como tejer una realidad virtual que ves en los videos. Es lo mismo y algunas personas sólo pueden manejar lo bidimensional. Algunos pueden manejar lo tridimensional, lo cuatridimensional y más.

D: Me han dicho que los alienígenas, los extraterrestres o como quieras llamarlos, son muy amables con esto porque saben lo que la persona puede manejar.

L: Sí. Son muy gentiles.

D: Y a veces una persona cree que vio una cosa y eso no es en absoluto lo que vio.

L: Sí, y está bien.

D: Pero a veces lo recuerdan con miedo.

L: Sí, y eso es desconcertante. Eso es algo que se perdió en la traducción. Como si la energía entre la mente y el cuerpo se enredara y eso necesita ser desenredado. Y a veces hay que desenmarañarlo durante el sueño para quitar ese miedo.

D: He trabajado con esto durante tanto tiempo que sé que no hay nada negativo en ello. Todo está en la percepción que la persona tiene de ello.

L: Sí, y por eso está enredado porque la mente no comprende algo más que no estaba ahí y le da miedo. Y entonces eso se enreda con la memoria real y la experiencia real, y así lo creado hace que el cuerpo reaccione. Es muy sensible. Si la gente supiera lo sensible que es el cuerpo a la mente. Entonces hay que corregirlo, moverlo.

Entiendo este concepto en mi trabajo con la curación de enfermedades. El cuerpo es muy sensible a lo que crea la mente y esto causa enfermedades y dolencias. El cuerpo sólo reacciona. Los pensamientos son extremadamente poderosos.

D: Tengo entendido que los alienígenas o extraterrestres son simplemente otra forma de vida que el alma está experimentando.

L: Sí, sí, y toman la forma que eligen. Y si son físicos, tienen la forma del lugar de donde son. Tantas personas en todo el universo, y en diferentes tiempos y en el espacio. Hay tantos tipos diferentes.

D: ¿Pero alguna vez has vivido en un cuerpo físico?

L: Muchas veces.

D: Entonces no siempre has sido el observador, el cuerpo de luz.

L: Entro y salgo. ¿Eres consciente de que más de una conciencia puede compartir un cuerpo?

D: No estoy segura.

L: Como hay conciencias que tienen muchas vidas, muchas experiencias, aquí, allá, en todas partes. Tu conciencia puede entrar y salir de ellos para que experimentes la vida aquí, la vida allá, en diferentes lugares y espacios de tiempo. Entonces, cuando te resbalas, es como resbalar, te estás deslizando hacia ese tiempo, entonces estás viviendo en ese tiempo, el cuerpo físico o cualquier forma que tenga. Pero tu percepción, tu consciencia, también puede escaparse, pero la vida continúa. Tu conciencia está allí y aquí.

D: La gente habla de posesión....

L: No, no, no, no. No creo en la posesión. Sinceramente creo que la gente... ¿sabes lo que creo que es eso? Cuando las personas se sienten poseídas, es su propio miedo el que literalmente se manifiesta.

D: Yo creo eso. El miedo es muy poderoso.

L: Literalmente puedes crear. Si puedes crear algo, entonces puedes crear miedo. Toma forma tal como toma forma el amor.

D: Pero estabas hablando de dos conciencias que comparten un cuerpo. He tenido casos en los que algo simplemente entraba... para simplemente observar.

Estos casos se relatan en mis otros libros del Universo complejo.

L: Observa. Eso es todo lo que pueden hacer. No son el alma interior que está allí.

D: No se permite que dos almas estén en un cuerpo.

L: No, no, están observando.—Sí, he vivido en cuerpos físicos. Vidas físicas, diferentes lugares, diferentes tiempos. La forma humana está más disponible en todo el universo, multiverso, como quiera que lo llames. La forma humana se encuentra con mayor frecuencia que las que no. Quizás algunos ajustes y contracciones sean diferentes, pero es una plantilla.

D: Escuché que es más práctico: el torso, la cabeza y los apéndices.

L: ¿Simétrica? Simetría. Todo en este mundo tiene simetría: las plantas, los animales, el aire, el agua, todo tiene simetría. Cuando está fuera de simetría, en discordia, está dañado. Tiene que ser reparado, renovado y reabastecido.

D: ¿Eso es parte de tu trabajo? (Sí)

Todo esto fue muy interesante, pero ya era hora de regresar la sesión a la terapia por lo que Lucy acudió a mí. "¿Eres consciente de que estás hablando a través de un ser humano físico en este momento?"

L: Sí porque soy parte de este humano.

D: Pensábamos que íbamos a regresar a una vida pasada, y supongo que era una vida pasada. (Risas.)

L: Pasado, presente, futuro, sin tiempo.

D: Por supuesto, Lucy no te conoce, ¿verdad? (Risas.)

L: Un poco. El observador, la parte que presta atención y nota que hay dulzura, plenitud ahí mismo, ahí mismo, donde puede sentirlo. Ella es muy buena para sentir.

D: Ella ha hecho un trabajo maravilloso haciendo las mismas cosas que tú hacías... enseñando.

L: En algunos aspectos sí, definitivamente enseñando. Ella sabe lo que hace cuando enseña. Por eso puedo estar aquí porque estamos entonados, estamos conectados, somos una parte alineada. Ha ayudado a muchas personas con su trabajo, pero realmente no lo sabe. Nunca sabes. Si arrojas una piedra a la piscina, no tienes idea de hasta dónde llegan esas ondas y eso está bien. Ella no necesita hacerlo. Ella no quiere particularmente. Sólo si causa daño es un problema. Nunca lo sabes hasta que pasas al siguiente nivel y miras hacia atrás.

Repasamos algunas de sus preguntas, hasta llegar a la pregunta "eterna": ¿Cuál es mi propósito? Dijeron que era hora de que ella fuera la que experimentaba, que estuviera del otro lado. Había sido maestra durante tanto tiempo que era hora de relajarse y disfrutar de la vida, de divertirse.

L: Ya no tiene que enseñar. Puede simplemente ser y algunas personas pueden aprender simplemente estando cerca de ella. Realmente es una muy buena oyente. Ahora viene la diversión. Ahora, cuanto más alegría, más paz, más equilibrio trae a su vida, más "Nueva Tierra", como la has llamado. La Nueva Tierra ya está allí. Sólo tiene que volverse sólida. ¡Simplemente trae alegría y diviértete!

Físico: Nació con una cadera dislocada que le causó muchos problemas cuando era muy pequeña y fue operada para corregirlo. Pero luego el problema volvió cuando era adulta y le hicieron un reemplazo de cadera.

L: Dolor miserable, vida pasada miserable donde no hubo cirugía. No había salida. El dolor duró para siempre. Nunca desapareció y fue de mal en peor y de peor en peor. Y finalmente ella "pensó" que estaba muerta. No es lo mismo que el suicidio, pero ella "pensó" en morir. Deseó morir. El dolor fue demasiado. Lo que no se dio cuenta es que debido a que sentía dolor cuando se fue, se llevó ese dolor con ella. Por eso es mucho mejor solucionarlo antes de irte. Tú lo arreglas. Te aseguras de no sentir dolor, ya sea físico, mental o emocional, porque te llevas ese dolor contigo. A veces es fácil curarse en otro lugar, pero a veces se pega como pegamento. A veces, por el lado espiritual, se puede curar muy rápidamente. Y a veces está tan incrustado, tan desenredado, que una parte de él, partes de él, continúan viajando con tu conciencia a medida que te mueves en diferentes tiempos, vidas.

D: Yo lo llamo el "residuo" que lleva la gente.

L: Exacto. El residuo se lleva contigo, y por eso la forma física se aproxima a ese residuo.

D: Eso es con lo que me ocupo. Causa enfermedades en esta vida. (Correcto.)

El problema de la cadera había sido causado por varias caídas en otras vidas pasadas, por lo que no fue solo un incidente. Pregunté qué lo hacía regresar a esta vida y recibí la misma respuesta que he escuchado muchas veces: miedo a seguir adelante. Especialmente en "territorio inexplorado". "La franja Mobia, como ella la llama, el tejido de lo físico, lo emocional y lo espiritual. La mente subconsciente se ocupa principalmente de lo físico". Dijeron que estaba sanado.

L: Ya se le ha mostrado varias veces en sueños cómo puede literalmente transmutar ese metal de nuevo en hueso. (El reemplazo de cadera). Pero eso es demasiado para ella en este momento.

D: Me has dicho antes que no se puede hacer mucho con el metal; es muy difícil sacar eso del cuerpo.

L: Lo es, y lo que hemos hecho es sellar el metal, para que no le cree dificultades a su cuerpo. El metal emite energía que es dañina en algún nivel. Es una interferencia de la energía física del cuerpo. El suyo está sellado, por lo que no causará ningún problema. Su preocupación es que le dijeron que posiblemente tendría que volver a operarse porque solo dura quince o veinte años, y lo suyo se acerca a eso. No será un problema.

D: Los médicos le pusieron esa sugerencia en la mente.

L: Sí, y ahí está su pequeña mente subconsciente lamiéndolo como un gatito a la crema. (Risas) Está bien. Podemos tranquilizarla, pero ahora está sellado para que no cause problemas. No tendrá que temer someterse a esa cirugía.

Mensaje de despedida: ¡Sin miedo, sin dolor, sin tristeza, sin pena, solo alegría!

Capítulo 33
LA ENCARNACIÓN DE UN ASPECTO

Heather pasó a una vida en la que era una especie de ser extraterrestre, definitivamente no humana, una enana con manos y brazos cortos y gruesos. Se dirigía al lugar donde trabajaba o donde recibía sus asignaciones laborales. El lugar estaba lleno de cientos de otros seres de aspecto extraño, todos parecían diferentes entre sí. "Su apariencia no importa. Apenas puedo ver eso. Los veo más como la función del trabajo que hacemos juntos". El lugar era un gran auditorio con muchas gradas de asientos. Había un podio en el medio y las gradas formaban un círculo a su alrededor. "Cuanto más cerca estás del podio, aumenta la responsabilidad y aumenta la tasa vibratoria. La posición de nadie es más alta que la de los demás. Todos tienen el mismo respeto, igual opinión. Estamos todos consultando juntos. Todos estamos juntando nuestras ideas y decidiendo cosas sobre las cuales actúa el consejo. El consejo son las diez personas en el medio. Esto es más que sólo por mi país, mi lugar de origen. Es para la galaxia. Por eso hay tantos tipos diferentes de personas. Pero este es sólo un sitio, una organización. Representamos la energía de nuestra zona, una parte de la galaxia. Y otras personas vienen y asisten. Representan al consejo y se van a otro lugar donde el consejo es más grande. Y entonces representan lo que decidimos aquí ante el consejo más grande. Las ideas y los acuerdos".

D: ¿Estos diez se ven diferentes a los demás?

H: Cuando los miro, los veo como una columna de luz. No puedo ver un ser ahí dentro. Sólo puedo ver luz pura. Y mi sensación es que están más allá de la encarnación en cualquier forma. Están más allá de la forma. Mi cuerpo puede contener enormes cantidades de energía y la uso para moverme de un lugar a otro e ir a algún lugar a hacer mi trabajo. Pero en mi tiempo libre normal no tengo que limitarme a ese cuerpo. Simplemente me siento en meditación. Y puede sentarse sin respirar, comer ni beber. Cuando estoy en mi tiempo libre, mi cuerpo simplemente se sienta. Puedo abandonar mi cuerpo muy fácilmente sin mantenerlo por largos periodos de tiempo. Ese es mi estado preferido. Mi estado preferido es el no cuerpo. Pero cuando voy a hacer este trabajo es como si me pusiera el cuerpo porque recibo una llamada. Todavía tenemos una frecuencia vibratoria en el lugar donde encarnamos, pero es mucho más ligera. Las personas del segundo nivel en realidad entran y salen. Permanecemos en ese cuerpo y retenemos la energía. El primer nivel ni siquiera se preocupa por eso. Simplemente están completamente fuera de cualquier cuerpo, de cualquier forma; simplemente no tienen ningún cuerpo.

D: *Entonces son completamente energía. (Sí) ¿Tu cuerpo permanecerá vivo mientras esté ahí sentado?*

H: Parece que no respira y los órganos casi quedan inactivos. Entonces no necesitas agua, no la necesitas. No me importa demasiado. Es casi como si estuviera desconectado esperando mi trabajo.

D: *Entonces el cuerpo se mantiene a sí mismo sin tener alma o espíritu en él.*

H: Sí, y aún así puedo regresar en cualquier momento y hacer que todo vuelva a moverse.

D: *Cuando estabas en ese edificio del auditorio, me preguntaba sobre el propósito de la reunión.*

H: Son decisiones galácticas e intergalácticas. Una de las personas en el medio siempre comienza la pregunta. Y cada persona tiene su opinión. Y la gente de los niveles superiores está observando. No están en el nivel para participar.

D: *¿A qué tipo de trabajo te envían?*

H: Trabajo con cuerpos planetarios. Encuestas. Está midiendo la preparación espiritual y los sentimientos culturales de los planetas y del planeta mismo. Tengo que ir allí y tengo que sentir la energía de ese lugar en ese momento. Como una encuesta, pero estoy interactuando con el planeta y recopilando mucha información. Trabajo con planetas y personas, individuos. Como trabajamos muy, muy rápido, veo a cada persona a la velocidad del rayo.

D: *¿Ese lugar está cerca de la Tierra o tiene alguna conexión con la Tierra?*

H: Mi nave real puede ir a cualquier parte, por lo que podemos estar cerca de la Tierra. El lugar con el auditorio está muy lejos al otro lado de la galaxia, pero todavía está relacionado con la galaxia en la que se encuentra este planeta. Cuando vengo a la Tierra, tengo que encarnar un aspecto de mí mismo aquí. Otros lugares son más ligeros y puedo ir y obtener la información que necesito sólo en mi cuerpo etérico. Voy y vuelvo. Pero en la Tierra me quedé más tiempo.

D: ¿Entonces estás haciendo esto al mismo tiempo que tienes un aspecto de ti mismo en un cuerpo terrestre?

H: Sí, y el resto de mí está en el cuerpo del enano.

D: Este aspecto que está en la Tierra, ¿es ese con quien estoy hablando conocido como Heather? (Sí) ¿Ese es el aspecto que enviaste a la Tierra? (Sí) ¿Tiene que ser un aspecto porque la energía es demasiado fuerte?

H: Sí. Y porque sólo hago lo que tengo que hacer. (Risas) Eso es algo gracioso. Porque este cuerpo que se encuentra en la nave espacial regula cada parte que sale. Por lo tanto, se trata de realizar múltiples tareas a la vez en muchas encuestas diferentes con aspectos. Y cada planeta necesita energía diferente, diferentes niveles de encarnación, para poder obtener la información que necesitamos.

D: Puedes hacer más con todos estos diferentes aspectos que simplemente hacerlo individualmente.

H: Correcto. Así que incluso cuando ponemos un aspecto y vamos en nuestros cuerpecitos, o en mi caso, mi cuerpecito en la silla. Ese es sólo un aspecto que se informa allí, mientras todavía se realizan estudios, en diferentes planetas y cosas al mismo tiempo.

D: Entonces, ¿cuándo entró tu aspecto en el cuerpo de Heather? ¿Cuándo enviaste el aspecto a la Tierra?

H: Se arregló cuando ella murió.

D: ¿Qué quieres decir?

H: Ella murió justo después de nacer porque el cuerpo era muy pequeño y nació otro aspecto.

D: ¿Entonces quieres decir que ella realmente murió en ese momento y que el espíritu original se fue?

H: Aspecto. Seguía siendo yo, todavía uno de mí. Y el otro de mí que se quedó no quería pasar por el nacimiento de un humano.

D: Porque a veces esa es una experiencia desagradable.

H: Y también fue una pequeña porción la que nació, por la seguridad de la madre y del bebé. Y luego fue como si fueran necesarios cinco seres aplastados. Eso no es exactamente correcto, pero sí ayuda. Y no podían hacer eso mientras el bebé estuviera en el útero de la madre. Entonces, una vez que el cuerpo estuvo en la incubadora, pudieron ayudarme a ingresar de manera segura. Cuanto más aspecto tenga yo, más grande, más rápido, intenso y brillante entrará el aspecto.

D: Entonces esto habría sido demasiado duro para la madre.

H: Cuando lo intentaron, los bebés murieron, así que supieron que tenían que esperar. Fue demasiado intenso. El bebé moriría en el útero cuando lo intentaron en el pasado. Hubo que ajustar algo para que la vida pueda continuar en ese cuerpo.

D: Tenía que ser una pequeña parte para entrar en el cuerpo de Heather. ¿Por qué querías que un aspecto viniera a la Tierra?

H: La idea que surge es que fue una tarea. No habría duda. Me acaban de entregar eso y soy de utilidad. Y no hay duda. Es mi gloria, es mi honor y privilegio servir al Centro.

D: Sigo pensando en la reencarnación. ¿Esta personalidad que conocemos como Heather ha tenido otras vidas en la Tierra? ¿O hay alguna forma de explicar esto si hablamos de este otro aspecto?

H: Esta persona enana se ha encarnado en momentos clave para la asignación. En mi conciencia, no accedo a la vida de otras personas. Puedo, pero es confuso. Una vez que supere eso, ya no serán las vidas de Heather. Se vuelve de todos y luego ya no es relevante para mí. Estuve en una asignación durante ese tiempo que dicen que Jesucristo estuvo aquí. Él en realidad eran tres aspectos, y se extendieron en otros cuerpos. También entramos cuando hay grandes cambios espirituales en marcha. Y hay algunos que no tenemos en la historia aquí y por los que vine. Hubo un cambio importante durante un faraón. Ése sería el tiempo de Buda. Tiene que ver con las personas del círculo. Tengo algo en mis manos y todos lo tenemos. Muchos de nosotros en estos círculos tenemos nuestras asignaciones alrededor del tiempo de encarnación para ellos en momentos clave. Todos trabajamos juntos y tenemos roles que desempeñar para mantener la energía para un cambio con la atmósfera espiritual de un planeta.

D: ¿Es por eso que has enviado este aspecto ahora en este momento por las cosas que van a pasar?

H: Sí. Y también lo hacemos en otros planetas. También vamos todos juntos a otros planetas porque amplificamos la energía espiritual de un planeta en momentos clave. De la misma manera que, en este momento, todo este auditorio se encarna en la Tierra para cambiar la energía espiritual en la Tierra. Todos están aquí para trabajar juntos para cambiar la energía espiritual de este planeta y de este plano. Más que solo este planeta.

D: Ella quería saber su propósito. ¿Qué se supone que debe estar haciendo?

H: No hay ningún otro trabajo o propósito, y sólo conocemos este trabajo.

D: Ella cree que está usando la energía para cambiar el ADN de las personas.

H: Sí, ese es el trabajo. Es el trabajo espiritual. El humano y todas las especies tienen que cambiar en este momento. Debe cambiar, cambiará o se irá. Su presencia es necesaria, punto. Su luz atraerá a más personas como un faro. Considerando el material con el que tenemos que trabajar, creamos un cuerpo fuerte porque tenemos cuerpos muy fuertes. Elegimos este cuerpo cuidadosamente para que tuviera huesos densos. La mayor parte de su ADN en el lado masculino no es ADN humano estándar, por lo que podría contener la energía. Recibimos asistencia de un grupo más encarnado que nosotros, para implantar físicamente y cambiar nuestro ADN. El padre fue una cortina de humo para la madre para que la concepción fuera lógica, pero no requerimos demasiado de su material. Algo de su fuerza física y el control del ADN óseo, fue lo que aportó. Por eso lo elegimos.

Mensaje de despedida: Heather es muy querida. Y la honramos por la dificultad de separación de estar encarnados aquí en esta Tierra. Apreciamos plenamente la dificultad y esperamos su regreso.

Capítulo 34
CAMBIANDO EL ADN

Ned era un joven problemático. Más bien un vagabundo, viajaba de un lugar a otro, todavía tratando de "encontrarse" a sí mismo, pero sin sentirse como en casa en ningún lado. Me alcanzó en Hawái donde tuvimos esta sesión. Cuando salió de la nube por primera vez vio agua, pero no parecía agua normal. Era rosa y brillante. Luego dijo que estaba en el agua, pero no se sentía como agua.

N: Estoy en el agua. Aunque no sé dónde está la superficie del agua. Es rosada y brillante y también se siente muy bien en mi piel. Se siente como si estuviera mezclado con aire o algo así. No sé cómo decirlo. Tal vez si estuviera fuera de ella, lo sentiría mojada. Pero no creo que sea posible estar fuera de donde estoy ahora.

D: ¿Por qué no crees que sea posible estar fuera de eso?

N: Porque rodea a todo el planeta.

D: ¿Entonces no crees que es realmente agua?

N: No tiene la palabra para describirlo. El agua es una metáfora bastante cercana. Estoy en esto, pero también es parte de mí. Estoy en una experiencia individualizada dentro de eso, y hay algo en lo que hay en mí que me conecta con eso. Pero hay una distinción entre ellos. Realmente se siente bien estar aquí. Lo extraño mucho.

Le pregunté cómo se percibía a sí mismo.

N: Tengo piel. Tengo una membrana que me rodea que es una especie de azul grisáceo.

D: ¿Entonces sientes que ya no eres parte de esa sustancia que llamas "agua"?

N: No, creo que es el encargado de mantener todo como debe ser para que podamos existir allí como lo hacemos. Y mi responsabilidad no es tan alta, pero mi evolución tampoco lo es.

D: ¿Entonces podrías ser parte de esta sustancia rosada y brillante?

N: Sí. Allí me aman. No estoy lo suficientemente desarrollado para ayudar a ser parte de lo que lo mantiene unido para poder experimentar más en mi interior: el destinatario de la experiencia.

D: ¿Entonces no podías quedarte en esa parte todo el tiempo?

N: Parte de esto está relacionado con el aspecto físico, pero no es lo que yo describiría como físico. Se supone que debo ver esto por alguna razón. Me trajeron aquí para mostrármelo.

D: ¿Quién te trajo allí?

N: (Risa nerviosa) No sé qué son. Dan un poco de miedo y también son divertidos.

D: ¿Cómo te trajeron allí?

N: Me eligieron allí y simplemente estuve allí. Tengo muchas ganas de ir a algún lado. Están tratando de decirme que no quiero ir y yo digo que quiero ir. Les pido ir y ellos intentan decirme que no quiero y yo les digo que sí.

D: ¿Adónde quieres ir?

N: A la Tierra. Están diciendo, no sé cómo será y voy a tener miedo. Habría experiencias de estancamiento y no crecimiento durante mucho tiempo. Pero es muy importante que sea yo quien decida ir. Por eso están tratando de desanimarme: no creo que me crean que realmente quiero ir.

D: ¿Por qué quieres ir?

N: ¡Para ayudar! Hay dificultades ahí ahora mismo. Es complicado.

D: ¿Cómo sabes estas cosas?

N: Me están dando ese conocimiento. Confío en ellos.

D: Aunque parezcan extraños, confías en ellos.

N: Sí. (Risa nerviosa) Aunque dan un poco de miedo. Sé que si me pensaran el no estar aquí pararía de existir. Entonces hay un tipo de elemento de miedo que no está justificado que yo sienta porque esa es simplemente la parte de mí que no ha evolucionado.

D: ¿Entonces este planeta donde estás no es la Tierra?

N: (Risas) No. Es mucho más grande. Sin embargo, tiene muchos órdenes de magnitud de desarrollo dimensional por encima de lo que Ned entiende aquí y ahora. Dimensión es el término más preciso que conoce para describirlo.

D: Pero si eres tan feliz allí, ¿no sería como una fuerte impresión, o un retroceso, venir a la Tierra?

N: (Risas) Como saltar en agua fría. Pero es divertido.

D: ¿Están tratando de decirte cómo sería?

N: Sí. No consigo divertirme siempre. Aunque creo que siempre puedo hacerlo divertido. Piensan que es gracioso que yo piense eso. Mi cuerpo físico no estará equipado con las habilidades físicas que estoy acostumbrado a disfrutar y a dar por sentado en este momento.

D: ¿Alguna habilidad específica que no tendrás en la Tierra?

N: Desmaterializar y no puedes mover las cosas con la mente. Eso todavía no existe allí. Si vamos suficientes de nosotros, podemos enseñar eso, pero no está ahí en este momento.

D: ¿Es importante enseñar algo así?

N: Cuando se pide que se le enseñe. Quiere saberlo de nuevo.

D: Entonces estás renunciando a muchas cosas. ¿Tienes la posibilidad de elegir si quieres ir o no?

N: Sí. No sé por qué sé que existe la oportunidad de ir, pero siento que no estaría frente a ellos si no supiera de la oportunidad y no la preguntara. Sin embargo, no creo que muchos de nosotros sepamos que existe siquiera la posibilidad de regresar a una etapa de una plantilla de ADN inferior.

D: Porque normalmente uno piensa en progresar, no en retroceder.

N: Sí, hay muchas dificultades y desafíos con un nivel más alto de evolución espiritual en un cuerpo físico que tiene una gran cantidad de latencia con el desarrollo del ADN. Pero podemos reconstruirlos.

D: ¿Qué quieres decir con que puedes reconstruir?

N: Parecen querer que sepa que la única forma en que podremos sanar la Tierra a través del camino en el que se encuentra es con la combinación de la plantilla de nuestra alma dentro de la plantilla rota del ADN en el cuerpo humano, —que está como está, no porque estuviera destinada a estar así. Hubo mucha intromisión para que así fuera. Pero nuestro espíritu puede sanar la plantilla del ADN y ponerla a disposición de todos si trabajamos para curarnos a nosotros mismos.

D: Dijiste que la plantilla estaba rota, que se había manipulado el ADN. ¿Qué quieres decir?

N: Aquellos… no sé por qué hacen eso, —se comportan de una manera exactamente opuesta a cómo funciona el Universo y no lo entienden.

D: ¿Te refieres a los humanos en la Tierra?

N: No, los que se están metiendo con ellos. Algunos humanos sí lo son, pero eso fue sólo cuestión genética.

D: ¿Al principio, quieres decir?

N: Sí. Sin embargo, la gente no eligió ese fin: se les alteró.

D: Entonces la plantilla estaba rota. (Sí) ¿Y crees que uno de tus trabajos es reparar eso?

N: Para curarme para que todos podamos sanar.

D: Suena como un gran trabajo.

N: Sí. Hay mucho que hacer para que todos busquemos fuera de nosotros mismos las cosas que consideraríamos importantes.

D: Entonces, al entrar en un cuerpo físico, aunque digas que es una regresión, ¿tu espíritu, tu alma, podrá cambiar o reparar el ADN?

N: Sí, aparentemente. Dicen que podemos manifestarnos de arriba hacia abajo para cambiar físicamente la plantilla disponible para todos. Aquí somos muchos.

D: ¿Entonces al hacérselo a uno afecta a muchos? (Sí) ¿Cómo sucedería eso?

N: Porque los campos morfogenéticos están todos vinculados entre sí.

D: Pensé que tendrías que entrar en cada uno y cambiar a cada individuo.

N: Eso es lo que hago para sanar el entorno de mi plantilla, y la contribución de eso ayuda a todos los demás a elegir esa posibilidad, si así lo desean. De lo contrario, no podrán elegirlo hasta que lleguen a este estado de forma natural. El problema es que parece que la Tierra no llegará allí si no se hace algo. Está en un camino que va en dirección opuesta debido a toda la intromisión.

D: No evolucionaría allí de forma natural. Dijiste que hay muchos que vendrán con esta misión, si quieres llamarla misión.

N: Sí, lo es. Es larga. No les parece gracioso; Sí. Aunque no se ríen. No saben por qué creo que es gracioso cuando un gran grupo de seres decide ir en contra de la ley del Uno.

D: Iban por el camino equivocado.

N: Sí. En la Tierra eso es lo que están haciendo.

D: ¿Qué crees que pasaría si todos ustedes no vinieran a ayudar?

N: La matriz del tiempo colapsaría aquí, ya que sus grupos de almas permanecerían indiferenciados durante un largo período de tiempo. No se crearía una situación.

D: Por el colapso de la matriz, ¿quieres decir que todo el planeta sería destruido?

N: Todo el universo armónico para el cual la Tierra es un patio de escuela. Todo está conectado. Es necesario experimentar un estado de conciencia muy limitado para percibir la separación, e incluso la distancia.

D: Por eso era importante que todos ustedes vinieran. Pero he oído que hay muchos otros que vienen con otras agendas.

N: Ah, sí. También son geniales. Te gustarán. Algunos de ellos están aquí. Aunque no sé realmente cuántos. Todos están aquí para ayudar. Ellos lo eligieron. Todos lo hicimos. Todos lo elegimos. Muchas personas aquí parecen pensar que no eligen las opciones que han elegido. Pero las eligen. (Risas)

D: Bueno, estos seres, estas entidades, ¿son ellos los que están a cargo de decirle a la gente qué hacer?

N: Están manteniendo todo junto. Están haciendo lo mejor que pueden y dan a todos permiso para crear lo que elijan, incluso si no es lo mejor para los demás.

D: ¿Aceptan a todos en ese planeta?

N: En todas partes. En todas partes de toda la matriz del tiempo.

D: ¿Entonces tienen mucho poder? (Sí) Es como si estuvieran a cargo de todo.

N: No están a cargo; en eso se han convertido.

Le pregunté si él, como espíritu, había estado alguna vez en la Tierra. Él respondió que había estado en la Tierra, pero que no siempre había sido el ser con el que hablábamos. "Me llevó mucho tiempo lograrlo".

D: ¿Quieres decir que evolucionaste?

N: Sí. No pasé por la Tierra para esa lección. Pero cuando llegué, había un lugar similar a este. Aunque ya no existe. Fue destruido.

Luego pareció incómodo y no quiso hablar de ello. Le dije que no tenía por qué hacerlo si eso le molestaba.

N: Por eso quería volver porque eso no es algo que nadie quiera que suceda. Siempre quieres sentir que tu hogar está ahí para ti. Pero si echas de menos lo que tienes, puedes crearlo de nuevo.

D: ¿Estabas allí en el momento en que sucedió?

N: No. Pero conocía a muchas personas que estaban allí cuando eso sucedió. Aunque todavía estoy aquí. Estoy en una experiencia diferenciada de conciencia fuera de ella, por lo que no fui parte del colapso. O me fui justo antes de que sucediera. No tengo un nombre para eso. Fue hace mucho tiempo.

D: ¿Pero afectó al planeta Tierra?

N: ¡Sí! Afectó este nivel dimensional. Sí lo hizo. Es posible que todavía queden restos físicos allí.

Dijo que evolucionó hasta convertirse en este ser después del colapso.

D: Estabas aprendiendo lecciones de diferentes tipos.

N: Sí. No los describiría como divertidos, en su mayor parte. —Hemos tenido que escondernos durante mucho tiempo.

D: ¿Por qué tuviste que esconderte?

N: No me gusta morir. No es tan divertido. Entonces nos escondemos. Es mejor experimentar cosas que te hagan sonreír. Y luego evolucionó hasta convertirse en esta otra entidad que estaba altamente evolucionada. Se necesitaron muchas, muchas vidas para evolucionar hasta ese punto. La vida en la Tierra ocurrió después de esa entidad.

D: Después de todo eso, uno pensaría que no querría volver.

N: Me duele el corazón ver a la Tierra como es y pensar que, después de pasar por una experiencia similar, no podría intentar hacer algo. Estoy existiendo de todos modos; También podría existir donde sea efectivo.

D: Pero eras feliz en el otro lugar acuático. (¡Oh, sí!) Luego fue un paso atrás al regresar a la Tierra.

N: No, así lo parece en un nivel. Sin embargo, es un gran paso adelante. Porque la plantilla del ADN humano es bastante sorprendente por lo que puede suceder en una tercera dimensión, con el potencial que tiene. Está casi todo inactivo en este momento.

D: ¿Has tenido tratos con los demás que volvían a hacer lo mismo? Dijiste que eran muchos.

N: Sí, él también conoce a algunos de ellos. (Risas) Muchos de nosotros nos hemos encontrado. Eso es una locura. ¡No, no es! La razón por la que las personas hacen amigos se debe a muchos acuerdos que tienen que cumplir por una razón. Aunque no lo recuerdas. Eso a veces lo hace difícil.

Pensé que era hora de pasar a la parte de terapia de la sesión, así que le pregunté si era consciente de que estaba hablando a través de un cuerpo físico.

N: ¡Sí! Aunque sobre todo cuando me voy a dormir. De lo contrario, parece que eso es lo que soy, sólo eso. El cuerpo. Sin embargo, eso es lo que todos intentan decirnos: los que saben más.
D: ¿Qué quieres decir?
N: Parece que la mayoría de los problemas con la Tierra son que los seres que entienden la mecánica de manifestación tienen su información tan distorsionada que no saben que esta mecánica es para todos y que cada uno puede crear lo que quiera. Y no tienes que hacer que todos peleen entre ellos y se eliminen para poder tener sus cosas limitadas porque no es por eso que estamos aquí.

Esta parte con la que me estaba comunicando parecía tener mucho conocimiento, pero no sabía si sería capaz de dar las respuestas a las preguntas de Ned. Le pregunté si debía llamar al subconsciente o si tenía la información que pudiéramos utilizar.

N: Algo de eso. Ha reconstruido parte de ello; Sin embargo, no lo tiene todo.

Luego estuvo de acuerdo en que debería pedirle al subconsciente que saliera. Estaba limitado hasta cierto punto en su capacidad para responder las preguntas. Luego le agradecí porque nos dio mucha información. Dijo que apreciaba hablar conmigo. Luego llamé al SC y la primera pregunta que siempre hago es por qué eligieron esa vida en particular para examinarla.

N: Él está listo para saberlo. Él sabe que no es de aquí.
D: Él no lo sabe a nivel consciente, ¿verdad?
N: Cree que sí, pero cree que a veces la gente le cuenta historias.
D: ¿Quieres contárselo?

N: La palabra que le ayudará a saberlo es (fonética) Oro-feen. (¿Orofina?)

D: ¿Orofina? ¿Qué significa eso?

N: De ahí es de donde vino. Estoy seguro de que lo entenderá. Es el nombre de la esencia del grupo de almas de los seres allí.

D: Orofina. Nunca había escuchado ese nombre antes.

N: Están bastante arriba.

D: Entonces no tuvo que regresar. Podría simplemente haberse quedado allí y seguir evolucionando cada vez más alto, ¿no?

N: Sí. Debido a algunas obligaciones contractuales más elevadas, tiende a permitirse sentirse obligado, en lugar de elegir y querer participar en el proceso en el que se encuentra.

D: Pero hace que sea más difícil entrar en un cuerpo físico y olvidar todas estas cosas. Saber que tienes todos estos poderes y, de repente, no tienes nada más que un cuerpo físico. (Sí) Es bastante frustrante, ¿no?

N: Sí, esa es una palabra que se puede usar a veces. Sin embargo, a Ned no le gusta esa palabra en absoluto. (Risas) Tiene malas implicaciones para lo físico. Necesita saber que lo eligió todo. Intenta actuar como si no supiera qué hacer a continuación y como si todavía no supiera lo suficiente. Lo cual es realmente irónico. Probablemente se reirá más tarde cuando escuche eso.

D: Parece estar divagando en este momento, sin saber realmente lo que quiere hacer.

N: Sí, se castiga mucho. La forma de decirlo para que lo entienda es que aclimató su neurología a los picos emocionales que tienden a surgir cuando hace algo que se supone que no debe hacer. Lo cual es útil en su mayor parte porque estar subordinado a la autoridad no favorece su misión. Pero a veces hace cosas que no tienen ningún sentido. (Risas) Incluso cuando las personas que lo aman le dicen que haga algo, a veces él hace lo contrario, solo porque cree que eso es lo que se supone que debe hacer.

D: Pero dijiste que así es como está configurado su sistema neurológico.

N: Sí, pero él eligió eso. Necesitaba distanciarse con una ilusión de separación de la autoridad. Se podría decir que tiene problemas con la autoridad. Antes era más difícil. Está trabajando para ser más abierto ahora. Sin embargo, sabe que no hace lo que podría. Necesita trabajar en el hilo cinco ahora porque el hilo cuatro está completamente reconstruido. El seis está demasiado lejano para verlo en este momento.

D: ¿Qué quieres decir con esos números?

N: Su plantilla de ADN que se manifiesta físicamente. Tiene cuatro que están reconstruidos; Sin embargo, cree que todavía está en tres. Malinterpreta las cosas por no entender mucho.

D: ¿Entonces su ADN ya está siendo reconstruido?

N: Sí, muchos de ustedes lo están. Todos estamos haciendo posible que todos podamos reconstruirlo. Así que estamos trabajando en la cuarta línea en este momento.

D: Eso es lo que he oído, que el ADN tiene que cambiar si queremos hacer el cambio.

N: Sí. Todo el mundo también está haciendo un gran trabajo. Todos lo estamos.

D: ¿Está cambiando el ADN de todos?

N: Sí. Es sutil y es más un cambio de plantilla que físico. Pero se les manifestará cuando estén listos. Cinco y seis los tiene activos desde el nacimiento, pero no lo están... el potencial está ahí. Porque el seis todavía tiene muchos nudos, y cuando el sonido lo atraviesa, no todo resuena de manera armoniosa, pero sigue ahí. Lo intenta. Pero todavía no entiende lo del extracorporal. Ahora es sólo un juego y divertido. Necesita aprender a utilizarlo como herramienta para ayudar a los demás. Ahora mismo sólo está jugando. Pero lo usa para confirmar información, lo cual es útil.

D: ¿Cuál es el objetivo final de este ADN, si nos guiamos por estos números?

N: Para que todos puedan tener una encarnación a nivel de avatar de su inconsciencia en la densidad física, se podría decir.

D: ¿A qué altura se supone que debe llegar?

N: Doce.

D: ¿Es eso posible para el ser humano?

N: ¡Sí! Por eso es una experiencia tan asombrosa, porque nunca antes se había sembrado una plantilla de ADN de doce hebras en esta matriz de tiempo. ¡Es muy importante!

D: Hay algunas personas que enseñan que puedes cambiar inmediatamente a doce.

N: Sí, aunque sus fuentes de información son muy, muy defectuosas. Lo están canalizando desde lugares que no tienen en mente sus mejores intereses.

D: Así que está sucediendo gradualmente. ¿Es ahí donde estamos ahora, cuatro y cinco?

N: Ned está trabajando en cinco; ya casi ha terminado aquí. Los otros índigos trabajan entre cuatro y cinco, y algunos, de hecho, están más allá de seis. Hay tres avatares ahora mismo en el planeta. Y uno de ellos tiene siete plenamente activos. Sin embargo, su nombre e identidad están ocultos; no es importante saber quién.

D: Me han dicho muchas veces que se supone que no debemos saber quiénes son estas personas.

N: No lo somos. Tienen que esconderse.

D: Porque podría ser peligroso para ellos. (Sí) Pero ¿cómo hace que el cuerpo sienta esto cuando el ADN está cambiando? ¿Qué efectos tiene esto en el cuerpo? ¿Podemos saber cuándo está sucediendo?

N: El sistema emocional de tu cuerpo es tu punto de retroalimentación. Entonces, si sientes cosas que te hacen sentir más de lo que disfrutas sentir, que te ayudan a sentir las emociones que eliges, si puedes distanciarte de la emoción, puedes llamarlas buenas. Los términos peyorativos no son útiles en la mayoría de los casos, pero si sientes buenas emociones la mayoría de las veces, significa que estás directamente en el camino en el que se supone que debes estar. Los positivos son la retroalimentación cuando estás haciendo las cosas que acordaste hacer. Sin embargo, las emociones negativas no deben confundirse a veces porque son necesarias para proporcionar un nivel de distinción para que puedas entender cuándo están ahí los buenos.

D: ¿Este cambio del ADN está afectando físicamente al cuerpo?

N: Sí, es una alegría que eso suceda. Las experiencias aquí descritas como experiencias cumbre suelen ser puntos de activación. Y lidiar con las consecuencias emocionales posteriores a veces le resulta muy interesante porque no siempre lo percibe como una buena experiencia.

D: He oído que muchas personas que vienen por primera vez tienen problemas para lidiar con las emociones.

N: Sí, muy a menudo.

D: Realmente les asusta sentirlo.

N: Sí. Pero simplemente está acostumbrado al patrón de huir y esconderse cuando se manifiestan presiones externas; lo cual es necesario porque antes, si no huía y se escondía, lo matarían nuevamente. Y eso pone un obstáculo al nivel de progreso que puede ocurrir en una sola encarnación.

Le pregunté cuál era el propósito de Ned, qué se suponía que debía hacer durante este tiempo en la Tierra.

N: Le han dado muchos regalos y necesita compartirlos sin reservas. Quiere ser juzgado de manera positiva y no comprende del todo que ese ni siquiera es el punto porque todos van a juzgar, pase lo que pase. Especialmente si se encuentran en un nivel más bajo de desarrollo de conciencia. Le han dado muchos regalos y sólo necesita usarlos.

D: ¿Pero qué camino quieres que tome?

N: Sanación. Él sabe. Él puede estar entre dos mundos en cierto sentido, lo cual es útil porque puede brindarles a las personas que no lo buscarían algo que les ayudará. Porque puede traducir eso al medio de la tecnología actualmente disponible. Lo cual, por alguna extraña razón porque es externo y complejo, da más credibilidad cuando en realidad es menos útil para las personas en un gran grupo de desarrollo de la imagen. Tiene información de cosas para crear. Y todos los que necesita ayudar a crear ya están ahí en su vida. Todavía está buscando otras personas que le permitan hacer esto. Y él sabe (y hay tres personas que lo conocen que también lo saben) que todo lo que necesitan hacer es hacerlo.

D: Entonces la gente ya está en su lugar.

N: Sí, es hora de dejar los libros y seguir adelante y hacerlo. Él Puede elegir a quien quiera, pero hay al menos tres creaciones separadas a las que él puede manifestar con otros y que traerán un nivel extraordinario de beneficio para todos.

D: ¿Cuáles son esos tres niveles?

N: (Risas) Es una broma divertida.

D: ¿Cuál es el chiste?

N: Neurolarcrustic keylóntico (?) (Fonético: ner-o-lar-krewstic) biosimbaligismos (?) (Fonético: bio-sim-bul-ij-izm-ist-iks)

¿Estaba su arrogancia intelectual divirtiéndose conmigo? http://www.bibliotecapleyades.net/voyagers/esp Pensé que la palabra que estaba usando sonaba un poco a quelación. Luego lo deletreó: K-

E-Y-L-O-N-T-I-C. Hay un sitio web para un diccionario Keylontic www.bibliotecapleyades.net/voyagers/esp voyagersindex.htm

N: Es la mecánica de la manifestación de la materia y la ascensión de la conciencia. Se le ha dado esta información. Él lo aprecia, intenta compartirlo y elige sentirse distanciado de la gente por saberlo. Pero le han dado esta información. La información está ahí: — necesita crear el dispositivo. Es una desviación de ello.

D: Entonces será un dispositivo.

N: Sí. Se supone que él y la entidad conocida como James (su amigo) deben hacerlo juntos. Aunque pasan demasiado tiempo solo disfrutándolo. Y disfrutan sabiendo lo que saben. Sin embargo, la única razón de saberlo es hacerlo.

D: Simplemente están flotando en el agua.

N: (Risas) Sí, así están. Flotando en el agua, eso me gusta.

D: Bueno, ese es un proyecto. ¿Qué son los otros dos?

N: Él puede hacerlos todos. Creo que le serviría más que solo tuviera uno presentado ahora mismo.

D: ¿Para centrarse en uno a la vez?

N: Sí. Él ya conoce a los demás. Ya están escritos. Se manifiestan físicamente como conocimiento, por lo que él sabe los pasos a seguir. El primero lo describiría como interfaz de software de biorretroalimentación. En análisis en tiempo real (tiempo real es un término extraño) y luz y sonido. El agua ionizada también es una muy buena idea. Por ahora es suficiente. Elige sentirse abrumado por la abundancia, que puede crear con conocimiento. Por lo que tiende a impedir su progreso en el movimiento.

D: Ned mencionó el tema de la curación.

N: Este dispositivo lo facilitará enormemente porque significará mucho menos tiempo y esfuerzo en el momento para provocar la curación. Y es sólo una cosa más que agregar a la caja de herramientas. Sin embargo, es una gran herramienta.

D: Se ha divertido mucho jugando a ser humano.

N: Sí, es un cuerpo increíble. Hay muchos beneficios para el cuerpo humano.

Capítulo 35
EL COLOR DEL ADN

Primero Susan vio palomas y una fuente rodeada de niebla. A medida que avanzaba, se dio cuenta de que la niebla era más bien un campo energético o magnético. Luego vio que su cuerpo tampoco era normal. "Sé que estoy allí, pero no hay ningún cuerpo, si eso tiene algún sentido. No siento un cuerpo. Siento una forma de algún tipo, pero no siento brazos, piernas ni pies. Pero sé que estoy allí en cierta forma".

D: ¿Cómo se siente ese campo magnético?

S: Creo que estoy flotando sobre él, pero estoy en el al mismo tiempo. Siento como si mi cerebro estuviera en reposo y simplemente tengo un conocimiento sin pensar en ello. Es muy pacífico.

D: ¿Quieres avanzar más o quieres quedarte en ese campo magnético?

S: Siento que estoy subiendo. Me están sacando de entre la niebla del campo.

D: ¿Qué ves mientras te sacan?

S: Una X blanca. Voy por el centro de la X y estoy parado sobre nubes blancas. Es muy interesante estar parado sobre las nubes.

D: ¿Hay alguien más cerca o eres solo tú?

S: Sólo yo. Ahora tengo pies y una "cosa" como bata blanca... no es realmente material. Probablemente ligero, pero tiene la forma de una bata holgada. Sobre mí hay una luz dorada. No hace calor ni hace frío. Es muy reconfortante. Muy pacífico.—La luz está emitiendo algo. Está pasando por mi frente y mis hombros, y realmente me está calentando. Es un buen sentimiento. Y siento que todo esto es interesante. Como si mi cuerpo físico estuviera acostado aquí. Todo el dolor desaparece y toda la tensión se relaja. Pero aún así, estoy aquí arriba, en la luz, al mismo tiempo.

D: Está bien. Concentrémonos en esa parte de ahí arriba y veamos qué está haciendo.

S: Oh, la luz se mueve desde el frente de mi frente hasta la parte posterior de mi cabeza, y siento como si estuviera haciendo algo.

No puedo describir exactamente lo que está haciendo. Tal vez expandir mi cabeza como si no hubiera huesos allí. Lo abrió todo como si no hubiera huesos de cráneo reales. Ahora la luz me atraviesa hasta los pies. Se siente como una energía. Está justo a través del núcleo. Está justo en el medio. No irradia hacia los lados, sino justo hasta el centro... por el medio. Ahora veo algo parecido a un túnel. Está justo encima de mí. Estoy en un tubo o túnel con nubes, con una luz dorada realmente hermosa brillando por el tubo.

D: Cuando esa luz, esa energía atravesaba el cuerpo, ¿qué hacía?

S: Abriendo las vibraciones para poder entrar en el túnel... el tubo. La luz se hace más grande y está llenando todo el tubo. Ya no son nubes. Es una luz amarilla dorada. Tiene una vida de conciencia. No es sólo el color. Ahora estoy inmerso en medio de esto. Está por todas partes. Se siente como si hubiera una cascada que sale del centro y fluye desde arriba hasta abajo. No es agua, pero parece agua saliendo de algún tipo de cerámica o algo hecho de oro. Simplemente fluye a mi alrededor y brilla. Es rosa, azul y lavanda, verde y brillante. Como una vasija o urna opaca de la que algo fluye.

D: ¿Cuál es el propósito de que fluya sobre ti de esa manera?

S: Escucho palabras como "inmersión-limpieza-bendición-acogedora". Sea lo que sea, es muy significativo. Se siente realmente muy bien. "Una infusión de conocimiento" están diciendo, pero es un paso necesario ahora mismo. Es un paso del mundo físico al mundo etérico o al reino superior. Me están mostrando algo que parece el ADN retorcido de algo... y lo están extendiendo más. Están ensanchando las cadenas de ADN. Son tan estrechos. Los están haciendo muy anchos ahora para que posiblemente pueda llevar más pelitos fibrosos con información de trozos de gotas de rocío. Van de lado, lo que en tu idioma sería horizontal como el horizonte.

D: ¿Lo están estirando de esa manera? (Sí) ¿Dijiste que esto es como una infusión de conocimiento e información?

S: Dijeron una infusión de conocimiento... un derramamiento de conocimiento.

D: ¿Esto representa el ADN?

S: Me están diciendo que son bandas de colores... el ADN... que nunca pensamos en buscar.

D: ¿Es eso lo que quieren decir? Bandas de colores... ¿en el ADN?

S: En el ADN... y en realidad son bastante gruesos. No son finos (delgados). Son como capas. Capas de... Quiero decir "nubes", pero esa no es la palabra correcta. Pero esa es la única palabra que se me ocurre. Son capas de esta nube, materia brumosa y hay colores en ella.

D: Al principio dijiste que eran tenues.

S: Sí, pero ya no son y ahora son bandas de color. No tiene sentido, pero parece que cada banda mide un pie y medio de alto. Se superponen entre sí. Y cada uno es de un color diferente. Dicen que es un proceso necesario y así funciona. Esto es lo más elevado... o dicen "reino" o "conciencia". Así es como funciona todo esto.

D: Eso es lo que estoy tratando de entender. ¿Qué quieren decir? ¿Cómo funciona la conciencia superior?

S: Están diciendo que TODO es para formas. Así funcionan TODAS las formas. Incluso las hojas tienen ADN, e incluso las hojas tienen procesos de formas. Aquí no podemos entender eso, pero de su lado, todas son formas. Todo tiene una forma y todo tiene una fórmula. Y así es, y esto es lo que se debe seguir.

D: ¿Qué quieres decir con "forma"... te refieres a una figura?

S: No, no hay espacio... es un proceso. Así es el proceso.

D: Pienso en una hoja que tiene cierta forma y que el cuerpo tiene cierta forma.

S: Pero hay que llegar a lo "finito", no a la forma. Esto es lo que forma la forma. La forma que ves es la hoja, pero esto está detrás de la forma. Esto es lo que forma la forma, y esto son las leyes, y así es.

D: ¿Pero dijiste que también tiene que ver con fórmulas?

S: Sí... así es como está todo configurado. Es simplemente el proceso... tal como es... el proceso.

D: ¿Todo se remonta a la genética, al ADN? ¿Es ese el núcleo... la parte principal?

S: No, todo vuelve al TODO, al uno, a la luz. Esta es su efusión. Se derrama de esta manera. Es como el fluir... como la vasija o la urna con la luz y la niebla. Este es el TODO que se derrama. Así se derrama.

D: ¿Cómo crea? (Sí) Pero dijiste que estabas hablando del ADN. Eso es parte del proceso de creación... si uso las palabras correctas.

S: Están diciendo: "Si lo deseas". (Se ríe de forma escandalosa.)

D: (Continuó riéndose a carcajadas). Si tuvieran mejores palabras, creo que podrían usarlas.

S: No, te están diciendo que sigas adelante... están diciendo: "Sí, si lo deseas, sigue adelante".

D: Tratamos de entenderlo con las palabras que conocemos. Quizás tengan mejores palabras para ayudarnos a entender.

S: Creen que estamos haciendo un buen trabajo con esto, pero creo que lo entendemos.

D: Entonces el ADN es más amplio y está compuesto de colores.

S: Sí, y es muy interesante que haya colores.

D: ¿Esto es algo que los científicos no pueden ver?

S: No en su evolución actual, pero se están acercando. Se están acercando a esto, pero hay miedo de exclamar esto... por miedo al ridículo.

D: Ahora están descubriendo más y más genes y sus patrones genéticos. ¿Y eso tiene más que ver con los colores? ¿Es eso lo que quieres decir?

S: Es el color de la vida. Eso es lo que están diciendo. "Es el color de la vida". Me encanta el pensamiento: el color de la vida. Todo tiene un código y el código es igual a un color que le da su código de vida, y es simplemente el proceso que siguen o se debe seguir. Me están mostrando un cardenal rojo y está ahí sentado. Y dice: "Es el código que seguí".

D: ¿El rojo era muy importante para esa criatura?

S: Sí... esa vida. La criatura dice que el color fue la lección, pero no es sólo el color. Es una energía que está girando, y esa es la lección... y ellos la están enviando. Hay algo antiguo que gira de esa manera.

D: ¿Y ese era el código? ¿Eso también tiene que ver con la fórmula? (Sí) El código del color. ¿Es todo eso parte de la fórmula?

S: El color es parte de la fórmula, pero parte del código. Eso es parte de la lección.

D: ¿Entonces los colores son muy importantes?

S: Es importante, pero es simplemente lo que es... el derramamiento del TODO. Así es como su conciencia puede transmitir todo (Parecía confundida)... puede relacionarse con todo lo demás... lo que hace. (Tal vez: así es como su conciencia puede transmitir a todo lo demás lo que hace).

D: Entonces tiene que ver más con el color que con cualquier otra cosa. ¿Así es como se transmite la información? ¿Crea algo?

S: Sí, pero es todo uno. No son piezas separadas. Todo tiene forma de uno. Es un color. Es una lección. Es una vibración y es un movimiento, todo al mismo tiempo.

D: ¿Entonces cada uno es individual y eso es lo que crea una forma diferente, una criatura diferente?

S: Si quieres, sí.

D: Sólo estoy tratando de entender con mis habilidades limitadas.

S: Sí... es muy abrumador y hermoso. Lo entiendo, pero no lo entiendo. Veo cómo funciona, pero no creo que alguna vez lo entendería. Pero estoy viendo cómo funciona.

D: ¿No crees que serías capaz de explicarlo?

S: Dicen: "Lo hemos explicado. Ésta es la explicación".

Eso no ayudó mucho. Pensé que todavía estaba tan claro como el barro. Iba a seguir presionando para obtener más explicaciones.

D: Pero dijiste el ADN... viste los diferentes colores mezclándose entre sí.

S: Y son mucho más anchos de lo que vemos. Es muy amplio.

D: Supongo que lo que ves es incluso más allá de lo microscópico. ¿Los colores van en algún orden determinado cuando los ves con el ADN?

S: Primero veo rojo. El rojo parece ser la base en la parte inferior y es un rojo turbio. Y luego se vuelve mucho más claro y la banda se vuelve más gruesa... subiendo desde abajo. Y el siguiente color parece negro, pero no lo es. Es tan morado que parece negro. Luego adquiere un hermoso color violeta y permanece del mismo color. Y pasa al siguiente... la mejor manera en que puedo explicarlo es de un color naranja dorado y rojizo. No es oro. No es rojo. No es naranja. No conozco este color. Es una mezcla. Y se mueve. Éste tiene movimiento... mucho movimiento.

D: ¿Cada color tiene movimiento?

S: Cada color tiene movimiento, pero entran y salen uno del otro. Oh, vi algo como esto una vez. Tienen un recipiente de plexiglás y tal vez contenga aceites de colores y agua. Y parpadean de un lado a otro, pero se infunden entre sí y esa es una forma de energía. Ése es un componente básico. Definitivamente es un elemento básico de la vida.

D: ¿Entonces estos colores no quedan separados en estas bandas?

S: No en esta banda. El rojo lo hizo y el morado, pero el dorado/naranja/rojo se mueve en un movimiento continuo. Pero éste tiene algo que ver con la vida. La vida tiene varios significados. Tiene conciencia. Es movimiento. Es conciencia-conocimiento. Es todo eso en uno. No puedes elegir una sola pieza. No funcionaría. Sería aplanado, por lo que se necesitan todos ellos para crear esta forma y esta es la forma de creación. Definitivamente es una forma de creación.

D: ¿Hay otros colores además del dorado/rojo/naranja?

S: Hay otros colores. No son muy claros, pero después de eso, en general, es solo un blanco prístino. Un muy prístino... oh, blanco ni siquiera es la palabra correcta porque tiene vida.

D: ¿Pero esto es lo que hay en el ADN? ¿Esto es lo que causa la vida?

S: Eso es lo que me están mostrando, sí. Pero es amplio. ¡Es tan increíblemente ancho! Nunca pensé que sería tan ancho. Son diferentes colores y diferentes formas de vida. Algunos casi puedo nombrarlos, pero si digo un color, desaparece, así que….

D: ¿Diferentes combinaciones de colores?

S: Fuente de combinación... fuente de vida, dice, y siempre está en movimiento.

D: ¿Esto es lo que crea las diferentes formas, la combinación de los colores?

S: Sí. La combinación de los colores crea la forma y las leyes por las que se rige.

D: Por ejemplo, estabas hablando del pájaro, la hoja y el ser humano, ¿cada uno de ellos tendría una combinación diferente de colores?

S: Casi definitivamente. Pero aún así, todo es lo mismo pero las diferentes combinaciones son las que la convierten en la lección elegida.

D: ¿Y todo esto proviene del TODO? ¿Pero no continúa a partir de ahí? ¿Una vez que una cosa es creada, no se recrea a sí misma?

S: Se replica, sí.

D: ¿Entonces no tiene que venir del TODO cada vez, cuando se replica?

S: No, todo proviene del TODO. Si tiene una forma de vida y una conciencia y un movimiento, proviene del TODO cada vez. Verás, podría hacer eso ahora con replicación, pero ya lo ve... vida sin vida. Puedes copiar algo, pero no tiene vida... sólo una copia.

D: ¿Estaría vivo?

S: Estaría viva como tu oveja... ¿Dolly?

D: ¿El clon?

Dolly, la oveja, no fue el primer clon, pero sí la más famosa. Fue producida en 1996 a partir de una célula extraída de la ubre de otra oveja. Sin embargo, sólo vivió seis años y murió en 2003. Existe un debate continuo sobre si murió tan joven porque era un clon. Cuando se examinó su ADN en 1999, se descubrió que en realidad era más antiguo que su cuerpo. Ella dio a luz a cuatro corderos a lo largo de su vida, pero no pude encontrar ninguna investigación sobre si también murieron jóvenes.

S: Sí. Está viva. Se mueve, pero aún falta la vida. Es vida, pero es vida sin fuerza. Está viva pero es como un muñeco de papel. Tienes una forma y puedes recortarla y engancharla sobre los hombros y tienes algo que parece vida, pero no es vida. Sin embargo, es muy bonito, pero no contiene la fuente.

D: Pero como las ovejas, por ejemplo. Es capaz de replicarse a sí mismo.

S: No es una oveja clonada. No en este momento. A nivel celular dentro de los tubos del laboratorio. No, no en este momento. Vemos el movimiento de la célula; sin embargo, dentro de la célula, la fuente no está ahí. Es una célula vacía.

D: Pensé que decían que Dolly, la oveja, podría quedar preñada y tener un cordero. Pienso que eso es una replicación de sí mismo. ¿No es eso cierto?

S: Estamos teniendo una discusión sobre esto. Dicen que no, y algunos dicen que posiblemente, por lo que están divididos al respecto. (Riéndose) Como si estuviera viendo un panel de personas que dicen que sí, pero están... (Riéndose)... oh, es gracioso. Parece que hay un grupo de filósofos ahí arriba. Están de acuerdo en que son hijos de corta duración.

D: Sí, pero eso es físico. Podemos verlo.

S: Sí, pero todavía no tiene fuente. No tiene ninguna fuente, no tiene ninguna fuente. Oh, lo que están tratando de transmitir es que no hay ninguna lección espiritual. No hay espíritu. Es un caparazón vacío. ... Muy interesante.

D: Siempre pensé que no importa cómo fuera creado, se le podía asignar un espíritu y entrar en él.

S: Bueno, eso tiene sentido. Bien, simplemente dijeron que algunos lo harán y otros no. ¿Gente adecuada? Oh, es como tus agricultores éticos. ¿Algunos tendrán eso? (Hablando con otra persona.) Está bien, me lo están mostrando para que pueda entender esto mejor. Es la diferencia entre una operación comercial y una pequeña operación ética y espiritual. Entonces, en esencia, ambos pueden existir.

D: ¿Entonces pueden tener descendencia?

S: Y esa es una mala intención, por un lado. Están hablando de dioses creadores del otro lado. Esa sería la ética espiritual... ¿las personas adecuadas? Luego, en este otro lado, equiparan eso con las corporaciones con la producción en masa.

D: ¿Y esos son los que no lo están haciendo correctamente, quieres decir?

S: Sólo me muestran células vacías. La célula es solo un saco/círculo blanco. Pero en el otro lado, está la célula y está el color y el movimiento y hay un estallido de luz blanca en esas células. Entonces serían los éticos... lo estarían haciendo bien. Esos serían los descendientes de la fuente.

D: Entonces en ese caso ¿se permitiría entrar la vida si lo hicieran éticamente?

S: Posiblemente... posiblemente. Es una probabilidad.

D: Eso es lo que confunde porque nos muestran estos animales y parecen estar vivos y se están reproduciendo.

S: Para todos los efectos, está vivo. Como diferentes grados de color. Existe la diferencia en los grados de colores y tonos. Un lado es definitivamente el Dios creador que tiene la ética. Del otro lado, dudo en decir esto, pero están usando más intención. La otra parte tiene intenciones para algún tipo de propósito.

D: Las buenas intenciones son lo más importante de todo.

S: La intención proviene de la luz.

Esto me recordó a una clienta de unos cuarenta años que describió una experiencia inusual. Había estado intentando quedar embarazada y lo había intentado todo. Los médicos decidieron intentar la fertilización in vitro implantando sus óvulos en el útero. Cuando tomaron sus óvulos y los examinaron bajo el microscopio, parecían cáscaras vacías sin nada dentro. Nunca habían visto nada parecido. Finalmente utilizaron óvulos y hormonas de donante y ella pudo tener a su hija. Esta fue la primera vez que escuché hablar de huevos que eran como cáscaras vacías hasta que tuvimos esta sesión con Susan sobre la clonación. ¡¡Interesante!!

D: Pero cuando están reproduciendo estos animales mediante clonación, dicen que lo hacen para tener alimento para la gente.

S: La otra cara de la comida es que no te quedará muy buena. Les mostrará fe, pero no satisfará sus necesidades. Pero del lado del Dios Creador, este lado está permitiendo que este animal tenga su evolución, su espíritu y su lección. Es muy importante para todas las cosas. Ambos tienen intención, pero uno tiene una intención más elevada que el otro. Es como si el otro lado simplemente estuviera siguiendo los pasos. No están subiendo la escalera. Solo siguen pasos, como si fueran clones de ellos. elfos. Aunque no hay ningún juicio al respecto. "Ellos" dicen que son sólo las intenciones y que hay espacio para ambas.

D: También he oído que han clonado seres humanos.

S: Cierto.

D: Pensé que habían hecho eso por un tiempo.

S: (Riéndose.) ¡Miles y miles de años!

D: ¿Eso significa que el humano clonado es diferente?

S: Un poco. No son formas originales, pero sólo puede haber unas pocas formas originales.

D: El humano clonado está vivo, se mueve. ¿Pero está vivo como las demás personas?

Ella entendió mal. Me refería a otros humanos, pero ella pensó que me refería a la Fuente [o lo que sea].

S: El original... ¿los creadores? No, no. Los creadores están por encima de todos nosotros. Son pura luz, sin embargo, aceptan compartir su luz.

D: La luz es lo que da vida a la criatura... ¿le da vida?

S: Es lo que le da a la criatura la oportunidad de evolucionar y regresar al comienzo superior.

D: Siempre pensé que el caparazón no importaba. Era sólo un vehículo para usar en la Tierra.

S: (Casi con indiferencia.) Es cierto, es sólo vestirse.

D: Y si el alma o el espíritu decidieran entrar en uno de esos clones, entraría sólo para tener un vehículo disponible.

S: Están pensando. Tenemos un grupo de filósofos. (Risas)

D: Porque el espíritu y el alma provienen de la Fuente. Proviene de la luz.

S: Bueno, verás, todo viene del mismo lugar.

D: Entonces, ¿no entraría eso en el ser humano clonado?

S: Están hablando de diferentes grados de lecciones así que... dicen, sí, en teoría, todo funciona. (Risas) Es todo lo mismo. Depende simplemente del grado de las lecciones. Se trata de grados en lecciones... grados. Grados de las lecciones. Del otro lado, están las personas cuya intención es simplemente seguir un proceso. Quizás no saben que pueden... No, está dividido. Un lado está lleno de luz y evolución, y el otro lado simplemente está siguiendo un proceso. Es como un proceso en blanco. Siguen resultando las mismas cosas.

D: ¿Solo estoy tratando de ver qué pueden hacer?

S: Sí. Los creadores son como una cadena de montaje de creadores. No tienen la misma vibración del otro lado. El lado del dios creador tiene mucha fuerza. La palabra es: luz, amor, creación. Y el otro lado simplemente está pasando por el proceso de quedar en blanco... simplemente en blanco.

D: ¿Solo por curiosidad?

S: Ni siquiera curiosidad. Es como si simplemente lo estuvieran haciendo.

D: ¿Entonces eso marcará una diferencia en lo que crean? (Sí) Se nos dice que podemos crear nuestra propia realidad. Podemos crear cosas.

S: Hay un proceso que creamos. Creamos a través de ese proceso, sí.

D: Pero eso es diferente a crear vida. ¿Eso es lo que quieres decir?

S: Aún puedes crear vida, pero uno tiene más fuerza vital que el otro. ¿Eso significa que ambos están vivos? Sí, ambos están vivos. Es la diferencia en una brizna de hierba. Una brizna de hierba es una brizna de hierba, pero un lado tiene un código diferente. Evoluciona y atrae hacia sí la luz del sol, el agua, los cuidados y el amor. El otro lado es una brizna de hierba, pero es sólo una brizna de hierba. Pasará por la codificación, pero nunca prosperará como el de la luz del sol, el agua y el amor. Pero sí, ambos están vivos y ambos son briznas de hierba. Y uno seguirá adelante y evolucionará hacia algo más, una mejor brizna de hierba, y morirá como una brizna de hierba.

D: Eso va de la mano con los científicos que ahora alteran plantas genéticamente.

S: Sí, lo es. Ahora estamos en la fuente de esto. Puedes crear un grano de maíz, pero no son iguales. No son lo mismo.

D: Volviendo... dijiste que los colores son los componentes principales, supongo, de la vida. ¿Son estos colores muy esenciales? (Sí) También he oído que el sonido tiene mucho que ver con eso. ¿Ves eso?

S: Es la vibración, sí. Es el movimiento el que inicia el proceso de fuerza vital hacia el movimiento. Es esa pieza la que inicia el movimiento. Es como un río que nunca se detiene. Comienza con un pequeño arco y crece y crece, y pronto hay ondas y ondas y ondas de esta vibración que simplemente se mueve y nunca se detiene. Se mueve hasta el final. ¡Nunca se detiene!

D: Es eterno de esa manera.

S: Esa es una buena palabra.

Pensé que era hora de empezar a hacerle preguntas a Susan. Pedí permiso para hacerlo. "Estamos a su servicio." Quería saber por qué se transmitió esta información. ¿Por qué querían que Susan supiera estas cosas?

S: Elegimos esta lección para ella para mostrarle que está del otro lado. Ella está del lado del Dios creador. Ella crea cosas buenas. Lo que necesita entender es que siempre seguirá evolucionando. Siempre ha sido aceptada en lo superior. Es de lo más alto. Para ella sólo existe lo superior.

D: Cuando comenzamos una sesión, siempre pensamos que vamos a retroceder a vidas pasadas. ¿No querías llevarla a algo así?

S: Eso no es importante. Ella lo sabe. Es lo que es. Necesita dedicar más tiempo en el futuro. A ella se le han dado tales habilidades para el futuro. Necesitamos ayudarla a desbloquear la parte en la que comprende el futuro porque necesita dedicar más tiempo a crear el futuro.

Antes de que tuviera siquiera la oportunidad de mencionar sus quejas físicas, el SC comenzó a mirar dentro de su cuerpo y a decidir qué era necesario hacer.

S: Lo que estamos viendo ahora, en el interior, hay un código que debe eliminarse porque no es la verdad. Está en su abdomen. Esa es una segunda estación. Lo llaman un centro de poder.

Susan había estado teniendo problemas en esa zona: espasmos de colon y coágulos sangrantes.

D: Está debajo del plexo solar.

S: Ah, sí. Es el poder. Ahora lo estamos moviendo muy suavemente. Tiene mucho trauma en esta área... sólo tejido cicatricial.

D: Puedes curarlo, ¿no?

S: Ni siquiera es una curación. Simplemente lo vamos a quitar, pero es necesario que lo hagamos con cuidado. Es un código sensible que debemos eliminar de una forma muy específica. Puede que tarde un poquito porque hay un proceso. Hay pasos que se deben seguir para no dañar el cuerpo.

D: ¿Qué tipo de código hay que no sea necesario?

S: Oh, fue implantado allí por una razón. Tenía que ser una medida de seguridad para esta. Ella es demasiado avanzada... demasiado, demasiado, demasiado avanzada.

D: ¿Cuándo lo pusieron ahí?

S: Tan pronto como llegó a este lugar.

D: ¿Cuándo ella entró en este cuerpo?

S: Después de que ella estuvo aquí. Demasiado avanzada. Es una medida provisional y se puso ahí para protegerla. La información no habría sido vista con buenos ojos en la evolución pasada sobre dónde estaba su planeta. No habría sido aceptado. No hubiera sido favorable. Le habría hecho daño.

D: ¿Entonces fue para evitar que ella dijera demasiado?

S: Sí. Ella nació entre personas que no entendían. Están en su derecho. Lo están. Hacen lo que hicieron. Hicieron sus lecciones, pero no entendieron. Ella ya no necesita eso. Eso se ha cumplido. El pasado es el pasado.

D: Ella pensó que lo había liberado, pero no creo que lo haya hecho.

S: Ella entiende que no lo ha soltado. No entiende por qué no lo ha liberado. Esta criatura ha trabajado. La hemos ayudado. Ella realmente ha trabajado, pero lo que no entiende es que no le correspondía liberarlo. Es nuestro y ahora nos sentimos seguros de que lo llevaremos cuando esté terminado. Ella no necesita aferrarse a esto.

D: ¿Entonces dices que se puede quitar?

S: Lo estamos eliminando mientras hablamos. Es muy delicado. Hay muchas capas... muchas, muchas capas. Debe hacerse con mucha suavidad y de manera muy distinta en cierto nivel del tejido y más allá del tejido. Requiere mucho trabajo.

Mientras hacían ese trabajo le pregunté por las otras partes de su cuerpo. Me dijeron antes que podía hacer preguntas mientras trabajaban. Había tenido un accidente automovilístico y pensaba que su memoria se había visto afectada por una lesión en la cabeza.

S: Vemos círculos en el cerebro que no estaban allí. Vemos que el tejido no es el mismo. Estamos llamando a alguien para que trabaje en el tejido ahora mismo. Hay un nuevo grupo que viene a este trabajo. Ella es parte de un grupo muy nuevo... muy raro... muy pocos de ellos que darán instrucciones para el futuro. Hemos llamado a alguien. Están trabajando allí ahora. Hay un grupo al que hemos llamado, no para reparar estos tejidos. Nuestro trabajo es el código inferior. Este es un grupo que le ha sido asignado y que vendrá con información futura para ella. Entonces tenemos grupos separados. Tenemos dos que están aquí ahora mismo y un grupo llegará en un momento diferente. Para ayudar con el trabajo futuro, sí. Todo es muy importante. Eso es lo que ella le asignó hacer. Ella estuvo de acuerdo. Si lo estuvo.

D: Pero aún así, ella dice que nunca quiso estar aquí.

S: ¡Ella quería venir! Ella quiso venir al principio, pero hubo circunstancias que no se cumplieron. Y lo hizo muy, muy, muy difícil para alguien con tanta fuerza vital que tiene una mayor comprensión de todas las cosas. Eso es muy difícil de incurrir para una persona que viene de ese espacio. A menudo dice que no puede comprender la crueldad y el asesinato, y que nunca podría comprenderlo, pero se adaptó bastante bien. Ella esta bien.

D: Ella dijo que tuvo una experiencia cercana a la muerte cuando tenía siete años.

Susan casi se había ahogado y recordaba haber abandonado su cuerpo.

S: Sí, necesitábamos llamarla a casa debido a estas circunstancias imprevistas. Ella pensó que se quedaría en la Tierra, pero la llamamos a casa y pudimos arreglar las cosas, por así decirlo, y enviarla de regreso. Ella no quería volver. No entendió.

D: Pero ella tenía un contrato, ¿no?

S: ¡Todos tenemos contratos! Todos, no importa de qué lado estemos... todos tenemos contratos.

D: ¿Y ella no pudo salir de eso?

S: No. No hay forma de salir.

D: Entonces, ¿eso es lo que pasó cuando tenía siete años, sólo para enderezarla?

S: Sí, y hay mucho más de lo que ella vio. Podría haber estado olvidándolo o desvaneciéndose, pero había que recordarle que había mucho más. Tiene que saber que hay una lucha. Siempre ha habido una lucha. Ella no quiere creer en la luz, la oscuridad o la sombra. Sí, todas son lecciones diferentes de diferentes grados. Todas son opciones y queríamos mostrarle que esto es muy real y esto es evolución. Y así es como la evolución ha ido sucediendo durante miles de millones de años, ni siquiera un período de tiempo. Estamos hablando de sus términos. Pero ella necesita saber que siempre ha habido una opción, y que tú juegas con todas las opciones y todos juegan con todas las opciones. En cada nivel que existe, juegas todas las opciones. No hay juicio; son solo elecciones. Una vez que le mostramos eso, le mostramos la posibilidad de este lugar prístino en el que ella quiere estar, y quiere que todos estén allí. Le mostramos que esto es una posibilidad. También queremos que sepa la verdadera extensión que ella es. Ella no es esta personita sobre este pequeño grano de arena. Ella es mucho más grande y sí, lucha con el ego. Es casi como una maldición para la gente de aquí. Tienes ego por una razón. Si no tienes ego, no avanzas. Es parte de la fuerza vital. Es lo que te mantiene adelante.

Al hablar de su propósito, dijeron que a ella no le gustaría escuchar esta asignación. Debía hablar ante grupos más grandes de personas a pesar de que esto era algo que le daba miedo. "Seremos de ayuda. Necesita entender que el grupo ni siquiera está allí. Es más grande que solo personas sentadas en sillas. No se trata de números. Se trata de almas".

Cuando terminé las preguntas, dije que Susan ya sabía la mayoría de las respuestas.

S: La gente siempre lo hace. Simplemente no quieren creer lo que escuchan. Hablamos contigo constantemente. El diálogo está en curso. Lo escuchas en tu cabeza. Lo escuchas en tu alma, lo que la gente llama su "tejido del alma". Estamos aquí. Nunca están solos. No necesitan sentirse abandonados. Muchos se sienten abandonados. Nunca los abandonaríamos. Nunca están solos. Es una tarea. Somos un inicio de sesión. Tenemos brazos a tu alrededor. Estás muy protegido. Estaban aquí. Siempre hemos estado aquí. No vamos a ninguna parte. Estamos asignados a ti y permaneceremos contigo. Y deseamos que esto sea lo que puedan entender los seres humanos, las masas en general. Estamos asignados a ti. Nunca te dejaremos ni te abandonaremos. Estamos aquí para ti.

Capítulo 36
TRABAJANDO CON LOS SISTEMAS DE LA TIERRA

Henry quería explorar un incidente extraño. En 2005, cuando se iba a dormir, escuchó las palabras: "Tu padre se está muriendo" y se dirigió a una nave espacial. No tenía otros recuerdos y quería explorarlo. Lo llevé a la noche del evento cuando estaba en su casa en West Virginia. Se estaba preparando para irse a la cama y describió el ritual de apagar las luces, abrir una ventana para que entrara aire fresco y meterse bajo las sábanas. Acababa de quedarse dormido cuando escuchó una voz en su cabeza: "Ven. Tu padre se está muriendo... —Así que me fui." Le pedí que me explicara cómo se fue. "Creo que cuando decidí ir, estaba allí. Instantáneamente... —Una galaxia diferente.

D: ¿Qué ves que te hace pensar que es una galaxia diferente?

H: Es sólo un conocimiento. En realidad, no lo veo porque fui allí. —Está esperando.

Lo que vio a continuación le resultó muy difícil de describir porque no se parecía a nada que hubiera visto antes. No lo encontró repulsivo, sólo difícil de describir. "Tratar de verlo es mi problema". Estaba parado al lado de una cama donde yacía un ser de aspecto extraño. "Colores. Colores brillantes. No es una piel como la nuestra. Alrededor de la cabeza, similar a las plumas de un pájaro, pero no es. Similar al cabello, pero tampoco es. Es corto, tal vez de uno o dos centímetros de largo. Es parte del cuerpo. Colores brillantes". Cuando se miró a sí mismo vio que tenía el mismo aspecto. Le pregunté si podía describir su rostro. "Esa parte es difícil. Es difícil de explicar. Tiene ojos, eso sí, parecidos a los nuestros. Pajaril. Plumado. Las manos son algo así". Hubo mucha confusión cuando levantó dos dedos y describió lo que parecían ser tres apéndices en la mano. No había ropa. Mencionó que había alguien junto a él en la cama.

D: ¿Es esta la persona que te trajo allí?

H: No. Ese era el mensajero. Trae aquí a las personas que siente que son parte de este grupo. Él está en una misión. No somos exactamente iguales.

D: ¿Qué quieres decir?

H: Qué extraño... que yo estuviera ahí en mi habitación. Soy yo. El cuerpo que tengo allí en la Tierra, y la conciencia allí en la Tierra... estaba muy molesto con este ser extraño. Y era como estar en un cuerpo diferente. Es muy normal estar ahí ahora mirándolo. Yo estaba en una misión allí. La misión es este grupo. Este grupo de seres.

D: ¿Es ese un planeta en el que estás ahora mismo, o qué?

H: No es un planeta, no. Una condición del espacio. Es como un... (Tuvo dificultad.)

D: ¿Quieres que te ayuden a explicarlo? ¿O puedes entenderlo?

H: Llegar hasta aquí es el problema. Es parte de un universo y no lo es. Es parte de un lugar y no lo es. Está en un ámbito de existencia completamente diferente. No es malo ni diferente de este lugar de la Tierra en el que estás. Es un lugar donde las funciones esperan desarrollarse. Planetas que desarrollamos. Nuestra misión es desarrollar. Desarrollar planetas y desarrollar diferentes formas de vida en ellos. Tomamos un planeta y lo poblamos con diferentes formas.

D: ¿Tú creas el planeta para empezar?

H: No, el planeta se crea. Creamos las formas para el planeta. Los planetas nacen en un universo particular. Se vuelven habitables para diferentes formas de vida. Cuando hacemos esto, lo hacemos en un planeta en particular. Allá hay otros que lo hacen por otros planetas muy diferentes a la Tierra.

D: ¿Diferentes formas de vida?

H: Diferentes tipos de formas de vida que realmente creamos.

D: Entonces todos los planetas tienen diferentes tipos. ¿Es eso lo que quieres decir?

H: Sí. Y vamos a la Tierra a aprender. Cuando creas estas cosas, adquieren personalidad propia. Y estas formas particulares tomaron personalidad propia.

D: ¿Es eso lo que se pretende?

H: No, en realidad no fue intencionado. No sé por qué se le dio eso para hacer esto. Pero estas formas son muy... no son destructivas, son impredecibles. Y está más allá de nuestras estructuras de creencias y de cómo funcionamos. Para manipular, o no manipular, sino integrar en alguna forma de sistema, para que puedan ubicarse en diferentes planetas. Y una de las cosas en mis vidas pasadas es que vamos a un planeta que tiene este tipo de personalidad y aprendemos a lidiar con ella. Y cómo reestructurarlo.

D: ¿Quiere decir que siempre que los seres o las criaturas son creados para habitar un planeta, se supone que no deben tener personalidad?

H: Ah, no, no. No es tanto como tienen que... veamos cómo describir cómo se forman. Primero, podemos desarrollar formas de vida. Pero nos hacemos responsables de aquellas formas de vida que desarrollamos. Y a veces se sale de control y no va bien con esas formas particulares. En consecuencia, tenemos que aprender a manejar algunas formas, si las creamos. Sospecho que no somos más que estudiantes haciendo este proceso.

D: Entonces, al principio, cada vez que se crean, ¿no sabes hacia dónde van a ir?

H: Estamos en un proceso de aprendizaje sobre cómo hacerlo. Al menos en este grupo lo estamos. Supongo que sí, el padre, el hombre principal, es el que está muriendo. Él es el que está a cargo. Él es quien crea y nos guía a través del proceso. Qué lo que hace es enviarnos a cada uno a diferentes lugares, a vivir, a comprender.

D: ¿Otros planetas además de la Tierra?

H: Sí, en diferentes lugares así, sí. Porque estos son los lugares que han sido desarrollados por otros. Y así los seres de estos planetas pasan por procesos de crecimiento.

D: Entonces, cuando los desarrollas por primera vez, ¿sabes cómo resultará?

H: No. Esa es parte de las lecciones que necesitas aprender. Creas las formas de vida con el conocimiento de lo que tienes. Sin embargo, si resulta que no están lo suficientemente desarrollados... es similar a lo que sucede con sus hijos pequeños, cuando recién nacen. Y crecen como niños. Y necesitan aprender cómo trabajar en una sociedad particular a medida que crecen. Es similar a eso. Y otra cosa que no entiendo es por qué adoptan personalidades propias. Entiendes que cuando ellos tienen estos cuerpos y emociones, y asumen la personalidad, eres responsable del desarrollo de las formas de vida como tales. Pero tienen sus propias personalidades. No tenemos control de las personalidades. Tenemos que desarrollar y comprender cómo trabajamos con esas personalidades. Y mostrarles para que puedan aprender más de lo que aprenden.

D: *¿Pero tienes permitido hacer eso? ¿Interferir con lo que están haciendo?*

H: Es como mostrarles un camino diferente. Y toman el camino diferente. Pero aprender a hacerlo es otra historia.

D: *Cuando creaste estas formas de vida por primera vez, ¿empiezas con células o cómo lo haces?*

H: No, no es nada de eso.

D: *¿Cómo se crean las formas de vida?*

H: Simplemente imaginándolos.

D: *¿Sólo en tus mentes?*

H: Algo así. Ni dispositivo ni nada. Simplemente creas... tienes la capacidad de crear formas de vida.

D: *¿Alguien te dice que hagas esto?*

H: No. Es parte de la jerarquía del aprendizaje, a través de la conciencia de todas las cosas. Y esta es sólo una etapa de eso. Una etapa de esa conciencia a medida que te estás desarrollando. Es como en la Tierra, donde Henry está aprendiendo las etapas de desarrollo, hacia dónde se dirige. Esa es parte de las lecciones que debemos proyectar porque tuvimos que simplificarnos. Y aprender cómo manejar eso desde la simplificación hacia arriba.

D: *Y dijiste, donde está sucediendo esto no es un planeta. Es otra cosa.*

H: Sí, es otra cosa. Es un lugar. Es una dimensión diferente.

D: *Entonces, ¿por qué llamaron a Henry esa noche?*

H: Porque ese líder... algo pasó. No sabemos qué. Todo lo que sabemos es que se está disipando en la energía. Es muy inusual. Nunca habíamos visto esto antes. Es poco probable que algo así ocurra. Es como si su Dios en su planeta de repente ya no estuviera allí. Tal energía se disiparía. Y no sabemos por qué se está disipando. Hay algo más que está pasando.

D: *¿Entonces por eso llamaron a Henry allí?*

H: Exacto. Y por qué estaba allí para escoltarlo. Todos regresaron. Espera un momento. (Pausa) ¡Espera! Ahora estamos dentro de un círculo. Algo está ocurriendo que no puedo describir.

D: ¿Al líder?

H: A todos nosotros juntos. Espera un segundo para que pueda ver. (Tuvo dificultades para encontrar las palabras). Es una condición que existe en esa dimensión que no hay formas particulares de comunicar lo que está sucediendo. Porque nada de esto existe aquí en este planeta. Aquí no existe nada parecido.

D: ¿Es una forma diferente de comunicación?

H: No. Es una existencia. Algo cambia en la existencia, es la mejor manera que puedo describirlo. (Gran suspiro) Espera un minuto. (Pausa) Lo que se me pide que diga es... es una fase desde un ajuste a la existencia de ese sistema.

D: ¿Como una progresión?

H: Correcto. En todo hay una progresión. Nunca retrocede. —Todos han vuelto. Y están en todas partes. Hay un movimiento. No sé qué es.

D: ¿Se debe a que el líder se está disipando?

H: No, en realidad el líder está como disipándose. Como sabes por tu camino, la muerte no es más que la transición de una existencia a otra. Entonces eso es exactamente lo que está sucediendo aquí. Toda la existencia está muriendo de nuevo. No puedo explicarlo.

D: ¿Y se debe a que el líder está pasando por un cambio?

H: No. Es una transición para todos. Es un evento extremadamente importante. ¡Ya pasó! ¡Todo se ha ido! Está cambiando. Y está cambiando en una dirección. No puedo decir en qué dirección está cambiando, pero está cambiando a otra capa. Esa es la mejor manera de decirlo... otra capa.

D: Y quieren que todos estén allí para...

H: Para hacer esa transición a esa capa.

D: ¿Usar su propia energía para ayudar a que esto suceda?

H: No. Allí nadie tiene energía individual. Todo el mundo tiene una energía. Todos son la energía allí.

D: ¿Operan como un grupo?

H: Como uno.

D: Entonces ¿por qué Henry se fue de allí? Al parecer, de aquí es de donde vino.

H: Sólo uno de muchos. La dirección estaba allí como un solo cuerpo. No es que ésta sea la casa de Henry. Lo es y no lo es. Es su cuerpo y no es su cuerpo. Y él está ahí como una extensión de aquí. Y eso es lo más cerca que puedo describírselo. Esto es más una extensión.

D: ¿El cuerpo de Henry es una extensión?

H: De ahí, sí. Y aunque ha evolucionado más allá de eso, tiene que seguir adelante para desarrollar el aprendizaje de lo que es ser desde ahí, hasta lo que determinamos ser, un nivel extremadamente bajo. Y el aprendizaje de estos puntos, para que ahora pueda ampliarse al grupo. Entiendes, esto es simultáneo. En otras palabras, lo que está haciendo aquí es aprender, es llegar y llegar allí, y simultáneamente sucediendo allí.

D: Entonces, todo lo que Henry aprende en el cuerpo en la Tierra es...

H: Simultáneamente siendo enviado allí.

D: Siendo transmitido a eso.

H: Sí, eso es lo más cerca que puedo llegar.

D: ¿Eso es parte del aprendizaje y de intentar cambiar a la gente, como dijiste? (Pausa) Porque dijiste que no te gustaba la forma en que se estaban desarrollando.

H: Oh, los seres que creamos. Si, es lo mismo. Es similar a ser profesor en una escuela primaria y todos los niños están sumidos en el caos. Así que tienes que aprender a lidiar con el caos, para que ellos puedan acudir a ti, aprender y seguir adelante.

D: ¿Y una forma de aprender es entrar en un cuerpo en la Tierra?

H: Ah, sí. Y vivirlo de primera mano, haciéndolo simultáneamente.

D: ¿Entonces es por eso que Henry vino a la Tierra?

H: Un aspecto de Henry vino a la Tierra, sí. Entró en el cuerpo físico. Sólo un aspecto. Hay muchos aspectos.

D: ¿Él eligió esto o le dijeron que lo hiciera?

H: Me dijeron que lo hiciera. Es como si fueras parte de... para usar una analogía. Si eres un general al mando de un ejército y dices: "Vas allí, vas allí, vas allí y vas allí". Eso es lo que haces porque eso es lo que tienes que hacer. Entrar en un cuerpo para experimentar cómo es aquí. Y al mismo tiempo se devuelve la información.

D: ¿Henry ha estado en la Tierra antes en un cuerpo físico, o es la primera vez?

H: Él está en el cuerpo físico todo este tiempo. Lo que te iba a explicar es, cuando haces eso… (Gran suspiro). Una vez hecho esto, será un billete de ida, en esta dirección. Y no en cierto sentido en esa dirección. En otras palabras, es una entidad en sí misma. Es una extensión de esto.

D: Supongo que estamos acostumbrados a pensar en un aspecto que viene y luego regresa una y otra vez a los cuerpos de la Tierra. Ya sea por la acumulación de karma o lo que sea.

H: Ese es un sistema desarrollado en la Tierra. Ese es un sistema diferente al que se desarrolla en otros lugares.

D: ¿Entonces Henry no está involucrado en ese sistema?

H: No, pero hay que seguir las reglas de ese sistema.

D: Entonces le dijeron que hiciera esto para ayudar a la gente de la Tierra a desarrollarse. ¿Es eso correcto?

H: No. Se le dice que haga esto para aprender el desarrollo, a través del proceso, para poder transcribirlo nuevamente. El desarrollo. Mostrando el desarrollo. Pero tenía que entender cómo hacerlo viviéndolo. Entonces, una vez que lo vives, puedes proyectarlo. ¿Tiene sentido?

D: Estoy tratando de entender. Sé que es muy difícil poner conceptos en nuestro idioma.

H: Por eso no utilizamos el lenguaje.

D: Es más fácil mente a mente.

H: Mente a mente, absolutamente.

D: Estaba pensando, dijiste que era un boleto de ida. Entonces, cuando termine con esta vida, no tendrá que regresar.

H: No. Eso es necesario. Quizás regrese a otro nivel. En el pasado o en el futuro, en tus términos. O ni siquiera en este planeta. Podría estar en otro lugar. Por cierto, el aspecto del amor es muy fuerte cuando realizas este proceso. El aspecto del amor por las criaturas que has creado tiene que ser extremadamente fuerte. Y la compasión es amor en forma, tal como lo es en el planeta Tierra. Y sí, lo que ocurrirá, estas criaturas se desarrollarán y luego se transmutarán, y seguirán creciendo y creciendo. Y es similar a lo que está sucediendo en la Tierra ahora mismo.

D: Me han dicho que el amor es la respuesta a todo. Es una emoción poderosa.

H: Sí, lo es. Amor incondicional, sí.

D: Todo tiene que crearse con eso en mente, ¿no?

H: Bueno, el sistema en el que estamos aquí... no, es todo un solo sistema. (Pausa) Parece que en el momento en que tú, desde este lugar, entras a crear otro sistema de algún tipo, terminas dividiéndolo. Entonces hay un más o un menos, por así decirlo. Aquí hay un sistema de dos vías, más o menos. Hay algunos que son cuatro, cinco, seis, ocho, diez sistemas diferentes. Y resulta que éste es lo que se llama un sistema de "matriz". Es un plus o un menos. La Tierra es más o menos, caliente o fría, buena o mala, todas esas cosas.

D: Dos. Un sistema dual.

H: Un sistema dual, gracias. Algunos son sistemas cuádruples. Algunos son doce sistemas. Y eso está mucho más allá de la comprensión. Son extremadamente complicados, en comparación con el sistema dual. Por eso es tan difícil descomponerlo. Tendrías que trabajar hasta aquí para conseguirlo. (Se señala la cabeza.)

D: ¿A través del cerebro? Eso es lo que me han dicho. La mente no tiene conceptos para entender algunas de estas cosas.

H: Correcto. Es como una persona que ha sido ciega de nacimiento y de repente puede ver. Y dices: "Esto es una taza". Y ellos dicen: "¿Eh?" Y luego lo tocan: "Oh, sí, eso es una taza". Y luego tienen que relacionar esa copa con la visión que acaban de ver. Etcétera. Es un proceso muy difícil lograr que una persona ciega vea. En cierto sentido, este es el mismo escenario porque la gente en la Tierra está ciega. No tienen esa facultad o facilidad de ver aquí, aquí, aquí y aquí al mismo tiempo. Tienes que desarrollar un sistema para mostrarles de qué se trata.

D: Me gusta cuando me das analogías. Son mucho más fáciles de entender para nosotros.

H: Sí, y es difícil. Tengo que pensar como un terrícola para poder entender la analogía correctamente.

D: De todos modos, llevaron a Henry allí esa noche para ser parte de esto.

H: Correcto. Es la muerte de un sistema lo que lo llevó a una transición hacia otro sistema. Tuvo que llamarlo "muerte", porque un sistema dual no entiende más que eso. Esa es la única manera de explicarlo.

D: Pero ese lugar donde fue esa noche, donde estás ahora, ¿es una existencia física? (No) Pero él vio que estas personas tenían cuerpos físicos. Vio cuerpos de aspecto bastante extraño. ¿Puedes explicar eso?

H: Son cuerpos de aspecto muy extraño en comparación con el sistema dual. Ahora, cuando vas allí con lo mental de aquí a lo mental de allá... Para que la comunicación sea funcional... reúnes un sistema dual en uno, entonces creas algo que será traducible en palabras. Algo a lo que pueda regresar y relacionarse.

D: Algo con lo que pueda identificarse.

H: Entonces puedes identificarte, sí. En realidad, es comprensible para la mente humana.

D: Entonces en realidad no tienen cuerpos físicos.

H: No como los conoces. Eso era algo que debía mostrar porque él había estado allí. (Confusión) Tiempo de sistema dual... lo que estás llamando "reencarnación", como tal, no es más que.... Como si vas a algún lugar, te duermes y te despiertas. Cuando duermes es de una manera y cuando despiertas es de otra. Según el tiempo de la Tierra, puede haber muchos milenios, y ustedes lo llaman reencarnación.

D: Pasando de cuerpo en cuerpo.

H: De cuerpo a cuerpo. Simplemente no es más que hacer una transición. De ahí para allá y de allá para allá. Tomando toda esta información y transmutándola hasta aquí, para que se puedan crear estas otras. Y esta vida de un reino superior de conocimiento y comprensión, trató de desarrollarse en el reino inferior y hacer que los reinos inferiores se movieran.

D: Creo que estamos en un punto en el que se nos permite más información. Aunque todavía son pequeñas migajas porque no podemos entenderlo todo. ¿Pero por qué querías que Henry recordara haber ido allí?

H: Para que puedas obtener la información.

D: ¿Yo? (Sí) ¿Le hiciste recordar para que pudiera venir aquí y dármela?

H: Eso parece. (Risita)

D: Pero también es importante que él lo sepa, ¿no?

H: Ah, sí. Está aprendiendo cada vez más.

D: ¿Puedes decirle lo que se supone que debe saber de esta experiencia?

H: Ya lo tiene. Él acaba de entenderlo.

D: ¿Entonces cuando escuche la cinta lo entenderá?

H: Sí, creo que sí. Una de las cosas que él necesitaba entender, y que otros necesitan entender: se trata de un sistema dual. Y hay más, como un sistema de cuatro, un sistema de ocho y un sistema de doce. Eso está mucho más allá de tu comprensión. Ahora Jane

Roberts y Seth lo dejaron lo más claro posible cuando describió la quinta dimensión. Esta es la forma más sencilla de describir esto: encuadra una imagen de pequeños cubos a 90 grados entre sí en tres dimensiones. Entonces tienes estos pequeños cubos aquí, aquí y aquí y aquí y aquí. Y cuando Seth dijo: "Oye, aquí es donde estás, Jane. Y otro sistema es el siguiente cubo. Ahora que estás a dos o tres cubos de ti, no tienes idea de cómo es eso. Ese sistema es completamente diferente". Y hacia ahí es hacia donde vamos. Este sistema es completamente diferente. Es difícil de describir. Y lo único que puedes hacer para ir desde aquí, o como dijo Seth, "Donde estás, Jane", es ir desde este sistema y tomar una instantánea de la imagen que ves. Y traerla de vuelta aquí e intentar armarla. Y esa es la mejor descripción encontrada que puedo describir... durante este proceso aquí. Entonces, cuando vas a cinco, diez, doce, veinticuatro y treinta y ocho sistemas diferentes, en lugar de solo uno dual, es algo completamente diferente. Una forma de pensar completamente diferente.

D: *Uno de mis clientes describió que cuando estaban creando universos, todos tenían reglas y regulaciones diferentes. ¿Es de eso de lo que estás hablando? (Sí, sí, sí.) Porque en algunos de estos otros universos que crearon, los planetas podrían ser cuadrados. Podrían ser oblongos. Podrían estar moviéndose en tipos de órbitas totalmente diferentes. Sin embargo, obedecerían leyes de la física diferentes a las que tenemos aquí.*

H: Cada físico en cada cubo, es significativamente diferente en cierto sentido, a cualquier otro físico en otros cubos.

D: *¿Y dijeron que este universo obedece a las leyes de este universo, pero los otros universos tienen otras leyes?*

H: Por eso uno no puede ir de este universo a aquel universo y esperar sobrevivir. A menos que lleve consigo su propio universo.

D: *Lo cual sería un poco difícil de hacer, ¿no?*

H: Oh, puedes hacerlo. Pero no pueden permanecer allí por mucho tiempo. Es difícil. Seth sacó eso a relucir. Dijo: "Si tienes un cuerpo del universo A y quieres ir al universo B, sucede que lo haces. Las diferentes leyes de tu cuerpo son diferentes de las leyes de este cuerpo y es posible que no regreses. Puedes implosionar físicamente.

D: *En otras palabras, me han dicho que la matriz del cuerpo sería destruida.*

H: ¡Ah! Del cuerpo. Este es un cuerpo, esta es la matriz. Sí, podría.

D: Porque el alma no puede ser destruida. (No) Me dijeron que no se podía traer nada de un universo (¿o dimensión?) al otro. La matriz sería destruida. No podría existir.

H: Bueno, el universo no sería destruido, pero sí la forma. Esa es una manera en la que puedes entenderlo.

Al menos estaba de vuelta en un terreno familiar, aunque todavía no lo entendía del todo, era algo que había descubierto en los primeros días de mi trabajo. En mi libro La leyenda del choque estelar, el cazador descubrió que podía viajar a un universo alternativo y traer de regreso a su aldea el cuerpo de un animal desconocido. Fue una situación muy inusual porque se suponía que no se podía hacer esto sin que se destruyera la matriz del animal. Supuse que estaba permitido porque el pueblo estaba hambriento y desesperado por comida. En mi trabajo sigo descubriendo conceptos desconocidos. Como periodista disfruto explorando esto, y también me gusta cuando otro cliente lo confirma inesperadamente, como en este caso. sé que todavía tengo muchas más piezas que juntar antes de que tenga sentido, pero al menos mantuve la mente abierta. Nunca supe lo que me esperaba a la vuelta de la esquina en mi trabajo.

D: ¿Pero querías que tuviera esta información?

H: Sí, más o menos.

D: Porque sabes que me salen pedacitos de aquí y de allá y tengo que juntarlo todo.

H: Así es. Entendemos eso.

Entonces pensé que debería hacer algunas otras preguntas y experiencias que Henry quería conocer. Sin embargo, esta parte decía: "Estamos limitados a... nuestro enfoque está sólo en lo que hacemos. No conocemos la otra parte. Eso es algo completamente diferente". Luego pregunté si estaría bien si llamaba a otra parte que pudiera responder las preguntas. Dijeron que eso sería muy permisible. Así que les agradecí la información que me habían proporcionado y les pedí que se marcharan. Luego llamé al SC. Lo primero que quería era que explicara más completamente lo que Henry había experimentado esa noche. Preguntó: "¿Con el que acabas de terminar?"

D: Sí. Haz eso primero. A ver si puedes explicarlo. Luego pasaremos a las otras preguntas.

H: Era la conciencia de otros sistemas. Y habló a través de la mente consciente de los otros sistemas y otros desarrollos. Se están produciendo muchos avances y diferentes evoluciones todo el tiempo.

D: Sonaban como si fueran parte de los seres creadores.

H: Son los seres creadores. Que es sólo otro nivel. Muchos niveles de vida.

El sonido desapareció repentinamente como si algún tipo de energía lo hubiera arrancado de la grabación. Hubo una larga pausa y luego el SC continuó.

H: Son multidimensionales... lugares que son niveles multidimensionales de seres. Hay múltiples niveles, dimensiones dentro de dimensiones, dentro de dimensiones. Y así, aquí en la Tierra, ese aspecto de los seres creadores es una parte del aspecto dimensional. Que todo el mundo está apegado a una forma de vida u otra.

D: ¿Por qué es importante para Henry tener esta información en este momento?

H: Para su desarrollo. Se está desarrollando constantemente en muchas direcciones.

D: Parece ser capaz de entender todas estas cosas.

H: Sí. Sentimos su terquedad con bastante frecuencia.

Luego quise que el SC explicara otra experiencia extraña que la otra parte no pudo. Sucedió de noche cuando dijo que viajó por el espacio. Escuchó a alguien decirle: "Recuerda, te presentaste como voluntario para esto". Y entró en una nave enorme que tenía algo así como un centro comercial, y un holograma en la pared de muchas carpetas. "¿Qué pasó esa noche?"

H: Exactamente lo que te dijo. Pero las carpetas se van abriendo poco a poco, aquí y allá.

D: ¿Las carpetas que vio?

H: Eso él vio. Las muchas carpetas que hay allí. Y están siendo disueltas adecuadamente.

D: ¿Qué representan las carpetas?

H: Condiciones y situaciones sobre probabilidades del planeta. En cada probabilidad que surja, se abrirá esa carpeta en particular, para hacer el proceso, sea lo que sea necesario. Entonces esta es una situación multidimensional por las probabilidades y posibilidades... hay más de una línea de tiempo en esta área. Y está ocurriendo más de un evento. Y los acontecimientos están ocurriendo simultáneamente. Y, por lo tanto, depende en qué línea de tiempo te encuentres y de qué carpeta verás abrirse.

D: ¿Te dan las posibilidades y probabilidades?

H: Te dan el resultado de posibilidades y probabilidades. Entonces, si abres una carpeta, la empujas en una dirección diferente en esa línea de tiempo. Pero en esta línea de tiempo estás haciendo algo más. Y lo más importante aquí es que el tiempo es tan simultáneo que esto definitivamente es una ilusión. Sin embargo, hay muchos, muchísimos universos de ilusión. Y estás en todos y cada uno de ellos. Cada uno se desarrolla en consecuencia. Entonces la carpeta depende de dónde estés. Este es un evento diferente, este es otro evento, y ese es otro evento y ese es otro evento. Y cada una al abrirla… cada carpeta es una serie de carpetas. Entonces esta línea aquí tiene una serie de carpetas que se convierten en esa línea de tiempo que sucede allí y allá. Vidas pasadas, sí, está teniendo cambios de tiempo. La línea de tiempo cambia. Y él es consciente de ellos ahora porque se lo hicimos saber. Así que vislumbra y entra y sale de esos cambios de tiempo.

Esto va de la mano con otro concepto explicado en los otros libros del Universo complejo. Es decir, cada vez que ponemos energía en una decisión y elegimos esa posibilidad, la cual se convierte en nuestra realidad. Pero la energía puesta en la posibilidad alternativa tiene que ir a alguna parte, por lo que se crea otra realidad alterna y otro tú vive esa. Más conceptos alucinantes.

D: ¿Por qué querías que él se diera cuenta?

H: Es parte de todo su desarrollo. Y la gente que toca.

Henry interactuaba con muchas personas y “ellos” pensaron que era importante que continuara trabajando con esto. “Él será dirigido.

Simplemente no necesita saberlo todo. (Risas) Es como un caballo salvaje, tratando de sujetarlo con riendas".

D: A veces es mejor no saberlo todo.

H: Bueno, eso podría ser peligroso. En el sentido que en algunos aspectos lo mataría. Ya se ha perdido 23 eventos. Ha tenido 23 ocasiones diferentes en las que debería haber estado muerto. Cada vez fue desviado. En algunos casos reintegrados. Debería haber muerto, pero fue reintegrado.

D: Entonces no era su momento de irse.

H: No es una cuestión de tiempo para irse. Es solo que, ¿cómo se dice esto? Hubo un incidente en el que lo mataron y lo reintegraron inmediatamente. Así que no hubo ningún espacio intermedio cuando el cuerpo fue disipado y reinstalado.

D: ¿Cuál fue ese incidente?

H: Preferiríamos no decirlo. Sabe lo que pasó, pero no sabe cuándo.

D: ¿Pero en realidad murió y lo enviaron de regreso inmediatamente?

H: Fue reintegrado.

D: Porque tuvo que quedarse más tiempo aquí.

H: Sí. Fue reintegrado... es una forma. A veces quieres pensar en un accidente. Y, por supuesto, los accidentes no existen. Pero la cuestión es el proceso y no hay que permitir ningún descanso. Sólo permite una continuación. No hay ninguna interrupción... Pero lo importante aquí es... y él lo ha aprendido ahora. Y sabemos que tú también lo has hecho. Depende simplemente de hacia dónde mires. Estás aprendiendo procesos aquí. Y es que es un sistema dual. Ahora bien, si realmente te gusta lo complicado, pásate a un sistema multi-dual.

D: (Risas) Sí, dijeron que no podían explicar mucho de eso y que de todos modos nos confundiría.

H: Es terriblemente complicado. No tienes el cerebro... la mente puede hacerlo, pero el cerebro no. El cerebro no está estructurado para hacer eso.

D: Déjame preguntarte cuándo estaba a bordo de la nave con las carpetas. ¿Fue esa una nave física?

H: Oh, sí, muy física.

D: ¿Entonces no fue como la otra experiencia?

H: No. Esta era una nave física en este universo, sí.

D: ¿Por qué lo llevaron allí? ¿Tenía alguna conexión con esas personas?

H: Ese es otro aspecto de él. Es como esto. (Levantó la mano.) Los dedos son aspectos del mismo. (Levantó cada dedo.) Este es diferente de aquel.

D: ¿Entonces esa noche tuvo que regresar a ese otro cuerpo que era otro aspecto de sí mismo? (Sí) Pero él lo recordaba, entonces era importante.

H: Sí, muchísimo. La nave en la que estaba... eso es algo que está en curso en este momento. Tu planeta, como bien sabes, está entrando en este proceso de cambio. Y él sólo quiere saber, ¿cómo se dice esto?, que sabrá qué hacer cuando llegue el momento de hacerlo. De eso se trataban las carpetas. Y nuevamente, si la carpeta está de esta manera, y la carpeta está de esa manera, esas son las posibilidades.

D: Le he dicho que a veces no es el momento de tener la información.

H: Exactamente, exactamente. Para eso están tus libros. Alguien tiene que hacerlo. Ha tocado muchas vidas diferentes y no lo sabe. Simplemente dejar caer una semilla aquí y hacer una explicación de una analogía simple. Y tú haces lo mismo. Y simplemente se propaga. Y este planeta en este momento necesita saber eso. Y ahora se dirige a un viaje salvaje.

Capítulo 37
LA SANACIÓN DE ANA

DISCUSIÓN ANTES DE LA SESIÓN

Ann me había escrito, pero la carta era tan parecida a muchas otras que recibí que no le presté mucha atención. Además, estaba ocupada viajando y dando conferencias. Luego llamó y dijo que había conocido a mi amiga Nina y que había tenido una experiencia extraña en su casa y que Nina pensó que debía verme. Normalmente no dejo que nadie venga a mi casa para las sesiones, pero mi auto quedó completamente destrozado e iba a tener que comprar uno nuevo. Así que no pude conducir hasta Fayetteville y tener la sesión en la casa de Nina. Así que finalmente acepté que pudieran venir a mi casa. (Esto fue antes de que abriera mi oficina en la ciudad en 2003). Mi hija Nancy y yo también nos íbamos a Europa en unas pocas semanas, así que definitivamente no quería involucrarme con una persona local en este momento. Estuve de acuerdo por cortesía hacia Nina debido a nuestra larga amistad, pero no pensé que saldría nada de ver a Ann.

Por teléfono, Ann daba la impresión de alguien que no tenía absolutamente ningún conocimiento sobre metafísica, ovnis o algo por el estilo. Por eso su experiencia con Nina fue tan extraña. La había asustado tanto que estaba sentada en el suelo de su cocina llorando justo antes de decidir llamarme por desesperación. Al hacerle preguntas, me di cuenta de que ni siquiera tenía una comprensión básica de lo paranormal. Nina accedió a venir con ella a mi casa en octubre de 1999, y cuando llegaron tuvimos una plática en la mesa del comedor mientras almorzábamos.

Ann tenía varios problemas físicos. Era diabética dependiente de insulina, tomaba medicamentos para el corazón (aunque sólo tenía poco más de cuarenta años) y le habían diagnosticado las primeras etapas de cáncer de garganta. Los médicos le habían realizado una biopsia y querían operar. Ella también estuvo involucrada en un mal matrimonio.

Ann intentó describir lo que había sucedido y que había desencadenado el suceso inusual. Ocurrió en septiembre, apenas un mes antes. Nina practica un trabajo energético llamado "toque suave", donde actúa como un conducto de energía para ayudar a la persona a liberar cualquier bloqueo para promover el bienestar. Es similar al Reiki y se realiza sobre una camilla de masaje. Ann había ido a la casa de Nina para visitarla y discutir sus problemas, incluidos los problemas matrimoniales. Durante la conversación, Nina se ofreció a ayudarla a relajarse y Ann estaba en la camilla de masajes cuando ocurrió el incidente. Todo esto era totalmente nuevo para Ann y ni siquiera sabía qué era Reiki. Ella esperaba relajarse y tal vez quedarse dormida porque esto sucede a menudo con cualquier tipo de energía o trabajo de masaje. Ann había tenido un día duro en la sala de emergencias del hospital donde trabajaba como asistente y estaba lista para relajarse. La habitación estaba totalmente a oscuras excepto por el tenue resplandor de una vela, para inducir aún más la relajación.

Ann describió lo que sucedió a continuación: "Me estaba relajando porque esto iba a ser como un masaje, y de repente ya no estaba allí. Lo estaba, pero no estaba. Déjame explicarte esto. Sabía que Nina todavía estaba cerca de mí, pero en ese mismo momento yo también estaba en otra habitación en algún otro lugar donde estos seres estaban a mi alrededor y cada uno de los seres me tocaba, en mis brazos o mis piernas, en realidad no tenía mucho miedo de ellos. Era una especie de sensación de... curiosidad. Tenía tanta curiosidad por ellos como ellos por mí. Y recordé que todavía estaba en la mesa de Nina y pude decirle a Nina: 'Nina. Recuerda todo lo que te describo.' Por un momento pude ver a Nina, pero después de decir eso, Nina se fue y yo estaba en dos lugares al mismo tiempo".

Luego, Ann hizo todo lo posible para describir los seres que vio a su alrededor. "Sus caras estaban a mi alrededor. Eran como gel de naranja. Gel realmente espeso, espeso, espeso. Allí también había casi una cara de tipo holográfico. No era una cara real. Nunca abrieron la boca para hablarme, pero yo sabía lo que decían. No sé cómo decírtelo. En mi cabeza escuché la voz, pero los labios de nadie se movían. Sus rostros eran muy cálidos. Pero este gel... Recuerdo que seguía queriendo poner mi mano en él".

D: ¿Para ver si era sólido o líquido?

A: No lo sé. Simplemente parecía atractivo. En realidad, parecía divertido. (Risas) Pero también estaba escéptica y tenía miedo. Quería hacerlo, pero no lo hice. Seguían diciéndome que necesitaban recordar las emociones del amor. Que tuve mucha compasión y ellos realmente me disfrutaron. Había un montón de ellos. Había una persona principal, no una persona, sino un ser, que estaba junto a mi cabeza. Y detrás de ellos estaba toda esta maquinaria. Realmente no podía concentrarme en eso, pero recuerdo haber visto que había perillas, colores y botones. Y la luz que había sobre mi cabeza era enorme. Era enorme y perfectamente redonda. Estaba allí arriba como la luz de un quirófano, pero aún más brillante. No me molestaba los ojos, podía mirarlo directamente. Me dijeron que mirara esa luz y que no me haría daño. Nunca me harían daño, es lo que me dijeron.

Estaba mirando hacia la luz y, de repente, una luz estroboscópica empezó a sonar muy rápido. Y eso no me gustó nada. Me asusté porque mientras estaba allí acostada pensé que intentaban robarme mis emociones. Y estaban tratando de robarme mi amor, y que nunca más lo volvería a tener. No dijeron eso, pero pensé que iban a hacer eso.

Esto es similar al investigador en Los guardianes, quien pensó que le iban a robar los recuerdos cuando le pusieron una máquina en su cabeza a bordo de una nave. Descubrió que en realidad era como una máquina duplicadora. Sólo los estaba grabando, no eliminándolos. Esto pudo haber sido lo que le estaba pasando a Ann.

A: Fueron firmes en hacerme saber que nunca me harían daño. Y de hecho, ahora temería más a los humanos que a ellos. En serio, siento que los humanos son monstruos más aterradores que ellos. Hubo más comunicaciones que tuvimos, en las que simplemente mostraron tantas cosas frente a mí. Y es muy rápido. Y puedo ver fórmulas rápidas incluso en mi mente ahora mismo mientras hablo contigo. Casi podría escribir una parte, pero no puedo escribirlo todo porque llega demasiado rápido. Pero puedo ver números, puedo ver señales.

He escuchado esto muchas veces en los últimos años, que personas de todo el mundo están recibiendo información a nivel subconsciente. La mayoría de las veces aparecen como símbolos geométricos o signos extraños que no tienen ningún significado consciente para ellos. Los reciben de muchas maneras inusuales.

Algunos dicen que mientras están relajándose en un sofá de su sala de estar es cuando un rayo de luz entra por la ventana y apunta a su frente. Y ven símbolos moviéndose hacia abajo en la luz hacia su mente. Otros lo expresan mediante una extraña compulsión de pasar horas dibujando símbolos inusuales. En mi trabajo con los extraterrestres dicen que esto es la transferencia de información a la mente subconsciente mediante el uso de símbolos porque los símbolos contienen bloques enteros de información. La información se transfiere sutilmente al cerebro a nivel celular. Es información que el individuo necesitará en el futuro a medida que la Tierra y la humanidad atraviesen la transformación venidera. Tendrán la información cuando la necesiten y ni siquiera sabrán de dónde procede. Me dijeron, y esto está escrito en algunos de mis otros libros, que ese es el significado de los círculos de cultivo. Los símbolos diseñados en los campos de cereales contienen bloques de información que se transfieren en la mente de cualquiera que vea el símbolo. No es necesario que estén físicamente en los círculos para recibir la información, lo único que tienen que hacer es ver el símbolo.

Ann pensó que parte de la información que estaba recibiendo podrían ser fórmulas. Tuvo una educación limitada, dejó la escuela después del décimo grado y obtuvo su GED más tarde. Entonces ella no tenía ningún conocimiento consciente de la química. Sirvió algunos años en la Guardia Costera como paramédico.

Volvimos nuestra atención a la experiencia y ella intentó describir su apariencia. "Todos ellos se parecían. Sus manos no se parecían en nada a las nuestras. Había cuatro dedos, pero en realidad no era un pulgar. Sin embargo, su maniobrabilidad con los dedos era muy buena. Podían hacer cualquier cosa con ellos. Eran muy susceptibles. Sus dedos no estaban formados como los nuestros. Son como si hubiéramos tomado nuestros dedos índices y extenderlos un poquito más. Si uno de estos saliera más hacia un lado. Nunca olvidaré sus manos. Y estaban sobre mí, así que recordaré las manos. Y sus brazos y piernas son muy delgados y flacos".

Quería entender esto porque parte de la descripción no se ajustaba a ningún otro extraterrestre que mis sujetos hayan descrito. La idea de las caras de gelatina de naranja me desconcertó. Ella dijo que no creía que fuera una máscara, que la gelatina era lo único que encajaba con la descripción. "Grueso, espeso, espeso, espeso, muy espeso. Pero en ese efecto de gel se podía ver casi una cara, pero no una cara. Y el resto es verde. Odio decir esto. Realmente lo odio. Son mis extraterrestres verdes. El feo verde oruga con resplandores de un verde amarillento alrededor de ellos en su piel. La piel en sí era una especie de oruga verdosa". Ella se rió ante lo absurdo de la imagen mental. No sabía qué tan altos eran porque estaba acostada.

Ann explicó que los seres realizaban los mismos movimientos con las manos que Nina cuando le daba energía a Ann en la camilla de masaje. Quizás estaban imitando o aprendiendo.

No quería contarle demasiado a Ann sobre otros casos que había examinado y Nina tampoco decía mucho. No quisimos influir en ella. Sabía que ella no había leído nada sobre este tipo de cosas y quería que la información fuera espontánea cuando tuviéramos la sesión.

Después de la discusión todos fuimos al dormitorio para la sesión. Cuando Ann estaba en trance la llevé a la fecha en que ocurrió el evento en la casa de Nina. Regresó inmediatamente a la noche y repitió la conversación que estaba teniendo con Nina y su esposo Tom mientras estaban sentados alrededor de la mesa del comedor. Nina asentía para indicar que la situación era correcta. Para acelerar los acontecimientos le hice avanzar en el tiempo.

A: Estamos caminando. Y atravesamos el garaje y entramos en otra pequeña habitación. Huele a caballos.

D: ¿Por qué huele a caballos?

A: (Risas) Porque hay caballos. Puedo oírlos.

Nina vive en el campo y tiene un pequeño establo al lado del garaje. Su taller está al lado de los dos. Nina hizo que Ann se subiera a su camilla de masajes para poder ayudarla a relajarse. Nina comenzó a trabajar en el área de su cabeza y luego Ann pareció estar observando algo. Luego preguntó muy suavemente, casi en un susurro: "¿Qué es eso?"

D: ¿Qué ves?

A: Mmmm. Un montón de ellos...varios. No, no son personas. Son seres.

D: ¿Cómo sabes que no son personas?

A: Porque no se parecen a nosotros. Se ven diferentes. Son muy diferentes. Están por aquí, tocándome las manos y los brazos. Están en mis piernas.

D: ¿Puedes sentir cuando te tocan? (Oh, sí.) Si puedes sentir que te tocan, deben ser físicos. ¿Es así?

A: ¡Ah, sí! (Con cuidado, como si quisiera decirlo correctamente.) Me están tocando. Y les estoy dejando tocarme. Le estoy diciendo a Nina que mire. No creo que ella pueda ver a estas personas. Tengo que decirle cómo son.

D: Dime, ¿cómo son?

A: Ooooh, tienen caras esponjosas. Caras gelatinosas, esponjosas y anaranjadas. Tienen ojos ahí.

D: ¿Cómo son sus ojos?

A: Algo burbujeante y oscuro. Burbujas. Dos burbujas. Uno de un lado y otro del otro. Oscuro. No del todo negro.

D: ¿Pero dijiste que las caras son algo esponjosas?

A: Bueno, a tu entender sería esponjoso. Gelatina. Algo suave, a veces con un destello de un efecto ondulado.

D: ¿Todo su cuerpo se ve así?

A: No. Sólo la cara. No puedo ver todo su cuerpo. La cabeza es de un color verdoso... y tiene un extraño color gris amarillento mezclado con ella. Tienen brazos largos. Aspecto plástico. Y simplemente sienten constantemente.

D: ¿Llevan algo puesto?

A: No. No hay ningún hombre, no hay ninguna mujer. No hay ropa. No los necesitan. Su piel es protección. Me están diciendo que no me van a hacer daño. Me están diciendo que tengo emoción. Emoción fuerte y están aprendiendo de mí.

D: ¿Qué están aprendiendo de ti?

A: Amor. No entienden nuestro amor.

D: ¿Puedes hacerles algunas preguntas? (Sí) Diles que tenemos curiosidad. ¿Por qué no entienden estas emociones?

A: (Pausa, como escuchando.) Son de un universo diferente que es tecnológico, mecánico. Está en un nivel vibratorio más alto. No se hacen daño el uno al otro. Nos lastimamos unos a otros.

D: ¿Alguna vez tuvieron emociones?

A: Sí. No como el nuestro. No es como lo entendemos. Los de ellos eran completamente diferentes. Su emoción estaba en la comprensión de la educación, la progresión, la fuerza, hasta que la progresión y la fuerza se interpusieron en el camino. Y a través de su patrón de crecimiento generacional lo pusieron atrás, y ganaron la fuerza y el crecimiento, luego la tecnología. Y se olvidaron de las emociones porque el patrón generacional cambió su estructura molecular.

D: ¿Patrón generacional? ¿Qué quieres decir?

En algún lugar aquí la voz cambió (como siempre ocurre) y supe que estaba hablando con alguien que no era Ann. Cuando esto sucede, siempre sé que podré obtener respuestas que ella posiblemente no podría conocer.

A: Estructura molecular. No lo entiendes, tengo que cambiar las palabras por ti.

Esto significaba que la entidad tendría que buscar en el vocabulario de Ann para encontrar las palabras más cercanas a lo que intentaba transmitir. Esto suele ser difícil porque muchos conceptos son difíciles de explicar utilizando nuestro entendimiento. Me han dicho muchas veces que nuestro idioma es insuficiente. A menudo tienen que recurrir a analogías o ejemplos. La palabra "molecular" se pronunció de manera un poco diferente.

D: ¿Te refieres a la estructura molecular?

A: Sí. ¿Así lo dices allí?

D: Decimos "molecular". ¿Tiene que ver con las moléculas? ¿Es eso correcto?

A: Sí. Cambia los patrones de ondas cerebrales. Cambia los sensores en el cuerpo. La química en el cuerpo, hasta donde se vuelve más mecánica. Es muy difícil de explicar desde este universo. Patrones de generación. Las generaciones a medida que avanzaban, sus cuerpos iban cambiando. Estoy intentando con todas mis fuerzas explicartelo. Necesitas preguntarme mejor.

D: Está bien. Estoy tratando de expresar la pregunta porque a Ann también le gustaría saberlo. ¿Por qué interactúas con Ann en esa habitación?

A: Porque ella es muy abierta. (En voz baja) ¡Oh, guau! Hay dos al mismo tiempo (Ann aparentemente estaba interviniendo).

D: Puedes decírmelo para que pueda entenderlo.

A: ¿Entiendes la telepatía mental?

D: Sí, la entiendo.

A: Está bien. Le hablaremos a través de telepatía mental.

D: Preferiría expresarlo con palabras. ¿Está bien?

A: Si se puede definir.

D: Si puedes definirlo, o si puedes darme analogías. ¿Sabes qué son las analogías?

A: Ah, sí. Vives mucho de esto.

D: Puede que no te des cuenta, pero aquí tengo una pequeña caja negra. ¿Sabes lo que es? Es una grabadora que graba palabras.

Estas entidades a menudo se han referido a mi grabadora como mi pequeña caja negra, así que utilicé su terminología. Les resulta divertido que tengamos que recurrir a dispositivos tan primitivos.

A: Grabamos a través de la luz.

D: Sí, y ustedes siempre preguntan: "¿Por qué necesito un cuadro para registrar las palabras?" No podemos recordar como tú. Así que tenemos que poner la información en el cuadro para poder reproducirla más tarde.

A: Es tu tecnología inferior.

D: Sí, por eso tengo que usar palabras, en lugar de telepatía mental. Entonces puedes entender que tengo que tener analogías. ¿Qué quieres decir con que grabas a través de la luz?

A: Registramos y retenemos a través de la luz. Energía, pigmentación y luz. Ha penetrado en nuestro cuerpo y lo guardamos en nuestra memoria. Y ahí es donde se almacena.

D: ¿Puedes recordarlo cuando quieras?

A: Ah, sí. Podemos ampliarlo en cualquier momento que queramos.

D: Pero conmigo tengo que tenerlo en palabras porque todavía estamos en lo más bajo....

A: Te los daré en palabras.

D: Te lo agradecería. ¿Entonces elegiste interactuar con Ann en ese momento porque ella es abierta? ¿Es eso lo que dijiste?

A: Mucho.

D: ¿Y dijiste que te estás comunicando con ella con telepatía mental?

A: Muchísimo.

D: ¿Alguna vez has tenido contacto con ella antes de esta noche? (No) ¿La elegiste en ese momento?

A: Ella es excelente para nuestras habilidades.

D: ¿Y dijiste que vienes de otra frecuencia vibratoria?

A: Sí. Soy del séptimo plano. Que es un universo creado desde el séptimo plano.

D: Por eso es invisible para nosotros, ¿no?

A: Completamente.

D: Entonces, mientras interactúas con ella, ¿está en realidad en dos lugares a la vez? (Sí) ¿Puedes explicar cómo se hace eso?

A: A través del cambio de vibración. Es un... no sé cómo elegir tus palabras.

D: Inténtalo. (Pausa) Lo único que tenemos es nuestro idioma. No tenemos tus habilidades.

A: Estoy buscando la analogía correcta. Tu patrón de sueño sería lo más parecido con lo que podríamos identificarnos en este nivel. Estás durmiendo, estás aquí. Mientras duermes viajarías. Esto es lo mismo que usamos con ella en su patrón de sueño.

D: Aunque ella no está dormida en el momento en que está en esa habitación. (No) Tampoco es un sueño. (No) Pero, ¿puedes interactuar con su cuerpo físico aunque ella esté en...?

A: (Interrumpido) Mental.

D: ¿Estás trabajando con el cuerpo mental?

A: Correcto.

D: ¿Tienes alguna idea de quién soy y qué hago?

A: Eres profesor.

D: Bueno, he trabajado con muchos de tu tipo. Quizás no sea exactamente de tu tipo...

A: Sí, lo sabemos.

D: Y me han permitido tener conocimiento cuando lo he pedido.

A: Sí, lo sabemos.

D: Pero nunca antes había conocido tu tipo de ser.

A: Lo sabemos. Han pasado muchos, muchos, muchos días. Ha pasado mucho tiempo. Su comprensión del tiempo es muy diferente a la nuestra. Estás en un marco de tiempo y en un nivel ahora mismo en el que serás llamado. Te estás acercando a muchos universos en este momento. Nos estás llamando y nosotros vamos.

D: Porque he interactuado con muchos otros tipos, pero ninguno que se ajuste a tu descripción.

A: Lo sé.

D: Pero eres bueno, ¿verdad? (Oh, sí.) Porque no quisiera tener nada que ver con lo negativo.

A: Esto es cierto. Tu planeta ha tenido tanta energía negativa que nos resulta muy difícil penetrar hasta tu planeta, hasta tu universo. Has distraído este universo con algo terrible. Estarás en un plano de alta destrucción. Estamos buscando personas en este momento en tu plano y en tu universo a quienes podamos penetrar y ayudar. No venimos a hacer daño.

Desde que esta voz comenzó, sonó más grave, más profunda y áspera que la voz normal de Ann. Un sonido antiguo.

D: ¿Estás hablando desde a bordo de una nave o estás en un planeta?

A: Estoy en un nivel plano. No un planeta, sino un avión. Tu comprensión de la artesanía es muy diferente a nuestra comprensión del concepto de viaje.

D: Dijo que podía ver algunas máquinas al fondo.

A: Sí, teníamos que llevarla a un nivel cercano a su comprensión, donde no estuviera... Oh, no sé la palabra para tu idioma. Ella no tendría miedo.

D: ¿Sucede esto a menudo, que la gente piensa que está a bordo de una nave y en realidad no es así?

A: Sí, bastante a menudo.

D: ¿Tu mundo del que vienes es un mundo físico, tal como pensamos en el físico?

A: No como entiendes lo físico. En cierto sentido, de donde venimos, podemos reunirnos como una unidad si es necesario. Déjame explicar esto un poco más. Si hay varios de nosotros que necesitamos combinarnos y unirnos para una mayor comprensión, podemos unirnos en un solo cuerpo.

D: Estoy pensando en una mente grupal.

A: Correcto.

D: ¿Pero se pueden combinar en una sola entidad?

A: Correcto. Esa es la unidad.

D: ¿La entidad se parecería a la forma en cómo te ves ahora, o sería más grande o...?

A: No, no. No hay visión visual en ello tal como ustedes entienden la vista visual.

D: Entonces ¿por qué te apareces ante ella con las caras naranjas y los cuerpos verdes?

A: Esta es su comprensión de nosotros.

D: ¿Realmente te ves así?

A: Podemos aparecer en cualquier forma que necesitemos aparecerle al individuo.

D: ¿Cuál es tu apariencia normal?

A: Somos una masa de energía.

D: Eso es lo que pensaba que sonaba. Entonces, en el lugar de donde vienes, no necesitas cosas físicas.

A: Correcto.

D: Pero aún así dijiste que evolucionaste tecnológicamente.

A: Correcto. Hay muchos planetas en cada nivel y plano universal. Cada uno de estos planetas tiene su propia estructura de rayos. Tenemos que manifestarnos a esa estructura de vigas para su comprensión. Sin nuestra tecnología, entenderte a veces no sería posible progresar. Eres una especie, un ser muy bajo. Se hacen daño unos a otros. Se causan dolor unos a otros. Estamos intentando ayudarte.

D: Pero sabes que no somos todos.

A: Correcto. Pero hay muy pocos de ustedes que entienden ese lado iluminado.

D: Estoy tratando de entender. Dijiste que ya no tienes emociones porque fuiste en la otra dirección a través de la tecnología.

A: Sí. Como unidad combinada podemos entender la emoción.

D: Pero si tuvieras tecnología, estoy pensando en cosas físicas.

A: Sí. Ésa es tu comprensión. La tecnología está en el consumo de energía. La ruptura y división de la energía combinada en una fuente de masa.

D: ¿Tuviste alguna vez un cuerpo físico?

A: Sí, cuando estábamos en un plano inferior. Evolucionamos más allá de eso a través de nuestra tecnología.

D: ¿Pero éste no era el camino correcto a seguir? (No) Si hubieras podido elegir, ¿qué camino habrías tomado?

A: Esa es una decisión personal. Cada entidad tiene esa opción.

D: Pero quiero decir, si no hubieras recurrido a la tecnología y te hubieras convertido en lo que eres, ¿podrías haber ido en otra dirección?

A: Sí, hay varias opciones para elegir.

D: Cuando tenías un cuerpo físico, ¿cómo eras?

A: No existe una única forma de ser físico. Es una elección.

D: ¿Entonces todos podrían verse diferentes? (Sí) Estoy muy limitada por lo que consideramos físico.

A: Sí, lo estás. Tus sentidos del tacto, el olfato, el oído y la vista son muy limitados.

D: Por eso siempre intento ampliar mi comprensión.

A: Intentaré ayudarte. Estás tratando de pensar en una formación física y nosotros estamos tratando de proyectar en una formación emocional.

D: ¿Es esta una de las razones por las que contactaste con Ann porque querías saber cómo funcionan las emociones del ser humano? (Sí, sí.) Es complejo, ¿no? (Oh, sí.) Pero somos un ser complejo.

A: Eres un ser divertido.

D: (Risas) ¿Qué quieres decir?

A: Ustedes, seres humanos, encuentran el humor de las maneras más extrañas.

D: Tú también tienes humor, ¿no?

A: Umm, no en tu nivel de comprensión.

D: Bueno, ¿qué crees que es gracioso?

A: Ustedes seres.

D: (Risas) ¿Observándonos?

A: Sí. Los observamos como una unidad completa.

D: Sí, pero aún así no somos una mente grupal.

A: (De repente) Hace frío aquí.

D: ¿En nuestro mundo, quieres decir?

A: Hace frío.

No sabía si Ann sentía frío en su cuerpo físico o si la entidad estaba experimentando frío en nuestro mundo. Decidí ir a lo seguro y aliviar cualquier síntoma físico. Luego cubrí a Ann con una manta.

D: ¿De dónde vienes puedes controlar mejor las temperaturas?

A: No hay un cambio de temperatura como el que tienes aquí.

D: Bueno, si te comunicas y trabajas con Ann, lo principal es que no queremos que le sufra ningún daño.

A: Nunca dañes a ningún ser. Estamos aquí para ayudarte. Hay tiempo para tu información y conocimiento. En este momento no es necesario que tengas toda la información y el conocimiento. Hemos compartido con Ann algo de información y conocimientos. Y hay ciertas ocasiones en las que aumentaremos esa información y ese conocimiento.

D: Una vez me dijeron que todas mis preguntas nunca serían respondidas porque algunos conocimientos eran más veneno que medicina.

A: Eso es correcto. Ustedes, seres, no saben cómo poner la información en perspectiva para hacer una unidad. Creo que estoy diciendo mal esa palabra.

D: Aunque creo que entiendo lo que quieres decir. Pero me han dicho que si hago las preguntas de la manera adecuada, intentarán responderme.

A: Esto es correcto. ¿Qué quieres saber?

D: Ann dijo que últimamente tenía muchas cosas invadiendo su mente. (Sí) Aunque al principio la asustó, dijo que parece que le están dando fórmulas.

A: Sí, eso es correcto. Son muchas las fórmulas que se están dando. No todas las fórmulas están dirigidas a un elemento específico, como dirías en tu planeta.

D: ¿Para qué se utilizan las fórmulas?

A: Tienes muchos problemas en los que te concentras. Enfermedad.

D: Sí, esa palabra te parece extraña.

A: Sí. No sabes cómo superar esto.

D: Lo estamos intentando.

A: Sí, pero no es así.

D: ¿Las fórmulas que le estás dando en su mente tienen que ver con esta enfermedad?

A: Algunos. Le hemos dado piezas y fragmentos de información. A medida que pase el tiempo, lo uniremos. No podemos cambiar la fuerza de tu mundo. No impondremos ese cambio a su fuerza. Tienes que invitarnos a ese cambio. Tiene que ser una invitación masiva.

D: ¿Pero no podría usar la información para ayudar a otros?

A: Tienen que pedir ayuda.

D: Conocemos personas que podrían convertir las fórmulas en medicina. (Sí, sí.) ¿Podrías decirnos algunas de estas fórmulas para que podamos tenerlas para la pequeña caja negra?

A: Puedo escribirlos por ti. No entiendes mi idioma. Tengo que escribir en el tuyo.

Tenía el bolígrafo y la libreta listos y descubrí las manos de Ann. Luego puse el cuaderno en su mano. Durante varios segundos sintió el papel, especialmente la espiral metálica, como si fuera un objeto inusual. "Tienes artículos extraños".

D: (Risas) Sí, lo es. Un trozo de papel y aquí tienes un bolígrafo. Este es un instrumento de escritura que utilizamos.

Se lo puse en la otra mano. Encontró el bolígrafo curioso y siguió palpando tanto el bolígrafo como el papel.

D: Ése es un instrumento de escritura y sobre eso escribimos. Se llama "papel". ¿Qué opinas? ¿Puedes hacerlo?
A: Tú en tu idioma tienes una fórmula.

Ann escribió en el cuaderno sin abrir los ojos. La entidad explicó que la fórmula trataba de química y alguien familiarizado con la química la entendería. Luego se detuvo abruptamente.

A: Esta es la base inicial simple, un elemento curativo (¿portador?) que penetra hasta el sistema sanguíneo rojo de su especie. Ampliaría los glóbulos blancos para que trabajaran en unidad con los glóbulos rojos que se ulceran en las células cancerosas de su cuerpo. Luego se repondrían para ayudar.
D: ¿Sería ésta una fórmula para algún tipo de medicamento? (Sí) ¿Un líquido?
A: No. Es una masa.
D: ¿Como una tableta?
A: ¿Una tableta? No sé qué es tableta.
D: Una cosa pequeña que se toma por la boca. (Sí) Y un químico que mirara esto podría entenderlo.
A: Algunos. No todas las personas son avanzadas. Esto será investigado.
D: ¿Tienes otra fórmula?
A: No en este momento.

Le estaba quitando la libreta y el bolígrafo a Ann para poder taparla nuevamente. Lo sostuvo un poco más mientras sentía nuevamente la espiral. Le expliqué: "Eso es metal que mantiene unidas las páginas. Es una espiral en el borde".

A: Quiero sentirlo.
D: Mantiene las páginas juntas para que podamos pasarlas. Escribe de un lado y luego del otro.
A: ¿Por qué necesitas hacer eso?
D: Tenemos que tener algo que podamos ver.
A: ¿Por qué no usas tu mente?
D: No hemos llegado al punto en que podamos pensar en mente.
A: (Interrumpió) ¿Por qué?
D: Supongo que todavía no hemos avanzado lo suficiente.
A: Lo harás. Hace mucho frío aquí en tu planeta.
D: Vamos a taparte de nuevo. No te preocupes, no te mantendremos aquí mucho tiempo. Intentaremos ser lo más amables posible porque apreciamos su ayuda. ¿Hace frío en esta vibración? ¿Es eso lo que quieres decir?
A: Estoy temblando. Sí, hace frío.

Comencé a darle sugerencias para su comodidad, para que ella (y él) no sintieran el frío, pero ella me interrumpió justo cuando comenzaba. "Ya no está. Lo leí".

D: ¿Lo leíste?
A: Ya no está.
D: La sensación de frío estaba en el cuerpo a través del cual nos comunicamos.
A: Correcto.
D: ¿Son estas las cosas principales que quieres darle, las fórmulas para la enfermedad?
A: Algunos. Queremos aprender de tu gente.
D: ¿De qué tratarían las otras fórmulas que le quieres dar?
A: Artefacto. Lo llamas "avión". Tu avión está contaminando nuestro sistema.
D: ¿Contaminando su sistema?
A: Tu universo. Y se está filtrando a otros universos. Y debemos poner fin a esto.
D: ¿Qué quieres decir? ¿Nuestros aviones?
A: Tu... Intentaré encontrar las palabras que usas. Tu combustible.

D: ¿El combustible que utilizamos para alimentar nuestra maquinaria?

A: Sí. Correcto. Tienes recursos aquí en tu planeta, mientras hablamos, pero eliges no usarlos. Estos recursos te fueron dados por nuestro mismo creador, nuestro mismo Dios, nuestra misma fuerza energética. Y tu pueblo ha decidido no utilizarlos.

D: Pero sabes que somos sólo una pequeña parte de toda la humanidad.

A: No tienes mucho tiempo.

D: Aunque no tenemos mucho que decir.

A: Sí, todos lo tienen que decir. Tienes todas las opciones.

D: Pero no somos nosotros los que estamos en el poder.

A: Sí, lo estás.

D: Quiero decir, no somos nosotros quienes tomamos las decisiones del mundo.

A: Sí, lo eres. No estás trabajando como una unidad.

D: Eso es cierto. Todos somos individuos.

A: Correcto. Separas tus energías, tus poderes.

D: Por eso lo que digamos no va a afectar a los que están en el poder. Los que.... (Interrumpió: Sí.)

Era obvio que sería imposible discutir con un ser que estaba acostumbrado a operar como una unidad para lograr lo que quería. No podía entender nuestras limitaciones debido al funcionamiento como unidades individuales. Por supuesto, tenía razón. He descubierto esto en mi trabajo (especialmente con Nostradamus): cuando las personas cooperan juntas, su poder mental aumenta enormemente. Pero ¿cómo se le hace entender a la persona promedio que tiene un poder tan latente?

D: ¿Pero dijiste que el combustible se está filtrando a otros universos?

A:(Enfáticamente) ¡Sí! Se disipa en el aire, que irrumpe en nuestro sistema molecular, que viaja a través del tiempo y el espacio.

D: Supongo que no pensamos en...

A: No, no lo haces.

D: ¿Estás hablando de las otras dimensiones? (Sí) Pero ¿qué podemos hacer al respecto?

A: Puedes arreglarlo. Tienes recursos naturales que están plantados en los suelos de vuestra Tierra. Tienes plantaciones en los suelos de tu Tierra en este momento dado, que también se utilizan para tu medicina. Y eliges no utilizar estos recursos.

D: ¿Una planta, dijiste?

A: Sí. No sé el nombre.

D: ¿Cómo se ve?

A: Es... (Pausa) No sé cómo describirlo en tu idioma.

¿Cómo se describe algo si no se conocen las palabras y sus significados? Las otras entidades han tomado la información del cerebro y el vocabulario de mi sujeto. Esta entidad parecía tener dificultades para encontrar las comparaciones adecuadas.

D: Tenemos que saber qué es antes de saber cómo usarlo.

A: Es puntiagudo, bastante puntiagudo.

D: ¿Las hojas?

A: Sí. Hay varios brotes como las falanges.

D: ¿Tiene una flor?

A: A veces tendrá. Tiene un olor fuerte. Hay algunos de ustedes que usan esta planta ahora, pero no la usan en un sentido unitario para todo su planeta.

D: ¿Para qué lo usamos?

A: Lo ingieres en tu cuerpo. Lo respiras.

D: Si tiene una flor a veces, ¿de qué color es la flor? Eso podría ayudarnos a identificarlo.

A: No sé a qué te refieres con el color de tu flor.

D: (¿Cómo explico eso?) Ah. Bueno, la flor es la parte que normalmente dará lugar a algunas semillas más adelante. Tiene pétalos. Tenemos colores como rojo, amarillo, blanco. ¿Tienes algún color en tu espectro donde vives?

A: Tenemos espectros, sí.

D: ¿No tienes colores así?

A: No en tu nivel de comprensión.

D: Porque tendré que tener más información antes de que podamos entender qué tipo de planta es.

A: Nuevamente, te la dibujaré.

D: Eso es muy bueno. Sólo dame un momento y sacaré mis arcaicos instrumentos de escritura otra vez. Porque no podemos mirar dentro de tu mente para tener una idea.

Saqué de nuevo la libreta y el bolígrafo y los puse en las manos de Ann.

A: Disfruto esto.

Nuevamente tocaba los materiales como si fueran objetos extraños y desconocidos.

D: ¿Qué te parece?

A: No puedo describirlo. (Comenzó a dibujar una planta.) Se siente diferente. No estoy acostumbrado a esta sustancia.

D: Eso sí tiene hojas puntiagudas. Eso es lo que llamaríamos "hojas". ¿Las puntas son afiladas?

A: No te hacen daño ni te causan dolor. Te ayudarán. Te lo dije.

D: ¿Puedes dibujar la flor?

A: ¿La flor?

D: Sí, ¿puedes dibujar cómo se ve eso? Eso nos ayudará a identificarla. Dijiste que no sabes colores.

A: La flor. (Ella lo estaba dibujando.)

D: Tiene muchos pétalos. ¿Es esta una planta alta?

A: Oh, sí, muy alta. Mucho más alta que tú como humano.

D: Entonces no estamos buscando algo que esté cerca del suelo.

A: No, comienza bajo. Crece alto. Es una planta muy majestuosa. Aunque tu pueblo la haya pisoteado.

D: ¿No sabemos su valor?

A: Sí, algunas de tu gente conocen su valor. Pero mucha de tu gente pelea.

D: Entonces, ¿esta es la planta que podemos usar como medicina y también como combustible?

A: Sí. Tus recursos son muy limitados. Esta es una estructura vegetal que no está limitada. Es abundante en todo tu planeta. Y no eliges usarla.

D: Probablemente no sepamos que es útil.

A: Sí, hay algunos que sí lo saben. Los hemos visto y hablado con ellos.

D: Entonces, ¿qué parte de la planta se utilizaría para el combustible?

A: El tallo y la hoja. Se repondrá sola. Te fue dado.

D: ¿Para ese propósito?

A: Correcto. Tienes lo que llamas... ¿tu vista? Para ver. Es muy bueno para la vista de uno, ver. Es muy bueno para muchas de tus enfermedades que has creado en tu propio planeta, debido a los recursos que has elegido utilizar. Eres un planeta de autodestrucción y enfermedad.

D: ¿Hemos causado estas enfermedades nosotros mismos?

A: Correcto.

D: Estaba pensando mientras miraba este dibujo. No es un árbol, ¿verdad? Porque los árboles son más altos que nosotros.

A: No, es una planta. Entendemos la vida de tu árbol. Esto crecerá en un… ¿cómo lo dices? Forma de racimo. Le daremos a Ann el conocimiento y la vista. ¿Así es como la llamas, Ann?

D: Sí. Ese es el nombre por el que le llamamos.

A: Lo asociaremos.

D: Tenemos que tener nombres y etiquetas.

A: Sí, nos damos cuenta de eso. A la que llamas Ann, tienes que fortalecerla.

D: Eso es lo que te iba a preguntar. Ella está experimentando algunas dolencias físicas.

A: Ella no ha venido a nosotros para pedirnos curación.

D: ¿Puedes trabajar con ella? (Sí) ¿Estaría bien si te dijera que está permitido trabajar con su cuerpo?

A: No. Tiene que hacerlo. No podemos forzar el cambio de ninguna de sus estructuras sin su permiso.

D: ¿Qué tal si revisamos su lista? Queremos que esté completamente sana, ¿no?

A: Correcto.

D: ¿Qué pasa con la diabetes? (Pausa) ¿Conoces esa palabra? (No) Tiene que ver con cosas dulces que causan problemas en el cuerpo. Hace que el cuerpo se descomponga.

A: ¿Dulce?

D: Dulce. ¿Azúcar?

A: Es una sustancia.

D: Es una sustancia y a veces provoca un desequilibrio en el cuerpo.

A: Un momento. (Pausa larga) Ya no tendrá eso.

D: ¿Puedes hacer que desaparezca?

A: Ella ya lo ha pedido.

D: Porque ella misma tiene que ponerse inyecciones. ¿Sabes qué es eso?

A: Ya no lo hará.

D: Porque a nadie le gusta seguir poniéndose inyecciones.

A: Ya no lo hará.

D: ¿Puedes equilibrar esa parte?

A: Ya se ha hecho.

D: ¿Qué pasa si ella no se da cuenta y aún así sigue poniéndose las inyecciones?

A: No trabajas como una unidad completa en este universo.

D: ¿Podrán los médicos, el personal médico, ver que ella ya no necesita las inyecciones?

A: Lo harán.

D: Porque los médicos dicen que si deja las inyecciones se hará daño.

A: Correcto. La que llamas "Ann".... Un momento. (Pausa larga)

D: ¿Qué estás haciendo?

A: Estoy tratando de convertirme en uno con lo que llamas "Ann".

D: Pero no hay daño.

A: Nunca infligimos daño a los de tu especie.

D: Y sólo una fusión temporal, para que puedas descubrir qué le pasa al cuerpo. ¿Es correcto?

A: Un momento. (Pausa larga) Esto que llamas "dolor" en el cuerpo que mencionaste. Ha desaparecido. Muchos de sus problemas físicos son causados por introducir sustancias incorrectas en su cuerpo vivo. La ingesta de combustible.

D: ¿Lo qué está comiendo o bebiendo?

A: Correcto.

D: ¿Puedes mostrarle qué comer?

A: No comemos sustancias como tú. Depende de su ingesta de sustancias. Lo que tú llamas "fuente de combustible".

D: ¿Qué está tomando como sustancia que no debería?

A: Un momento. (Pausa larga) Es muy difícil describir esto.

D: ¿Lo come o lo bebe?

A: Es un "comer". Es una sustancia. No puedo describir la sustancia. Es de color marrón, de tu color. Estoy entendiendo tu espectro.

D: Ahora puedes ver el espectro.

A: Correcto. Es marrón. Una sustancia oscura. Es una sustancia carnosa. Es de tu animal. Es bastante grande para tu proporción. Tiene... cuatro partes andantes. Usas químicos incorrectos. Quimicalizas tu carne.

D: ¿Y esto le está causando problemas en su cuerpo?

A: Correcto.

D: Creo que sé de qué estás hablando. Es una especie de animal que comemos.

A: Sí, muchos de ustedes lo hacen.

D: ¿Sería correcto decir que es una vaca?

A: No entiendo vaca.

D: Una vaca es un animal grande. Tiene la piel bastante suave. A veces son marrones, a veces son negros. Pero son grandes. (Sí) Y comemos su carne. (Sí) ¿Éste es el que debe evitar? (Si) Muy bien. Porque creo que ella puede hacer eso y sustituir otras cosas. (Sí) Creo que esto la va a ayudar mucho.

A: Ella nos está ayudando.

D: Sí, y a cambio quieres que ella se mantenga sana.

A: Correcto.

D: Entonces ¿puedes ayudarla con estos problemas de garganta?

Pensé que sería mejor tratar de ayudarla con todas sus dolencias ya que estaba funcionando muy bien.

A: Un momento. (Una pausa muy larga)

D: ¿Qué está pasando?

A: Ya está hecho.

D: Muy bien. Muy bien. ¿Desaparecerá inmediatamente o será gradual?...

A:(Interrumpiendo) Sí. Se fue.

D: Entonces el cuerpo está volviendo a su estado adecuado de completo equilibrio y armonía, ¿no es así?

A: Correcto. Ustedes, ustedes, como raza humana, no hacen esto juntos.

D: A veces intentamos hacerlo en grupos pequeños.

A: Mmmmm. Muy poco. Se necesita mucho más.

D: Pero tratamos de mostrarle a la gente que sus mentes pueden controlar sus cuerpos.

A: Correcto. —Esta a la que llamas "Ann", ella puede llamarnos, — en tu estructura de tiempo, dices "diariamente". ¿Qué es diario?

D: Bueno, es un poco difícil de explicar. Tenemos días porque nuestro planeta gira....

A: (Interrumpiendo) ¿Estás hablando de Sol y lunas?

D: Sí. Gira alrededor del Sol. Durante el día es cuando hay luz....

A: (Interrumpiendo) Ella puede invocarnos a cada Sol que llegue al lado brillante de tu luna, según tus palabras.

La voz de Ann había sido tan grave que no se parecía en nada a su voz normal.

D: Eso es diario.

A: Correcto.

D: Cuando se hace de noche, es cuando el planeta se aleja del Sol.

A: Correcto.

D: Sí. Pero lo principal es que tiene que vivir una vida en este plano. Así que no queremos hacer nada que interfiera con eso. Tenemos que vivir en este mundo físico.

A: Hemos venido, no para interferir, sino para ayudarle. No venimos a hacer daño.

D: Al principio tenía miedo de que le quitaras algo.

A: Eso nunca fue.

D: ¿Sabes que a veces uso esta información que escribo sobre ello?

A: Eres profesora.

D: ¿Está bien si uso la información que me dices?

A: Correcto.

D: De esta manera más gente lo sabrá.

A: Es muy bueno que tu pueblo sepa y aprenda a unirse. Eres una maestra. Pero no haces todas las preguntas correctas.

D: Aún no los tengo en mente. Siempre me han dicho que las preguntas son más importantes que las respuestas.

A: Correcto.

D: Así que ten paciencia conmigo.

Luego le pedí a la entidad que retrocediera al séptimo plano de donde dijo que era.

Cuando Ann despertó no tenía ningún recuerdo de la sesión. Intentamos explicarle lo sucedido, especialmente las partes sobre su condición física. Cuando miró el dibujo de la planta pensó que parecía cannabis o marihuana. Se ha dicho que esta planta tiene muchos más usos y valor de los que reconocemos, sobre todo porque el gobierno la ha clasificado como droga.

Le dije a Ann que nunca le diría a nadie que dejara de tomar medicamentos, especialmente las inyecciones de insulina. Pero si estaban en lo correcto y se hubiera eliminado la diabetes, ¿le perjudicaría ponerse inyecciones si su cuerpo ya no las necesitara? Realmente no quería esa responsabilidad. No tenía por qué preocuparme porque Ann dijo que tenía que medirse el nivel de azúcar en la sangre todas las mañanas para indicar cuánta insulina se administraba. Su nivel de azúcar en sangre rondaba los 300.

Algo sorprendente sucedió cuando ella me llamó unos días después. Cuando tomó su lectura de azúcar en la sangre al día siguiente, había bajado a 80. Ella no se inyectó. Todo el día su marido siguió preguntándole cuándo iba a ponerse la inyección. Su respuesta fue: "Ya no lo necesito". Esa fue una declaración muy importante porque demostró que su actitud mental había cambiado y su sistema de creencias había hecho clic. Ella creía que ya no lo necesitaba.

Como tenía programada una cirugía de garganta, volvió con sus médicos en el hospital de veteranos y les dijo que volvieran a hacerse todas las pruebas y que no le preguntaran por qué. Posteriormente todas las pruebas resultaron negativas. No había señales de cáncer de garganta y su condición cardíaca había mejorado hasta el punto de que ya no necesitaba medicación. Han pasado doce años (en 2011) desde que llevamos a cabo esta sesión. Nunca ha recibido otra inyección de insulina. Su nivel de azúcar en sangre bajó de 300 a 80 y nunca ha aumentado. Por supuesto, los médicos no tienen respuestas. Escribieron en su historial médico: "No tenemos explicación para este caso". Ahora les dice a todos: "Yo solía ser diabética dependiente de la insulina".

Sucedió otra cosa que quizá influyó en su curación y estaría más acorde con mi trabajo terapéutico con el subconsciente. Ann estaba en un mal matrimonio y esto le causaba mucho estrés. Una de las principales causas de diabetes que he encontrado es la falta de dulzor. Psicológicamente, la falta de amor en la vida de la persona. Esto también explicaría los problemas cardíacos, siendo el corazón el asiento de las emociones. Y los problemas de garganta, al no poder expresar sus sentimientos a las personas más importantes de su vida.

Poco después de esta sesión Ann se divorció y ella y su hijo viven solos. Sé que este fue un factor muy importante que contribuyó a la cura.

Este fue uno de los casos más dramáticos en los que trabajé en ese momento en 1999. La mayoría de las curas que ocurren ahora durante mi trabajo provienen de la intercesión de la mente subconsciente del sujeto cuando el sujeto comprende el motivo de la enfermedad o los síntomas físicos. En el caso de Ann, se hizo gracias a la intercesión de una entidad de otra dimensión. Sin embargo, estaba sujeto a regulaciones. No pudo interferir, sino que sólo realizó las curas físicas cuando pidió permiso a Ann. Así que la entidad del séptimo plano también estaba sujeta a la restricción de la no interferencia y tenía que estar segura de que Ann realmente quería dejar ir las enfermedades. Cuando tuvo su permiso, las sanaciones fueron instantáneas.

Capítulo 38
LA GENTE DE FONDO

Si este capítulo no te confunde con su extraño y nuevo concepto, entonces no creo que nada lo haga.

Suzette salió de la nube parada afuera de un bosque de árboles muy grandes y altos. Más bien como pinos o cedros que eran muy viejos y enormes. Estaba tratando de ver el Sol, pero parecía estar oculto por algo parecido a una capa de nubes. Luego descubrió que no eran las nubes, sino el aire sucio lo que impedía que el sol brillara. Le preocupaba que los árboles murieran a causa del aire. Luego, para su sorpresa y la mía, vio dinosaurios. Algunos de ellos eran grandes, como el Tyrannosaurus Rex. Dijo que estaban oliendo el aire y que estaban preocupados. Algo no estaba normal y ella también lo estaba sintiendo.

También hubo una sorpresa cuando le pregunté por su cuerpo. Dijo que era feo porque estaba cubierto de un desagradable pelo castaño enmarañado. Se sentía masculino en la mediana edad y llevaba una piel de animal que le caía desde el hombro. Le pregunté si se sentía cómoda en ese lugar y ella respondió: "¡No! Porque el cielo... el aire se ha ido. No habrá vida". Así que definitivamente estaba sucediendo algo inusual. Quería saber si se había sentido cómoda allí antes de esto. "No. Es una lucha todos los días. Debido a las bestias... simplemente vivir es una lucha". Estas eran las bestias más grandes, pero también había otras más pequeñas que se comían. Usaban las pieles de estos después de golpearlos y cortaban la piel con una piedra. Luego secaban la carne. Me preguntaba por qué tendrían que vestirse si estaban cubiertos de pelo. Dijo: "Para protección. Hay plantas más pequeñas con espinas cuando persigues a los animales".

Quería saber dónde vivía y sonó como si estuviera describiendo una cueva. "Es como mirar un túnel en la piedra. Como un agujero. Simplemente va adentro y se abre. Se adentra más, pero el túnel deja entrar suficiente luz". Entonces vio que había una niña en el túnel. "Este agujero... no hay nada más allí excepto la niña, así que creo que escapé a este lugar. Traje a esta niña a este lugar". Había venido de otro lugar. "Es una muerte desconocida. Sé que tengo que proteger a esta niña de lo que hay en el aire. La muerte se acerca. Muerte a los árboles y muerte a los dinosaurios". Describió el lugar de donde había venido como una cueva abierta, donde vivían muchas personas que se parecían a él. "Simplemente no creen que vaya a pasar nada malo. No me creyeron".

D: ¿Cómo supiste que algo iba a pasar?
S: Los árboles y los dinosaurios me lo dijeron.
D: ¿Puedes comunicarte con ellos? (Ajá) ¿Cómo haces eso?
S: Sólo escuchando. Me muestran imágenes. La muerte se acerca.

Nadie más quiso escuchar, así que tomó a la niña y se fue. Los demás simplemente lo ignoraron. La niña no nació de él, sino que era huérfana. Habían recorrido un largo camino desde el grupo original antes de detenerse y quedarse en el túnel. Esperaba que eso los protegiera. Pero ahora se le presentó un nuevo problema: necesitaba alimentar a la niña. "Tengo que cazar. Todo está muriendo. Los dinosaurios están cayendo. Es como si no pudieran respirar. Está asfixiando a los árboles. Tampoco pueden respirar". No le estaba afectando todavía. "Estoy cerca del suelo. Aún no ha llegado hasta aquí. Necesito encontrar comida. Me apresuro... corriendo entre esas plantas que tienen espinas... mirando y mirando.—Encontré algo. Parece un cerdo pequeño o una rata grande o algo así, y lo golpeo". Llevó la comida de regreso al túnel.

Debió haber pasado un período de tiempo, pero claro, este ser primitivo no tendría noción del tiempo. "Salgo y todo está muerto. Todo es marrón, pero todavía estamos vivos. Algunos de los animales se ahogaron. El aire estaba malo". Me pregunté si habría estado bajo tierra por mucho tiempo. "Debe haber sido así, pero puedes respirar de nuevo. Otros animales que vivían en las cuevas o estaban en las profundidades del suelo están volviendo a salir. Los que estaban en el agua sobrevivieron". Entonces, aparentemente, cualquier criatura que estuviera bajo tierra estaba protegida. "Y las plantas están volviendo a crecer a través de las raíces. El aire empieza a volver al cielo. El sol empieza a brillar. Está calentando el planeta. Hacía frío cuando eso llegó".

Decidió regresar y ver si alguno de los demás había sobrevivido. Él no quería, pero pensó que debería hacerlo. Se llevó consigo a la niña. Condensé el tiempo y le pregunté qué encontró cuando llegó allí.

“Muerte. Se han ido todos. No podían respirar”. Entonces, como vivían en una cueva abierta, no podían escapar del aire asfixiante. Le pregunté qué iba a hacer ahora. “Simplemente seguir adelante. La vida seguirá. Iré a ver qué puedo encontrar... a alguien más. Puede que haya otros que sobrevivieron bajo tierra”.

Luego lo hice avanzar para ver si alguna vez encontraba a alguien más. En lugar de eso, vio: “Una luz muy brillante... una luz muy brillante... demasiado blanca. En frente de mí.” Inmediatamente pensé que había muerto y que estaba viajando de regreso a la Fuente, que siempre se describe como una luz muy brillante. Si esto fuera cierto, quisiera saber lo que le pasó. ¿Cómo murió en esa vida? Así que le pedí que se trasladara al último día de su vida y le pregunté qué vio y qué estaba pasando. “Veo una nave que es brillante. Nos están llevando... nos están llevando. La nave... en mi viaje. Aterrizó allí y nos llevaron. La nave era redonda y brillante”. Respiraba profundamente como si estuviera angustiado.

D: ¿Cómo te llevaron?

S: En una luz... había una luz a nuestro alrededor y en la nave.

D: ¿Puedes ver alguna gente?

S: Alto... no peludo... piel clara... ojos blancos... cabello de color blanco. No son como nosotros. No son peludos como yo... yo soy peludo.

Esto suena muy similar a la criatura peluda descrita en el Capítulo 22, La creación de los humanos.

D: ¿Te han llevado a la nave?

S: Sí, me trataron como a una fiera... uno más de los animales. Soy el único que se parece a mí. Me tocan con sus dedos largos y delgados.

D: ¿Puedes comunicarte con ellos?

S: No creo que tengas que hacerlo.

D: ¿Por eso te tratan como a una bestia? (Sí) Quizás no saben que puedes pensar. ¿Sabes a dónde te llevan?

S: Vemos dos estrellas. Están en el cielo. Hay ventanas a mi alrededor. Hay muchos cilindros redondos... muchas luces de diferentes colores.

Este viaje podría haber tomado mucho tiempo, así que condensé el tiempo nuevamente y lo adelanté hasta que finalmente llegaron a donde lo llevaban. Vio una ciudad compuesta de cristales. "Es… estoy en casa. (Suspiro profundo) Cristal... todo es cristal... ¡Estoy en casa! Me trajeron de regreso a casa. —Se suponía que yo era uno de los seres. Elegí ir a ese lugar donde estaba tan peluda. Ahora estoy de vuelta en casa".

D: ¿Aún tienes el cuerpo peludo?

S: Mientras camino se va cayendo. El pelo... ese papel... estoy cambiando de nuevo a lo que era.

D: ¿Quieres decir que el cuerpo no tenía que morir? (No) ¿Acabas de volver a transformarte?

S: Sí. Estoy mucho más feliz. No me gustaba ser peludo.

D: ¿Por qué lo elegiste?

S: Debía traer de vuelta a esta niña. Yo debía salvar a esta niña.

D: ¿Pudo hacer bien el viaje?

S: No la veo ahora.

D: Pero ese era tu trabajo, salvarla. (Sí) ¿Y ésta es su casa? (Sí)

S: *¿Sabes dónde es? ¿Lo llaman de alguna manera?* (Pausa) Veo una Z. Veo una X. No entiendo los símbolos.

D: Quizás tenga sentido para ti más adelante. ¿Cómo es tu cuerpo ahora?

S: ¡Es maravilloso! No tiene vello corporal, es alto, piel blanca, cabello rubio, ojos azules.

D: ¿Como los demás en la nave?

S: Sí. Se estaban burlando de mí cuando era peludo. Es mejor estar en casa con todos los cristales, todos los cristales y todas las luces.

D: ¿Se estaban burlando de ti porque lo habías olvidado? (Él se rió: Sí.) Cuando fuiste y experimentaste ser peludo en ese otro lugar, ¿naciste como un bebé en esa vida? ¿O cómo sucedió?

S: Creo que fue el proceso normal cuando nací en ese grupo de personas, así que tienes que ser aceptado, pero a mí nunca me aceptaron al crecer. No me escuchaban.

D: No te entendieron. ¿Y mientras estabas allí, te olvidaste de tu casa? (Sí) Olvidaste de dónde vienes. Creo que es interesante que no tuviste que morir para salir de ese lugar.

S: No morimos.

Simplemente fue transformado nuevamente a su estado original. Ahora que había vuelto a donde sentía que pertenecía, quería saber qué tipo de trabajo hacía allí.

S: Vamos a este lugar y hacemos un diario de lo que aprendimos. Un registro de lo que vimos y de lo que pasó. Y te energizas con los cristales.

D: ¿Cómo haces eso?

S: Todo lo que tienes que hacer es tocarlos. Hay sonido, vibraciones... hay curación. Diferentes luces, colores, se reflejan a través de ti.

D: ¿Esto te trae de vuelta a la normalidad?

S: Sí, te da energía. Curas cualquier cosa que necesite ser reparada. Es tan correcto y tan pacífico allí, y tan hermoso gracias a los cristales.

D: Pero decidiste dejar este lugar. ¿Para explorar?

S: Ese es nuestro trabajo. Tenemos que ir a elegir otro trabajo. Vamos donde necesitan ayuda. Y tuve que salvar a esa niña. No pude salvarlos a todos, así que salvé a esa niña.

D: Lo intentaste, pero los demás no quisieron escuchar. ¿Qué le pasó al aire? Desde donde estás ahora, ¿sabes qué estaba causando eso?

S: Sí. Eran multitud de volcanes y todo lo que podía estropearse. Eliminó el oxígeno del aire; Se llevó el sol y simplemente no podían respirar. Nada podía respirar. Cualquier cosa que fuera grande, que requiriera mucho oxígeno, moría. Hubo mucha actividad y la gente no sobrevivió y los animales grandes no sobrevivieron. No tenían protección.

D: ¿Sabías que esto iba a suceder antes de ir allí?

S: Sí, en la ciudad de cristal lo conocí. Pero no sabía cuándo estaba allí. Simplemente no me sentía cómodo con todo ese cabello. (Me reí.) Pero tenía que tenerlo para integrarme.

D: ¿Qué vas a hacer ahora? ¿Te quedarás allí por un tiempo?

S: Sí, me quedaré. Voy a revisar mis opciones.

D: ¿Tendrás que ir a otro lugar?

S: Sí. Ese es nuestro trabajo. Miramos todas las cosas y luego decidimos.

D: Pero tienes una opción, ¿no?

S: Sí, tenemos opción.

D: ¿Te muestran estas opciones?

S: Oh, sí, cuando miras en el cristal. Es un cristal grande y es como líquido. Un poco más espesa que el agua. Y puedes ver la vida de una persona y cuál es su trabajo y qué está haciendo. Simplemente miras toda su vida.

D: Pero sabes que los humanos tienen libre albedrío. Las cosas pueden cambiar, ¿no? (No) Quizás sí ¿Estás viendo una posibilidad?

S: Sólo ves un camino, el para qué debe estar ahí esa persona.

D: ¿Sí? Pero a veces las personas no toman ese camino una vez que están en el cuerpo.

S: Hmm... crea caos.

D: Porque sabes que tienen libre albedrío y a veces olvidan para qué están ahí, ¿no?

S: No. Simplemente no escuchan.

D: Puedes venir al cuerpo con todas las buenas intenciones sobre lo que se supone que debes hacer, pero a veces otras cosas se interponen en tu camino.

S: Es como esa gente de la cueva, son sólo personas. No tienen jornada. Son sólo personas. Yo tenía una trayectoria. Esa niña tenía una trayectoria.

D: Entonces, si eliges una opción, ¿no te desvías de ese camino? ¿Es eso lo que quieres decir?

S: Sí. Hay tantos en esta sala donde están los cristales que eligen una vida o tienen una jornada. El resto de la gente no es enviada aquí para una trayectoria.

D: ¿Para qué son sus vidas entonces?

S: Es como un telón de fondo.

Esa fue una declaración extraña. Nunca había oído eso antes.

D: ¿Qué quieres decir?

S: En una película pintan algo alrededor de la persona para que haya un telón de fondo.

D: ¿Entonces los demás realmente no tienen propósitos?

S: Correcto. Vienen a vivir, respirar, trabajar y morir.

D: ¿Hay alguna esperanza de que puedan encontrar un camino, o son un tipo diferente de alma?

S: Ellos no eligieron. Simplemente están aquí para ser parte del telón de fondo. Son esclavos. Son esclavos que van de un sistema estelar a otro y sirven de telón de fondo.

D: Simplemente estar ahí para estas personas con un propósito.

S: Sí. Para que puedas aprender, para mantenerte en tu camino, debes tener a estas otras personas en tu camino, viviendo a tu lado, pero tú estás aquí para recibir una lección y ellos están aquí como telón de fondo.

D: Sí, pero a veces te crean problemas, ¿para intentar sacarte de tu camino? (Sí) ¿Eso es parte de su propósito, distraerte? (Sí) Pero cuando estás en tu cuerpo, no sabes todas estas cosas, ¿verdad?

S: No todos los seres son la fuente de luz. No todos los seres de luz son la fuente de luz. Están aquí simplemente como energía para ayudarnos con nuestras lecciones, para crear caos o para trabajar o simplemente para vivir. Ciertos seres van a aprender las lecciones de la Fuente de luz. Es como si fueras simplemente un ser superior.

D: ¿Entonces los demás no evolucionan para convertirse en seres superiores?

S: No, son sólo energía. Como hacer una película donde usan extras.

D: Pero aquellos que están en el sendero, la fuente superior, ¿pueden reconocerse entre sí entre toda la masa de otras personas? (Sí) Si pudiéramos hacer eso, no dejaríamos que las cosas nos molestaran tanto, ¿verdad?

S: Así es.

D: Si supiéramos que estaban ahí para agregar dramatismo, ¿por decirlo así? (Sí) Pero cuando analizas estas opciones, puedes ver todas las diferentes vidas en las que vas a vivir. Sabes que estás hablando a través de un cuerpo humano en este momento, ¿no? (Sí) Probablemente sea una de las opciones que elegiste, la que llamamos "Suzette". ¿Viste eso como una opción antes de venir?

S: Sí. Sólo elegí opciones en las que podía salvar a alguien.

D: ¿Por qué elegiste la vida que iba a ser Suzette?

S: Ella será utilizada para entregarse a los niños y a los seres de luz superiores a enseñar. No volveré al planeta de cristal en mucho tiempo, así que tengo que enseñar. Tenemos que conseguir que la fuente de vida tenga una vibración más elevada en este planeta. Ella enseñará a los niños y animales que son fuentes de vida.

D: ¿Los animales también son importantes?

S: Ciertos animales son una fuente de vida superior.

D: Entonces, al igual que los humanos, ¿muchos animales e insectos son como el telón de fondo? (Sí) ¿Y algunos son de vibración más alta?

S: Sí. Hay tanto dolor en este planeta.

Aquí Suzette expresó dolor y dijo que le dolía la cabeza. Di sugerencias de bienestar para eliminar las sensaciones físicas.

S: Hay demasiado dolor. Hay dolor por todas partes con los animales y con la vida vegetal y en el agua, y tengo que ayudar. Tengo que ayudar a enseñar estas fuentes de vida que son de vibración más alta para que puedan ayudar al planeta y ayudar a los animales y ayudar a los árboles. No puedo simplemente irme. Tengo que quedarme aquí y ayudar. (Ella gimió como si estuviera muy frustrada.) Gran trabajo.

D: Sí, es un gran trabajo. Pero no estás solo. Hay otros que vienen a ayudar, ¿no?

S: Sí. Puedes sentirlo. Puedes sentir la vibración.

D: ¿Qué quieres que haga Suzette para ayudar?

S: Enseñar a los jóvenes. Ellos también vinieron aquí, pero todo va a pasar más rápido. Van a ayudar antes porque solo hay... ¡OH! Me duele la cabeza. (Volví a dar sugerencias).

D: ¿Por qué tienen que aprender más rápido?

S: El tiempo es corto debido a estos seres inferiores. Lo único que quieren hacer es lastimarse unos a otros. Quieren destruirse unos a otros. Quieren destruir la tierra, lo que daña a los animales, a los árboles y al agua. Y, en definitiva, hay que llegar a los jóvenes para que puedan difundir la palabra y ayudar a sanar el planeta.

D: ¿Los adultos no van a poder ayudar?

S: Los adultos de fuente superior. Los demás han pasado de hacer su trabajo de telón de fondo a estar enojados. Quieren estar enojados con alguien o algo y todo lo que quieren hacer es matar... matar o herir. (Ella volvió a hacer una mueca de dolor.)

D: Su enojo crea una emoción que atrae energía. ¿Es eso lo que quieres decir?

S: Sí. Deberíamos detener eso.

D: El tipo de energía negativa que puede dañar las cosas.

S: Sí, puede dañar el planeta.

Le pregunté sobre el propósito de Suzette. "Ella debe trabajar con los jóvenes. Enseñar, escuchar, comprender". Le dijeron que no tenía que salir a buscar gente, que las fuentes de vida superiores vendrían a ella. "La gente que sabe... sabe... la gente sabe. Ella vino a curar o a salvar". Suzette había dicho que, desde muy, muy pequeña estaba muy enojada por haber sido enviada de regreso aquí, y no entendía esto.

S: Sí, este trabajo es grande. Ella no quería venir. ¡Este trabajo es grande! Hay tanto dolor... tanto dolor.

D: Pero ella eligió estar aquí.

S: Bueno, creo que necesitaba elegir. Están enviando fuerzas vitales. No pudimos elegir este trabajo. Este es un gran trabajo. Se han enviado muchas fuerzas vitales aquí para salvar este planeta. Preferiría haberme quedado en la ciudad de cristal.

Suzette es muy psíquica en su vida actual. Puede ver cosas que sucederán en el futuro.

S: Lo vi claro cuando era peludo. Sabía que todos iban a morir. Puedo verlo en cada línea de vida.

D: ¿Se supone que Suzette debe usar esas habilidades en esta vida?

S: Sí. Confiar y enseñar. Pensamiento espiritual superior.

D: Dijo que la gente no la escucha. No le creerán.

S: Simplemente hablar con aquellos que tienen la fuente de vida superior. Todo se está acelerando. Hay menos tiempo. Por eso tuvimos que venir todos aquí. Hay menos tiempo. Tenemos que salvar el planeta.

D: He oído que hay algunos que no podrán ser salvados.

S: No. La gente del fondo, pero están enojadas.

D: Las vibraciones están cambiando. ¿Entonces la gente se quedará con la vieja Tierra? (Sí) ¿Y por eso están enojados?

S: Sí. Es como si estuvieran actuando y tuvieran un guión y estuvieran desempeñando este papel, y su papel es destruir este planeta.

D: ¿Tienen enojo por esto? (Sí) Pero el planeta no puede ser destruido, ¿verdad?

S: No. No puede ser. Es como cuando murieron los dinosaurios y murieron los árboles, pero todo volvió a la vida. No los dinosaurios ni los árboles, pero no conocen esa parte. Pero este es un planeta hermoso. Esta es una hermosa casa. No es tan bonito como el lugar de cristal, pero...

D: ¿Entonces la gente de fondo se quedará con la Tierra pasando por todos los cambios, la parte de la catástrofe?

S: Sí, no sobrevivirán. Se habrán ido. Los demás seguirán adelante. Este nuevo lugar será tan hermoso. La vibración será muy alta y este será un lugar de aprendizaje.

D: Eso es lo que estaba tratando de entender. ¿Se separará en dos partes?

S: Sí. Son como dos niveles, y la vieja Tierra estará en un nivel y la nueva Tierra estará en un nivel superior. Pero no se verán, como si estuvieran en dos túneles del tiempo.

D: Eso es lo que me han dicho. Uno ni siquiera será consciente del otro. (Correcto)—¿Pero tu quieres enseñar a los niños para que puedan ir a la nueva Tierra?

S: Sí. Más con mayor vibración pueden ayudar a salvar, y este será un planeta de enseñanza. Hay otros lugares que están enseñando, pero este será un planeta de enseñanza.

D: ¿Entonces aquellos que se quedan con la vieja Tierra vivirán sus vidas de una manera diferente? (Sí) ¿Dijiste que esas personas no están evolucionando en absoluto?

S: Sí. Son como un telón de fondo, ya sabes, como pintar un cuadro y pintar a alguien sobre él.

D: Entonces, a medida que la Tierra pase por todos los cambios y catástrofes, mucha gente morirá.

S: Sí, sí. Habrá mucho de eso. (Con total naturalidad.)

D: ¿Pero de todos modos eligen esto antes de venir?

S: No, no tanto elegir. Son una especie de esclavos. Son llevados de un lugar a otro para hacer allí lo que sea necesario porque son solo energía.

En esta vida Suzette recordaba haber visto dos estrellas y preguntó sobre esto. “Estas dos estrellas en el cielo, ¿son esa la ciudad de cristal?”

S: Vas hacia las dos estrellas. Allí está el pasado de la ciudad de cristal.

Este fue un concepto interesante que abrió una forma diferente de ver las dos Tierras y la separación de la Vieja a la Nueva. Estaba en la edición final de este capítulo cuando de repente tuve una revelación. Es extraño cuántas veces tienes que leer algo antes de que finalmente encaje. Quizás así sea como funciona la mente; hay que exponerla a algo varias veces antes de que finalmente tenga sentido.

Pensé que la idea de la Gente de Fondo era interesante y ciertamente un concepto nuevo, pero luego vi más en lo que el SC estaba tratando de transmitir. Muchas veces en mis conferencias la gente quiere más información sobre la separación de la Vieja y la Nueva Tierra, y sobre aquellos que quedarán atrás. Ahora creo que este concepto contiene algunas de las respuestas. Dijeron que la mayoría de nosotros elegimos venir y experimentar la vida en este momento y vinimos con un propósito más elevado: ayudar a salvar la Tierra. Pero, sin que nosotros lo supiéramos, también se enviaron otras energías a la Tierra para desempeñar pequeños papeles en los escenarios que hemos creado, para actuar en nuestra ilusión. Estos fueron llamados la Gente de Fondo, que vienen a vivir, respirar, trabajar y morir, pero no tienen otro propósito real que ser los extras de nuestra obra; el telón de fondo contra el cual actuar. Los llamaban "esclavos", pero creo que es una palabra bastante dura. Son sólo energía y son llevados de un sistema estelar a otro para desempeñar su papel. Algo así como los extras de una película que se pasan toda la vida interpretando ese papel insignificante y nunca llegan a desempeñar el papel principal. Me recuerda a la película La historia de Truman, donde el joven pasó toda su vida viviendo dentro de una ilusión creada donde los actores interpretaban sus papeles, antes de que finalmente se diera cuenta de que no era real. Los demás interpretaban sus papeles de forma muy realista y convincente.

Dijeron que estas personas se han enojado, pero creo que han adquirido ese enojo al asociarse con la negatividad que los rodea. Y esta negatividad ha aumentado su ira. Esto ha creado todas las guerras y catástrofes que están presentes ahora en la Tierra. Esto también explicaría los miles de personas que mueren en las diversas guerras y catástrofes naturales. Están ahí para proporcionar dramatismo a nuestra ilusión. Dijeron: "Los llevan de un lugar a otro para hacer allí lo que sea necesario porque son sólo energía". Creo que la única manera de ver esto es eliminando todas las emociones. Queríamos vivir ciertos acontecimientos de nuestra vida, y estas fueron las personas contratadas por Casting Central para completar las escenas.

No digo que esto sea cierto, pero es un concepto interesante sobre el que reflexionar. ¡Más dulces mentales! Tómalo o déjalo.

Ahora mi opinión es que estos son los que se quedarán con la Vieja Tierra, la Gente del Fondo, porque no tienen una vibración o un propósito más elevado. Nos enseñan lecciones con su mera presencia, pero no pretenden evolucionar más. Estos son los que quedarán atrás. Aquellos que realicen su propósito superior y eleven su vibración y frecuencia viajarán a la Nueva Tierra. Habrá quienes llegaron sabiendo su misión y tenían altos ideales, pero dejaron que la negatividad de los demás los derribara e influyera en ellos. Éstos también tendrán que permanecer con la otra energía en la Vieja Tierra mientras se separan. Por eso es que es importante que nos demos cuenta de que es sólo una ilusión y descubramos nuestro papel en la creación de la Nueva Tierra y nuestra parte para ayudar a otros a encontrar el suyo. Y no ser absorbidos por la energía enojada de la Gente del Fondo y quedar atrapados en la Vieja Tierra. Por eso es algo tan individual. Cada uno debe encontrar su propio camino y despertar nuevamente al propósito que vino a cumplir.

Este extraño concepto de personas de fondo que eran similares a los extras de una película me dejó una impresión duradera. Ahora, cuando estoy en un aeropuerto abarrotado, en un crucero o en una ciudad ajetreada y veo a toda la gente ocupada en sus asuntos aparentemente ajenos a los demás, pienso en "personas de fondo". Un concepto interesante y que probablemente tenga más importancia de la que creo.

Capítulo 39
LOS FRAGMENTOS SE REÚNEN

Cuando fui a Santa Fe para dar mi clase en el Northwest New Mexico College en 2008, me quedé en una casa de huéspedes en el campo en las afueras de Santa Fe. La altitud me molestó todo el tiempo que estuve allí (10 días). Vi a muchos clientes en la casa de huéspedes antes de ir a la clase en El Rito (el otro campus). Los problemas físicos desaparecieron una vez que regresé a Albuquerque y regresé a casa.

Pamela ya estaba en un lugar extraño cuando salió de la nube.

P: Todo brilla. Todo está vivo. Todo aquí lo sabe. Es bastante hermoso y bastante vivo. Bastante real para mí.

D: ¿Qué brilla en este lugar?

P: Cristales. Todo lo sabe, todo está vivo, inteligente, siempre.

D: ¿Dónde están los cristales?

P: En todas partes. Son como alfombras, pero también están en el aire. Quedan suspendidos en el aire. Todo el reino es luz, pero está en cristales. Todo brilla con colores muy sutiles.

D: ¿Los cristales forman colores?

P: No, la luz forma los colores.

D: ¿Es este un lugar físico?

P: No, es un lugar dimensional. Es energía viva.

D: Parece que sería una energía poderosa.

P: Lo es, pero es suave. Esto es muy relajante. Es fuerte, pero no está separado de mí, así que no lo sientes tan agresivo.

D: Toma conciencia de ti mismo. ¿Tienes cuerpo o cómo te sientes?

P: No, yo también soy eso. Luz.

D: ¿Entonces no tienes forma física?

P: Puedo formar una si quiero, pero tengo más una forma de luz que tiene una forma un poco parecida a mí.

D: Suena hermoso. ¿Y no tienes ningún motivo para ser sólido o físico?

P: No tengo mucha razón.

D: Entonces simplemente te gusta ser la luz y la energía.

P: Lo soy. Yo soy, sí.

D: ¿Hay otros ahí contigo? ¿O sientes a alguien más alrededor?

P: (Respira profundo) Siento simultaneidad. Siento que estoy en un lugar donde todo lo que he conocido se está uniendo. Todo lo que he sido y he conocido está en este lugar al mismo tiempo. Hay una convergencia de luz, por lo que todos esos cristales son parte de la totalidad.

D: Dijiste todo lo que has sabido. ¿Eso significa en otras vidas, o qué?

P: Otras vidas y otras dimensiones, y sólo dentro de Dios. Me estoy sintiendo feliz. Quiero esa cercanía de que todo se uno. Esta es la totalidad. Esto es toda la vida, todo a la vez.

D: ¿Entonces es un lugar diferente al lado Espiritual a donde vas cuando dejas un cuerpo físico?

P: Esta es una dimensión del lado Espiritual. Este es un lugar que apenas estoy empezando a conocer. Tengo semillas y esas semillas, como los cristales, están convergiendo.

D: ¿Es esta la primera vez que estás allí y lo experimentas?

P: Lo siento, tu pregunta no tiene sentido.

D: Sólo me preguntaba si lo habías experimentado antes.

P: Tengo semillas y ahora se está develando.

D: Entonces es hora de tomar realmente conciencia de ello.

P: Ya es hora. Es hora. Necesito saber que todo vendrá junto a mí en el momento adecuado y necesito sentirlo en mi cuerpo.

D: ¿Entonces es un sentimiento diferente al que has tenido antes?

P: Sí, esta vida. Se siente muy, muy bien. Está resonando y me estoy transformando en ella. (Respira profundo.) Parece que estoy absorbiendo conocimiento directo en lugar de necesitar saber, más espontáneo en el momento. Sé qué hacer, me siento segura y relajada. Aquí es más bien donde todo mi ser se une al en su totalidad al mismo tiempo. Todo lo que he sido y conocido se está uniendo.

D: Estás viendo y sintiendo esta energía por una razón. ¿Se supone que debes hacer algo con eso?

P: Concentrarme en la reunión dentro de mí. Es como si hubiera llamado todo, todas las partes de mí en todas las dimensiones, juntas. Y se unen y es en ese enfoque donde todo se desarrolla.

D: ¿Es eso lo que quieres decir con "reunión"?

P: Sí. Todos los fragmentos se están moviendo hacia mí, hacia el uno, ahora.

D: Porque me han dicho que nos astillamos o fragmentamos en muchas piezas y partes diferentes.

P: Sí, he sido muchas cosas. Todas las piezas se están uniendo.

D: Entonces es hora de no más estar separados. (Sí) Pero cuando estaban separados, estaban aprendiendo muchas lecciones, ¿no?

P: Lo hice y lo terminé. Ya no hay motivos para la fragmentación.

D: ¿Por qué es importante que sepas esto, que es una unión de todos los fragmentos?

P: Aumenta el disfrute y la paz en mi vida. Disfrute de todo. Todo.

D: ¿Disfrutaste antes?

P: Lo hice, pero estaba dentro de los fragmentos. Las piezas de cristal se van juntando. Están encajando. Hay cosas que están sucediendo dentro de la unión.

D: ¿Qué quieres decir? Estamos tratando de entender el proceso.

P: (Suspiro) Recordaré más. Tendré más poder. Mi naturaleza angelical se está abriendo más para permitirme jugar. Más habilidades para utilizar aspectos superiores de mí mismo.

D: ¿Por qué sucede esto en este momento?

P: (Suspiro) Porque se puede.

D: Pero Pamela hace un trabajo maravilloso con las energías. (Pamela era sanadora energética).

P: No se trata de Pamela. Hay otros seres entrando en este.

D: ¿Qué quieres decir?

P: Otros seres, seres de luz, también vienen aquí.

D: ¿Es esto parte del proceso de integración?

P: No, es diferente. La integración permite que otros seres intervengan.

D: ¿No les resultó tan fácil entrar antes?

P: Antes no era necesario. Ella hizo lo que le pidieron. Es hora de que otros participen. Ella lo permitirá. Ellos están aquí.

D: ¿De dónde vinieron?

P: No hay ningún lugar.

D: Mi principal preocupación es que sean positivos.

P: Ella no está preocupada. Éstas son ella. Estos son aspectos superiores de ella misma.

D: ¿Entonces todos son parte del proceso de integración?

P: No integración de los cristales. Estos son diferentes aspectos de la luz.

D: Entonces los otros eran más o menos los aspectos de la vida física.

P: Son aspectos, sí, de fragmentación, de individualidad. Este no es un aspecto de fragmentación del yo. (Respira profundo.) Estos son aspectos de los dones de Dios que nunca se han fragmentado. Su trabajo seguirá siendo prácticamente el mismo. La energía cambiará para tener más potencia. Más poderoso, mucho más poderoso.

D: Pero dijiste que este es el momento ahora mismo. ¿Esto es necesario?

P: Esto es parte de la celebración. No es parte de la necesidad. Esto es parte del amor. Ella ha satisfecho las necesidades. Quiere experimentar más de Dios. Expandirse y crecer dentro de la naturaleza de Dios. Esto es algo como regalo.

D: Dijo que tenía la sensación de que algo le estaba sucediendo, como un despertar de algún tipo.

P: Esto es gradual y repentino a la vez. Se trata de un cambio repentino en la capacidad vibratoria.

D: ¿Estos seres de luz estarán en ella todo el tiempo o vendrán y se irán?

P: Todo el tiempo.

D: ¿Tiene que recurrir a ellos cuando hace su trabajo? (No) Al utilizar esta energía, ¿su trabajo será más efectivo en la curación?

P: El propósito no es tanto efectividad, sino explosión del sabor de Dios. Definitivamente notará una diferencia cuando trabaje. Cada uno lo siente de una manera diferente y ella ha desarrollado vínculos para desarrollar lenguaje y técnicas para ayudar a las personas a disfrutarlo y vivirlo cómodamente. Ella les ayudará a aceptarlo.

D: La gente viene a ella para ser curada. ¿Es esta una de las cosas para las que se utilizará esta energía?

P: Una de las cosas, sí. No es principalmente para la gente. Es principalmente para el Todo.

D: ¿Su desarrollo?

P: No su desarrollo, el Todo. Es un movimiento dentro del Todo.

D: Quiero que ella pueda entender este proceso cuando despierte.

P: El entendimiento es inteligente. Siempre hay comprensión. Siempre hay compasión. En este momento hay un cambio de la mente individual a la totalidad.

D: ¿Esto está pasando en todas partes?

P: En todos los lugares donde sea posible.

D: ¿Es esto parte de los cambios de vibración y frecuencia que están sucediendo? (Sí)

Le expliqué que sabía acerca de la nueva Tierra y de pasar a una nueva dimensión. Estuvo de acuerdo en que esto era parte de ese proceso.

D: ¿Otras personas también van a experimentar esto?

P: Sí, muchos, muchos están despertando ahora. Ser conscientes de su totalidad. Todas las partes de la Fuente que estaban suspendidas, ahora se están integrando.

D: A medida que avanzamos hacia esta nueva dimensión, ¿todo tiene que unirse? ¿Y cada vez más personas se dan cuenta de que ya no están separadas?

P: Sí. A medida que más y más se fusionan con sus partes completas, a los demás les resulta más fácil aceptarlo. Se sentirán más cómodos.

D: Para algunas personas no es un proceso cómodo, ¿verdad?

P: Ellos han elegido eso. Algunas personas eligen crecer a través de la incomodidad.

D: A medida que nos integramos con el Todo, ¿dijiste que nos sentiremos diferentes?

P: Todos se sentirán diferentes, todos. Todos se sentirán más cómodos con la Totalidad. Sabrán que algo le está sucediendo a su alma.

D: ¿Pero todavía conservaremos el cuerpo físico?

P: Para aquellos que lo necesiten, sucederá. Esto está sucediendo al mismo tiempo para aquellos que están en el cuerpo y fuera del cuerpo.

D: ¿Los del lado espiritual también están experimentando esto?

P: Sí, esto no tiene nada que ver con estar en un cuerpo. Es hora.

D: ¿Tiene que ver con el desarrollo del planeta?

P: No es desarrollo sólo de este planeta. Es desarrollo del Todo, de todo, de todo a la vez. El universo, todo se mueve de un modo diferente.

D: ¿Entonces no hay manera de detenerlo o cambiarlo? ¿Es algo que tiene que pasar?

P: Es la elección de Dios.

Le expliqué que había oído que habría dos Tierras y que en la vieja Tierra estas cosas no sucederían.

P: No estoy conectado con eso. Estoy conectado con la parte que se está moviendo hacia la totalidad.

D: Pero esto no es como la muerte, o la muerte del cuerpo físico, ¿verdad?

P: Si los cuerpos físicos están aquí o no, no es la cuestión. Todos lo experimentan igual dentro o fuera del cuerpo, dentro o fuera de cualquier conciencia, en cualquier lugar. No es importante entender lo que está pasando, sólo disfrutarlo.

Esto sonaba algo similar al cono de energía que se les implantó a todos en 2009. Capítulo 30. Me pregunto si es lo mismo con una redacción diferente.

D: Si el proceso de integración apenas comienza ahora, ¿a qué conducirá en última instancia?

P: Un ascenso hacia un todo unificado. Una mayor totalidad puede funcionar dentro de cada individuo. Es más como si hubiera un hilo, una especie de hilo unificador que va a estar presente en todo. Todo se sentirá más conectado con todo lo demás en todas partes. En todas partes, todo será elevado a otra dimensión.

D: ¿Cómo será esa otra dimensión? ¿Puedes contarnos algo al respecto?

P: Es como un tejido entretejido que de repente alinea todo con la conciencia de la esencia.

D: Entonces, cuando lleguemos a esa parte, ¿ya no tendremos individualidad?

P: No, habrá individualidad. Simplemente habrá más hilos de unidad disponibles y funcionando. La individualidad está cambiando hasta cierto punto y hay una superposición de totalidad.

D: ¿Cómo está cambiando la individualidad?

P: Se está completando más fragmentación de más aspectos.

D: Entonces ya no habrá necesidad de tener vidas físicas. ¿Es eso lo que quieres decir?

P: En realidad no hay vidas físicas, por así decirlo. Pero habrá menos dispersión de la experiencia.

D: Estoy tratando de entender. Todavía hay personas que están acumulando karma. ¿Eso hará alguna diferencia?

P: Yo no soy parte de ese flujo. No sé. Sólo sé que soy parte de este tejido de Totalidad. Soy parte de lo que se está uniendo. Está sucediendo ahora.

D: Aunque sé que el tiempo no existe de tu lado, ¿tienes alguna idea de cuánto tiempo más tomará para que todo se arregle?

P: Según nuestra perspectiva, ya sucedió. Se está desarrollando, pero ya ha ocurrido en los niveles internos. La vida seguirá prácticamente igual. Esta energía está disponible para todos, para ser utilizada de la forma que quieran. Ese es el trabajo. Ellos decidirán si quieren ser parte o no. Se les da a todos y ellos tomarán las decisiones que deseen. Cambia todo automáticamente. Hay una falta en la creación debido a la falta de plenitud. Cuando hay más plenitud presente, la creación ocurre automáticamente.

D: Por eso le digo a la gente que tengan cuidado con lo que piden, que tengan cuidado con lo que quieren crear porque parece que sucede más rápido.

P: Eso es cierto.

D: Solía tomar mucho tiempo.

P: Eso fue a propósito.

D: De la manera como era la Tierra, tenías que tener tiempo para estar seguro de que eso era lo que querías.

P: Sí, el aprendizaje en determinadas curvas tiene que ser lento.

D: Entonces ahora puedes tenerlo mucho más rápido. (Sí) Pero primero tienes que estar seguro de lo que quieres.

P: Pero la Totalidad proporciona la respuesta a lo que quieres. Sólo cuando no sabes lo que quieres, que la creación se confunde. Ellos no lo crean. La Totalidad lo crea. Cuando hay suficiente totalidad funcionando, todas las creaciones muestran individualidad con pureza. Simplemente se dan cuenta de que la Totalidad está con ellos y que la Totalidad funciona para generar todo lo que es exactamente exclusivo de ellos. Exactamente y todo lo que necesitan. Si permiten que el enlace contenga el mapa de la

Totalidad que está llegando, entonces todo funciona automáticamente. En todos los planos en todos los sentidos.

D: ¿Entonces ellos también pueden recuperar su salud usando esta energía?

P: No usan la energía. La energía los utiliza.

D: ¿Hay algo que tengan que hacer para contactar con esta Totalidad?

P: No. Está disponible, pero no hay que resistirse. La energía de la Totalidad te ayuda a saber lo que quieres. El problema es que la gente no sabe lo que quiere.

Estaba buscando algún tipo de ritual o proceso que un individuo pudiera utilizar para invocar esta energía de creación. A los humanos siempre les gustan las instrucciones. En El Universo Complejo - Libro Tres, Capítulo 37, está el capítulo donde la energía curativa habla y dice cómo se puede invocar en cualquier momento.

P: Hay pequeñas formas en que las personas reprimen el sentimiento de merecer ser felices. Lo que se necesita sobre todo es confianza.

D: Estamos acostumbrados a pedirles a nuestros ángeles y guías que nos ayuden a crear algo.

P: Todos los ángeles y todos los guías están empezando a vincularse. Ahora hay un vínculo, por lo que hay menos individualidad en todos los niveles. Es como tener todos los ángeles en lugar de uno. Hay menos espacio entre el deseo y el apoyo. Es un acelerador del proceso. En este momento, Pamela se está vinculando con aspectos del conocimiento y con aquellos que han compartido el conocimiento. Esto está facilitando un vínculo.

D: Quiero que ella entienda por qué le están dando esta información.

P: No necesita la información más que el proceso de conexión con vastas redes de personas en movimiento, lo que fundamenta el cambio.

Pamela tenía una pregunta física sobre la que quería información. Había sido un misterio durante los últimos diez años. Dijo que de repente sentía un hormigueo en el cuerpo y luego no podía moverse. Permanecería así durante bastante tiempo (horas), y era perturbador para otras personas a su alrededor el que fueran testigos de esto.

P: Estas son partes de los fragmentos que llegan. Fue entonces cuando se abrió la Totalidad.

Cuando ocurrieron estos incidentes, Pamela nunca tuvo miedo. Ella solo quería entender lo que estaba pasando porque en esos momentos tenía que ir y acostarse hasta que pasara.

P: Este es un cambio dentro de la Totalidad, versus la culminación de la fragmentación.

D: ¿Entonces entraría otro fragmento y se mezclaría?

P: O más de la Totalidad se estaba integrando. Suspendía y des coordinaba temporalmente.

D: Claro, fue un poco desconcertante porque, aunque ella no tenía miedo, a veces pasaba en público.

P: Ella siempre estuvo cuidada.

D: No le ha pasado desde hace un tiempo, ¿entonces esa parte terminó?

P: La Totalidad es más sutil y la fragmentación es más completa. Hay otro tipo de cosas que sucederán. Cambios de energía que traen cambios en el cuerpo-mente que son temporales. Hay poco deseo de preocuparse por el cuerpo y más deseo de estar con el Espíritu en ese momento. Hay un alivio de la carga del cuidado.

D: ¿Notará algo físicamente en el momento en que sucedan estas cosas?

P: Una ligera descoordinación debido a un cambio de enfoque. Está mejorando en mantenerse conectada. Es temporal, siempre temporal. El amor es importante porque el proceso es amor ahora mismo. Como es sabido, la inteligencia es mucho más funcional que la información. Esas inteligencias ahora se han vinculado a ésta.

Otro cliente mencionó algo que sonaba similar cuando "ellos" hablaban de una fusión de almas.

D: ¿Puedes explicar qué es eso?

M: Ahí es cuando una persona se abre cada vez más a sus aspectos superiores. Lo que sucede es que la mente se abre y parece que alguien entra en ella. Pero la conciencia simplemente se expande de modo que asimilan más y más aspectos de sí mismos.

D: ¿Qué se siente si pasa algo así, de esa manera sabremos qué es?

M: Se siente como si tuvieran más conciencia. En realidad, se sienten más ligeros de espíritu y pueden notar pequeños cambios de personalidad. Quizás algunos gustos o disgustos puedan cambiar. Pero muy pronto, aquel, el aspecto que se ha expandido se acostumbrará a dónde está y sabrá cómo trabajar más con esta persona. Todos estamos creciendo en todos los niveles.

Siguiendo con Pamela:

Quería saber si podríamos tener alguna información sobre los cambios que atravesaría la Tierra antes de pasar a la siguiente dimensión.

P: Hay muchas posibilidades en movimiento en este momento y ella es parte de ese proceso que está tratando de unificar todo para lograr el mejor resultado posible. Hay fuerzas en juego; muchas, muchas matrices, muchas fuerzas. Todos serán atendidos en todas partes, sin importar sus circunstancias. Todo avanza hacia una mayor unidad, como quiera que se vea exteriormente.

Capítulo 40
LAS FOTOS

Dawn y su hija Alexis vinieron a mi oficina para tener sesiones separadas. Dawn me sorprendió regalándome un paquete de fotografías y el CD en el que estaban impresas. Dijeron que se los habían llevado en 2004 y que no sabían qué hacer con ellos ni a quién entregárselos. Finalmente decidieron que me los debían dar, que yo sabría qué hacer con ellos. Esto fue en 2006 y los he guardado sin saber en qué libro deberían entrar. En el momento de la sesión era difícil de entender. Finalmente, ahora en 2011, creo que entiendo mejor lo que el SC estaba tratando de describir, y creo que es hora de presentárselo finalmente a los demás. Se nota cuánto he crecido desde 2006 y que mis conceptos se han ampliado. Espero estar en lo cierto.

Dawn dijo que habían estado afuera una noche y vieron un objeto inusualmente brillante en el cielo. Al principio pensaron que era una estrella, pero era más grande y más brillante que cualquiera que hubieran visto antes. Apuntaron su cámara hacia allí y tomaron una serie de fotografías. Luego observaron cómo el objeto se desvanecía gradualmente. Cuando revelaron la película quedaron atónitas. Lo que se mostraba en las fotografías no era en absoluto lo que vieron esa noche. Vieron un objeto sólido, no uno que se movía, se transformaba y ondulaba como el de las imágenes.

A lo largo de los años la gente me ha enviado fotografías similares, pero siempre las relacionaban con ovnis porque no tenían otra explicación. Creo que esto muestra que la mayoría de lo que la gente considera naves espaciales desconocidas tiene otras explicaciones, incluso más complicadas.

Realicé dos sesiones, una con cada uno de ellos por separado. La información que llegó fue similar, pero creo que la de la madre (Dawn) tenía más descripción. Habíamos pasado por dos vidas pasadas y estábamos conversando con el SC. Ya había ayudado con información personal y había trabajado en problemas físicos graves. Entonces quería preguntar sobre las fotos:

D: Quería una aclaración. Dawn y su hija Alexis me trajeron estas fotografías ayer y sienten mucha curiosidad por ellas. ¿Puedes identificar lo que hay en las imágenes?

DA: Son las fuerzas superiores que trabajan con el planeta. Están tratando de mantenerlo en equilibrio. Están trabajando con redes de energía en ambos lados de las dimensiones, de este lado y del otro.

D: Pero en la foto casi parecía un objeto físico.

DA: Sí, es una entidad. Es elástico. Puede extenderse a una gran cantidad de territorio expandiéndose. Simplemente funciona en ambos lados. Trabajando con el equilibrio del planeta, la energía trabaja, difundiendo la bondad alrededor del planeta a medida que se mueve y se extiende, mientras se mueve y se extiende, se mueve y se extiende, casi como los amorosos brazos de una madre. Todo es parte de la evolución, del espíritu y la evolución del intelecto, la evolución de la conciencia viva a medida que sales. Esto es lo que hace esto. Esto hace esto con algo más que el planeta Tierra. Ésa es su función y para eso fue creada. Va y trae equilibrio con amor. Es una energía femenina... suave.

D: Ella dijo que cuando lo vieron en el cielo, parecía una estrella.

DA: Sí, camuflaje.

D: Lo que aparece en las imágenes no apareció hasta que se ampliaron y pareció cambiar de forma. Por eso pensamos que era un objeto físico de algún tipo.

DA: El ojo humano y el cuerpo físico humano no está en ese nivel vibratorio para poder verlo a simple vista. Puedes sentirlo. Las personas sensibles pueden sentir su presencia, pero no pueden ver detrás de su camuflaje. Pero la cámara lo capta.

D: ¿Por qué les permitieron fotografiarlo?

DA: Porque otras personas necesitan verlo y saber que las cosas están bajo control, que todo avanza según lo previsto.

D: ¿Es así como se ve normalmente porque tiene forma de "gusano"?

DA: Sí, puede cambiar de forma y tamaño dependiendo de lo que esté haciendo. Se adapta al entorno en el que trabaja y también a la dimensión en la que trabaja, dependiendo de la composición energética de la dimensión en la que trabaja.

D: Casi parece orgánico.

DA: No. Es un ser de luz. Tiene elasticidad. Tiene partes itinerantes pre móviles a su alrededor, videntes que también hacen el trabajo.

Que giran a su alrededor, que se conectan, se entrelazan y guían como en una situación de tipo a distancia. Y son todas partes del todo en sí mismo.

D: ¿Normalmente se ve así o es simplemente la forma en que la cámara lo captó?

DA: Normalmente no se vería así de este lado, pero a través de su atmósfera, en su dimensión aquí, así es como se vería normalmente. Pero tal vez en otro sistema estelar... las cosas se ven afectadas por su entorno. Es como si un pensamiento fuera afectado por el entorno. Su apariencia depende de los efectos de la dimensión en el entorno en el que se presenta. Puedes pensar en una silla en un entorno y se verá de una manera; Puedes pensar en una silla en otra dimensión, en otro entorno, y se verá de otra manera. No se verán iguales, aunque sea el mismo pensamiento o imagen.

D: ¿Cómo se ve realmente? Quiero decir... ¿qué es real de todos modos... (Risas) en su estado normal?

DA: ¿En su estado normal cuando está relajado?

D: ¿De dónde viene, ¿cómo aparece?

DA: Sólo un enorme vapor... ENORME vapor de luz... Enorme vapor de luz.

D: Porque Alexis dijo en su sesión que era tan grande que no podías comprenderlo. (Sí) ¿Tiene eso sentido?

DA: Sí, desde nuestro punto de vista, lo es porque su reino terrestre es mucho más pequeño que el lugar donde se encuentra cuando está entre trabajos. Todo es cuestión de perspectiva.

D: ¿Entonces estaba aquí para ayudar?

DA: ¡Eso es lo que hace! Sí. Es un cuidador. Se nutre del "Cuidador".

D: ¿Pero está aquí para ayudar con lo que está pasando con la Tierra en este momento?

DA: Sí. Se extiende casi como un saco, un saco de energía y se extiende por todo el planeta. A medida que pasa por sus cambios y muchas de las energías negativas que desgastan las cosas, su energía de amor suaviza esto, repara los agujeros, repara las lágrimas, lo devuelve y reajusta las vibraciones. A medida que las vibraciones del Alma y la Tierra evolucionan, se desgasta y se desgarra, y esto regresa y lo repara como un calcetín y afina esa energía si necesita ascender. Todo se mueve más rápido a medida que aumenta su tasa de energía.

D: Entonces aparece en las fotos como pequeño, y dijiste que es enorme. ¿Es porque estaba muy lejos de ellas o qué?

DA: Es enorme en su propio lugar natural de descanso. Pero cuando entra en otras dimensiones y en otros sistemas solares, se acomoda y cambia su tamaño. Puede que necesite volverse real, muy pequeño si está funcionando en el ámbito diminuto, o si está en un ámbito de tamaño mediano, se adaptará y se convertirá en el formato en tamaño para acceder exitosamente e interactuar con el planeta con el que está trabajando. O puede ser muy grande. Es fluido. Es flexible. Puede expandirse o puede volverse pequeño.

D: ¿Entonces simplemente se les permitió verlo en esa forma? (Sí) ¿Dijiste que se supone que la gente debe saber sobre esto?

DA: Hay algunas personas que se supone que deben saberlo, sí.

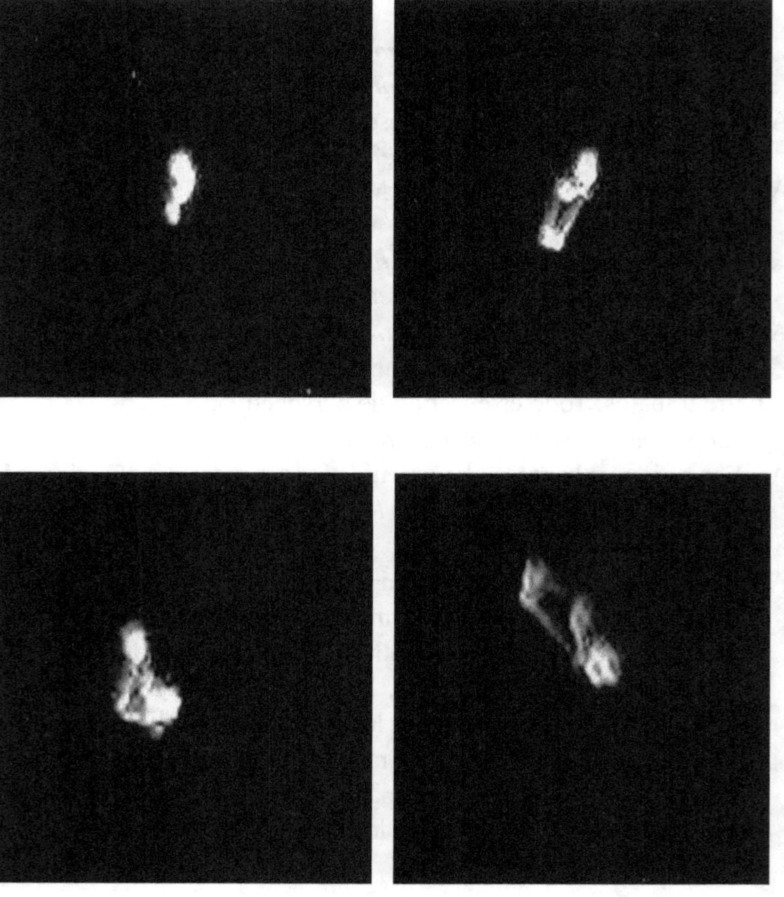

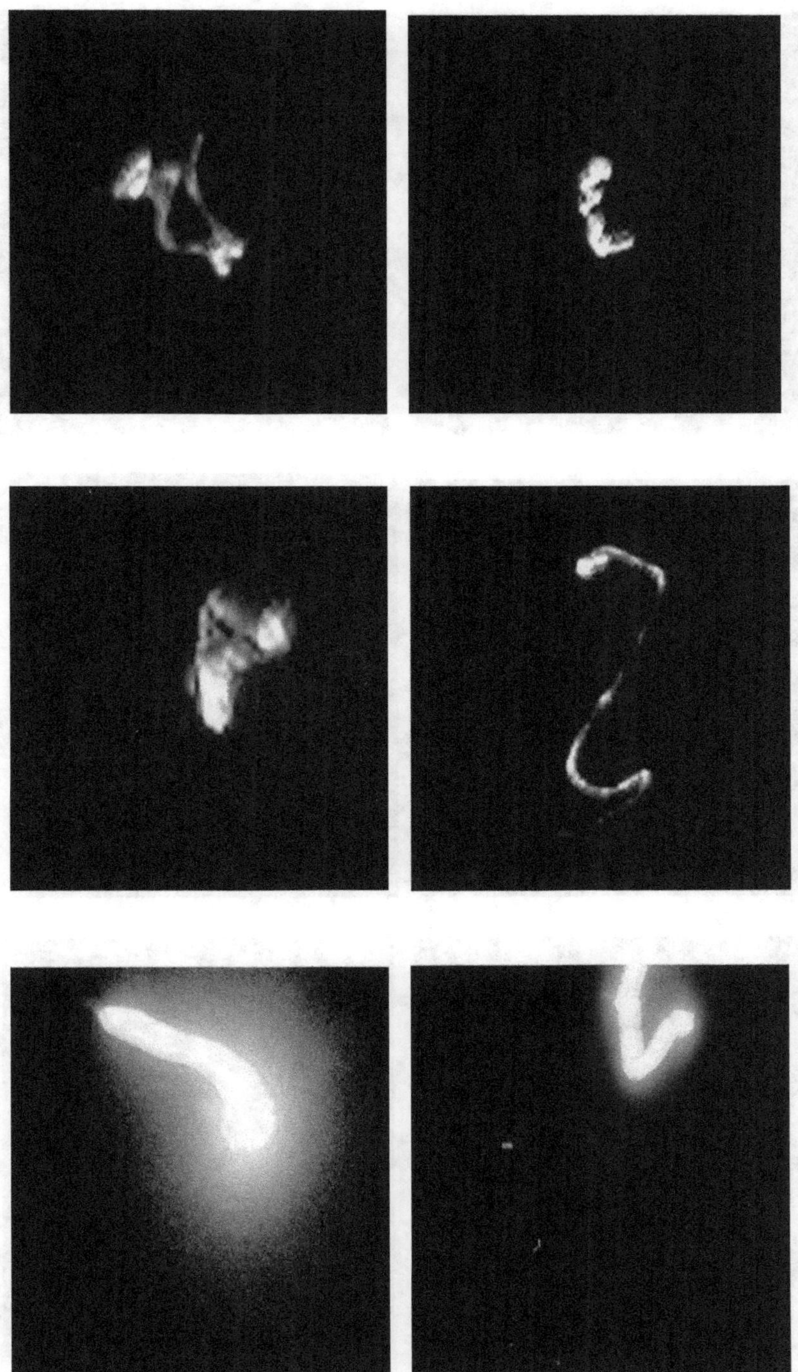

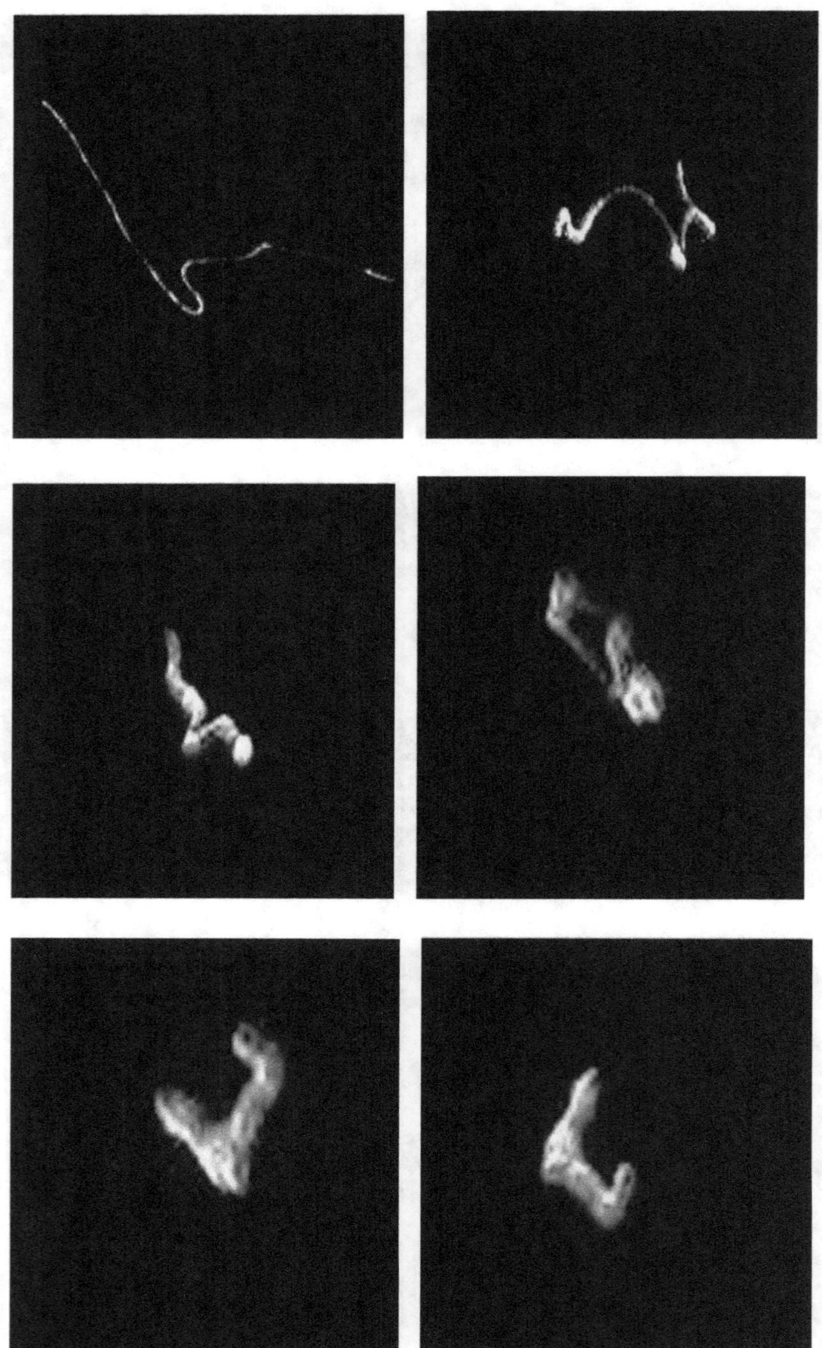

D: ¿Podré usar las imágenes e intentar explicar esto a la gente?

DA: Sí. Esa es una de las razones por las que vinieron aquí.

D: ¿Para mostrármelos?

DA: Sí. Se lo han estado preguntando desde hace algún tiempo. Sabían que se suponía que debía ir a algún lugar para hacer llegar la información a las personas que necesitaban verla. Les dará una sensación de seguridad. Siempre habrá quienes no lo entenderán y podría causarles miedo. Pero las personas que estén dispuestas a escuchar esto y verlo, les infundirán un sentimiento de apoyo. Los sistemas de apoyo están ahí. Los mecanismos están ahí. Todo funciona como debe ser. Si crees que eres un soldado solo... no lo eres. Basta con echar un vistazo a lo que hay ahí arriba.

D: Cuando le mostré las fotografías a mi hija Julia, sintió una tremenda cantidad de energía y vibración que emanaban de ellas. (Sí) Y también empezó a sentir que tal vez tenía algo que ver con el ADN. ¿Es eso correcto?

DA: Bueno, está trabajando con todas las energías para hacer avanzar al planeta en su evolución, y todas están interconectadas. ¿Cómo puedo explicar esto? Afecta la energía del planeta hasta el núcleo, por lo que afectará toda la energía, la estructura de toda la energía. Tiene que elevarse a medida que el planeta evoluciona y avanza más en su evolución. El cambio tiene que unirse y eso es lo que esto también hace. Elevas la vibración desde el exterior, hasta el centro... hacia afuera. La imagen que está en el cielo funciona de afuera hacia adentro.

En mi libro El Universo complejo – Libro dos, hubo dos menciones de una fuerza energética que se dirigiría hacia la Tierra a principios de la década de 2000 para ayudar a elevar la conciencia. Esto penetraría hasta el centro mismo de la Tierra y afectaría a todos los seres vivos (incluso a las plantas y los animales). Sin embargo, sería invisible a la vista humana. Quizás esto esté asociado con lo que Dawn fotografió en 2004.

D: ¿Al centro de la Tierra? (Correcto.) Afecta a todo.

DA: Correcto. Es como si el polvo se asentara. Es casi como si creara un saco embrionario a su alrededor. El planeta está creciendo.

D: ¿De esta manera las personas, los animales, las plantas, cualquier cosa en sus alrededores también se vería afectada? (Sí) Entonces según la teoría de mi hija, ¿crees que está afectando el ADN con la energía?

DA: Sí porque el ADN es energía. Es energía codificada en la materia física. Ésto es una cosa buena. Este es un trabajo liviano y es parte del plan para el planeta y para nosotros, porque nosotros también somos el planeta. Todas las personas del planeta son parte del organismo y todo es parte del proceso. Esta no es la primera vez que esta cosa en el cielo realiza este tipo de trabajo. Esto es lo que hace. Llega cuando es necesario. ¡Esa es la descripción de su trabajo!

D: Entonces, ¿está ayudando con la evolución del planeta a medida que avanzamos hacia lo que llamamos la "Nueva Tierra"?

DA: Sí. También es un constructor de espíritu, un fortalecedor. Por lo tanto, es necesario que las fotos salgan a la luz para que la gente lo sepa, para que se sientan protegidos y guiados en cierto sentido. Guiados y protegidos.

D: En cierto sentido, podríamos llamarlo el equivalente de Dios si quisiéramos. ¿Energía tan fuerte?

DA: Cuando dices Dios... ¿quieres decir...?

D: La Fuente. Lo que llamas la Fuente.

DA: Sí. Fuente. Es parte del Uno. Es parte de lo que el Uno ha creado y envía parte de sí mismo, aunque tenga aspectos femeninos porque es un cuidador, un calmante. Estimula el cambio y el crecimiento y los alimenta manteniendo el entorno energético en una situación en la que naturalmente produce evolución. Es parte de la Fuente. Es esa parte de la Fuente la que creó. Es así de ALTO. Es así de avanzado. Proviene de la Fuente. Es grande. Es parte de la institución Creadora.

D: ¿Institución?

DA: Sí. Todos somos Creadores, yendo desde los más pequeños hacia arriba, hacia arriba y hacia arriba. Cuando hemos evolucionado, nos volvemos más grandes y mejores creadores. Nos hacemos más grandes y mejores hasta llegar a la Fuente, que es la número uno, y ese es nuestro objetivo. Tomar lo que hemos aprendido y traerlo todo de vuelta a la Fuente. No sé cómo explicarlo.

D: Oh, estás haciendo un buen trabajo. Entiendo. Pero durante la sesión de ayer me dijeron que estuviera preparada porque muchas personas verán las imágenes y no las entenderán. No lo van a creer.

DA: Pero de todos modos hay mucha gente que no cree ni entiende tantas cosas.

D: Y pensarán que de alguna manera es falso. La mayoría de ellos piensa en ovnis, extraterrestres, así que eso es lo más lejos que puede llegar su imaginación.

DA: Sí, y algunos de ellos ni siquiera lo comprenden.

D: Al menos sabemos que no tiene nada que ver con nada de eso.

DA: No, no es un OVNI. No, no, no, no, no, no es un OVNI. Es más alto que los reinos angelicales. Es como un ángel, en los reinos angelicales. Si quieres intentar explicárselo a la gente para que lo entienda, diles que podrían verlo como un ángel "de gran tamaño" o algo así. (Risas)

D: Quería aclararlo. Si voy a trabajar con gente y hablar de ello, tendré que entender. Y ustedes siguen dándome conceptos cada vez más difíciles. Supongo que el mundo está listo. (Risas)

DA: Siempre hay alguien que está listo, pero las cosas se posponen hasta que haya un grupo lo suficientemente grande que esté listo. De donde obtienen esta información y es más exitosa y más rápida para difundirla. Cuando llegas y solo hay uno listo, será mucho más difícil y llevará mucho más tiempo. Más que si hay un grupo. Así que ahora hay un grupo lo suficientemente grande y esto también hará que los científicos piensen más en sus teorías cuando vean esas imágenes. Los físicos pensarán más en las relaciones entre la luz y la energía cuando vean esas imágenes. No sólo afectará a las personas a nivel del alma donde solicitan el avance de su alma; También afectará a los médicos a nivel científico en el mundo y físicos del mundo. Incluso lo entenderán a través de sus teorías y sus investigaciones. Será una puerta de entrada para ellos. Abrirá un reino de comprensión en todo el esquema de las cosas. Un esquema más profundo y más amplio de las cosas con solo observar las fotografías y aplicarles el conocimiento que conocen, que descubren.

D: ¿Hay algo más que quieras que sepa sobre esto?

DA: Si llega algo, definitivamente te lo dirán.

Capítulo 41
FINIS

Estaba trabajando en una fecha límite para terminar este libro. Tenía que estar en imprenta en una fecha determinada porque ya estaba en el catálogo del distribuidor y los pedidos se estaban haciendo en las librerías. La gente me decía que Amazon había anunciado que estaba disponible. Cuando escuché eso me reí: "¡No lo creo! Todavía está en mi cerebro y en mi computadora". No ayudó que lo estuviera escribiendo mientras estaba en una conferencia y en una gira de clases. Me estaba presionando mucho. Acabábamos de completar nuestra Conferencia anual de Transformación en junio de 2011 en Arkansas. Todos los que alguna vez han organizado una gran conferencia saben la cantidad de trabajo que requiere. Inmediatamente después, con poco tiempo de descanso, me encontraba en una gira nacional de conferencias y cursos impartiendo clases por todo Estados Unidos y Canadá. Luego estuve en casa sólo una semana para prepararme para la gira de dos meses por Europa en agosto, que finalizó con una conferencia muy grande en Bangalore, India, en octubre de 2011. Luego estuve en casa por una semana y estuve seis semanas en Singapur y Australia en noviembre de 2011. Pasé tiempo viajando de ciudad en ciudad, entrevistas de radio, grabaciones de televisión, conferencias, clases. Aviones, trenes, coches, hasta que realmente no sabes dónde estás. Todos los hoteles se parecen, todos los aeropuertos se parecen, todas las salas de conferencias se parecen. Muchas veces, cuando estaba lista para comenzar una conferencia, preguntaba al público, medio en broma: "¿Dónde estoy? ¿En qué ciudad estoy? ¿En qué país estoy? La gente es igual donde quiera que vaya. El idioma y los acentos son la única pista que tengo a veces. Mi hija dijo: "Después de un tiempo no puedes recordar cuándo sucedió algo porque el tiempo simplemente se confunde. Se convierte en un recuerdo de evento. Realmente es ilustra para mí que el tiempo es una ilusión. Es de día en el país en el que se encuentra y de noche en Arkansas. O, en algunos casos, es hoy aquí y mañana (o ayer) allá. Todo esto debe tenerse en cuenta al intentar comunicarse con el mundo "real" que dejaste. Realmente muestra que el tiempo no tiene significado (aunque estemos atrapados en él).

Entonces, en medio de todo esto, estaba tratando de terminar este libro. Estaba usando todo el tiempo libre que podía encontrar entre eventos para trabajar en mi pequeña computadora portátil en mi habitación de hotel. Gracias a Dios por la nueva tecnología. Ahora no tengo que viajar con montones de manuscritos para editar. Todo se puede hacer con la pequeña unidad flashdrive.

Todavía recuerdo mis primeras incursiones en el mundo de la informática cuando tuve la primera en los años 1980. Escribí mis primeros cinco libros en la antigua máquina de escribir manual y luego pasé a la máquina de escribir eléctrica. En aquellos días conocíamos el verdadero significado de "cortar y pegar". La nueva invención de la computadora fue como una revolución milagrosa. No tenía que volver a escribir cada página si encontraba un error. No era necesario complicarse con los retornos del rodillo y enrollar el papel. Pero encontré buenas razones para no confiar en aquellas primeras computadoras novedosas. Con demasiada frecuencia se comían mis palabras y las digerían hasta el punto de que nunca más las encontraban (excepto en mi cabeza). Muchas veces, después de trabajar durante horas en un capítulo, presionaba el botón de "guardar" y salía de la habitación con los dedos cruzados. No sabía si lo salvaría o decidiría comérselo. En este último pude ver mis palabras flotando sin cesar en el limbo. Lo imprimía inmediatamente porque siempre podría desaparecer en cualquier momento. Al menos estaría en papel y podría tocarlo. Lo peor que podría pasar sería que tuviera que escribir todo de nuevo, pero era seguro. Ahora varios de mis libros se pueden almacenar en el pequeño dispositivo flash de sólo unos pocos centímetros de largo. Estoy segura de que se encuentran en etapas de desarrollo formas aún más milagrosas de almacenar información. Pero debido a mis primeras experiencias con las computadoras en la década de 1980, todavía tengo sospechas, así que lo puse por escrito lo antes posible.

Entonces, en este viaje de 2011, atesoré cada momento que pude aprovechar para estar sola y trabajar en el libro. Descubrí que la mejor manera de terminar un libro es estar encerrado en una habitación en un país extranjero. En mi habitación, la televisión estaba en un idioma extranjero, por lo que no servía de nada intentar verla. La única ventana de la habitación daba a los tejados, así que ni siquiera tenía un hermoso paisaje que me distrajera. Entonces podría sumergirme totalmente en el proyecto. Mi hija seguía diciendo: "No quiero presionarte más, pero ese libro debe estar terminado para cuando lleguemos a casa en noviembre".

En este viaje fuimos a muchos países diferentes, muchos de los cuales siempre quise ver. Sentía tanta atracción por algunos que estaba seguro de que debía haber tenido una vida pasada allí. Sin embargo, cuando llegué allí, me sentí decepcionada a ese respecto. Las ruinas antiguas se intercalan con la ciudad y lo moderno domina a lo antiguo. Son sólo eso, ruinas, eclipsadas y parecen fuera de lugar entre los edificios modernos y el tráfico bullicioso. Algunos, como Stonehenge y Nueva Grange, se destacan por sí solos. Sin embargo, e incluso con ellas, son ruinas o meros esqueletos de lo que pretendían ser. Ni siquiera la Esfinge y la Gran Pirámide son como se esperaba. La ciudad de El Cairo los invade, y también son meros cascarones y ruinas de lo que alguna vez fueron. Esperaba sentir algo en el Coliseo de Roma, pero está ubicado en el medio de la ciudad, con puestos de souvenirs y comida alrededor de las paredes y rodeado de tráfico bullicioso y turistas ruidosos. Incluso la grandeza del Taj Mahal no era exactamente lo que esperaba. Es un edificio hermoso, pero la extrema pobreza de la India llega hasta las puertas. El Partenón de Atenas es hermoso, pero es una mera sombra de lo que alguna vez fue, ahora una ruina parcialmente reconstruida ubicada en una colina sobre la ciudad. Machu Picchu también es especial y tiene una energía poderosa, pero también es una ruina. En todos los lugares donde he estado, los guías turísticos siempre dicen lo mismo: "No sabemos cómo se construyeron. No conocemos la función real. No lo sabemos... no lo sabemos". A menudo su explicación oficial es inverosímil.

Mis regresiones a vidas pasadas en estas áreas tienen más sentido y proporcionan más información. Siempre me ha fascinado el trabajo de los arqueólogos y su tedioso trabajo de traer el pasado a la luz del día. Sin ellos no tendríamos indicios de las maravillas del pasado excepto en documentos antiguos. Sin embargo, creo que lo que han descubierto es sólo una pequeña fracción de lo que aún permanece oculto bajo las arenas del tiempo, bajo las aguas de los océanos y en lo profundo de las montañas. Hay mucha historia y conocimiento antiguos que probablemente nunca serán descubiertos. Sin embargo, sé que existe dentro de la asombrosa computadora llamada "mente", y podemos acceder a ella a través de una hipnosis en trance profundo.

Esto es lo que hace que mi trabajo como reportera e investigadora del conocimiento perdido sea tan apasionante. Nunca sé qué descubrirá o revelará la próxima sesión. No me importa si se puede demostrar porque no intento convencer a nadie. Mi trabajo es lograr que abran sus mentes a otras posibilidades y probabilidades. Otros pueden centrarse en la parte de prueba. Mi trabajo es abrir nuevos mundos de conocimiento.

Toda mi vida he sentido una atracción inexplicable por todo lo antiguo, especialmente lo egipcio y lo romano. Cuando era niña devoraba libros antiguos sobre estos temas, pero no me importaba el texto. Me fascinaron las imágenes, especialmente las de jeroglíficos antiguos. En la escuela me entusiasmaba mucho la historia antigua y perdí el interés cuando pasó a la historia moderna. Recuerdo que tenía una fascinación extrema por Pompeya. Leí el libro Los últimos días de Pompeya de Sir Edward George Buliver-Lytton e hice un informe sobre él para la escuela. Cuando se hizo una película (en blanco y negro en aquellos días), me decepcioné porque se había desviado de la historia del libro. Cuando era niño vi una copia antigua en el escaparate de una antigua librería donde vivía en St. Louis. Tenía muchas ganas de tener mi propia copia, pero el dinero escaseaba durante la Depresión. Logré ahorrar un dólar (principalmente entregando botellas de Coca-Cola desechadas que se encontraban en el callejón. Podía conseguir dos centavos por botella) y caminé muchas cuadras para ver si eso sería suficiente para comprarla. (En esos días a los niños se les permitía tener aventuras. Podías caminar, patinar o andar en bicicleta donde quisieras. No existía el miedo que se ha arraigado en los niños de hoy). Todavía recuerdo la amarga decepción cuando descubrí que la vieja librería había estado cerrada durante años. Así que mi precioso libro tuvo que permanecer en la ventana, intocable.

Así que puedes imaginar mi entusiasmo en este viaje a Europa en septiembre de 2011, cuando descubrí que tendría unos días libres en Roma y que uno de los recorridos turísticos sería un recorrido de todo el día a Pompeya. Podría verlo por mí mismo. ¿Me despertaría algún recuerdo? También sabía que incluiría algunas regresiones a vidas pasadas en uno de mis libros y quería ver si el lugar, etc. coincidía con lo que habían visto mis clientes. Mi marido lo había visto en la década de 1950, cuando estaba destinado a bordo del USS Randolph, un portaaviones, que llegó al puerto de Nápoles para pasar unos días de descanso y relajación. Dijo que eran sólo un montón de ruinas y trajo a casa un pequeño folleto con fotografías de estatuas, etc. que habían sido excavadas. Por supuesto, para él no habría tenido el mismo significado que para mí.

Entonces, después de un largo viaje en autobús desde Roma, llegamos al mismo escenario que todas las demás atracciones: ruinas (bellamente excavadas y reconstruidas), puestos de souvenirs, tráfico y cientos de turistas. Se podía ver el Mediterráneo y el Monte Vesubio todavía arrojaba humo, presagiando la posibilidad de otra erupción, pero la grandeza de Pompeya fue absorbida por la modernidad. Siempre existe la posibilidad de que haya experimentado una vida pasada allí debido a la atracción extrema e inexplicable, pero en el sitio real no sentí nada.

Va junto con el dicho: “No puedes volver a casa”. Incluso en esta vida, cuando regresé al lugar donde crecí en St. Louis, todo cambió. Habían demolido edificios, se había construido una autopista a través de mi antiguo vecindario, todo parecía más viejo y sucio. Nada se parecía a los recuerdos que llevo en la mente. Lo mismo ocurre con los recuerdos de vidas pasadas, no es la forma en que recordamos. Lo vemos de una manera en la regresión y luego de otra en la realidad. Realmente no puedes irte a casa de nuevo. Creo que lo más cerca que podemos llegar a esto es con los sentimientos de deja vu. Todo es tan antiguo en Europa que muchas de las antiguas estructuras aún permanecen. En Estados Unidos, cuando algo tiene cien años, a menudo lo derriban y se construye un estacionamiento en su lugar. En Europa aún quedan edificios de cientos de años de antigüedad. Un amigo mío dijo que una vez entró en una antigua catedral (aún activa) en Inglaterra y sintió una abrumadora sensación de tristeza. Encontró un rincón aislado y se quedó llorando durante mucho tiempo. No podía entender por qué sucedió, pero sé por mi trabajo de regresión que el lugar probablemente desencadenó un recuerdo de una vida pasada.

Ya he relatado una de mis propias experiencias al principio de este libro. Mi memoria fue despertada en Atenas, pero eso estaba asociado con una regresión a vidas pasadas. A mí me ocurrió otra de forma espontánea en Inglaterra. Estaba caminando hacia la entrada de la Torre de Londres, que he visto muchas veces con varios amigos. Esta vez caminaba con cuidado, tratando de maniobrar sobre los adoquines irregulares. Mientras me miraba los pies, vislumbré que llevaba un vestido largo y sencillo de color marrón y zapatos suaves. Escuché en mi cabeza: "Era mucho más difícil cuando tenías que usar ese tipo de zapatos". Era como si la voz estuviera bromeando y refiriéndose al hecho de que esos zapatos no tenían suela. La imagen se desvaneció rápidamente, pero tuve la impresión de que iba a la Torre de Londres con regularidad. Yo no era uno de los prisioneros, pero tenía la sensación de ser un sirviente, tal vez una fregona (criada) o algo similar, una vida sencilla. La impresión total duró sólo unos minutos y se desvaneció rápidamente. Sin embargo, dejó una impresión duradera porque es raro que yo experimente imágenes así.

Entonces creo que es cierto, no podemos volver a casa. Y realmente no lo necesitamos. Podemos ver que sólo nos entristece porque no podemos recuperar los mismos sentimientos. No podemos traer de vuelta a las mismas personas y revivir esas experiencias nuevamente. Sólo se puede lograr mediante la regresión, y entonces sabemos que no podemos permanecer allí en el pasado (ni siquiera en esta vida). Sólo podemos tomar estas experiencias y utilizarlas para hacer que esta vida presente sea mejor y más significativa.

Hace unos años hubo una serie de telerrealidad en Estados Unidos en la que tomaron familias y las aislaron en una sencilla choza sin ninguna comodidad moderna. Tenían que vivir exactamente como vivía la gente hace un par de cientos de años. Tenían que cultivar sus alimentos, prepararlos, buscar comida en los bosques, cortar madera para calentarse y aprender a hilar la tela para confeccionar su propia ropa. Incluso hacer velas para encenderse, etc. Las familias competían para ver quién lograba hacerlo y ver quién podía continuar más tiempo antes de ceder y querer volver al mundo moderno. Parecía una buena idea, pero hubo cosas que no se contabilizaron. La gente del pasado tenía que vivir de esa manera porque era la única forma de sobrevivir. No sabían nada más. Pero las familias modernas habían estado expuestas durante toda su vida a cosas más avanzadas, por lo que sabían que las cosas se podían hacer de manera diferente y más eficiente. Seguían queriendo cambiar las cosas porque sabían que podían y sabían cómo. No se puede sacar de la mente algo que se ha aprendido. Por eso, cuando miramos el pasado, a menudo lo hacemos con ojos modernos. Nunca podremos saber lógicamente cómo pensaban, qué emociones sintieron, cómo eran realmente sus vidas, a menos que usemos el nivel profundo de hipnosis que yo uso. Se trata de un viaje en el tiempo real, en el que la persona retrocede a través de un túnel del tiempo y se convierte en la otra personalidad en todos los aspectos. Esta vida presente ya no existe en su mente, por lo que no puede influir en sus pensamientos y recuerdos. Están ahí en el tiempo y experimentan la historia tal como ocurre.

Varias personas me han ofrecido grandes cantidades de dinero para guiarles a través de muchas vidas pasadas en varias sesiones. Les pregunté por qué querían hacer eso. Dijeron que era sólo una curiosidad, algo divertido, algo que hacer. Ese no es el propósito de mi trabajo. No es una experiencia de curiosidad. Es una terapia seria diseñada para ayudar a aliviar problemas físicos, kármicos y de otro tipo que interfieren con el crecimiento del individuo. Generalmente he descubierto que la persona que quiere experimentar muchas vidas pasadas como entretenimiento no está satisfecha con su vida presente. Buscan una forma de escapar. Algunos de ellos se centrarán en quiénes fueron en esa vida y qué les sucedió, en lugar de vivir la presente. El propósito de mi trabajo es que descubran la causa de sus problemas, los comprendan e incorporen el conocimiento al presente para que puedan vivirlo lo mejor que puedan. Esa es la razón por la que eligieron estar en la Tierra en este momento, para vivir la vida y comprenderla, no para escapar de ella. Por eso siempre rechazo este tipo de ofertas porque son contraproducentes. “Ellos” han dicho muchas veces que a la persona a veces no se le muestra una vida pasada durante la sesión porque no necesita vivir en el pasado, sino centrarse en el presente y el futuro. Centrarse en el pasado sólo te mantiene atado al pasado e inhibe un mayor crecimiento del alma.

Hay un dicho que dice: “Si olvidas los errores del pasado, estás condenado a repetirlos”. Éste es el valor de estudiar historia. Pero veo que esta afirmación también se refiere al karma, tanto nacional como personal, porque también hay karma entre naciones, países. En esta difícil escuela de la Tierra uno de los requisitos es tomar una lección o clase, y si no lo haces correctamente o no aprendes la lección, entonces tendrás que retomarla nuevamente hasta que apruebes y pases al siguiente grado. Al universo no le importa cuánto tiempo te lleve, tienes la eternidad. Pero ¿por qué tomarse una eternidad para aprender una lección, una eternidad para quedarse estancado en un grado mientras los demás siguen adelante? Creo que el objetivo sería aprender lo más rápido posible y graduarse antes. Aprender de las lecciones del pasado y no tener que repetirlas. Luego podremos pasar a las maravillas de muchas otras escuelas que la Fuente ha planeado para nosotros.

Y así llegamos nuevamente al final de otra serie de sesiones que espero hayan comprometido el pensamiento de algunos, retorciendo algunas mentes más como pretzeles o encendiendo una chispa de curiosidad de que puede haber posibilidades que nunca antes se habían considerado. Si es así, entonces he hecho mi trabajo de reportera, de investigadora, de buscadora del conocimiento perdido. Así que lo dejaremos por ahora, mientras reflexiono sobre los innumerables montones de casos que se incluirán en futuros libros. Tal vez pueda ampliar algunas mentes más en el proceso. Mientras tanto, sigue buscando, sigue haciendo preguntas, sigue pensando y buscando tu propia verdad. Hay más ahí fuera de lo que posiblemente se pueda creer, y en este momento tan importante, las puertas se están abriendo a medida que se presentan conocimientos cada vez más importantes e incomprensibles. Sigue pensando por ti mismo. Las puertas se están abriendo y nunca se te dará más de lo que puedes manejar. ¡Confía, cree y explora!

Página de la autora

Dolores Cannon, hipnoterapeuta regresiva e investigadora psíquica que registra conocimientos "perdidos", nació en St. Louis, Missouri en 1931. Fue educada y vivió en St. Louis hasta su matrimonio con un hombre de carrera en la Marina en 1951. Pasó los siguientes 20 años viajando por todo el mundo como una típica esposa de la Marina y criando a su familia. En 1970, su marido fue dado de baja como veterano discapacitado y se retiraron a las colinas de Arkansas. Luego comenzó su carrera como escritora y comenzó a vender sus artículos a varias revistas y periódicos. Ha estado involucrada con la hipnosis desde 1968, y exclusivamente con terapia de vidas pasadas y trabajo de regresión desde 1979. Ha estudiado los diversos métodos de hipnosis y, por lo tanto, desarrolló su propia técnica única que le permitió obtener la liberación más eficiente de información de sus clientes. Dolores ahora enseña su técnica única de hipnosis en todo el mundo.

En 1986 amplió sus investigaciones al campo OVNI. Ha realizado estudios in situ sobre presuntos aterrizajes de ovnis y ha investigado los círculos de cultivos en Inglaterra. La mayor parte de su trabajo en este campo ha sido la acumulación de pruebas de presuntos abducidos mediante hipnosis.

Dolores es una oradora internacional que ha dado conferencias en todos los continentes del mundo. Sus quince libros están traducidos a veinte idiomas. Ha hablado ante audiencias de radio y televisión de todo el mundo. Y han aparecido artículos sobre Dolores en varias revistas y periódicos estadounidenses e internacionales. Dolores fue la primera estadounidense y la primera extranjera en recibir el "Premio Orfeo" en Bulgaria, por el mayor avance en la investigación de los fenómenos psíquicos. Ha recibido premios por contribución destacada y logros de toda una vida de varias organizaciones de hipnosis.

Dolores tiene una familia muy numerosa que la mantiene sólidamente equilibrada entre el mundo "real" de su familia y el mundo "invisible" de su trabajo.

Si desea mantener correspondencia con Dolores sobre su trabajo, sesiones privadas o sus clases de capacitación, envíelo a la siguiente dirección. (Por favor adjunte un sobre estampillado con su dirección para su respuesta.) Dolores Cannon, P.O. Box 754, Huntsville, AR, 72740, EE. UU.

O envíele un correo electrónico a decannon@msn.com o a través de nuestro sitio web: www.ozarkmt.com

Other Books by Ozark Mountain Publishing, Inc.

Dolores Cannon
A Soul Remembers Hiroshima
Between Death and Life
Conversations with Nostradamus, Volume I, II, III
The Convoluted Universe -Book One, Two, Three, Four, Five
The Custodians
Five Lives Remembered
Horns of the Goddess
Jesus and the Essenes
Keepers of the Garden
Legacy from the Stars
The Legend of Starcrash
The Search for Hidden Sacred Knowledge
They Walked with Jesus
The Three Waves of Volunteers and the New Earth
A Very Special Friend
Aron Abrahamsen
Holiday in Heaven
James Ream Adams
Little Steps
Justine Alessi & M. E. McMillan
Rebirth of the Oracle
Kathryn Andries
Time: The Second Secret
Will Alexander
Call Me Jonah
Cat Baldwin
Divine Gifts of Healing
The Forgiveness Workshop
Penny Barron
The Oracle of UR
P.E. Berg & Amanda Hemmingsen
The Birthmark Scar
Dan Bird
Finding Your Way in the Spiritual Age
Waking Up in the Spiritual Age
Julia Cannon
Soul Speak – The Language of Your Body
Jack Cauley
Journey for Life
Ronald Chapman
Seeing True
Jack Churchward
Lifting the Veil on the Lost Continent of Mu
The Stone Tablets of Mu
Carolyn Greer Daly
Opening to Fullness of Spirit
Patrick De Haan
The Alien Handbook
Paulinne Delcour-Min
Divine Fire
Holly Ice
Spiritual Gold
Anthony DeNino
The Power of Giving and Gratitude
Joanne DiMaggio
Edgar Cayce and the Unfulfilled Destiny of Thomas Jefferson Reborn
Paul Fisher
Like a River to the Sea
Anita Holmes
Twidders
Aaron Hoopes
Reconnecting to the Earth
Edin Huskovic
God is a Woman
Patricia Irvine
In Light and In Shade
Kevin Killen
Ghosts and Me
Susan Linville
Blessings from Agnes
Donna Lynn
From Fear to Love
Curt Melliger
Heaven Here on Earth
Where the Weeds Grow
Henry Michaelson
And Jesus Said – A Conversation
Andy Myers
Not Your Average Angel Book
Holly Nadler
The Hobo Diaries
Guy Needler
The Anne Dialogues
Avoiding Karma
Beyond the Source – Book 1, Book 2
The Curators
The History of God
The OM
The Origin Speaks

For more information about any of the above titles, soon to be released titles, or other items in our catalog, write, phone or visit our website:
PO Box 754, Huntsville, AR 72740|479-738-2348/800-935-0045|www.ozarkmt.com

Other Books by Ozark Mountain Publishing, Inc.

Psycho Spiritual Healing
James Nussbaumer
And Then I Knew My Abundance
Each of You
Living Your Dram, Not Someone Else's
The Master of Everything
Mastering Your Own Spiritual Freedom
Sherry O'Brian
Peaks and Valley's
Gabrielle Orr
Akashic Records: One True Love
Let Miracles Happen
Nikki Pattillo
Children of the Stars
A Golden Compass
Victoria Pendragon
Being In A Body
Sleep Magic
The Sleeping Phoenix
Alexander Quinn
Starseeds What's It All About
Debra Rayburn
Let's Get Natural with Herbs
Charmian Redwood
A New Earth Rising
Coming Home to Lemuria
David Rousseau
Beyond Our World, Book 1
Richard Rowe
Exploring the Divine Library
Imagining the Unimaginable
Garnet Schulhauser
Dance of Eternal Rapture
Dance of Heavenly Bliss
Dancing Forever with Spirit
Dancing on a Stamp
Dancing with Angels in Heaven
Annie Stillwater Gray
The Dawn Book
Education of a Guardian Angel
Joys of a Guardian Angel
Work of a Guardian Angel
Manuella Stoerzer
Headless Chicken
Blair Styra
Don't Change the Channel
Who Catharted
Natalie Sudman
Application of Impossible Things
L.R. Sumpter
Judy's Story
The Old is New
We Are the Creators
Artur Tradevosyan
Croton
Croton II
Jim Thomas
Tales from the Trance
Jolene and Jason Tierney
A Quest of Transcendence
Paul Travers
Dancing with the Mountains
Nicholas Vesey
Living the Life-Force
Dennis Wheatley/ Maria Wheatley
The Essential Dowsing Guide
Maria Wheatley
Druidic Soul Star Astrology
Sherry Wilde
The Forgotten Promise
Lyn Willmott
A Small Book of Comfort
Beyond all Boundaries Book 1
Beyond all Boundaries Book 2
Beyond all Boundaries Book 3
D. Arthur Wilson
You Selfish Bastard
Stuart Wilson & Joanna Prentis
Atlantis and the New Consciousness
Beyond Limitations
The Essenes -Children of the Light
The Magdalene Version
Power of the Magdalene
Sally Wolf
Life of a Military Psychologist

For more information about any of the above titles, soon to be released titles,
or other items in our catalog, write, phone or visit our website:
PO Box 754, Huntsville, AR 72740|479-738-2348/800-935-0045|www.ozarkmt.com

www.ingramcontent.com/pod-product-compliance
Lightning Source LLC
Chambersburg PA
CBHW050828230426
43667CB00012B/1917

* 9 7 8 1 9 6 2 8 5 8 2 9 8 *